Obras completas

Miguel de Cervantes Saavedra

OBRAS

COMPLETAS

DE CERVANTES.

TOMO IX

OBRAS

COMPLETAS

DE CERVANTES

DEDICADAS Á S. A. R. EL SERMO. SR. INFANTE

DON SEBASTIAN GABRIEL DE BORBON Y BRAGANZA

TOMO IX.

LOS TRABAJOS

DE

PERSILES Y SIGISMUNDA;

EDICION DIRIGIDA

POR DON CAYETANO ROSELL.

MADRID,

IMPRENTA DE DON MANUEL RIVADENEYRA,

calle de la Madera, número 8.

1864.

ADVERTENCIA

La obra en que cifraba CERVÁNTES tantas esperanzas, á las que no ha correspondido con su voto la posteridad, se publicó á principios del año 1617 Su portada dice así.

LOS TRABAIOS
DE PERSILES, Y
SIGISMUNDA, HISTO-
RIA SETENTRIONAL

POR MIGUEL DE CERVANTES
SAAUEDRA

DIRIGIDO A DON PEDRO FERNANDEZ DE
*Castro, Conde de Lemos, de Andrade, de Villalua, Marques de
Sarria, Gentilhombre de la Camara de su Magestad, Presiden-
te del Consejo Supremo de Italia, Comendaaor de la
Encomienda de la Zarça, de la Orden
de Alcantara*

Escudo con el
Año | puño, el halcon | 1617
v el leon echado

Con priuilegio *En Madrid* Por Iuan de la Cuesta

A costa de Iuan de Villarroel mercader de libros en la Plateria

Al fólio siguiente tiene la Tasa, firmada en 23 de Diciembre de 1616, por Jerónimo Nuñez de Leon, al pié la Fe de erratas,

de 15 del mismo Diciembre, autorizada por el licenciado Murcia
de la Llana Sigue el Privilegio, dado á favor de la viuda del
Autor, doña Catalina de Salazar, por el tiempo de diez años, su
fecha 24 de Setiembre; al dorso la Aprobacion del maestro José
de Valdivieso, en la hoja siguiente, los versos laudatorios de don
Francisco de Urbina y de Luis Francisco Calderon, y por último,
la Dedicatoria y Prólogo, que ocupan otras dos hojas

Del *Persíles* existen muchas ediciones. el mismo año 17 se
reimprimió en Valencia, en Barcelona, en Lisboa, en Pamplona
y Brusélas, cítanse dos traducciones diferentes en frances, ambas
antiguas, una al inglés, hecha en 1619, mas no del original, sino
de una version francesa, prueba de la aceptacion que tuvo la obra,
ó por lo ménos del crédito que su Autor habia ya adquirido por
aquel tiempo, y por último, tenemos á la vista otra traduccion
inglesa, de escritor anónimo, publicada en Lóndres, en 1854, de-
dicada al honorable Eduardo Lyulph Stanley, y acompañada de
algunas notas y de un retrato nuevo de CERVÁNTES, que ni merece fe, ni sabemos cómo nadie haya podido dársela

Habiendo tenido á la vista, para nuestra edicion, un ejemplar
de la primitiva, no creemos necesario añadir á este tomo las notas
y variantes que hemos puesto en los anteriores. Las erratas de
imprenta hemos procurado salvarlas, las que aquí parezcan tales,
puede tenerse por seguro que ó son descuidos del original, ó frases
más ó ménos oscuras, que no sería posible enmendar sin proceder
muy arbitrariamente.

Dos cosas advertimos que el capítulo VII del segundo libro,
en la edicion de 1617, se divide en dos partes, de la segunda hemos
hecho nosotros, como era natural, el capítulo correspondiente, por
lo que nos resulta uno más en el número de los que componen
dicho libro, y la otra advertencia es, que no todos los capítulos
de la mencionada edicion llevan al frente el resúmen del asunto á
que se refieren, y que si nosotros hemos evitado esta irregularidad,
ha sido copiando de otras ediciones posteriores los argumentos ó
resúmenes que faltaban Es cuanto tenemos que hacer presente

LOS TRABAJOS

DE

PERSILES Y SIGISMUNDA.

A DON PEDRO FERNANDEZ DE CASTRO,

Conde de Lémos, de Andrade, de Villalva, Marqués de Sarria, Gentilhombre de la cámara de su Majestad, Presidente del Consejo supremo de Italia, Comendador de la encomienda de la Zarza, de la Orden de Alcantara

Aquellas coplas antiguas, que fueron en su tiempo celebradas, que comienzan *Puesto ya el pié en el estribo*, quisiera yo no vinieran tan á pelo en esta mi epístola, porque casi con las mismas palabras la puedo comenzar, diciendo

Puesto va el pie en el estribo,
Con las ánsias de la muerte,
Gran señor, esta te escribo

Ayer me dieron la Extremauncion, y hoy escribo ésta el tiempo es breve, las ánsias crecen, las esperanzas menguan, y con todo esto, llevo la vida sobre el deseo que tengo de vivir, y quisiera yo no ponerle coto hasta besar los piés á vuesa Excelencia, que podria ser fuese tanto el contento de ver á vuesa Excelencia bueno en España, que me volviese á dar la vida, pero si está decretado que la haya de perder, cúmplase la voluntad de los cielos, y por lo ménos sepa vuesa Excelencia este mi deseo, y sepa que tuvo en mí un tan aficionado criado de servirle, que quiso pasar áun más allá de la muerte, mostrando su intencion Con todo esto, como en profecía me alegro de la llegada de vuesa Excelencia, regocíjome de verle señalar con el dedo, y realégrome de que salieron verdaderas mis esperanzas dilatadas en la fama de las bondades de vuesa Excelencia Todavía me quedan en el alma ciertas reliquias y asomos de las *Semanas del jardin* y del famoso *Bernardo* si á dicha, por buena ventura mia (que ya no sería ventura, sino milagro), me diese el cielo vida, las verá, y con ellas el fin de la *Galatea*, de quien sé está aficionado vuesa Excelencia Y con estas obras, continuando mi deseo, guarde Dios á vuesa Excelencia, como puede De *Madrid, a 19 de Abril de 1616 años*

Criado de vuesa Excelencia,

MIGUEL DE CERVÁNTES

PROLOGO

SUCEDIÓ pues, lector amantísimo, que viniendo otros dos amigos y yo del famoso lugar de Esquivias, por mil causas famoso, una por sus ilustres linajes y otra por sus ilustrísimos vinos, sentí que á mis espaldas venia picando con gran priesa uno que al parecer traia deseo de alcanzarnos, y áun lo mostró dándonos voces que no picásemos tanto. Esperámosle, y llegó sobre una borrica un estudiante pardal, porque todo venia vestido de pardo, antiparas, zapato redondo y espada con conteia, valona bruñida y con trenzas iguales: verdad es no traia más de dos, porque se le venia á un lado la valona por momentos, y él traia sumo trabajo y cuenta de enderezarla. Llegando á nosotros, dijo: «Vuesas mercedes van á alcanzar algun oficio ó prebenda á la córte, pues allá está su Ilustrísima de Toledo y su Majestad ni más ni ménos, segun la priesa con que caminan, que en verdad que á mi burra se le ha cantado el víctor de caminante más de una vez?» A lo que respondió uno de mis compañeros: «El rocin del señor MIGUEL DE CERVÁNTES tiene la culpa desto, porque es algo qué pasilargo.» Apénas hubo oido el estudiante el nombre de CERVÁNTES, cuando apeándose de su cabalgadura, cayéndosele aquí el cojin y allí el portamanteo, que con toda esta autoridad caminaba, arremetió á mí, y acudiendo á asirme de la mano izquierda, dijo: «Sí, sí, éste es el manco sano, el famoso todo, el escritor alegre, y finalmente el regocijo de las Musas.» Yo, que en tan poco espacio vi el grande encomio de mis alabanzas, parecióme ser descor-

tesía no corresponder á ellas, y así, abrazándole por el cuello,
donde le eché á perder de todo punto la valona, le dije· «Ese es
un error, donde han caido muchos aficionados ignorantes yo, señor,
soy CERVÁNTES, pero no el regocijo de las Musas, ni ninguna de
las demas baratijas que ha dicho vuesa merced Vuelva á cobrar
su burra y suba, y caminemos en buena conversacion lo poco que
nos falta del camino.» Hízolo así el comedido estudiante, tuvimos
algun tanto más las riendas, y con paso asentado seguimos nuestro
camino, en el cual se trató de mi enfermedad, y el buen estudiante
me desahució al momento, diciendo . «Esa enfermedad es de hidro-
pesía, que no la sanará toda el agua del mar Océano que dulcemente se bebiese Vuesa merced, señor CERVÁNTES, ponga tasa al
beber, no olvidándose de comer, que con esto sanará, sin otra medicina alguna —Eso me han dicho muchos, respondí yo, pero así
puedo dejar de beber á todo mi beneplácito, como si para sólo eso
hubiera nacido, mi vida se va acabando, y al paso de las efemé-
rides de mis pulsos, que á más tardar acabarán su carrera este
domingo, acabaré yo la de mi vida En fuerte punto ha llegado
vuesa merced á conocerme, pues no me queda espacio para mostrarme agradecido á la voluntad que vuesa merced me ha mostrado.» En esto llegamos á la puente de Toledo, y yo entré por ella,
y él se apartó á entrar por la de Segovia Lo que se dirá de mi
suceso, tendrá la fama cuidado, mis amigos gana de decillo, y yo
mayor gana de escuchallo. Tornéle á abrazar, volvióseme á ofrecer, picó á su burra, y dejóme tan mal dispuesto como él iba
caballero en su burra, quien habia dado gran ocasion á mi pluma
para escribir donaires, pero no son todos los tiempos unos Tiempo vendrá quizá donde, anudando este roto hilo, diga lo que
aquí me falta y lo que sé convenia Adios, gracias, adios, donaires, adios, regocijados amigos, que yo me voy muriendo, y
deseando veros presto contentos en la otra vida

DON FRANCISCO DE URBINA A MIGUEL DE CERVANTES,

INSIGNE Y CRISTIANO INGENIO DE NUESTROS TIEMPOS,
A QUIEN LLEVARON LOS TERCEROS DE SAN FRANCISCO Á ENTERRAR CON LA CARA DESCUBIERTA,
COMO A TERCERO QUE ERA

EPITAFIO.

Caminante, el peregrino
Cervántes aquí se encierra
Su cuerpo cubre la tierra,
No su nombre, que es divino
En fin hizo su camino,
Pero su fama no es muerta,
Ni sus obras, prenda cierta
De que pudo, a la partida
Desde esta á la eterna vida,
Ir la cara descubierta

AL SEPULCRO DE MIGUEL DE CERVANTES SAAVEDRA,

INGENIO CRISTIANO, POR LUIS FRANCISCO CALDERON

SONETO

En este ¡oh caminante! mármol breve,
Urna funesta, si no excelsa pira,
Cenizas de un ingenio santas mira,
Que olvido y tiempo á despreciar se atreve
   No tantas en su orilla arenas mueve
Glorioso el Tajo, cuantas hoy admira
Lenguas la suya, por quien grata aspira
Al lauro España que á su nombre debe
   Lucientes de sus libros gracias fueron
Con dulce suspension su estilo grave,
Religiosa invencion, moral decoro,
   A cuyo ingenio los de España dieron
La sólida opinion que el mundo sabe,
Y al cuerpo ofrenda de perpétuo lloro

LOS TRABAJOS

DE

PERSILES Y SIGISMUNDA.

LIBRO PRIMERO

CAPITULO PRIMERO

Sacan á Periandro de prision, échanle al mar en una balsa, corre tormenta,
y es socorrido de un navío

Voces daba el bárbaro Corsicurbo á la estrecha boca de
una profunda mazmorra, ántes sepultura que prision de muchos cuerpos vivos que en ella estaban sepultados; y aunque
su terrible y espantoso estruendo cerca y léjos se escuchaba,
de nadie eran entendidas articuladamente las razones que
pronunciaba, sino de la miserable Cloelia, á quien sus desventuras en aquella profundidad tenian encerrada. «Haz, ¡oh
Cloelia! decia el bárbaro, que así como está, ligadas las manos atras, salga acá arriba, atado á esa cuerda que descuelgo,
aquel mancebo que habrá dos dias que te entregamos, y mira
bien si entre las mujeres de la pasada presa hay alguna que
merezca nuestra compañía, y gozar de la luz del claro cielo
que nos cubre y del aire saludable que nos rodea.» Des-

colgó en esto una gruesa cuerda de cáñamo, y de allí á poco
espacio él y otros cuatro bárbaros tiraron hácia arriba; en la
cual cuerda ligado por debajo de los brazos, sacaron asido
fuertemente á un mancebo, al parecer de hasta diez y nueve
ó veinte años, vestido de lienzo basto, como marinero, pero
hermoso sobre todo encarecimiento.

Lo primero que hicieron los bárbaros fué requerir las esposas y cordeles con que á las espaldas traia ligadas las manos; luego le sacudieron los cabellos, que como infinitos
anillos de puro oro la cabeza le cubrian; limpiáronle el rostro, que cubierto de polvo tenia, y descubrió una tan maravillosa hermosura, que suspendió y enterneció los pechos
de aquellos que para ser sus verdugos le llevaban. No mostraba el gallardo mozo en su semblante género de aflicion
alguna, ántes con ojos al parecer alegres alzó el rostro y
miró al cielo por todas partes, y con voz clara y no turbada lengua dijo «Gracias os hago ¡oh inmensos y piadosos
cielos! de que me habeis traido á morir á donde vuestra luz
vea mi muerte, y no á donde estos escuros calabozos, de
donde ahora salgo, de sombras caliginosas la cubran Bien
querria yo no morir desesperado á lo ménos, porque soy
cristiano, pero mis desdichas son tales, que me llaman y
casi fuerzan á desearlo »

Ninguna destas razones fué entendida de los bárbaros, por
ser dichas en diferente lenguaje que el suyo, y así, cerrando
primero la boca de la mazmorra con una gran piedra, y cogiendo al mancebo sin desatarle, entre los cuatro llegaron
con él á la marina, donde tenian una balsa de maderos, atados unos con otros con fuertes bejucos y flexibles mimbres
Este artificio les servia, como luego pareció, de bajel, en

que pasaban á otra isla que no dos millas ó tres de allí
se parecía. Saltaron luego en los maderos, y pusieron en
medio dellos sentado al prisionero, y luego uno de los bárbaros asió de un grandísimo arco que en la balsa estaba, y
poniendo en él una desmesurada flecha, cuya punta era de
pedernal, con mucha presteza le flechó, y encarando al
mancebo, le señaló por su blanco, dando señales y muestras de que ya le quería pasar el pecho Los bárbaros que
quedaban asieron de tres palos gruesos, cortados á manera
de remos, y el uno se puso á ser timonero, y los dos á encaminar la balsa á la otra isla. El hermoso mozo, que por
instantes esperaba y temía el golpe de la flecha amenazadora, encogía los hombros, apretaba los labios, enarcaba las
cejas, y con silencio profundo dentro en su corazon pedía
al cielo, no que le librase de aquel tan cercano como cruel
peligro, sino que le diese ánimo para sufrillo, viendo lo cual
el bárbaro flechero, y sabiendo que no había de ser aquel el
género de muerte con que le habian de quitar la vida, hallando la belleza del mozo piedad en la dureza de su corazon, no quiso darle dilatada muerte teniéndole siempre
encarada la flecha al pecho; y así, arrojó de sí el arco, y
llegándose á él, por señas, como mejor pudo, le dió á
entender que no quería matarle.

En esto estaban, cuando los maderos llegaron á la mitad
del estrecho que las dos islas formaban, en el cual de improviso se levantó una borrasca, que sin poder remediallo
los inexpertos marineros, los leños de la balsa se desligaron
y dividieron en partes, quedando en la una, que sería de
hasta seis maderos compuesta, el mancebo, que de otra
muerte que de ser anegado, tan poco habia que estaba

temeroso Levantaron remolinos las aguas, pelearon entre
sí los contrapuestos vientos, anegáronse los bárbaros, salieron los leños del atado prisionero al mar abierto Pasábanle
las olas por cima, no solamente impidiéndole ver el cielo,
pero negándole el poder pedirle tuviese compasion de su
desventura, y sí tuvo, pues las contínuas y furiosas ondas
que á cada punto le cubrian no le arrancaron de los leños,
y se le llevaron consigo á su abismo, que como llevaba
atadas las manos á las espaldas, ni podia asirse, ni usar de
otro remedio alguno

Desta manera que se ha dicho salió á lo raso del mar,
que se mostró algun tanto sosegado y tranquilo al volver
una punta de la isla, á donde los leños milagrosamente se
encaminaron y del furioso mar le defendieron Sentóse el
fatigado jóven, y tendiendo la vista á todas partes, casi junto
á él descubrió un navío que en aquel reposo del alterado
mar, como en seguro puerto, se reparaba; descubrieron
asimismo los del navío los maderos y el bulto que sobre
ellos venia, y por certificarse qué podia ser aquello, echaron el esquife al agua y llegaron á verlo; y hallando allí al
tan desfigurado como hermoso mancebo, con diligencia y
lástima le pasaron á su navío, dando con el nuevo hallazgo
admiracion á cuantos en él estaban Subió el mozo en
brazos ajenos, y no pudiendo tenerse en sus piés, de puro
flaco (porque habia tres dias que no habia comido), y de
puro molido y maltratado de las olas, dió consigo un gran
golpe sobre la cubierta del navío, el capitan del cual con
ánimo generoso y compasion natural mandó que le socor-
riesen

Acudieron luego unos á quitarle las ataduras, otros á traer

conservas y odoríferos vinos, con cuyos remedios volvió en
sí como de muerte á vida el desmayado mozo, el cual
poniendo los ojos en el capitan, cuya gentileza y rico traje
le llevó tras sí la vista y áun la lengua, le dijo· «Los piadosos cielos te paguen, piadoso señor, el bien que me has
hecho, que mal se pueden llevar las tristezas del ánimo, si
no se esfuerzan los descaecimientos del cuerpo. Mis desdichas me tienen de manera, que no te puedo hacer ninguna
recompensa deste beneficio, sino es con el agradecimiento,
y si se sufre que un pobre afligido pueda decir de sí mismo
alguna alabanza, yo sé que en ser agradecido ninguno en el
mundo me podrá llevar alguna ventaja » Y en esto probó á
levantarse para ir á besarle los piés, mas la flaqueza no se lo
permitió, porque tres veces lo probó, y otras tantas volvió
á dar consigo en el suelo, viendo lo cual el capitan, mandó
que le llevasen debajo de cubierta y le echasen en dos
traspontines, y que quitándole los mojados vestidos, le
vistiesen otros enjutos y limpios, y le hiciesen descansar y
dormir Hízose lo que el capitan mandó; obedeció callando
el mozo, y en el capitan creció la admiracion de nuevo,
viéndolo levantar en pié con la gallarda disposicion que
tenia, y luego le comenzó á fatigar el deseo de saber dél, lo
más presto que pudiese, quién era, cómo se llamaba, y de
qué causas habia nacido el efeto que en tanta estrecheza le
habia puesto, pero excediendo su cortesía á su deseo, quiso
que primero se acudiese á su debilidad que cumplir la voluntad suya

CAPITULO II

Dase noticia de quién es el capitan del navío Cuenta Taurisa á Periandro el robo
de Auristela, ofiécese él, para buscarla, á ser vendido á los bárbaros

Reposando dejaron los ministros de la nave al mancebo,
en cumplimiento de lo que su señor les habia mandado, pero
como le acosaban varios y tristes pensamientos, no podia el
sueño tomar posesion de sus sentidos, ni ménos lo consintieron
unos congojosos suspiros y unas angustiadas lamentaciones
que á sus oidos llegaron, á su parecer, salidos de entre unas
tablas de otro apartamiento que junto al suyo estaba, y
poniéndose con grande atencion á escucharlas, oyó que
decian· «En triste y menguado signo mis padres me engendraron, y en no benigna estrella mi madre me arrojó á la
luz del mundo; y bien digo arrojó, porque nacimiento como
el mio, ántes se puede decir arrojar que nacer. Libre pensé
yo que gozára de la luz del sol en esta vida, pero engañóme
mi pensamiento, pues me veo á pique de ser vendida por
esclava, desventura á quien ninguna puede compararse

—¡Oh tú, quien quiera que seas! dijo á esta sazon el
mancebo, si es, como decirse suele, que las desgracias y
trabajos, cuando se comunican, suelen aliviarse, llégate
aquí, y por entre los espacios descubiertos destas tablas
cuéntame los tuyos, que si en mí no hallares alivio, hallarás
quien dellos se compadezca.

—Escucha pues, le fué respondido, que en las más breves
razones te contaré las sinrazones que la fortuna me ha hecho,
pero querria saber primero á quién las cuento. Dime si eres
por ventura un mancebo que poco há hallaron medio muerto

en unos maderos que dicen sirven de barcos á unos bárbaros
que están en esta isla donde habemos dado fondo, reparán-
donos de la borrasca que se ha levantado.

—El mismo soy, respondió el mancebo.

—Pues ¿quién eres? preguntó la persona que hablaba.

—Dijératelo, si no quisiera que primero me obligáras
con contarme tu vida, que por las palabras que poco há te
oí decir, imagino que no debe ser tan buena como quisieras »
A lo que le respondieron: «Escucha, que en cifra te diré
mis males.

»El capitan y señor deste navío se llama Arnaldo, es hijo
heredero del Rey de Dinamarca, á cuyo poder vino por
diferentes y extraños acontecimientos una principal doncella, á quien yo tuve por señora, á mi parecer de tanta
hermosura, que entre las que hoy viven en el mundo, y
entre aquellas que puede pintar en la imaginacion el más
agudo entendimiento, puede llevar la ventaja. Su discrecion
iguala á su belleza, y sus desdichas á su discrecion y á su
hermosura; su nombre es Auristela, sus padres de linaje de
reyes y de riquísimo estado Esta, pues, á quien todas estas
alabanzas vienen cortas, se vió vendida, y comprada de
Arnaldo, y con tanto ahinco y con tantas véras la amó y
la ama, que mil veces de esclava la quiso hacer su señora,
admitiéndola por su legítima esposa, y esto con voluntad
del Rey padre de Arnaldo, que juzgó que las raras virtudes
y gentileza de Auristela mucho más que ser reina merecian,
pero ella se defendia, diciendo no ser posible romper un
voto que tenia hecho de guardar virginidad toda su vida, y
que no pensaba quebrarle en ninguna manera, si bien la
solicitasen promesas ó la amenazasen muertes, pero no por

esto ha dejado Arnaldo de entretener sus esperanzas con dudosas imaginaciones, arrimándolas á la variacion de los tiempos y á la mudable condicion de las mujeres; hasta que sucedió que andando mi señora Auristela por la ribera del mar, solazándose, no como esclava, sino como reina, llegaron unos bajeles de cosarios, y la robaron y llevaron no se sabe á dónde.

»El príncipe Arnaldo ha imaginado que estos cosarios eran los mismos que la primera vez se la vendieron, los cuales cosarios andan por todos estos mares, ínsulas y riberas, robando ó comprando las más hermosas doncellas que hallan, para traellas por granjería á vender á esta ínsula donde dicen que estamos, la cual es habitada de unos bárbaros, gente indómita y cruel, los cuales tienen entre sí por cosa inviolable y cierta, persuadidos, ó ya del demonio, ó ya de un antiguo hechicero, á quien ellos tienen por sapientísimo varon, que de entre ellos ha de salir un rey que conquiste y gane gran parte del mundo. Este rey que esperan, no saben quién ha de ser, y para saberlo, aquel hechicero les dió esta órden: que sacrificasen todos los hombres que á su ínsula llegasen, de cuyos corazones, digo, de cada uno de por sí, hiciesen polvos y los diesen á beber á los bárbaros más principales de la ínsula, con expresa órden que el que los pasase sin torcer el rostro ni dar muestras de que le sabian mal le alzasen por su rey, pero no ha de ser éste el que conquiste el mundo, sino un hijo suyo. Tambien les mandó que tuviesen en la isla todas las doncellas que pudiesen ó comprar ó robar, y que la más hermosa dellas se la entregasen luego al bárbaro cuya sucesion valerosa prometia la bebida de los polvos.

»Estas doncellas, compradas ó robadas, son bien tratadas de ellos, que sólo en esto muestran no ser bárbaros, y las que compran, son á subidísimos precios, que los pagan en pedazos de oro sin cuño y en preciosísimas perlas, de que los mares de las riberas destas islas abundan, y á esta causa, llevados de este interes y ganancia, muchos se han hecho cosarios y mercaderes. Arnaldo pues, que, como te he dicho, ha imaginado que en esta isla podria ser que estuviese Auristela, mitad de su alma, sin la cual no puede vivir, ha ordenado, para certificarse desta duda, de venderme á mí á los bárbaros, porque quedando yo entre ellos, sirva de espía de saber lo que desea; y no espera otra cosa sino que el mar se amanse, para hacer escala y concluir su venta. Mira, pues, si con razon me quejo, pues la ventura que me aguarda es venir á vivir entre bárbaros; que de mi hermosura no me puedo prometer venir á ser reina, especialmente si la corta suerte hubiese traido á esta tierra á mi señora la sin par Auristela. De esta causa nacieron los suspiros que me has oido, y destos temores las quejas que me atormentan.»

Calló en diciendo esto, y al mancebo se le atravesó un ñudo en la garganta, pegó la boca con las tablas, que humedeció con copiosas lágrimas, y al cabo de un pequeño espacio le preguntó si por ventura tenia algunos barruntos de que Arnaldo hubiese gozado de Auristela, ó ya de que Auristela, por estar en otra parte prendada, desdeñase á Arnaldo y no admitiese tan gran dádiva como la de un reino, porque á él le parecia que tal vez las leyes del gusto humano tienen más fuerza que las de la religion. Respondióle que aunque ella imaginaba que el tiempo habia podido dar á Auristela ocasion de querer bien á un tal Periandro,

que la había sacado de su patria, caballero generoso, dotado
de todas las partes que le podían hacer amable de todos
aquellos que le conociesen, nunca se le había oido nombrar
en las contínuas quejas que de sus desgracias daba al cielo,
ni en otro modo alguno. Preguntóle si conocia ella á aquel
Periandro que decia, díjole que no, sino que por relacion
sabía ser el que llevó á su señora, á cuyo servicio ella había
venido despues que Periandro, por un extraño acontecimiento, la había dejado.

En esto estaban, cuando de arriba llamaron á Taurisa,
que éste era el nombre de la que sus desgracias había contado; la cual oyéndose llamar, dijo · «Sin duda alguna el
mar está manso y la borrasca quieta, pues me llaman para
hacer de mí la desdichada entrega Adios te queda, quien
quiera que seas, y los cielos te libren de ser entregado para
que los polvos de tu abrasado corazon testifiquen esta vanidad é impertinente profecía, que tambien estos insolentes
moradores desta ínsula buscan corazones que abrasar, como
doncellas que guardar para lo que procuran » Apartáronse,
subió Taurisa á la cubierta, quedó el mancebo pensativo, y
pidió que le diesen de vestir, que queria levantarse, trajé-
ronle un vestido de damasco verde, cortado al modo del
que él había traido de lienzo. Subió arriba, recibióle Arnaldo
con agradable semblante, sentóle junto á sí, vistieron á
Taurisa rica y gallardamente, al modo que suelen vestirse
las ninfas de las aguas ó las amadríades de los montes.

En tanto que esto se hacia, con admiracion del mozo,
Arnaldo le contó todos sus amores y sus intentos, y áun le
pidió consejo de lo que haria, y le preguntó si los medios
que ponia para saber de Auristela iban bien encaminados

El mozo, que del razonamiento que había tenido con Taurisa y de lo que Arnaldo le contaba tenia el alma llena de mil imaginaciones y sospechas, discurriendo con velocísimo curso del entendimiento lo que podria suceder si acaso Auristela entre aquellos bárbaros se hallase, le respondió «Señor, yo no tengo edad para saberte aconsejar, pero tengo voluntad que me mueve á servirte, que la vida que me has dado con el recibimiento y mercedes que me has hecho, me obligan á emplearla en tu servicio. Mi nombre es Periandro, de nobilísimos padres nacido, y al par de mi nobleza corre mi desventura y mis desgracias, las cuales, por ser tantas, no conceden ahora lugar para contártelas. Esa Auristela que buscas es una hermana mia, que tambien yo ando buscando, que por varios acontecimientos há un año que nos perdimos, por el nombre y por la hermosura que me encareces conozco sin duda que es mi perdida hermana, que daria por hallarla, no sólo la vida que poseo, sino el contento que espero recebir de haberla hallado, que es lo más que puedo encarecer, y así, como tan interesado en este hallazgo, voy escogiendo entre muchos medios que en la imaginacion fábrico, éste que, aunque venga á ser con más peligro de mi vida, será más cierto y más breve. Tú, señor Arnaldo, estás determinado de vender esta doncella á estos bárbaros, para que, estando en su poder, vea si está en el suyo Auristela, de que te podrás informar volviendo otra vez á vender otra doncella á los mismos bárbaros, y á Taurisa no le faltará modo, ó dará señales si está ó no Auristela con las demas que para el efeto que se sabe los bárbaros guardan y con tanta solicitud compran

—Así es la verdad, dijo Arnaldo, y he escogido ántes á

Taurisa que á otra, de cuatro que van en el navío para el mismo efeto, porque Taurisa la conoce, que ha sido su doncella

—Todo eso está muy bien pensado, dijo Periandro, pero yo soy de parecer que ninguna persona hará esa diligencia tan bien como yo, pues mi edad, mi rostro, el interes que se me sigue, juntamente con el conocimiento que tengo de Auristela, me está incitando á aconsejarme que tome sobre mis hombros esta empresa · mira, señor, si vienes en este parecer, y no lo dilates, que en los casos arduos y dificultosos, en un mismo punto han de andar el consejo y la obra »

Cuadráronle á Arnaldo las razones de Periandro, y sin reparar en algunos inconvenientes que se le ofrecian, las puso en obra, y de muchos y ricos vestidos de que venia proveido por si hallaba á Auristela, vistió á Periandro, que quedó, al parecer, la más gallarda y hermosa mujer que hasta entónces los ojos humanos habian visto, pues si no era la hermosura de Auristela, ninguna otra podia igualársele Los del navío quedaron admirados, Taurisa atónita, el Príncipe confuso, el cual, á no pensar que era hermano de Auristela, el considerar que era varon le traspasaba el alma con la dura lanza de los celos, cuya punta se atreve á entrar por las del más agudo diamante; quiero decir, que los celos rompen toda seguridad y recato, aunque dél se armen los pechos enamorados. Finalmente, hecho el metamorfósis de Periandro, se hicieron un poco á la mar, para que de todo en todo de los bárbaros fuesen descubiertos La priesa con que Arnaldo quiso saber de Auristela no consintió en que preguntase primero á Periandro quién eran él y su hermana,

y por qué trances habian venido al miserable en que le habian hallado; que todo esto, segun buen discurso, habia de
preceder á la confianza que dél hacia; pero, como es propia
condicion de los amantes ocupar los pensamientos ántes en
buscar los medios de alcanzar el fin de su deseo, que en
otras curiosidades, no le dió lugar á que preguntase lo que
fuera bien que supiera, y lo que supo despues, cuando no le
estuvo bien el sabeilo. Alongados, pues, un tanto de la isla,
como se ha dicho, adornaron la nave con flámulas y gallardetes, que ellos azotando el aire y ellas besando las aguas,
heimosísima vista hacian: el mar tranquilo, el cielo claro,
el són de las chirimías y de otros instrumentos tan bélicos
como alegres suspendian los ánimos, y los báibaros, que de
no muy léjos lo miraban, quedaron más suspensos, y en un
momento coronaron la ribera, armados de arcos y saetas de
la grandeza que otra vez se ha dicho. Poco ménos de una
milla llegaba la nave á la isla, cuando disparando toda la
artillería, que traia mucha y gruesa, arrojó el esquife al
agua, y entrando en él Arnaldo, Taurisa y Periandro y
otros seis marineros, pusieron en una lanza un lienzo blanco, señal de que venian de paz (como es costumbre casi en
todas las naciones de la tierra), y lo que en ésta les sucedió
se cuenta en el capítulo que se sigue.

CAPITULO III

Vende Arnaldo á Periandro en la isla bárbara, vestido de mujer

Como se iba acercando el barco á la ribera, se iban api-
ñando los bárbaros, cada uno deseoso de sabei primero

qué fuese lo que en él venía, y en señal que lo recibirían
de paz, y no de guerra, sacaron muchos lienzos y los
campearon por el aire, tiraron infinitas flechas al viento, y
con increíble ligereza saltaban algunos de unas partes en
otras No pudo llegar el barco á abordar con la tierra, por
ser la mar baja, que en aquellas partes crece y mengua
como en las nuestras, pero los bárbaros hasta cantidad de
veinte se entraron á pié por la mojada arena, y llegaron á
él casi á tocarse con las manos Traían sobre los hombros á
una mujer bárbara, pero de mucha hermosura, la cual, ántes
que otro alguno hablase, dijo en lengua polaca · «A vosotros,
quien quiera que seais, pide nuestro príncipe, ó por mejor
decir, nuestro gobernador, que le digais quién sois, á qué
venis y qué es lo que buscais: si por ventura traeis alguna
doncella que vender, se os será muy bien pagada, pero si
son otras mercancías las vuestras, no las hemos menester,
porque en esta nuestra isla, merced al cielo, tenemos todo
lo necesario para la vida humana, sin tener necesidad de
salir á otra parte á buscarlo »

Entendióla muy bien Arnaldo, y preguntóle si era bárbara
de nacion, ó si acaso era de las compradas en aquella isla
A lo que le respondió · «Respóndeme tú á lo que he preguntado, que estos mis amos no gustan que en otras pláticas
me dilate, sino en aquellas que hacen al caso para su negocio » Oyendo lo cual Arnaldo, respondió «Nosotros somos
naturales del reino de Dinamarca, usamos el oficio de mercaderes y de cosarios, trocamos lo que podemos, vendemos
lo que nos compran, y despachamos lo que hurtamos, y
entre otras presas que á nuestras manos han venido, ha sido
la desta doncella (y señaló á Periandro), la cual, por ser una

de las más hermosas, ó por mejor decir, la más hermosa
del mundo, os la traemos á vender, que ya sabemos el efeto
para que las compran en esta isla; y si es que ha de salir
verdadero el vaticinio que vuestros sabios han dicho, bien
podeis esperar desta sin igual belleza y disposicion gallarda,
que os dará hijos hermosos y valientes.»

Oyendo esto algunos de los bárbaros, preguntaron á la
bárbara les dijese lo que decia, díjolo ella, y al momento se
partieron cuatro dellos, y fueron, á lo que pareció, á dar
aviso á su gobernador. En este espacio que volvian preguntó
Arnaldo á la bárbara si tenian algunas mujeres compradas
en la isla, y si habia alguna entre ellas de belleza tanta,
que pudiese igualar á la que ellos traian para vender. «No,
dijo la bárbara; porque, aunque hay muchas, ninguna dellas
se me iguala, porque en efeto yo soy una de las destinadas
para ser reina destos bárbaros, que sería la mayor desventura que me pudiese venir.» Volvieron los que habian ido á
la tierra, y con ellos otros muchos y su príncipe, que lo
mostró ser en el rico adorno que traia. Habíase echado sobre
el rostro un delgado y trasparente velo Periandro, por dar
de improviso, como rayo, con la luz de sus ojos en los
de aquellos bárbaros, que con grandísima atencion le estaban mirando. Habló el Gobernador con la bárbara, de que
resultó que ella dijo á Arnaldo que su príncipe decia que
mandase alzar el velo á su doncella. Hízose así, levantóse
en pié Periandro, descubrió el rostro, alzó los ojos al cielo,
mostró dolerse de su ventura, extendió los rayos de sus dos
soles á una y otra parte, que encontrándose con los del
bárbaro capitan, dieron con él en tierra; á lo ménos así lo
dió á entender el hincarse de rodillas, como se hincó, ado-

rando á su modo en la hermosa imágen que pensaba ser
mujer, y hablando con la bárbara, en pocas razones concertó la venta, y dió por ella todo lo que quiso pedir Arnaldo, sin replicar palabra alguna

Partieron todos los bárbaros á la isla, y en un instante
volvieron con infinitos pedazos de oro y con luengas sartas
de finísimas perlas, que sin cuenta y á monton confuso se
las entregaron á Arnaldo, el cual luego tomando de la mano
á Periandro, le entregó al bárbaro, y dijo á la intérprete dijese
á su dueño que dentro de pocos dias volveria á venderle
otra doncella, si no tan hermosa, á lo ménos tal, que pudiese
merecer ser comprada Abrazó Periandro á todos los que
en el barco venian, casi preñados los ojos de lágrimas, que
no le nacian de corazon afeminado, sino de la consideracion
de los rigurosos trances que por él habian pasado, hizo señal
Arnaldo á la nave que disparase la artillería, y el bárbaro á
los suyos que tocasen sus instrumentos, y en un instante
atronó el cielo la artillería y la música de los bárbaros, y
llenaron los aires de confusos y diferentes sones Con este
aplauso llevado en hombros de los bárbaros, puso los piés
en tierra Periandro, llegó á su nave Arnaldo y los que con
él venían, quedando concertado entre Periandro y Arnaldo
que si el viento no le forzase, procuraria no desviarse de la
isla sino lo que bastase para no ser della descubierto, y volver á ella á vender, si fuese necesario, á Taurisa, que con
la seña que Periandro le hiciese se sabria el sí ó el no del
hallazgo de Auristela, y en caso que no estuviese en la isla,
no faltaria traza para libertar á Periandro, aunque fuese mo-
viendo guerra á los bárbaros con todo su poder y el de sus
amigos

CAPITULO IV.

Traen á Auristela de la prision en traje de varon, para sacrificarla, muévese guerra
entre los bárbaros y pónese fuego á la isla Lleva un bárbaro español á su cueva
á Periandro, Auristela, Cloelia y la intérprete

Entre los que vinieron á concertar la compra de la doncella, vino con el capitan un bárbaro, llamado Bradamiro, de
los más valientes y más principales de toda la isla, menos-
preciador de toda ley, arrogante sobre la misma arrogancia,
y atrevido tanto como el mismo, porque no se hallaba con
quién compararlo. Este, pues, desde el punto que vió á Periandro, creyendo ser mujer, como todos lo creyeron, hizo
desinio en su pensamiento de escogerla para sí, sin esperar á que las leyes del vaticinio se probasen ó cumpliesen.

Así como puso los piés en la ínsula Periandro, muchos
bárbaros á porfía le tomaron en hombros, y con muestras
de infinita alegría le llevaron á una gran tienda, que entre
otras muchas pequeñas en un apacible y deleitoso prado
estaban puestas, todas cubiertas de pieles de animales, cuáles
domésticos, cuáles selváticos. La bárbara que habia servido
de intérprete de la compra y venta no se le quitaba del
lado, y con palabras y en lenguaje que él no entendia le
consolaba Ordenó luego el Gobernador que pasasen á la
ínsula de la prision, y trajesen de ella algun varon, si le hubiese, para hacer la prueba de su engañosa esperanza. Fué
obedecido al punto, y al mismo instante tendieron por el
suelo pieles curtidas, olorosas, limpias y lisas de animales,
para que de manteles sirviesen, sobre las cuales arrojaron y
tendieron sin concierto ni policía alguna diversos géneros

de frutas secas, y sentándose él y algunos de los principales bárbaros que allí estaban, comenzó á comer y á convidar por señas á Periandro que lo mismo hiciese. Sólo se quedó en pié Bradamiro, arrimado á su arco, clavados los ojos en la que pensaba ser mujer; rogóle el Gobernador se sentase, pero no quiso obedecerle, ántes dando un gran suspiro, volvió las espaldas y se salió de la tienda.

En esto llegó un bárbaro, que dijo al capitan que al tiempo que habian llegado él y otros cuatro para pasar á la prision, llegó á la marina una balsa, la cual traia un varon y á la mujer guardiana de la mazmorra, cuyas nuevas pusieron fin á la comida; y levantándose el capitan con todos los que allí estaban, acudió á ver la balsa. Quiso acompañarle Periandro, de lo que él fué muy contento. Cuando llegaron, ya estaban en tierra el prisionero y la custodia; miró atentamente Periandro, por ver si por ventura conocia al desdichado á quien su corta suerte habia puesto en el mismo extremo en que él se habia visto; pero no pudo verle el rostro de lleno en lleno, á causa que tenia inclinada la cabeza, y como de industria parecia que no dejaba verse de nadie, pero no dejó de conocer á la mujer que decian ser guardiana de la prision, cuya vista y conocimiento le suspendió el alma y le alborotó los sentidos, porque claramente, y sin poner duda en ello, conoció ser Cloelia, ama de su querida Auristela. Quisiérala hablar, pero no se atrevió, por no entender si acertaria ó no en ello; y así, reprimiendo su deseo como sus labios, estuvo esperando en lo que pararia semejante acontecimiento.

El Gobernador, con deseo de apresurar sus pruebas y dar felice compañía á Periandro, mandó que al momento se sacrificase aquel mancebo, de cuyo corazon se hiciesen los polvos de la ridícula y engañosa prueba. Asieron al momento del mancebo muchos bárbaros, sin más ceremonias que atarle un lienzo por los ojos, le hicieron hincar de rodillas, atándole por atras las manos; el cual, sin hablar palabra, como un manso cordero esperaba el golpe que le había de quitar la vida. Visto lo cual por la antigua Cloelia, alzó la voz, y con más aliento que de sus muchos años se esperaba comenzó á decir: «Mira ¡oh gran Gobernador! lo que haces, porque ese varon que mandas sacrificar, no lo es, ni puede aprovechar ni servir en cosa alguna á tu intencion, porque es la más hermosa mujer que puede imaginarse. Habla, hermosísima Auristela, y no permitas, llevada de la corriente de tus desgracias, que te quiten la vida, poniendo tasa á la providencia de los cielos, que te la pueden guardar y conservar, para que felizmente la goces.» A estas razones, los crueles bárbaros detuvieron el golpe, que ya la sombra del cuchillo se señalaba en la garganta del arrodillado. Mandó el capitan desatarle y dar libertad á las manos y luz á los ojos, y mirándole con atencion, le pareció ver el más hermoso rostro de mujer que hubiese visto, y juzgó, aunque bárbaro, que si no era el de Periandro, ninguno otro en el mundo podria igualársele.

¿Qué lengua podrá decir ó qué pluma escribir lo que sintió Periandro cuando conoció ser Auristela la condenada y la libre? Quitósele la vista de los ojos, cubriósele el corazon, y con pasos torcidos y flojos fué á abrazarse con Auristela, á quien dijo, teniéndola estrechamente entre sus brazos: «¡Oh querida mitad de mi alma, oh firme columna de mis esperanzas, oh prenda, que no sé si diga por mi bien ó por mi mal hallada, aunque no será sino por mi bien, pues de tu vista no puede proceder mal ninguno! Ves aquí á tu hermano Periandro»; y esta razon dijo con voz tan baja, que de nadie pudo ser oida, y prosiguió diciendo «Vive, señora y hermana mia, que en esta isla no hay muerte para las mujeres, y no quieras tú para contigo ser más cruel que sus moradores. Confia en los cielos, que pues te han librado hasta aquí de los infinitos peligros en que te debes de haber visto, te librarán de los que se pueden temer de aquí adelante.

—¡Ay hermano! respondió Auristela (que era la misma que por varon pensaba ser sacrificada), ¡ay hermano! replicó otra vez, y ¡cómo creo que éste en que nos hallamos ha de ser el último trance que de nuestras desventuras puede temerse! Suerte dichosa ha sido el hallarte, pero desdichada ser en tal lugar y en semejante traje.»

Lloraban entrambos; cuyas lágrimas vió el bárbaro Bradamiro, y creyendo que Periandro las vertia del dolor de la muerte de aquel, que pensó ser su conocido, pariente ó amigo, determinó de libertarle, aunque se pusiese á romper por todo inconveniente; y así, llegándose á los dos, asió de la una mano á Auristela y de la otra á Periandro, y con semblante amenazador y ademan soberbio, en alta voz dijo: «Ninguno sea osado, si es que estima en algo su vida, de tocar á estos dos áun en un solo cabello: esta doncella es mia, porque yo la quiero, y este hombre ha de ser libre, porque ella lo quiere.» Apénas hubo dicho esto, cuando el bárbaro Gobernador, indignado é impaciente sobremanera, puso una grande y aguda flecha en el arco, y desviándole de sí cuanto pudo extenderse el brazo izquierdo, puso la empulguera con el derecho junto al diestro oido, y disparó

la flecha con tan buen tino y con tanta furia, que en un instante llegó á la boca de Bradamiro, y se la cerró, quitándole
el movimiento de la lengua y sacándole el alma, con que
dejó admirados, atónitos y suspensos á cuantos allí estaban;
pero no hizo tan á su salvo el tiro tan atrevido como certero,
que no recibiese por el mismo estilo la paga de su atrevimiento; porque un hijo de Corsicurbo el bárbaro, que se
ahogó en el pasaje de Periandro, pareciéndole ser más ligeros sus piés que las flechas de su arco, en dos brincos se
puso junto al capitan, y alzando el brazo, le envainó en el
pecho un puñal, que aunque de piedra, era más fuerte y
agudo que si de acero forjado fuera. Cerró el capitan en
sempiterna noche los ojos, y dió con su muerte venganza á
la de Bradamiro; alborotó los pechos y los corazones de los
parientes de entrambos, puso las armas en las manos de todos, y en un instante, incitados de la venganza y cólera, comenzaron á enviar muertes en las flechas de unas partes á
otras. Acabadas las flechas, como no se acabaron las manos
ni los puñales, arremetieron los unos á los otros, sin respetar
el hijo al padre, ni el hermano al hermano, ántes, como si
de muchos tiempos atras fueran enemigos mortales por muchas injurias recebidas, con las uñas se despedazaban y con
los puñales se herian, sin haber quién los pusiese en paz.

Entre estas flechas, entre estas heridas, entre estos golpes
y entre estas muertes, estaban juntos la antigua Cloelia, la
doncella intérprete, Periandro y Auristela, todos apiñados y
todos llenos de confusion y de miedo. En mitad desta furia,
llevados en vuelo algunos bárbaros de los que debian de ser
de la parcialidad de Bradamiro, se desviaron de la contienda, y fueron á poner fuego á una selva que estaba allí cerca,

como á hacienda del Gobernador. Comenzaron á arder los
árboles y á favorecer la ira el viento, que aumentando las
llamas y el humo, todos temieron ser ciegos y abrasados
Llegábase la noche, que aunque fuera clara, se escureciera,
cuanto más siendo escura y tenebrosa, los gemidos de los
que morian, las voces de los que amenazaban, los estallidos
del fuego, no en los corazones de los bárbaros ponian miedo
alguno, porque estaban ocupados con la ira y la venganza,
poníanle, sí, en los de los miserables apiñados, que no sabian qué hacerse, adónde irse ó cómo valerse, y en esta
sazon tan confusa no se olvidó el cielo de socorrerles por tan
extraña novedad, que la tuvieron por milagro.

Ya casi cerrada la noche, y como se ha dicho, escura y
temerosa, y solas las llamas de la abrasada selva daban luz
bastante para divisar las cosas, cuando un bárbaro mancebo
se llegó á Periandro, y en lengua castellana, que dél fué bien
entendida, le dijo. «Sígueme, hermosa doncella, y di que ha-
gan lo mismo las personas que contigo están, que yo os pondré en salvo, si los cielos me ayudan » No le respondió
palabra Periandro, sino hizo que Auristela, Cloelia y la intérprete se animasen y le siguiesen, y así, pisando muertos y
hollando armas, siguieron al jóven bárbaro que les guiaba.
Llevaban las llamas de la ardiente selva á las espaldas, que
les servian de viento que el paso les aligerase, los muchos
años de Cloelia y los pocos de Auristela no permitian que al
paso de su guía tendiesen el suyo, viendo lo cual el bárbaro
robusto y de fuerzas, asió de Cloelia y se la echó al hombro,
y Periandro hizo lo mismo de Auristela, la intérprete, ménos
tierna, más animosa, con varonil brío los seguia Desta manera, cayendo y levantando, como decirse suele, llegaron á

la marina, y habiendo andado como una milla por ella hácia la banda del Norte, se entró el bárbaro por una espaciosa cueva, en quien la saca del mar entraba y salia. Pocos pasos anduvieron por ella, torciéndose á una y otra parte, estrechándose en una y alargándose en otra, ya agazapados, ya inclinados, ya agobiados al suelo, y ya en pié y derechos, hasta que salieron, á su parecer, á un campo raso, pues les pareció que podian libremente enderezarse, que así se lo dijo su guiador, no pudiendo verlo ellos por la escuridad de la noche, y porque las luces de los encendidos montes, que entónces con más rigor ardian, allí llegar no podian. «Bendito sea Dios, dijo el bárbaro en la misma lengua castellana, que nos ha traido á este lugar, que aunque en él se puede temer algun peligro, no será de muerte »

En esto vieron que hácia ellos venia corriendo una gran luz, bien así como cometa, ó por mejor decir, exhalacion que por el aire camina. Esperáranla con temor, si el bárbaro no dijera «Este es mi padre, que viene á recebirme.» Periandro, que aunque no muy despiertamente, sabia hablar la lengua castellana, le dijo : «El cielo te pague ¡oh ángel humano ó quien quiera que seas¡ el bien que nos has hecho, que aunque no sea otro que el dilatar nuestra muerte, lo tenemos por singular beneficio.» Llegó en esto la luz, que la traia uno, al parecer, bárbaro, cuyo aspecto la edad de poco más de cincuenta años le señalaba. Llegando, puso la luz en tierra, que era un grueso palo de tea, y á brazos abiertos se fué á su hijo, á quien preguntó en castellano que qué le habia sucedido, que con tal compañía volvia. «Padre, respondió el mozo, vamos á nuestro rancho; que hay muchas cosas que decir y muchas más que pensar : la isla se abrasa, casi todos los moradores de ella quedan hechos ceniza ó medio abrasados; estas pocas reliquias que aquí veis, por impulso del cielo las he hurtado á las llamas y al filo de los bárbaros puñales Vamos, señor, como tengo dicho, á nuestro rancho, para que la caridad de mi madre y de mi hermana se muestre y ejercite en acariciar á estos mis cansados y temerosos huéspedes.» Guió el padre, siguiéronle todos, animóse Cloelia, pues caminó á pié; no quiso dejar Periandro la hermosa carga que llevaba, por no ser posible que le diese pesadumbre, siendo Auristela, único bien suyo en la tierra

Poco anduvieron, cuando llegaron á una altísima peña, al pié de la cual descubrieron un anchísimo espacio ó cueva, á quien servian de techo y de paredes las mismas peñas Salieron, con teas encendidas en las manos, dos mujeres vestidas al traje bárbaro, la una muchacha de hasta quince años y la otra hasta treinta, ésta hermosa, pero la muchacha hermosísima La una dijo· «¡Ay padre y hermano mio!» y la otra no dijo más sino· «Seais bien venido, regalado hijo de mi alma» La intérprete estaba admirada de oir hablar en aquella parte, y á mujeres que parecian bárbaras, otra lengua de aquella que en la isla se acostumbraba, y cuando les iba á preguntar qué misterio tenia saber ellas aquel lenguaje, lo estorbó mandar el padre á su esposa y á su hija que aderezasen con lanudas pieles el suelo de la inculta cueva, ellas le obedecieron, arrimando á las paredes las teas, en un instante, solícitas y diligentes, sacaron de otra cueva que más adentro se hacia, pieles de cabras y ovejas y de otros animales, con que quedó el suelo adornado y se reparó el frio, que comenzaba á fatigarles

CAPITULO V

De la cuenta que dió de sí el bárbaro español a sus nuevos huéspedes

Presta y breve fué la cena, pero por cenarla sin sobresalto la hizo sabrosa Renovaron las teas, y aunque quedó ahumado el aposento, quedó caliente; las vajillas que en la cena sirvieron, ni fueron de plata ni de Pisa, las manos de la bárbara y bárbaro pequeños fueron los platos, y unas cortezas de árboles, un poco más agradables que de corcho, fueron los vasos. Quedóse Candía léjos, y sirvió en su lugar agua pura, limpia y frigidísima, quedóse dormida Cloelia, porque los luengos años más amigos son del sueño que de otra cualquiera conversacion, por gustosa que sea Acomodóla la bárbara grande en el segundo apartamiento, haciéndole de pieles, así colchones como frazadas, volvió á sentarse con los demas, á quien el español dijo en lengua castellana desta manera: «Puesto que estaba en razon que yo supiera primero, señores mios, algo de vuestra hacienda y sucesos ántes que os dijera los mios, quiero, por obligaros, que los sepais, porque los vuestros no se me encubran despues que los mios hubiéredes oido.

»Yo, segun la buena suerte quiso, nací en España, en una de las mejores provincias della: echáronme al mundo padres medianamente nobles, criáronme como ricos, llegué á las puertas de la gramática, que son aquellas por donde se entra á las demas ciencias, inclinóme mi estrella, si bien en parte á las letras, mucho más á las armas, no tuve amistad en mis verdes años ni con Céres ni con Baco, y así en

mí siempre estuvo Vénus fria. Llevado, pues, de mi inclinacion natural, dejé mi patria, y fuíme á la guerra que entónces
la majestad del césar Cárlos V hacia en Alemania contra
algunos potentados della, fuéme Marte favorable, alcancé
nombre de buen soldado, honróme el Emperador, tuve
amigos, y sobre todo, aprendí á ser liberal y bien criado,
que estas virtudes se aprenden en la escuela del Marte cristiano Volví á mi patria honrado y rico, con propósito de
estarme en ella algunos dias gozando de mis padres, que áun
vivian, y de los amigos que me esperaban, pero ésta que
llaman fortuna, que yo no sé lo que sea, envidiosa de mi
sosiego, volviendo la rueda que dicen que tiene, me derribó de su cumbre, adonde yo pensé que estaba puesto, al
profundo de la miseria en que me veo, tomando por instrumento para hacerlo á un caballero, hijo segundo de un ti-
tulado que junto á mi lugar el de su estado tenia.

»Este, pues, vino á mi pueblo á ver unas fiestas estando
en la plaza en una rueda ó corro de hidalgos y caballeros,
donde yo tambien hacia número, volviéndose á mí, con
ademan arrogante y risueño me dijo «Bravo estáis, señor
Antonio; mucho le ha aprovechado la plática de Flándes y
de Italia, porque en verdad que está bizarro, y sepa el buen
Antonio que yo le quiero mucho » Yo le respondí (porque
yo soy aquel Antonio) · «Beso á vuesa señoría las manos mil
veces por la merced que me hace; en fin, vuesa señoría hace
como quien es en honrar á sus compatriotas y servidores,
pero, con todo eso, quiero que vuesa señoría entienda que
las galas yo me las llevé de mi tierra á Flándes, y con la
buena crianza nací del vientre de mi madre; ansí que por
esto ni merezco ser alabado ni vituperado, y con todo, bueno

ó malo que yo sea, soy muy servidor de vuesa señoría, á quien suplico me honre, como merecen mis buenos deseos.» Un hidalgo que estaba á mi lado, grande amigo mio, me dijo, y no tan bajo que no lo pudo oir el caballero. «Mirad, amigo Antonio, cómo hablais; que al señor don Fulano no le llamamos acá señoría»; á lo que respondió el caballero, ántes que yo respondiese: «El buen Antonio habla bien, porque me trata al modo de Italia, donde en lugar de merced dicen señoría — Bien sé, dije yo, los usos y las ceremonias de cualquiera buena crianza; y el llamar á vuesa señoría, señoría, no es al modo de Italia, sino porque entiendo que el que me ha de llamar *vos* ha de ser señoría á modo de España; y yo, por ser hijo de mis obras y de padres hidalgos, merezco el *merced* de cualquier señoría, y quien otra cosa dijere (y esto echando mano á mi espada) está muy léjos de ser bien criado»; y diciendo y haciendo, le dí dos cuchilladas en la cabeza muy bien dadas, con que le turbé de manera, que no supo lo que le habia acontecido, ni hizo cosa en su desagravio que fuese de provecho, y yo sustenté la ofensa, estándome quédo con mi espada desnuda en la mano Pero pasándosele la turbacion, puso mano á su espada, y con gentil brío procuró vengar su injuria; mas yo no le dejé poner en efeto su honrada determinacion, ni á él la sangre que le corria de la cabeza, de una de las dos heridas

»Alborotáronse los circunstantes, pusieron mano contra mí, retiréme á casa de mis padres, contéles el caso, y advertidos del peligro en que estaba, me proveyeron de dineros y de un buen caballo, aconsejándome que me pusiese en cobro, porque me habia granjeado muchos, fuertes y poderosos enemigos; hícelo ansí, y en dos dias pisé la raya de

Aragon, donde respiré algun tanto de mi no vista priesa
En resolucion, con poco ménos diligencia me puse en Alemania, donde volví á servir al Emperador. Allí me avisaron
que mi enemigo me buscaba con otros muchos para matarme del modo que pudiese, temí este peligro, como era razon que lo temiese; volvíme á España, porque no hay mejor
asilo que el que promete la casa del mismo enemigo; vi
á mis padres de noche, tornáronme á proveer de dineros y
joyas, con que vine á Lisboa, y me embarqué en una nave
que estaba con las velas en alto para partirse en Inglaterra,
en la cual iban algunos caballeros ingleses, que habian venido, llevados de su curiosidad, á ver á España, y habiéndola
visto toda, ó por lo ménos las mejores ciudades della, se volvian á su patria

»Sucedió, pues, que yo me revolví sobre una cosa de poca
importancia con un marinero inglés, á quien fué forzoso
darle un bofeton, llamó este golpe la cólera de los demas
marineros y de toda la chusma de la nave, que comenzaron á tirarme todos los instrumentos arrojadizos que les vinieron á las manos; retiréme al castillo de popa, y tomé por
defensa á uno de los caballeros ingleses, poniéndome á sus
espaldas, cuya defensa me valió de modo, que no perdí
luego la vida, los demas caballeros sosegaron la turba, pero
fué con condicion que me arrojasen á la mar, ó que me
diesen el esquife ó barquilla de la nave, en que me volviese
á España ó á donde el cielo me llevase Hízose así. diéronme la barca, proveida con dos barriles de agua, uno de man-
teca y alguna cantidad de bizcocho, agradecí á mis valedores
la merced que me hacian, entré en la barca con solos dos
remos; alargóse la nave, vino la noche oscura, halléme solo

en la mitad de la inmensidad de aquellas aguas, sin tomar
otro camino que aquel que le concedia el no contrastar contra las olas ni contra el viento; alcé los ojos al cielo, enco-
mendéme á Dios con la mayor devocion que pude, miré al
Norte, por donde distinguí el camino que hacia, pero no
supe el paraje en que estaba. Seis dias y seis noches anduve
desta manera, confiando más en la benignidad de los cielos
que en la fuerza de mis brazos, los cuales ya cansados y sin
vigor alguno, del contínuo trabajo, abandonaron los remos,
que quité de los escalamos, y los puse dentro la barca, para
servirme dellos cuando el mar lo consintiese ó las fuerzas
me ayudasen. Tendíme de largo á largo de espaldas en la
barca, cerré los ojos, y en lo secreto de mi corazon no quedó
santo en el cielo á quien no llamase en mi ayuda; y en mitad deste aprieto y en medio desta necesidad (cosa dura de
creer) me sobrevino un sueño tan pesado, que borrándome
de los sentidos el sentimiento, me quedé dormido. tales son
las fuerzas de lo que pide y ha menester nuestra naturaleza;
pero allá en el sueño me representaba la imaginacion mil
géneros de muertes espantosas, pero todas en el agua, y en
algunas dellas me parecia que me comian lobos y despedazaban fieras, de modo que dormido y despierto era una
muerte dilatada mi vida

»Deste no apacible sueño me despertó con sobresalto una
furiosa ola del mar, que pasando por cima de la barca, la
llenó de agua, reconocí el peligro, volví como mejor pude
el mar al mar, torné á valerme de los remos, que ninguna
cosa me aprovecharon, vi que el mar se ensorberbecia, azo-
tado y herido de un viento ábrego, que en aquellas partes
parece que más que en otros mares muestra su poderío; vi

que era simpleza oponer mi débil barca á su furia, y mis
flacas y desmayadas fuerzas á su rigor, y así, torné á recoger los remos y á dejar correr la barca por donde las olas
y el viento quisiesen llevarla. Reiteré plegarias, añadí promesas, aumenté las aguas del mar con las que derramaba de
mis ojos, no de temor de la muerte, que tan cercana se me
mostraba, sino por el de la pena que mis malas obras merecian, finalmente, no sé á cabo de cuántos dias y noches que
anduve vagamundo por el mar, siempre más inquieto y alterado, me vine á hallar junto á una isla despoblada de gente
humana, aunque llena de lobos, que por ella á manadas
discurrian. Lleguéme al abrigo de una peña que en la ribera estaba, sin osar saltar en tierra, por temor de los animales que habia visto; comí del bizcocho, ya remojado, que la
necesidad y la hambre no reparan en nada; llegó la noche,
ménos escura que habia sido la pasada; pareció que el mar
se sosegaba, y prometia más quietud el venidero dia, miré
al cielo, vi las estrellas con aspecto de prometer bonanza en
las aguas y sosiego en el aire.

»Estando en esto, me pareció por entre la dudosa luz de
la noche que la peña que me servia de puerto se coronaba
de los mismos lobos que en la marina habia visto, y que
uno de ellos (como es la verdad) me dijo en voz clara y
distinta y en mi propia lengua: «Español, hazte á lo largo,
y busca en otra parte tu ventura, si no quieres en ésta morir hecho pedazos por nuestras uñas y dientes, y no preguntes quién es el que esto te dice, sino da gracias al cielo de
que has hallado piedad entre las mismas fieras.» Si quedé
espantado ó no, á vuestra consideracion lo dejo, pero no fué
bastante la turbacion mia para dejar de poner en obra el

consejo que se me habia dado apreté los escalamos, até los remos, esforcé los brazos y salí al mar descubierto, mas, como suele acontecer que las desdichas y aflicciones turban la memoria de quien las padece, no os podré decir cuántos fueron los dias que anduve por aquellos mares, tragando, no una, sino mil muertes á cada paso, hasta que arrebatada mi barca en los brazos de una terrible borrasca, me hallé en esta isla, donde dí al traves con ella, en la misma parte y lugar adonde está la boca de la cueva por donde aquí entrastes Llegó la barca á dar casi en seco por la cueva adentro, pero volvíala á sacar la resaca, viendo yo lo cual, me arrojé della, y clavando las uñas en la arena, no dí lugar á que la resaca al mar me volviese; y aunque con la barca me llevaba el mar la vida, pues me quitaba la esperanza de cobrarla, holgué de mudar género de muerte y quedarme en tierra, que, como se dilate la vida, no se desmaya la esperanza »

A este punto llegaba el bárbaro español, que este título le daba su traje, cuando en la estancia más adentro, donde habian dejado á Cloelia, se oyeron tiernos gemidos y sollozos; acudieron al instante con luces Auristela, Periandro y todos los demas á ver qué sería, y hallaron que Cloelia, arrimadas las espaldas á la peña, sentada en las pieles, tenia los ojos clavados en el cielo y casi quebrados. Llegóse á ella Auristela, y á voces compasivas y dolorosas le dijo: «¿Qué es esto, ama mia? ¿Cómo, y es posible que me quereis dejar en esta soledad y á tiempo que más he menester valerme de vuestros consejos?» Volvió en sí algun tanto Cloelia, y tomando la mano de Auristela, le dijo «Ves ahí, hija de mi alma, lo que tengo tuyo, yo quisiera que mi vida durára

hasta que la tuya se viera en el sosiego que merece, pero si
no lo permite el cielo, mi voluntad se ajusta con la suya, y
de la mejor que es en mi mano le ofrezco mi vida. Lo que
te ruego es, señora mia, que cuando la buena suerte quisiere (que sí querrá) que te veas en tu estado, y mis padres
áun fueren vivos, ó alguno de mis parientes, les digas cómo
yo muero cristiana en la fe de Jesucristo y en la que tiene,
que es la misma, la Santa Iglesia católica romana, y no te
digo más, porque no puedo » Esto dicho, y muchas veces
pronunciando el nombre de Jesus, cerró los ojos en tenebrosa noche, á cuyo espectáculo tambien cerró los suyos
Auristela con un profundo desmayo, hiciéronse fuentes los
de Periandro, y rios los de todos los circunstantes Acudió
Periandro á socorrer á Auristela, la cual vuelta en sí, acrecentó las lágrimas y comenzó suspiros nuevos, y dijo razones que movieran á lástima á las piedras. Ordenóse que otro
dia la sepultasen, y quedando en guarda del cuerpo muerto
la doncella bárbara y su hermano, los demas se fueron á
reposar lo poco que de la noche les faltaba.

CAPITULO VI

Donde el bárbaro español prosigue su historia

Tardó aquel dia en mostrarse al mundo, al parecer, más
de lo acostumbrado, á causa que el humo y pavesas del incendio de la isla, que áun duraba, impedia que los rayos del
sol por aquella parte no pasasen á la tierra, mandó el bárbaro español á su hijo que saliese de aquel sitio, como otras
veces solia, y se informase de lo que en la isla pasaba Con

alborotado sueño pasaron los demas aquella noche, porque el dolor y sentimiento de la muerte de su ama Cloelia no consintió que Auristela durmiese, y el no dormir de Auristela tuvo en contínua vigilia á Periandro, el cual con Auristela salió al raso de aquel sitio, y vió que era hecho y fabricado de la naturaleza, como si la industria y el arte le hubieran compuesto. Era redondo, cercado de altísimas y peladas peñas, y á su parecer tanteó que bojaba poco más de una legua; todo lleno de árboles silvestres, que ofrecian frutos, si bien ásperos, comestibles á lo ménos Estaba crecida la yerba, porque las muchas aguas que de las peñas salian las tenian en perpétua verdura, todo lo cual le admiraba y suspendia, y llegó en esto el bárbaro español y dijo . «Venid, señores, y darémos sepultura á la difunta, y fin á mi comenzada historia.» Hiciéronlo así, y enterraron á Cloelia en lo hueco de una peña, cubriéndola con tierra y con otras peñas menores. Auristela le rogó que le pusiese una cruz encima, para señal de que aquel cuerpo habia sido cristiano, el español respondió que él traeria una gran cruz que en su estancia tenia, y la pondria encima de aquella sepultura, diéronle todos el último vale, renovó el llanto Auristela, cuyas lágrimas sacaron al momento las de los ojos de Periandro

En tanto pues que el mozo bárbaro volvia, se volvieron todos á encerrar en el cóncavo de la peña donde habian dormido, por defenderse del frio, que con rigor amenazaba, y habiéndose sentado en las blandas pieles, pidió el bárbaro silencio, y prosiguió su cuento en esta forma

«Cuando me dejó la barca en que venia, en la arena, y la mar tornó á cobrarla, ya dije que con ella se me fué la esperanza de la libertad, pues áun ahora no la tengo de cobrarla. Entré aquí dentro, vi este sitio, y parecióme que la naturaleza le había hecho y formado para ser teatro donde se representase la tragedia de mis desgracias. Admiróme el no ver gente alguna, sino algunas cabras monteses y animales pequeños de diversos géneros. rodeé todo el sitio, hallé esta cueva cavada en estas peñas, y señaléla para mi morada, finalmente, habiéndolo rodeado todo, volví á la entrada que aquí me había conducido, por ver si oía voz humana ó descubría quién me dijese en qué parte estaba, y la buena suerte y los piadosos cielos, que áun del todo no me tenían olvidado, me depararon una muchacha bárbara de hasta edad de quince años, que por entre las peñas, riscos y escollos de la marina, pintadas conchas y apetitoso marisco andaba buscando. Pasmóse viéndome, pegáronsele los piés en la arena, soltó las cogidas conchuelas y derramósele el marisco, y cogiéndola entre mis brazos sin decirla palabra, ni ella á mí tampoco, me entré por la cueva adelante y la truje á este mismo lugar donde agora estamos, púsela en el suelo, beséle las manos, halaguéle el rostro con las mías, y hice todas las señales y demostraciones que pude para mostrarme blando y amoroso con ella.

»Ella, pasado aquel primer espanto, con atentísimos ojos me estuvo mirando, y con las manos me tocaba todo el cuerpo, y de cuando en cuando, ya perdido el miedo, se reía y me abrazaba, y sacando del seno una manera de pan hecho á su modo, que no era de trigo, me lo puso en la boca, y en su lengua me habló, y á lo que despues acá he sabido, en lo que decía me rogaba que comiese. Yo lo hice ansí, porque lo había bien menester; ella me asió por la mano y me llevó á aquel arroyo que allí está, donde asimismo por señas me rogó que bebiese. Yo no me hartaba de miraila, pareciéndome ántes ángel del cielo que báibara de la tieria. Volví á la entiada de la cueva, y allí con señas y con palabras, que ella no entendia, le supliqué, como si ella las entendieia, que volviese á verme: con esto la abracé de nuevo, y ella, simple y piadosa, me besó en la frente y me hizo claias y ciertas señas de que volveria á verme Hecho esto, torné á pisai este sitio, y á requeiir y piobar la fruta de que algunos árboles estaban cargados, y hallé nueces y avellanas y algunas peras silvestres Dí gracias á Dios del hallazgo, y alenté las desmayadas esperanzas de mi remedio; pasé aquella noche en este mismo lugar, esperé el dia, y en él esperé tambien la vuelta de mi bárbara hermosa, de quien comencé á temer y á recelar que me habia de descubrir y entregaime á los bárbaros, de quien imaginé estar llena esta isla; pero sacóme deste temor el verla volver, algo entrado el dia, bella como el sol, mansa como una cordeia, no acompañada de bárbaros que me prendiesen, sino cargada de bastimentos que me sustentasen »

Aquí llegaba de su historia el español gallardo, cuando llegó el que habia ido á saber lo que en la isla pasaba, el cual dijo que casi toda estaba abrasada, y todos ó los más de los bárbaros muertos, unos á hierro y otros á fuego, y que si algunos habia vivos, eran los que en algunas balsas de madeios se habian entrado al mar por huir en el agua el fuego de la tierra; que bien podian salir de allí, y pasear la isla poi la parte que el fuego les diese licencia, y que cada uno pensase qué iemedio se tomaria para escapar de aquella tieira maldita, que poi allí cerca habia otias islas, de gente ménos bárbara habitadas, que quizá mudando de lugar, mudarian de ventura

«Sosiégate, hijo, un poco, que estoy dando cuenta á estos señores de mis sucesos, y no me falta mucho, aunque mis desgracias son infinitas.

—No te canses, señor mio, dijo la bárbara grande, en referirlos tan por extenso; que podrá ser que te canses ó que canses; déjame á mí que cuente lo que queda, á lo ménos hasta este punto en que estamos

—Soy contento, respondió el español, porque me le dará muy grande el ver cómo las relatas

—Es pues el caso, replicó la bárbara, que mis muchas entradas y salidas en este lugar le dieron bastante para que de mí y de mi esposo naciese esta muchacha y este niño. Llamo esposo á este señor, porque ántes que me conociese del todo, me dió palabra de serlo, al modo que él dice que se usa entre verdaderos cristianos, hame enseñado su lengua, y yo á él la mia, y en ella ansimismo me enseñó la ley católica cristiana. Dióme agua de bautismo en aquel arroyo, aunque no con las ceremonias que él me ha dicho que en su tierra se acostumbran, declaróme su fe como él la sabe, la cual yo asenté en mi alma y en mi corazon, donde le he dado el crédito que he podido darle creo en la Santísima Trinidad, Dios Padre, Dios Hijo y Dios Espíritu Santo, tres personas distintas y que todas tres son un solo Dios verdadero, y que aunque es Dios el Padre, y Dios el Hijo, y Dios el Espíritu Santo, no son tres dioses distintos y apartados, sino un solo Dios verdadero, finalmente, creo todo lo que tiene y cree la Santa Iglesia católica romana, regida por el Espíritu Santo y gobernada por el Sumo Pontífice, vicario y visorey de Dios en la tierra, sucesor legítimo de San Pedro, su primer pastor despues de Jesucristo, primero y universal pastor de su esposa la Iglesia. Díjome grandezas de la siempre Vírgen María, Reina de los cielos y Señora de los ángeles y nuestra, tesoro del Padre, relicario del Hijo y amor del Espíritu Santo, amparo y refugio de los pecadores. Con éstas, me ha enseñado otras cosas, que no las digo por parecerme que las dichas bastan para que entendais que soy católica cristiana

»Yo, simple y compasiva, le entregué un alma rústica, y él (merced á los cielos) me la ha vuelto discreta y cristiana, entreguéle mi cuerpo, no pensando que en ello ofendia á nadie, y deste entrego resultó haberle dado dos hijos como los que aquí veis, que acrecientan el número de los que alaban al Dios verdadero. En veces le truje alguna cantidad de oro de lo que abunda esta isla, y algunas perlas que yo tengo guardadas, esperando el dia, que ha de ser tan dichoso, que nos saque desta prision, y nos lleve á donde con libertad y certeza y sin escrúpulo seamos unos de los del rebaño de Cristo, en quien adoro en aquella cruz que allí veis. Esto que he dicho me pareció á mí era lo que le faltaba por decir á mi señor Antonio», que así se llamaba el español bárbaro, el cual dijo· «Dices verdad, Ricla mia», que este era el propio nombre de la bárbara, con cuya variable historia admiraron á los presentes, y despertaron mil alabanzas que les dieron, y mil buenas esperanzas que les anunciaron, especialmente Auristela, que quedó aficionadísima á las dos bárbaras, madre y hija.

El mozo bárbaro, que tambien, como su padre, se llamaba Antonio, dijo á esta sazon no ser bien estar allí ociosos, sin

dar traza y órden como salir de aquel encerramiento, porque si el fuego de la isla, que á más andar ardia, sobrepu-
jase las altas sierras, ó traidas del viento, cayesen en aquel
sitio, todos se abrasarian.

«Dices verdad, hijo, respondió el padre.

—Soy de parecer, dijo Ricla, que aguardemos dos dias,
porque de una isla que está tan cerca desta, que algunas
veces, estando el sol claro y el mar tranquilo, alcanza la
vista á verla, della vienen á ésta sus moradores á vender y
á trocar lo que tienen con lo que tenemos, y á trueco por
trueco. Yo saldré de aquí, y pues ya no hay nadie que me
escuche ó que me impida, pues ni oyen ni impiden los
muertos, concertaré que me vendan una barca por el precio que quisieren, que la he menester para escaparme con
mis hijos y mi marido, que encerrados en una cueva tengo,
de la riguridad del fuego, pero quiero que sepais que estas
barcas son fabricadas de madera y cubiertas de cueros fuertes de animales, bastantes á defender que no éntre agua por
los costados, pero, á lo que he visto y notado, nunca ellos
navegan sino con mar sosegado, y no traen aquellos lienzos
que he visto que traen otras barcas, que suelen llegar á
nuestras riberas á vender doncellas ó varones para la vana
supersticion que habiéis oido decir que en esta isla há muchos tiempos que se acostumbra, por donde vengo á entender que estas tales barcas no son buenas para fiarlas del mar
grande, y de las borrascas y tormentas que dicen que suceden á cada paso.» A lo que añadió Periandro «¿No ha
usado el señor Antonio deste remedio en tantos años como
há que está aquí encerrado?

—No, respondió Ricla, porque no me han dado lugar

los muchos ojos que miran, para poder concertarme con los dueños de las barcas, y por no poder hallar excusa que dar para la compra

—Así es, dijo Antonio, y no por no fiarme de la debilidad de los bajeles, pero agora, que me ha dado el cielo este consejo, pienso tomarle, y mi hermosa Ricla estará atenta á ver cuándo vengan los mercaderes de la otra isla, y sin reparar en precio, comprará una barca con todo el necesario matalotaje, diciendo que la quiere para lo que tiene dicho »

En resolucion, todos vinieron en este parecer, y saliendo de aquel lugar, quedaron admirados de ver el estrago que el fuego había hecho y las armas: vieron mil diferentes géneros de muertes, de quien la cólera, sinrazon y enojo suelen ser inventores; vieron asimismo que los bárbaros que habian quedado vivos, recogiéndose á sus balsas, desde léjos estaban mirando el riguroso incendio de su patria, y algunos se habian pasado á la isla que servia de prision á los cautivos. Quisiera Auristela que pasaran á la isla, á ver si en la escura mazmorra quedaban algunos, pero no fué menester, porque vieron venir una balsa, y en ella hasta veinte personas, cuyo traje dió á entender ser los miserables que en la mazmorra estaban. Llegaron á la marina, besaron la tierra y casi dieron muestras de adorar al fuego, por haberles dicho el bárbaro que los sacó del calabozo escuro, que la isla se abrasaba y que ya no tenian que temer á los bárbaros Fueron recebidos de los libres amigablemente, y consolados en la mejor manera que les fué posible ; algunos contaron sus miserias, y otros las dejaron en silencio, por no hallar palabras para decirlas. Ricla se admiró de que hubiese habido bárbaro tan piadoso que los sacase, y de que

no hubiesen pasado á la isla de la prision parte de aquellos
que á las balsas se habian recogido. Uno de los prisioneros
dijo que el bárbaro que los habia libertado (en lengua ita-
liana) les habia dicho todo el suceso miserable de la abrasada isla, aconsejándoles que pasasen á ella á satisfacerse de
sus trabajos con el oro y perlas que en ella hallarian, y que
él vendria en otra balsa que allá quedaba, á tenerles compañía y á dar traza en su libertad.

Los sucesos que contaron fueron tan diferentes, tan extraños y tan desdichados, que unos les sacaban las lágrimas
á los ojos, y otros la risa del pecho. En esto vieron venir
hácia la isla hasta seis barcas de aquellas de quien Ricla
habia dado noticia: hicieron escala, pero no sacaron mercadería alguna, por no parecer bárbaro que la comprase. Concertó Ricla todas las barcas con las mercancías, sin tener
intencion de llevarlas; no quisieron venderle sino las cuatro,
porque les quedasen dos para volverse; hízose el precio con
liberalidad notable, sin que en él hubiese tanto más cuanto.
Fué Ricla á su cueva, y en pedazos de oro no acuñado,
como se ha dicho, pagó todo lo que quisieron: dieron dos
barcas á los que habian salido de la mazmorra, y en otras
dos se embarcaron; en la una todos los bastimentos que pudieron recoger, con cuatro personas de las recien libres, y
en la otra se entraron Auristela, Periandro, Antonio el padre y Antonio el hijo, con la hermosa Ricla y la discreta
Transila, y la gallarda Constanza, hija de Ricla y de Antonio. Quiso Auristela ir á despedirse de los huesos de su
querida Cloelia: acompañáronla todos, lloró sobre la sepultura, y entre lágrimas de tristeza y entre muestras de alegría volvieron á embarcarse, habiendo primero en la marina

hincádose de rodillas, y suplicado al cielo con tierna y devota oracion les diese feliz viaje y los enseñase el camino que tomarian.

Sirvió la barca de Periandro de capitana, á quien siguieron los demas, y al tiempo que querian dar los remos al agua, porque velas no las tenian, llegó á la orilla del mar un bárbaro gallardo, que á grandes voces en lengua toscana dijo: «Si por ventura sois cristianos los que vais en esas barcas, recoged á éste, que lo es y por el verdadero Dios os lo suplica.» Uno de las otras barcas dijo «Este bárbaro, señores, es el que nos sacó de la mazmorra, si quereis corresponder á la bondad que parece que teneis (y esto encaminando su plática á los de la barca primera), bien será que le pagueis el bien que nos hizo, con el que le haceis recogiéndole en nuestra compañía.» Oyendo lo cual Periandro, le mandó llegase su barca á tierra y le recogiese en la que llevaba los bastimentos. Hecho esto, alzaron las voces con alegres acentos, y tomando los remos en las manos, dieron alegre principio á su viaje.

CAPITULO VII

Navegan desde la isla bárbara á otra isla que descubrieron

Cuatro millas, poco más ó ménos, habrian navegado las cuatro barcas, cuando descubrieron una poderosa nave, que con todas las velas tendidas y viento en popa parecia que venia á embestirles. Periandro dijo, habiéndola visto: «Sin duda este navío debe ser el de Arnaldo, que vuelve á saber de mi suceso, y tuviéralo yo por muy bueno agora no verle.»

Habia ya contado Periandro á Auristela todo lo que con Arnaldo le habia pasado, y lo que entre los dos dejaron concertado Turbóse Auristela, que no quisiera volver al poder de Arnaldo, de quien habia dicho, aunque breve y sucintamente, lo que en un año que estuvo en su poder le habia acontecido, ni quisiera ver juntos á los dos amantes, que puesto que Arnaldo estaria seguro con el fingido hermanazgo suyo y de Periandro, todavía el temor de que podia ser descubierto el parentesco la fatigaba, y más que ¿quién le quitaria á Periandro no estar celoso viendo á los ojos tan poderoso contrario? que no hay discrecion que valga, ni amorosa fe que asegure el enamorado pecho, cuando por su desventura entran en él celosas sospechas. Pero de todas éstas le aseguró el viento, que volvió en un instante el soplo, que daba de lleno y en popa á las velas en contrario, de modo que á vista suya y en un momento breve dejó la nave derribar las velas de alto abajo, y en otro instante, casi invisible, las izaron y levantaron hasta las gavias, y la nave comenzó á correr en popa por el contrario rumbo que venia, alongándose de las barcas con toda priesa

Respiró Auristela, cobró nuevo aliento Periandro; pero los demas que en las barcas iban quisieran mudarlas, entrándose en la nave, que por su grandeza, más seguridad de las vidas y más felice viaje pudiera prometerles En ménos de dos horas se les encubrió la nave, á quien quisieran seguir si pudieran; mas no les fué posible, ni pudieron hacer otra cosa que encaminarse á una isla, cuyas altas montañas, cubiertas de nieve, hacian parecer que estaban cerca, distando de allí más de seis leguas. Cerraba la noche algun tanto escura, picaba el viento largo y en popa, que fué mucho alivio

á los brazos, que volviendo á tomar los remos, se dieron
priesa á tomar la isla. La media noche sería, segun el tanteo
que el bárbaro Antonio hizo del Norte y de las guardas,
cuando llegaron á ella, y por herir blandamente las aguas
en la orilla, y ser la resaca de poca consideracion, dieron
con las barcas en tierra, y á fuerza de brazos las vararon

Era la noche fria de tal modo, que les obligó á buscar
reparos para el hielo, pero no hallaron ninguno Ordenó
Periandro que todas las mujeres se entrasen en la barca capitana, y apiñándose en ella, con la compañía y estrecheza
templasen el frio; hízose así, y los hombres hicieron cuerpo
de guarda á la barca, paseándose como centinelas de una
parte á otra, esperando el dia para descubrir en qué parte
estaban, porque no pudieron saber por entónces si era ó no
despoblada la isla, y como es cosa natural que los cuidados
destierren el sueño, ninguno de aquella cuidadosa compañía
pudo cerrar los ojos; lo cual visto por el bárbaro Antonio,
dijo al bárbaro italiano que para entretener el tiempo, y no
sentir tanto la pesadumbre de la mala noche, fuese servido
de entretenerles contándoles los sucesos de su vida, porque
no podian dejar de ser peregrinos y raros, pues en tal traje y
en tal lugar le habian puesto. «Haré yo eso de muy buena
gana, respondió el bárbaro italiano, aunque temo que por
ser mis desgracias tantas, tan nuevas y tan extraordinarias,
no me habeis de dar crédito alguno » A lo que dijo Periandro «En las que á nosotros nos han sucedido nos hemos
ensayado y dispuesto á creer cuantas nos contaren, puesto
que tengan más de lo imposible que de lo verdadero

—Lleguémonos aquí, respondió el bárbaro, al borde desta
barca, donde están esas señoras; quizá alguna al són de la

voz de mi cuento se quedará dormida, y quizá alguna, desterrando el sueño, se mostrará compasiva, que es alivio al que cuenta sus desventuras ver ó oir que hay quien se duela dellas

—A lo ménos por mí, respondió Ricla de dentro de la barca, y á pesar del sueño, tengo lágrimas que ofrecer á la compasion de vuestra corta suerte del largo tiempo de vuestras fatigas.» Casi lo mismo dijo Auristela, y así todos rodearon la barca, y con atento oido estuvieron escuchando lo que el que parecia bárbaro decia; el cual comenzó su historia desta manera

CAPITULO VIII

Donde Rutilio da cuenta de su vida

«Mi nombre es Rutilio, mi patria Sena, una de las más famosas ciudades de Italia, mi oficio maestro de danzar, único en él, y venturoso, si yo quisiera Habia en Sena un caballero rico, á quien el cielo dió una hija más hermosa que discreta, á la cual trató de casar su padre con un caballero florentin, y por entregársela adornada de gracias adquiridas, ya que las del entendimiento le faltaban, quiso que yo la enseñase á danzar; que la gentileza, gallardía y disposicion del cuerpo, en los bailes honestos más que en otros pasos se señalan, y á las damas principales les está muy bien saberlos, para las ocasiones forzosas que les pueden suceder. Entré á enseñarla los movimientos del cuerpo, pero movíla los del alma, pues como no discreta, como he dicho, rindió la suya á la mia, y la suerte, que de corriente larga traia

encaminadas mis desgracias, hizo que para que los dos nos
gozásemos, yo la sacase de en casa de su padre, y la llevase
á Roma, pero, como el amor no da baratos sus gustos, y
los delitos llevan á las espaldas el castigo, pues siempre se
teme, en el camino nos prendieron á los dos, por la diligencia que su padre puso en buscarnos. Su confesion y la
mia, que fué decir que yo llevaba á mi esposa, y ella se iba
con su marido, no fué bastante para no agravar mi culpa,
tanto, que obligó al juez, movió y convenció á sentenciarme
á muerte

»Apartáronme en la prision con los ya condenados á ella
por otros delitos no tan honrados como el mio. Visitóme
en el calabozo una mujer, que decian estaba presa por
fatucherie, que en castellano se llaman *hechiceras*, que la al-
caidesa de la cárcel habia hecho soltar de las prisiones, y
llevádola á su aposento, á título de que con yerbas y palabras habia de curar á una hija suya de una enfermedad
que los médicos no acertaban á curarla. Finalmente, por
abreviar mi historia (pues no hay razonamiento que, aunque
sea bueno, siendo largo lo parezca), viéndome yo atado y
con el cordel á la garganta, sentenciado al suplicio, sin órden ni esperanza de remedio, dí el sí á lo que la hechicera
me pidió, de ser su marido si me sacaba de aquel trabajo.
Díjome que no tuviese pena; que aquella misma noche del
dia que sucedió esta plática, ella romperia las cadenas y los
cepos, y á pesar de otro cualquier impedimento, me pondria
en libertad y en parte donde no me pudiesen ofender mis
enemigos, aunque fuesen muchos y poderosos. Túvela, no
por hechicera, sino por ángel que enviaba el cielo para mi
remedio, esperé la noche, y en la mitad de su silencio llegó

á mí, y me dijo que asiese de la punta de una caña que me
puso en la mano, diciéndome la siguiese. Turbéme algun
tanto, pero, como el interes era tan grande, moví los piés
para seguirla, y hallélos sin grillos y sin cadenas, y las puertas de toda la prision de par en par abiertas, y los prisioneros
y guardas en profundísimo sueño sepultados.

»En saliendo á la calle, tendió en el suelo mi guiadora un
manto, y mandóme que pusiese los piés en él, me dijo que
tuviese buen ánimo, que por entónces dejase mis devociones
Luego vi mala señal, luego conocí que queria llevarme
por los aires, y aunque, como cristiano bien enseñado, tenia
por burla todas estas hechicerías (como es razon que se
tengan), todavía el peligro de la muerte, como ya he dicho,
me dejó atropellar por todo, y en fin puse los piés en la
mitad del manto, y ella ni más ni ménos, murmurando
unas razones que yo no pude entender, y el manto comenzó
á levantarse en el aire, y yo comencé á temer poderosamen-
te, y en mi corazon no tuvo santo la letanía á quien no
llamase en mi ayuda. Ella debió de conocer mi miedo y
presentir mis rogativas, y volvióme á mandar que las dejase
«¡Desdichado de mí! dije, ¿qué bien puedo esperar, si se me
niega el pedirle á Dios, de quien todos los bienes vienen?»
En resolucion, cerré los ojos y dejéme llevar de los diablos,
que no son otras las postas de las hechiceras, y al parecer,
cuatro horas, ó poco más, habia volado, cuando me hallé,
al crepúsculo del dia, en una tierra no conocida.

»Tocó el manto el suelo, y mi guiadora me dijo. «En
parte estás, amigo Rutilio, que todo el género humano no
podrá ofenderte»; y diciendo esto, comenzó á abrazarme no
muy honestamente. Apartéla de mí con los brazos, y como

mejor pude, divisé que la que me abrazaba era una figura de
lobo, cuya visión me heló el alma, me turbó los sentidos
y dió con mi mucho ánimo al través; pero, como suele
acontecer que en los grandes peligros la poca esperanza de
vencerlos saca del ánimo desesperadas fuerzas, las pocas
mías me pusieron en la mano un cuchillo que acaso en el
seno traía, y con furia y rabia se le hinqué por el pecho á
la que pensé ser loba, la cual, cayendo en el suelo, perdió
aquella fea figura, y hallé muerta y corriendo sangre á la
desventurada encantadora

»Considerad, señores, cuál quedaría yo en tierra no conocida y sin persona que me guiase Estuve esperando el
día muchas horas, pero nunca acababa de llegar, ni por los
horizontes se descubría señal de que el sol viniese. Apartéme de aquel cadáver, porque me causaba horror y espanto
el tenerle cerca de mí, volvía muy á menudo los ojos al
cielo, contemplaba el movimiento de las estrellas, y pare-
cíame, según el curso que habían hecho, que ya había de
ser de día Estando en esta confusión, oí que venía hablando,
por junto de donde estaba, alguna gente, y así fué verdad, y
saliéndoles al encuentro, les pregunté en mi lengua toscana
que me dijesen qué tierra era aquella, y uno dellos, asimismo
en italiano, me respondió : «Esta tierra es Noruega; pero
¿quién eres tú, que lo preguntas, y en lengua que en estas
partes hay muy pocos que la entiendan?

»—Yo soy, respondí, un miserable que por huir de la
muerte he venido á caer en sus manos», y en breves razones le dí cuenta de mi viaje, y áun de la muerte de la
hechicera, mostró condolerse el que me hablaba, y díjome:
«Puedes, buen hombre, dar infinitas gracias al cielo por

haberte librado del poder destas maléficas hechiceras, de las cuales hay mucha abundancia en estas setentrionales partes Cuéntase dellas que se convierten en lobos, así machos como hembras, porque de entrambos géneros hay maléficos y encantadores. Cómo esto pueda ser, yo lo ignoro, y como cristiano que soy católico, no lo creo, pero la experiencia me muestra lo contraio, lo que puedo alcanzar es, que todas estas trasformaciones son ilusiones del demonio y permision de Dios, y castigo de los abominables pecados deste maldito género de gente.»

»Preguntéle qué hora podria ser, porque me parecia que la noche se alargaba, y el dia nunca venia. Respondióme que en aquellas partes remotas se repartia el año en cuatro tiempos: tres meses habia de noche escura, sin que el sol pareciese en la tierra en manera alguna, y tres meses habia de crepúsculo del dia, sin que bien fuese noche ni bien fuese dia; otros tres meses habia de dia claro continuado, sin que el sol se escondiese, y otros tres de crepúsculo de la noche, y que la sazon en que estaban era la del crepúsculo del dia; así que, esperar la claridad del sol por entónces era esperanza vana, y que tambien lo sería esperar yo volver á mi tierra tan presto, si no fuese cuando llegase la sazon del dia grande, en la cual parten navíos destas partes á Inglaterra, Francia y España con algunas mercancías Preguntóme si tenia algun oficio en que ganar de comer, miéntras llegaba tiempo de volverme á mi tierra. Díjele que era bailarin y grande hombre de hacer cabriolas, y que sabia jugar de manos sutilísimamente. Rióse de gana el hombre, y me dijo que aquellos ejercicios, ó oficios, ó como llamarlos quisiere, no corrian en Noruega ni en todas aquellas partes.

Preguntóme si sabría oficio de orífice. Díjele que tenía habilidad para aprender lo que me enseñase. «Pues veníos, hermano, conmigo, aunque primero será bien que demos sepultura á esta miserable.» Hicímoslo así, y llevóme á una ciudad, donde toda la gente andaba por las calles con palos de tea encendidos en las manos, negociando lo que les importaba. Preguntéle en el camino que cómo ó cuándo había venido á aquella tierra, y que si era verdaderamente italiano. Respondió que uno de sus pasados abuelos se había casado en ella, viniendo de Italia á negocios que le importaban, y á los hijos que tuvo les enseñó su lengua, y de uno en otro se extendió por todo su linaje, hasta llegar á él, que era uno de sus cuartos nietos, y así, como vecino y morador tan antiguo, llevado de la afición de sus hijos y mujer, se había quedado hecho carne y sangre entre esta gente, sin acordarse de Italia ni de los parientes que allá dijeron sus padres que tenían.

»Contar yo ahora la casa donde entré, la mujer é hijos que hallé, y criados, que tenía muchos, el gran caudal, el recibimiento y agasajo que me hicieron, sería proceder en infinito, basta decir, en suma, que yo aprendí su oficio, y en pocos meses ganaba de comer por mi trabajo. En este tiempo se llegó el de llegar el día grande, y mi amo y maestro, que así le puedo llamar, ordenó de llevar gran cantidad de su mercancía á otras islas por allí cercanas y á otras bien apartadas; fuíme con él, así por curiosidad como por vender algo que ya tenía de caudal, en el cual viaje vi cosas dignas de admiración y espanto, y otras de risa y contento. Noté costumbres, advertí en ceremonias no vistas y de ninguna otra gente usadas, en fin, á cabo de dos meses corrimos una borrasca que nos duró cerca de cuarenta dias, al cabo de los cuales dimos en esta isla de donde hoy salimos, entre unas peñas, donde nuestro bajel se hizo pedazos, y ninguno de los que en el venian quedó vivo, sino yo

CAPITULO IX

Donde Rutilio prosigue la historia de su vida

»Lo primero que se me ofreció á la vista, ántes que viese otra cosa alguna, fué un bárbaro pendiente y ahorcado de un árbol, por donde conocí que estaba en tierra de bárbaros salvajes, y luego el miedo me puso delante mil géneros de muertes, y no sabiendo qué hacerme, alguna ó todas juntas las temia y las esperaba; en fin, como la necesidad, segun se dice, es maestra de sutilizar el ingenio, dí en un pensamiento harto extraordinario, y fué, que descolgué al bárbaro del árbol, y habiéndome desnudado de todos mis vestidos, que enterré en la arena, me vestí de los suyos, que me vinieron bien, pues no tenian otra hechura que ser de pieles de animales, no cosidos ni cortados á medida, sino ceñidos por el cuerpo, como lo habeis visto. Para disimular la lengua, y que por ella no fuese conocido por extranjero, me fingí mudo y sordo, y con esta industria me entré por la isla adentro, saltando y haciendo cabriolas en el aire

»A poco trecho descubrí una gran cantidad de bárbaros, los cuales me rodearon, y en su lengua unos y otros con gran priesa me preguntaron, á lo que despues acá he entendido, quién era, cómo me llamaba, á dónde venia y á dónde iba Respondíles con callar y hacer todas las señales de mudo más aparentes que pude, y luego reiteraba los saltos y menudeaba las cabriolas. Salíme de entre ellos, siguiéronme los muchachos, que no me dejaban á donde quiera que iba. Con esta industria pasé por bárbaro y por mudo, y los muchachos, por verme saltar y hacer gestos, me daban de comer de lo que tenian, desta manera he pasado tres años entre ellos, y áun pasara todos los de mi vida, sin ser conocido Con la atencion y curiosidad noté su lengua y aprendí mucha parte de ella, supe la profecía que de la duracion de su reino tenia profetizada un antiguo y sabio bárbaro, á quien ellos daban gran crédito, he visto sacrificar algunos varones para hacer la experiencia de su cumplimiento, y he visto comprar algunas doncellas para el mismo efeto, hasta que sucedió el incendio de la isla, que vosotros, señores, habeis visto. Guardéme de las llamas, fuí á dar aviso á los prisioneros de la mazmorra, donde vosotros sin duda habreis estado; vi estas barcas, acudí á la marina, hallaron en vuestros generosos pechos lugar mis ruegos, recogísteme en ellas, por lo que os doy infinitas gracias, y agora espero en la del cielo que, pues nos sacó de tanta miseria á todos, nos ha de dar en éste que pretendemos, felicísimo viaje »

Aquí dió fin Rutilio á su plática, con que dejó admirados y contentos á los oyentes. Llegóse el dia áspero, turbio y con señales de nieve muy ciertas Dióle Auristela á Periandro lo que Cloelia le habia dado la noche que murió, que fueron dos pelotas de cera, que la una, como se vió, cubria una cruz de diamantes tan rica, que no acertaron á estimarla por no agraviar su valor, y la otra dos perlas redondas, asimismo de inestimable precio Por estas joyas vinieron en conocimiento de que Auristela y Periandro eran gente prin-

cipal, puesto que mejor declaraba esta verdad su gentil disposicion y agradable trato. El bárbaro Antonio, viniendo el
dia, se entró un poco por la isla, pero no descubrió otra
cosa que montañas y sierras de nieve, y volviendo á las
barcas, dijo que la isla era despoblada, y que convenia partirse de allí luego, á buscar otra parte donde recogerse del
frio que amenazaba, y proveerse de los mantenimientos, que
presto les harian falta. Echaron con presteza las barcas al
agua, embarcáronse todos, y pusieron las proas en otra isla
que no léjos de allí se descubria. En esto, yendo navegando
con el espacio que podian prometer dos remos, que no llevaba
más cada barca, oyeron que de la una de las otras dos salia
una voz blanda, suave, de manera que les hizo estar atentos
á escuchalla. Notaron, especialmente el bárbaro Antonio el
padre, que lo que se cantaba era en lengua portuguesa, que
él sabia muy bien. Calló la voz, y de allí á poco volvió á
cantar en castellano, y no á otro tono de instrumentos que
al de los remos, que sesgamente por el tranquilo mar las
barcas impelian; y notó que lo que cantaron fué esto.

> Mar sesgo, viento largo, estrella clara,
> Camino, aunque no usado, alegre y cierto,
> Al hermoso, al seguro, al capaz puerto
> Llevan la nave vuestra única y rara
>   En Scílas ni en Caríbdis no repara,
> Ni en peligro que el mar tenga encubierto,
> Siguiendo su derrota al descubierto,
> Que limpia honestidad su curso pára
>   Con todo, si os faltare la esperanza
> De llegar á este puerto, no por eso
> Gireis las velas, que será simpleza
>   Que es enemigo amor de la mudanza,
> Y nunca tuvo próspero suceso
> El que no se quilata en la firmeza

La bárbara Ricla dijo, en callando la voz : « Despacio debe de estar y ocioso el cantor que en semejante tiempo da su voz á los vientos», pero no lo juzgaron así Periandro y Auristela, porque le tuvieron por más enamorado que ocioso al que cantado habia, que los enamorados fácilmente reconcilian los ánimos y traban amistad con los que conocen que padecen su misma enfermedad, y así, con licencia de los demas que en su barca venian, aunque no fuera menester pedirla, hizo que el cantor se pasase á su barca, así por gozar de cerca de su voz, como saber de sus sucesos; porque persona que en tales tiempos cantaba, ó sentia mucho, ó no tenia sentimiento alguno.

Juntáronse las barcas, pasó el músico á la de Periandro, y todos los de ella le hicieron agradable recogida. En entrando el músico, en medio portugues y en medio castellano dijo · «Al cielo y á vosotros, señores, y á mi voz agradezco esta mudanza y esta mejora de navío; aunque creo que con mucha brevedad le dejaré libre de la carga de mi cuerpo, porque las penas que siento en el alma me van dando señales de que tengo la vida en sus últimos términos

—Mejor lo hará el cielo, respondió Periandro, que pues yo soy vivo, no habrá trabajos que puedan matar á alguno

—No sería esperanza aquella, dijo á esta sazon Auristela, á que pudiesen contrastar y derribar infortunios, pues así como la luz resplandece más en las tinieblas, así la esperanza ha de estar más firme en los trabajos; que el desesperarse en ellos es accion de pechos cobardes, y no hay mayor pusilanimidad ni bajeza que entregarse el trabajado, por más que lo sea, á la desesperacion.

—El alma ha de estar, dijo Periandro, el un pié en los

labios y el otro en los dientes, si es que hablo con propiedad, y no ha de dejar de esperar su remedio, porque sería
agraviar á Dios, que no puede ser agraviado, poniendo tasa
y coto á sus infinitas misericordias

—Todo es así, respondió el músico, y yo lo creo, á despecho y pesar de las experiencias que en el discurso de mi
vida en mis muchos males tengo hechas.»

No por estas pláticas dejaban de bogar, de modo que
ántes de anochecer con dos horas llegaron á una isla tambien despoblada, aunque no de árboles, porque tenia muchos
y llenos de fruto, que aunque pasado de sazon y seco, se
dejaba comer Saltaron todos en tierra, en la cual vararon
las barcas, y con gran priesa se dieron á desgajar árboles y
hacer una gruesa barraca para defenderse aquella noche del
frio. Hicieron asimismo fuego, ludiendo dos secos palos el
uno con el otro, artificio tan sabido como usado, y como
todos trabajaban, en un punto se vió levantada la pobre máquina, donde se recogieron todos, supliendo con mucho
fuego la incomodidad del sitio, pareciéndoles aquella choza
dilatado alcázar. Satisfacieron la hambre, y acomodáranse á
dormir luego, si el deseo que Periandro tenia de saber el
suceso del músico no lo estorbara, porque le rogó, si era posible, les hiciese sabidores de sus desgracias, pues no podian
ser venturas las que en aquellas partes le habian traido Era
cortés el cantor, y así, sin hacerse de rogar, dijo

CAPITULO X

De lo que contó el enamorado portugues

«Con más breves razones de las que sean posibles daré fin á mi cuento, con darle al de mi vida, si es que tengo de dar crédito á cierto sueño que la pasada noche me turbó el alma. Yo, señores, soy portugues de nacion, noble en sangre, rico en los bienes de fortuna, y no pobre en los de naturaleza; mi nombre es Manuel de Sosa Coutiño, mi patria Lisboa y mi ejercicio el de soldado. Junto á la casa de mis padres, casi pared en medio, estaba la de otro caballero del antiguo linaje de los Pereiras, el cual tenia sola una hija, única heredera de sus bienes, que eran muchos, báculo y esperanza de la prosperidad de sus padres, la cual, por el linaje, por la riqueza y por la hermosura, era deseada de todos los mejores del reino de Portugal, y yo, que, como más vecino de su casa, tenia más comodidad de verla, la miré, la conocí y la adoré con una esperanza, más dudosa que cierta, de que podria ser viniese á ser mi esposa, y por ahorrar de tiempo, y por entender que con ella habian de valer poco requiebros, promesas ni dádivas, determiné de que un pariente mio se la pidiese á sus padres para esposa mia, pues ni en el linaje, ni en la hacienda ni áun en la edad diferenciábamos en nada. La respuesta que trajo fué, que su hija Leonora áun no estaba en edad de casarse, que dejase pasar dos años, que le daba la palabra de no disponer de su hija en todo aquel tiempo sin hacerme sabidor dello. Llevé este primer golpe en los hombros de mi paciencia y en el escudo de la esperanza, pero no dejé por esto de servilla públicamente á sombra de mi honesta pretension, que luego se supo por toda la ciudad, pero ella, retirada en la fortaleza de su prudencia y en los retretes de su recato, con honestidad y licencia de sus padres admitia mis servicios, y daba á entender que, si no los agradecia con otros, por lo ménos no los desestimaba.

»Sucedió que en este tiempo mi rey me envió por capitan general á una de las fuerzas que tiene en Berbería, oficio de calidad y de confianza. Llegóse el dia de mi partida, y pues en él no llegó el de mi muerte, no hay ausencia que mate ni dolor que consuma. Hablé á su padre, hícele que me volviese á dar la palabra de la espera de los dos años, túvome lástima, porque era discreto, y consintió que me despidiese de su mujer y de su hija Leonora, la cual, en compañía de su madre, salió á verme á una sala, y salieron con ella la honestidad, la gallardía y el silencio. Pasméme cuando vi tan cerca de mí tanta hermosura; quise hablar, y añudóseme la voz á la garganta y pegóseme al paladar la lengua, y no supe ni pude hacer otra cosa que callar y dar con mi silencio indicio de mi turbacion, la cual vista por el padre, que era tan cortés como discreto, se abrazó conmigo y dijo «Nunca, señor Manuel de Sosa, los dias de partida dan licencia á la lengua que se desmande, y puede ser que este silencio hable en su favor de vuesa merced más que alguna otra retórica. Vuesa merced vaya á ejercer su cargo, y vuelva en buen punto, que yo no faltaré ninguno en lo que tocáre á servirle. Leonora, mi hija, es obediente, y mi mujer desea darme gusto, y yo tengo el deseo que he dicho, que con estas tres cosas, me parece que puede esperar vuesa merced buen suceso en lo que desea.»

»Estas palabras todas me quedaron en la memoria y en el alma impresas de tal manera, que no se me han olvidado ni se me olvidarán en tanto que la vida me durare; ni la hermosa Leonora ni su madre me dijeron palabra, ni yo pude, como he dicho, decir alguna. Partíme á Berbería, ejercité mi cargo, con satisfaccion de mi rey, dos años, volví á Lisboa, hallé que la fama y hermosura de Leonora habia salido ya de los límites de la ciudad y del reino, y extendídose por Castilla y otras partes, de las cuales venian embajadas de príncipes y señores que la pretendian por esposa, pero, como ella tenia la voluntad tan sujeta á la de sus padres, no miraba si era ó no solicitada. En fin, viendo yo pasado el término de los dos años, volví á suplicar á su padre me la diese por esposa. ¡Ay de mí, que no es posible que me detenga en estas circunstancias! porque á las puertas de mi vida está llamando la muerte, y temo que no me ha de dar espacio para contar mis desventuras, que si así fuese, no las tendria yo por tales Finalmente, un dia me avisaron que para un domingo venidero me entregarian á mi deseada Leonora; cuya nueva faltó poco para no quitarme la vida de contento. Convidé á mis parientes, llamé á mis amigos, hice galas, envié presentes, con todos los requisitos que pudiesen mostrar ser yo el que me casaba, y Leonora la que habia de ser mi esposa

»Llegóse este dia, y yo fuí, acompañado de todo lo mejor de la ciudad, á un monasterio de monjas que se llaman de la Madre de Dios, á donde me dijeron que mi esposa desde el dia de ántes me esperaba; que habia sido su gusto que en aquel monasterio se celebrase su desposorio, con licencia del Arzobispo de la ciudad » Detúvose algun tanto el lastimado caballero, como para tomar aliento de proseguir su plática, y luego dijo «Llegué al monasterio, que real y pomposamente estaba adornado, salieron á recebirme casi toda la gente principal del reino, que allí aguardándome estaban con infinitas señoras de la ciudad, de las más princi- pales, hundíase el templo de música, así de voces como de instrumentos; y en esto salió por la puerta del claustro la sin par Leonora, acompañada de la Priora y de otras mu- chas monjas, vestida de raso blanco acuchillado, con saya entera á lo castellano, tomadas las cuchilladas con ricas y gruesas perlas Venía aforrada la saya en tela de oro verde, traía los cabellos sueltos por las espaldas, tan rubios, que deslumbraban los del sol, y tan luengos, que casi besaban la tierra, la cintura, collar y anillos que traía, opiniones hubo que valían un reino. Torno á decir que salió tan bella, tan costosa, tan gallarda y tan ricamente compuesta y adorna- da, que causó invidia en las mujeres y admiracion en los hombres: de mí sé decir que quedé tal con su vista, que me hallé indigno de merecerla, por parecerme que la agra- viaba, aunque yo fuera el emperador del mundo.

»Estaba hecho un modo de teatro en mitad del cuerpo de la iglesia, donde desenfadadamente y sin que nadie lo empachase se había de celebrar nuestro desposorio. Subió en él primero la hermosa doncella, donde al descubierto mostró su gallardía y gentileza Pareció á todos los ojos que la miraban lo que suele parecer la bella aurora al despuntar del día, ó lo que dicen las antiguas fábulas que parecia la casta Diana en los bosques, y algunos creo que hubo tan discretos, que no la acertaron á comparar sino á sí misma. Subí yo al teatro, pensando que subía á mi cielo, y puesto de rodillas ante ella, casi dí demostracion de adorarla Alzóse una voz en el templo, procedida de otras muchas, que decia «Vivid felices y luengos años en el mundo, ¡oh dichosos y bellísimos amantes! coronen presto hermosísimos hijos vuestra mesa, y á largo andar se dilate vuestro amor en vuestros nietos, no sepan los rabiosos celos ni las dudosas sospechas la morada de vuestros pechos, ríndase la invidia á vuestros piés, y la buena fortuna no acierte á salir de vuestra casa »

»Todas estas razones y deprecaciones santas me colmaban el alma de contento, viendo con qué gusto general llevaba el pueblo mi ventura En esto la hermosa Leonora me tomó por la mano, y así en pié como estábamos, alzando un poco la voz, me dijo. «Bien sabeis, señor Manuel de Sosa, cómo mi padre os dió palabra que no dispondria de mi persona en dos años, que se habian de contar desde el dia que me pedistes fuese yo vuestra esposa, y tambien, si mal no me acuerdo, os dije yo, viéndome acosada de vuestra solicitud y obligada de los infinitos beneficios que me habeis hecho, más por vuestra cortesía que por mis merecimientos, que yo no tomaria otro esposo en la tierra sino á vos. Esta palabra mi padre os la ha cumplido, como habeis visto, y yo os quiero cumplir la mia, como veréis, y así, porque sé que los engaños, aunque sean honrosos y provechosos, tienen un no sé qué de traicion cuando se dilatan y entretienen, quiero, del que os parecerá que os he hecho, sacaros en este instante Yo, señor mio, soy casada, y en ninguna manera, siendo mi esposo vivo, puedo casarme con otro, yo no os dejo por ningun hombre de la tierra, sino por uno del cielo, que es Jesucristo, Dios y hombre verdadero·

él es mi esposo, á él le dí la palabra primero que á vos, á
él sin engaño y de toda mi voluntad, y á vos con disimulacion y sin firmeza alguna. Yo confieso que para escoger
esposo en la tierra, ninguno os pudiera igualar; pero habiéndole de escoger en el cielo, ¿quién como Dios? Si esto os
parece traicion ó descomedido trato, dadme la pena que
quisiéredes y el nombre que se os antojare; que no habrá
muerte, promesa ó amenaza que me aparte del crucificado
esposo mio.»

»Calló, y al mismo punto la Priora y las otras monjas comenzaron á desnudarla y á cortarle la preciosa madeja de
sus cabellos, yo enmudecí, y por no dar muestra de flaqueza, tuve cuenta con reprimir las lágrimas que me venian á
los ojos, y hincándome otra vez de rodillas ante ella, casi
por fuerza la besé la mano, y ella, cristianamente compasiva,
me echó los brazos al cuello. Alcéme en pié, y alzando la
voz de modo que todos me oyesen, dije· *Maria optimam
partem elegit*, y diciendo esto, me bajé del teatro, y acompañado de mis amigos, me volví á mi casa, donde yendo y
viniendo con la imaginacion en este extraño suceso, vine
casi á perder el juicio, y ahora por la misma causa vengo á
perder la vida», y dando un gran suspiro, se le salió el
alma y dió consigo en el suelo.

CAPITULO XI

Llegan á otra isla donde hallan buen recogimiento

Acudió con presteza Periandro á verle, y halló que habia
espirado de todo punto, dejando á todos confusos y admi-

rados del triste y no imaginado suceso. «Con este sueño,
dijo á esta sazon Auristela, se ha excusado este caballero de
contarnos qué le sucedió en la pasada noche, los trances
por donde vino á tan desastrado término y á la prision de
los bárbaros; que sin duda debian de ser casos tan desespe-
rados como peregrinos.» A lo que añadió el bárbaro Antonio «Por maravilla hay desdichado que sólo lo sea en sus
desventuras. compañeros tienen las desgracias, y por aquí ó
por allí, siempre son grandes, y entónces lo dejan de ser,
cuando acaban con la vida del que las padece.» Dieron luego
órden de enterralle como mejor pudieron; sirvióle de mortaja su mismo vestido, de tierra la nieve, y de cruz la que
le hallaron en el pecho en un escapulario, que era la de
Cristo, por ser caballero de su hábito, y no fuera menester
hallarle esta honrosa señal para enterarse de su nobleza, pues
las habia dado bien claras su grave presencia y razonar discreto. No faltaron lágrimas que le acompañasen, porque la
compasion hizo su oficio, y las sacó de todos los ojos de los
circunstantes. Amaneció en esto, volvieron las barcas al agua,
pareciéndoles que el mar les esperaba sosegado y blando, y
entre tristes y alegres, entre temor y esperanza, siguieron
su camino, sin llevar parte cierta á donde encaminalle.

Están todos aquellos mares casi cubiertos de islas, todas,
ó las más, despobladas, y las que tienen gente, es rústica y
medio bárbara, de poca urbanidad y de corazones duros é
insolentes, y con todo esto, deseaban topar alguna que los
acogiese, porque imaginaban que no podian ser tan crueles
sus moradores, que no lo fuesen más las montañas de nieve
y los duros y ásperos riscos de las que atras dejaban Diez
dias más navegaron sin tomar puerto, playa ó abrigo algu-

no, dejando á entrambas partes, diestra y siniestra, islas
pequeñas, que no prometian estar pobladas de gente Puesta
la mira en una gran montaña que á la vista se les ofrecia,
pugnaban con todas sus fuerzas llegar á ella con la mayor
brevedad que pudiesen, porque ya sus barcas hacian agua,
y los bastimentos á más andar iban faltando, en fin, más
con la ayuda del cielo, como se debe creer, que con las de
sus brazos, llegaron á la deseada isla, y vieron andar dos
personas por la marina, á quien con grandes voces preguntó
Transila qué tierra era aquella, quién la gobernaba, y si
era de cristianos católicos Respondiéronle en lengua que
ella entendió, que aquella isla se llamaba Golandia y que
era de católicos, puesto que estaba despoblada, por ser tan
poca la gente que tenia, que no ocupaba más de una casa,
que servia de meson á la gente que llegaba á un puerto que
estaba detras de un peñon, que señaló con la mano; «y si
vosotros, quien quiera que seais, quereis repararos de algunas faltas, seguidnos con la vista; que nosotros os pondremos
en el puerto.»

Dieron gracias á Dios los de las barcas, y siguieron por
la mar á los que los guiaban por la tierra, y al volver del
peñon que les habia señalado, vieron un abrigo que podia
llamarse puerto, y en él hasta diez ó doce bajeles, dellos
chicos, dellos medianos y dellos grandes, y fué grande la
alegría que de verlos recibieron, pues les daba esperanza de
mudar de navíos, y seguridad de caminar con certeza á otras
partes Llegaron á tierra; salieron así gente de los navíos
como del meson á recebirles, saltó en tierra en hombros de
Periandro y de los dos bárbaros, padre é hijo, la hermosa
Auristela, vestida con el vestido y adorno con que fué Pe-

riandro vendido á los bárbaros por Arnaldo Salió con ella
la gallarda Transila, y la bella bárbara Constanza con Ricla,
su madre, y todos los demas de las barcas acompañaron este
escuadron gallardo De tal manera causó admiracion, espanto y asombro la bellísima escuadra en los de la mar y la
tierra, que todos se postraron en el suelo y dieron muestras
de adorar á Auristela. Mirábanla callando y con tanto respeto, que no acertaban á mover las lenguas, por no ocuparse
en otra cosa que en mirar.

La hermosa Transila, como ya habia hecho experiencia
de que entendian su lengua, fué la primera que rompió el
silencio, diciéndoles : «A vuestro hospedaje nos ha traido la
nuestra hasta hoy contraria fortuna, en nuestro traje y en
nuestra mansedumbre echaréis de ver que ántes buscamos
paz que guerra, porque no hacen batallas las mujeres ni los
varones afligidos. Acogednos, señores, en vuestro hospedaje
y en vuestros navíos, que las barcas que aquí nos han conducido, aquí dejan el atrevimiento y la voluntad de tornar
otra vez á entregarse á la instabilidad del mar. Si aquí se
cambia por oro ó por plata lo necesario que se busca, con
facilidad y abundancia seréis recompensados de lo que nos
diéredes, que por subidos precios que lo vendais, lo recibi-
remos como si fuese dado »

Uno (milagro extraño), que parecia ser de la gente de los
navíos, en lengua española respondió : «De corto entendimiento fuera, hermosa señora, el que dudara la verdad que
dices, que puesto que la mentira se disimula, y el daño se dis-
fraza con la máscara de la verdad y del bien, no es posible
que haya tenido lugar de acogerse á tan gran belleza como
la vuestra El patron deste hospedaje es cortesísimo, y todos

los destas naves ni más ni ménos, mirad si os da mas gusto
volveros á ellas, ó entrar en el hospedaje, que en ellas y en
él seréis recebidos y tratados como vuestra presencia merece »

Entónces, viendo el bárbaro Antonio, ó oyendo, por
mejor decir, hablar su lengua, dijo · «Pues el cielo nos ha
traido á parte que suene en mis oidos la dulce lengua de
mi nacion, casi tengo ya por cierto el fin de mis desgracias Vamos, señores, al hospedaje, y en reposando algun
tanto, daremos órden en volver á nuestro camino con más
seguridad que la que hasta aquí hemos traido.»

En esto un grumete, que estaba en lo alto de una gavia,
dijo á voces en lengua inglesa «Un navío se descubre, que
con tendidas velas, y mar y viento en popa, viene la vuelta
deste abrigo.» Alborotáronse todos, y en el mismo lugar
donde estaban, sin moverse un paso, se pusieron á esperar
el bajel que tan cerca se descubria, y cuando estuvo junto,
vieron que las hinchadas velas las atravesaban unas cruces
rojas, y conocieron que en una bandera que traia en el pe-
ñolo de la mayor gavia venian pintadas las armas de Inglaterra Disparó, en llegando, dos piezas de gruesa artillería, y
luego hasta obra de veinte arcabuces, de la tierra les fué
hecha señal de paz con alegres voces, porque no tenian artillería con que responderle.

CAPITULO XII

Donde se cuenta de qué parte y quién eran los que venian en el navío

Hecha, como se ha dicho, la salva de entrambas partes,
así del navío como de la tierra, al momento echaron ánco-

ras los de la nave, y arrojaron el esquife al agua, en el cual
el primero que saltó, despues de cuatro marineros que le
adornaron con tapetes y asieron de los remos, fué un anciano varon, al parecer de edad de sesenta años, vestido de
una ropa de terciopelo negro, que le llegaba á los piés, for-
rada en felpa negra y ceñida con una de las que llaman
colonias de seda; en la cabeza traia un sombrero alto y puntiagudo, asimismo, al parecer, de felpa. Tras él bajó al esquife
un gallardo y brioso mancebo, de poco más edad de veinte
y cuatro años, vestido á lo marinero, de terciopelo negro,
una espada dorada en las manos y una daga en la cinta.
Luego, como si los arrojaran, echaron de la nave al esquife
un hombre lleno de cadenas, y una mujer con él enredada
y presa con las cadenas mismas : él de hasta de cuarenta años
de edad, y ella de más de cincuenta; él brioso y despechado, y ella melancólica y triste. Impelieron el esquife los
marineros, en un instante llegaron á tierra, á donde en sus
hombros, y en los de otros soldados arcabuceros que en el
barco venian, sacaron á tierra al viejo, al mozo y á los dos
prisioneros. Transila, que como los demas habia estado aten-
tísima mirando los que en el esquife venian, volviéndose á
Auristela, le dijo : «Por tu vida, señora, que me cubras el
rostro con ese velo que traes atado al brazo, porque, ó yo
tengo poco conocimiento, ó son algunos de los que vienen
en este barco personas que yo conozco y me conocen.»
Hízolo así Auristela, y en esto llegaron los de la barca á
juntarse con ellos, y todos se hicieron bien criados recibi-
mientos. Fuése derecho el anciano de la felpa á Transila,
diciendo : «Si mi ciencia no me engaña y la fortuna no me
desfavorece, próspera habrá sido la mia con este hallazgo»;

y diciendo y haciendo, alzó el velo del rostro de Transila, y se quedó desmayado en sus brazos, que ella se los ofreció y se los puso porque no diese en tierra

Sin duda se puede creer que este caso de tanta novedad y tan no esperado puso en admiración á los circunstantes, y más cuando oyeron decir á Transila. «¡Oh padre de mi alma! ¿qué venida es ésta? ¿quién trae á vuestras venerables canas y á vuestros cansados años por tierras tan apartadas de la vuestra?

—¿Quién le ha de traer, dijo á esta sazon el brioso mancebo, sino el buscar la ventura que sin vos le faltaba? El y yo, dulcísima señora y esposa mía, venimos buscando el norte que nos ha de guiar á donde hallemos el puerto de nuestro descanso, pero, pues ya, gracias sean dadas á los cielos, le habemos hallado, haz, señora, que vuelva en sí tu padre Mauricio, y consiente que de su alegría reciba yo parte, recibiéndole á él como á padre, y á mí como á tu legítimo esposo »

Volvió en sí Mauricio, y sucedióle en su desmayo Transila; acudió Auristela á su remedio, pero no osó llegar á ella Ladislao, que éste era el nombre de su esposo, por guardar el honesto decoro que á Transila se le debia; pero como los desmayos que suceden de alegres y no pensados acontecimientos, ó quitan la vida en un instante, ó no duran mucho, fué pequeño espacio el en que estuvo Transila desmayada. El dueño de aquel meson ó hospedaje dijo. «Venid, señores, todos á donde con más comodidad y ménos frio del que aquí hace os deis cuenta de vuestros sucesos.»

Tomaron su consejo y fuéronse al meson, y hallaron que era capaz de alojar una flota Los dos encadenados se fueron por su pié, ayudándoles á llevar sus hierros los arcabuceros, que como en guarda con ellos venían. Acudieron á sus naves algunos, y con tanta priesa como buena voluntad trajeron della los regalos que tenian, hízose lumbre, pusiéronse las mesas, y sin tratar entónces de otra cosa, satisficieron todos la hambre, más con muchos géneros de pescados que con carnes, porque no se sirvió otra que la de muchos pájaros, que se crian en aquellas partes de tan extraña manera, que por ser rara y peregrina, me obliga á que aquí la cuente.

Híncanse unos palos en la orilla de la mar y entre los escollos donde las aguas llegan, los cuales palos de allí á poco tiempo todo aquello que cubre el agua se convierte en dura piedra, y lo que queda fuera del agua se pudre y se corrompe, de cuya corrupcion se engendra un pequeño pajarillo, que volando á la tierra se hace grande, y tan sabroso de comer, que es uno de los mejores manjares que se usan; y donde hay más abundancia dellos es en las provincias de Ibernia y de Irlanda, el cual pájaro se llama *barnaclas*

El deseo que tenian todos de saber los sucesos de los recien llegados les hacia parecer larga la comida, la cual acabada, el anciano Mauricio dió una gran palmada en la mesa, como dando señal de pedir que con atencion le escuchasen. Enmudecieron todos, y el silencio les selló los labios y la curiosidad les abrió los oidos, viendo lo cual Mauricio, soltó la voz en tales razones:

«En una isla, de siete que están circunvecinas á la de Ibernia, nací yo y tuvo principio mi linaje, tan antiguo, bien como aquel que es de los Mauricios; que en decir este apellido le encarezco todo lo que puedo Soy cristiano católico, y no de aquellos que andan mendigando la fe verdadera entre opiniones, mis padres me criaron en los estudios, así de las armas como de las letras, si se puede decir que las armas se estudian. He sido aficionado á la ciencia de astrología judiciaria, en la cual he alcanzado famoso nombre, caséme, en teniendo edad para tomar estado, con una hermosa y principal mujer de mi ciudad, de la cual tuve esta hija que está aquí presente. Seguí las costumbres de mi patria, á lo ménos en cuanto á las que parecian ser niveladas con la razon, y en las que no, con apariencias fingidas mostraba seguirlas; que tal vez la disimulacion es provechosa Creció esta muchacha á mi sombra, porque le faltó la de su madre á dos años despues de nacida, y á mí me faltó el arrimo de mi vejez, y me sobró el cuidado de criar la hija, y por salir dél, que es carga difícil de llevar de cansados y ancianos hombros, en llegando á casi edad de darle esposo, en que le diese arrimo y compañía, lo puse en efeto, y el que le escogí fué este gallardo mancebo que tengo á mi lado, que se llama Ladislao, tomando consentimiento primero de mi hija, por parecerme acertado y áun conveniente que los padres casen á sus hijas con su beneplácito y gusto, pues no les dan compañía por un dia, sino por todos aquellos que les dúrare la vida, y de no hacer esto ansí, se han seguido, siguen y seguirán millares de inconvenientes, que los más suelen parar en desastrados sucesos

»Es pues de saber que en mi patria hay una costumbre, entre muchas malas, la peor de todas, y es, que concertado el matrimonio y llegado el dia de la boda, en una casa principal, para esto diputada, se juntan los novios y sus hermanos, si los tienen, con todos los parientes más cercanos de

entrambas partes, y con ellos el regimiento de la ciudad, los
unos para testigos y los otros para verdugos, que así los
puedo y debo llamar Está la desposada en un rico apartamiento, esperando lo que no sé cómo pueda decirlo sin que
la verguenza no me turbe la lengua, está esperando, digo,
á que entren los hermanos de su esposo, si los tiene, y algunos de sus parientes más cercanos, de uno en uno, á coger
las flores de su jardin y á manosear los ramilletes que ella
quisiera guardar intactos para su marido : costumbre bárbara
y maldita, que va contra todas las leyes de la honestidad y
del buen decoro; porque ¿qué dote puede llevar más rico
una doncella, que serlo? ni ¿qué limpieza puede ni debe
agradar más al esposo, que la que la mujer lleva á su poder
en su entereza? La honestidad siempre anda acompañada
con la verguenza, y la verguenza con la honestidad, y si la
una ó la otra comienzan á desmoronarse y á perderse, todo el
edificio de la hermosura dará en tierra y será tenido en precio bajo y asqueroso.

»Muchas veces había yo intentado de persuadir á mi
pueblo dejase esta perniciosa costumbre, pero apénas lo intentaba, cuando se me daba en la boca con mil amenazas
de muerte, donde vine á verificar aquel antiguo adagio que
vulgarmente se dice, que la costumbre es otra naturaleza, y
el mudarla se siente como la muerte. Finalmente, mi hija
se encerró en el retraimiento dicho, y estuve esperando su
perdicion, y cuando queria ya entrar un hermano de su esposo á dar principio al torpe trato, veis aquí donde veo salir
con una lanza terciada en las manos á la gran sala, donde
toda la gente estaba, á Transila, hermosa como el sol,
brava como una leona y airada como una tigre »

Aquí llegaba de su historia el anciano Mauricio, escuchándole todos con la atención posible, cuando revistiéndosele á Transila el mismo espíritu que tuvo al tiempo que se vió en el mismo acto y ocasión que su padre contaba, levantándose en pié, con lengua á quien suele turbar la cólera, con el rostro hecho brasa y los ojos fuego, en efeto, con ademan que la pudiera hacer ménos hermosa, si es que los accidentes tienen fuerzas de menoscabar las grandes hermosuras, quitándole á su padre las palabras de la boca, dijo las del siguiente capítulo

CAPITULO XIII

Donde Transila prosigue la historia á quien su padre dió principio

« Salí, dijo Transila, como mi padre ha dicho, á la gran sala, y mirando á todas partes, en alta y colérica voz dije «Hacéos adelante vosotros, aquellos cuyas deshonestas y bárbaras costumbres van contra las que guarda cualquier bien ordenada república, vosotros, digo, más lascivos que religiosos, que con apariencia y sombra de ceremonias vanas, quereis cultivar los ajenos campos sin licencia de sus legítimos dueños Veisme aquí, gente mal perdida y peor aconsejada · venid, venid, que la razon, puesta en la punta desta lanza, defenderá mi partido y quitará las fuerzas á vuestros malos pensamientos, tan enemigos de la honestidad y de la limpieza »

»Y en diciendo esto, salté en mitad de la turba, y rompiendo por ella, salí á la calle, acompañada de mi mismo

enojo, y llegué á la marina, donde, cifiando mil discursos
que en aquel tiempo hice, en uno, me arrojé en un pequeño
barco que sin duda me deparó el cielo, y asiendo de dos
pequeños remos, me alargué de la tierra todo lo que pude,
pero viendo que se daban priesa á seguirme en otros muchos
barcos más bien parados y de mayores fuerzas impelidos, y
que no era posible escaparme, solté los remos y volví á
tomar mi lanza, con intencion de esperarles, y no dejar llevarme á su poder sino perdiendo la vida, vengando primero
en quien pudiese mi agravio. Vuelvo á decir otra vez que
el cielo, conmovido de mi desgracia, avivó el viento y llevó
el barco, sin impelerle los remos, el mar adentro, hasta que
llegó á una corriente ó raudal que le arrebató como en peso,
y le llevó más adentro, quitando la esperanza á los que tras
mí venian, de alcanzarme; que no se aventuraron á entrarse
en la desenfrenada corriente que por aquella parte el mar
llevaba.

—Así es verdad, dijo á esta sazon su esposo Ladislao,
porque, como me llevabas el alma, no pude dejar de seguirte, sobrevino la noche, y perdímoste de vista, y áun perdimos la esperanza de hallarte viva, si no fuese en las lenguas
de la fama, que desde aquel punto tomó á su cargo el celebrar tal hazaña por siglos eternos

—Es pues el caso, prosiguió Transila, que aquella noche
un viento que de la mar soplaba me trajo á la tierra, y en
la marina hallé unos pescadores, que benignamente me recogieron y albergaron, y áun me ofrecieron marido, si no
le tenia, y creo sin aquellas condiciones de quien yo iba huyendo, pero la codicia humana, que reina y tiene su señorío
áun entre las peñas y riscos del mar y en los corazones duros

y campestres, se entró aquella noche en los pechos de aquellos rústicos pescadores, y acordaron entre sí que, pues de todos era la presa que en mí tenian, y que no podia ser dividida en partes para poder repartirme, que me vendiesen á unos cosarios que aquella tarde habian descubierto no léjos de sus pesquerías. Bien pudiera yo ofrecerles mayor precio del que ellos pudieran pedir á los cosarios, pero no quise tomar ocasion de recebir bien alguno de ninguno de mi bárbara patria; y así, al amanecer, habiendo llegado allí los piratas, me vendieron, no sé por cuánto, habiéndome primero despojado de las joyas que llevaba de desposada. Lo que sé decir es, que me trataron los cosarios con mejor término que mis ciudadanos, y me dijeron que no fuese melancólica, porque me llevaban, no para ser esclava, sino para esperar ser reina y áun señora de todo el universo, si ya no mentian ciertas profecías de los bárbaros de aquella isla, de quien tanto se hablaba por el mundo. De cómo llegué, del recibimiento que los bárbaros me hicieron, de cómo aprendí su lengua en este tiempo que há que falté de vuestra presencia, de sus ritos y ceremonias y costumbres, del vano asunto de sus profecias, y del hallazgo destos señores con quien vengo, y del incendio de la isla, que ya queda abrasada, y de nuestra libertad, diré otra vez; que por agora basta lo dicho, y quiero dar lugar á que mi padre me diga qué ventura le ha traido á dármela tan buena cuando ménos la esperaba.»

Aquí dió fin Transila á su plática, teniendo á todos colgados de la suavidad de su lengua y admirados del extremo de su hermosura, que despues de la de Auristela, ninguna se le igualaba Mauricio, su padre, entónces dijo: «Ya sabes, hermosa Transila, querida hija, cómo en mis estudios y ejercicios, entre otros muchos gustosos y loables, me llevaron tras sí los de la astrología judiciaria, como aquellos que cuando aciertan, cumplen el natural deseo que todos los hombres tienen, no sólo de saber lo pasado y presente, sino lo por venir Viéndote pues perdida, noté el punto, observé los astros, miré el aspecto de los planetas, señalé los sitios y casas necesarias para que respondiese mi trabajo á mi deseo, porque ninguna ciencia, en cuanto á ciencia, engaña: el engaño está en quien no la sabe, principalmente la del astrología, por la velocidad de los cielos, que se lleva tras sí todas las estrellas, las cuales no influyen en este lugar lo que en aquel, ni en aquel lo que en éste, y así, el astrólogo judiciario, si acierta alguna vez en sus juicios, es por arrimarse á lo más probable y á lo más experimentado, y el mejor astrólogo del mundo, puesto que muchas veces se engaña, es el demonio, porque no solamente juzga de lo por venir por la ciencia que sabe, sino tambien por las premisas y conjeturas, y como há tanto tiempo que tiene experiencia de los casos pasados y tanta noticia de los presentes, con facilidad se arroja á juzgar de los por venir, lo que no tenemos los aprendices desta ciencia, pues hemos de juzgar siempre á tiento y con poca seguridad Con todo eso, alcancé que tu perdicion habia de durar dos años, y que te habia de cobrar este dia y en esta parte, para remozar mis canas y para dar gracias á los cielos del hallazgo de mi tesoro, alegrando mi espíritu con tu presencia, puesto que sé que ha de ser á costa de algunos sobresaltos; que por la mayor parte, las buenas andanzas no vienen sin el contrapeso de desdichas, las cuales tienen jurisdicion y un modo de licencia de entrarse por los

6

buenos sucesos, para darnos á entender que ni el bien es eterno, ni el mal durable

—Los cielos serán servidos, dijo á esta sazon Auristela, que habia gran tiempo que callaba, de darnos próspero viaje, pues nos le promete tan buen hallazgo » La mujer prisionera, que habia estado escuchando con grande atencion el razonamiento de Transila, se puso en pié, á pesar de sus cadenas y al de la fuerza que le hacia para que no se levantase el que con ella venia preso, y con voz levantada dijo

CAPITULO XIV

Donde se declara quién eran los que tan aherrojados venian

«Si es que los afligidos tienen licencia para hablar ante los venturosos, concédaseme á mí por esta vez, donde la brevedad de mis razones templará el fastidio que tuviéredes de escuchallas. Haste quejado, dijo (volviéndose á Transila), señora doncella, de la bárbara costumbre de los de tu ciudad, como si lo fuera aliviar el trabajo á los menesterosos y quitar la carga á los flacos Sí, que no es error, por bueno que sea un caballo, pasearle la carrera primero que se ponga en él su dueño, ni va contra la honestidad el uso y costumbre, si en él no se pierde la honra, y se tiene por acertado lo que no lo parece, sí, que mejor gobernará el timon de una nave el que hubiere sido marinero, que no el que sale de las escuelas de la tierra para ser piloto la experiencia en todas las cosas es la mejor maestra de las artes, y así, mejor te fuera entrar experimentada en la compañía de tu esposo, que rústica é inculta »

Apénas oyó esta razon última el hombre que consigo venia atado, cuando dijo, poniéndole el puño cerrado junto al rostro, amenazándola «¡Oh Rosamunda! ó por mejor decir, rosa inmunda, porque munda ni lo fuiste, ni lo eres, ni lo serás en tu vida, si vivieses más años que los mismos tiempos, y así no me maravillo de que te parezca mal la honestidad ni el buen recato á que están obligadas las honradas doncellas

»Sabed, señores (mirando á todos los circunstantes, prosiguió), que esta mujer que aquí veis, atada como loca, y libre como atrevida, es aquella famosa Rosamunda, dama que ha sido, concubina y amiga del Rey de Inglaterra, de cuyas impúdicas costumbres hay largas historias y longísimas memorias entre todas las gentes del mundo. Ésta mandó al Rey, y por añadidura á todo el reino; puso leyes, quitó leyes, levantó caidos viciosos, y derribó levantados virtuosos, cumplió sus gustos tan torpe como públicamente, en menoscabo de la autoridad del Rey y en muestra de sus torpes apetitos, que fueron tantas las muestras, y tan torpes y tantos sus atrevimientos, que rompiendo los lazos de diamante y las redes de bronce con que tenia ligado el corazon del Rey, le movieron á apartarla de sí, y á menospreciarla en el mismo grado que la habia tenido en precio. Cuando ésta estaba en la cumbre de su rueda, y tenia asida por la guedeja á la fortuna, vivia yo despechado, y con deseo de mostrar al mundo cuán mal estaban empleados los de mi rey y señor natural. Tengo un cierto espíritu satírico y maldiciente, una pluma veloz y una lengua libre, deléitanme las maliciosas agudezas, y por decir una perderé yo, no sólo un amigo, pero cien mil vidas. No me ataban la lengua prisiones, ni enmudecian destierros, ni atemorizaban amenazas, ni enmendaban castigos, finalmente, á entrambos á dos llegó el dia de nuestra última paga : á ésta mandó el Rey que nadie en toda la ciudad ni en todos sus reinos y señoríos le diese, ni dado ni por dineros, otro algun sustento que pan y agua, y que á mí junto con ella nos trajesen á una de las muchas islas que por aquí hay, que fuese despoblada, y aquí nos dejasen: pena que para mí ha sido más mala que quitarme la vida, porque la que con ella paso, es peor que la muerte.

—Mira, Clodio, dijo á esta sazon Rosamunda, cuán mal me hallo yo en tu compañía, que mil veces me ha venido al pensamiento de arrojarme en la profundidad del mar, y si lo he dejado de hacer, es por no llevarte conmigo; que si en el infierno pudiera estar sin tí, se me aliviáran las penas Yo confieso que mis torpezas han sido muchas, pero han caido sobre sujeto flaco y poco discreto, mas las tuyas han cargado sobre varoniles hombros y sobre discrecion experimentada, sin sacar dellas otra ganancia que una delectacion más ligera que la menuda paja que en volubles remolinos revuelve el viento. Tú has lastimado mil ajenas honras, has aniquilado ilustres créditos, has descubierto secretos escondidos y contaminado linajes claros; haste atrevido á tu rey, á tus ciudadanos, á tus amigos y á tus mismos parientes, y en són de decir gracias, te has desgraciado con todo el mundo Bien quisiera yo que quisiera el Rey que en pena de mis delitos acabara con otro género de muerte la vida en mi tierra, y no con el de las heridas que á cada paso me da tu lengua, de la cual tal vez no están seguros los cielos ni los santos

—Con todo eso, dijo Clodio, jamas me ha acusado la conciencia de haber dicho alguna mentira

—A tener tú conciencia, dijo Rosamunda, de las verdades que has dicho tenías harto de qué acusarte, que no todas las verdades han de salir en público ni á los ojos de todos.

—Sí, dijo á esta sazon Mauricio, sí, que tiene razon Rosamunda, que las verdades de las culpas cometidas en secreto, nadie ha de ser osado de sacarlas en público, especialmente las de los reyes y príncipes que nos gobiernan; sí, que no toca á un hombre particular reprender á su rey y señor, ni sembrar en los oidos de sus vasallos las faltas de su príncipe, porque esto no será causa de enmendarle, sino de que los suyos no le estimen; y si la correccion ha de ser fraterna entre todos, ¿por qué no ha de gozar deste privilegio el príncipe? ¿por qué le han de decir públicamente y en el rostro sus defectos? que tal vez la reprension pública y mal considerada suele endurecer la condicion del que la recibe, y volverle ántes pertinaz que blando, y como es forzoso que la reprension caiga sobre culpas verdaderas ó imaginadas, nadie quiere que le reprendan en público, y así dignamente los satíricos, los maldicientes, los mal intencionados son desterrados y echados de sus casas sin honra y con vituperio, sin que les quede otra alabanza que llamarse agudos sobre bellacos, y bellacos sobre agudos, y es como lo que suele decirse «La traicion contenta, pero el traidor enfada.» Y hay más, que las honras que se quitan por escrito, como vuelan y pasan de gente en gente, no se pueden reducir á restitucion, sin la cual no se perdonan los pecados.

—Todo lo sé, respondió Clodio; pero si quieren que no hable ó escriba, córtenme la lengua y las manos, y áun entónces pondré la boca en las entrañas de la tierra, y daré voces como pudiere, y tendré esperanza que de allí salgan las cañas del rey Mídas

—Ahora bien, dijo á esta sazon Ladislao, háganse estas paces : casemos á Rosamunda con Clodio, quizá con la bendicion del sacramento del matrimonio y con la discrecion de entrambos, mudando de estado, mudarán de vida

—Aun bien, dijo Rosamunda, que tengo aquí un cuchillo, con que podré hacer una ó dos puertas en mi pecho, por donde salga el alma, que ya tengo casi puesta en los dientes, en sólo haber oido este tan desastrado y desatinado casamiento

—Yo no me mataré, dijo Clodio, porque, aunque soy murmurador y maldiciente, el gusto que recibo de decir mal, cuando lo digo bien, es tal, que quiero vivir, porque quiero decir mal. Verdad es que pienso guardar la cara á los príncipes, porque ellos tienen largos brazos, y alcanzan á donde quieren y á quien quieren, y ya la experiencia me ha mostrado que no es bien ofender á los poderosos, y la caridad cristiana enseña que por el príncipe bueno se ha de rogar al cielo por su vida y por su salud, y por el malo que le mejore y enmiende

—Quien todo eso sabe, dijo el bárbaro Antonio, cerca está de enmendarse. No hay pecado tan grande ni vicio tan apoderado, que con el arrepentimiento no se borre ó quite del todo La lengua maldiciente es como espada de dos filos, que corta hasta los huesos, ó como rayo del cielo, que sin romper la vaina, rompe y desmenuza el acero que cubre; y aunque las conversaciones y entretenimientos se hacen sabrosos con la sal de la murmuracion, todavía suelen tener los dejos las más veces amargos y desabridos Es tan ligera la

lengua como el pensamiento, y si son malas las preñeces de
los pensamientos, las empeoran los partos de la lengua; y
como sean las palabras como las piedras que se sueltan de la
mano, que no se pueden revocar ni volver á la parte donde
salieron hasta que han hecho su efeto, pocas veces el arrepentirse de haberlas dicho menoscaba la culpa del que las
dijo, aunque ya tengo dicho que un buen arrepentimiento
es la mejor medicina que tienen las enfermedades del alma »

CAPITULO XV

Llega Arnaldo á la isla donde están Periandro y Auristela

En esto estaban, cuando entró un marinero en el hospedaje, diciendo á voces . «Un bajel grande viene con las velas
tendidas, encaminado á este puerto, y hasta agora no he
descubierto señal que me dé á entender de qué parte sea.»
Apénas dijo esto, cuando llegó á sus oidos el són horrible
de muchas piezas de artillería que el bajel disparó al entrar
del puerto, todas limpias y sin bala alguna, señal de paz, y
no de guerra, de la misma manera le respondió el bajel de
Mauricio y toda la arcabucería de los soldados que en él venian. Al momento todos los que estaban en el hospedaje salieron á la marina En viendo Periandro el bajel recien
llegado, conoció ser el de Arnaldo, príncipe de Dinamarca,
de que no recibió contento alguno, ántes se le revolvieron
las entrañas, y el corazon le comenzó á dar saltos en el pecho Los mismos accidentes y sobresaltos recibió en el suyo
Auristela, como aquella que por larga experiencia sabia la
voluntad que Arnaldo le tenia, y no podia acomodar su co-

razon á pensar cómo podria ser que las voluntades de Arnaldo y Periandro se aviniesen bien, sin que la rigurosa y desesperada flecha de los celos no les atravesase las almas

Ya estaba Arnaldo en el esquife de la nave, y ya llegaba á la orilla, cuando se adelantó Periandro á recebille; pero Auristela no se movió del lugar donde primero puso el pié, y áun quisiera que allí se le hincaran en el suelo y se volvieran en torcidas raíces, como se volvieron los de la hija de Peneo cuando el ligero corredor Apolo la seguia. Arnaldo, que vió á Periandro, le conoció, y sin esperar que los suyos le sacasen en hombros á la tierra, de un salto que dió desde la popa del esquife, se puso en ella y en los brazos de Periandro, que con ellos abiertos le recibió, y Arnaldo le dijo: «Si yo fuese tan venturoso, amigo Periandro, que contigo hallase á tu hermana Auristela, ni tendria mal que temer, ni otro bien mayor que esperar.

—Conmigo está, valeroso señor, respondió Periandro, que los cielos, atentos á favorecer tus virtuosos y honestos pensamientos, te la han guardado con la entereza que tambien ella por sus buenos deseos merece »

Ya en esto se habia comunicado por la nueva gente y por la que en la tierra estaba, quién era el príncipe que en la nave venia, y todavía estaba Auristela como estaba, sin voz, inmovible, y junto á ella la hermosa Transila y las dos, al parecer bárbaras, Ricla y Constanza. Llegó Arnaldo, y puesto de hinojos ante Auristela, le dijo «Seais bien hallada, norte por donde se guian mis honestos pensamientos, y estrella fija que me lleva al puerto donde han de tener reposo mis buenos deseos »

A todo esto no respondió palabra Auristela, ántes le vi-

nieron las lágrimas á los ojos, que comenzaron á bañar sus
rosadas mejillas. Confuso Arnaldo de tal accidente, no supo
determinarse si de pesar ó de alegría podia proceder semejante acontecimiento; mas Periandro, que todo lo notaba,
y en cualquier movimiento de Auristela tenia puestos los
ojos, sacó á Arnaldo de duda, diciéndole «Señor, el silencio y las lágrimas de mi hermana nacen de admiracion y de
gusto. la admiracion, del verte en parte tan no esperada, y
las lágrimas, del gusto de haberte visto. Ella es agradecida,
como lo deben ser las bien nacidas, y conoce las obligaciones en que la has puesto de servirte con las mercedes y limpio tratamiento que siempre le has hecho.»

Fuéronse, con esto, al hospedaje, volvieron á colmarse las
mesas de manjares, llenáronse de regocijo los pechos, porque se llenaron las tazas de generosos vinos, que cuando se
trasiegan por la mar de un cabo á otro, se mejoran de manera, que no hay néctar que se les iguale. Esta segunda
comida se hizo por el respeto del príncipe Arnaldo. Contó
Periandro al Príncipe lo que le sucedió en la isla bárbara,
con la libertad de Auristela, con todos los sucesos y puntos
que hasta aquí se han contado; con que se suspendió Arnaldo, y de nuevo se alegraron y admiraron todos los presentes.

CAPITULO XVI

Determinan todos salir de la isla, prosiguiendo su viaje

En esto el patron del hospedaje dijo «No sé si diga que
me pesa la bonanza que prometen en el mar las señales del

cielo el sol se pone claro y limpio, cerca ni léjos no se descubre celaje alguno, las olas hieren la tierra blanda y suavemente, y las aves salen al mar á espaciarse, que todos estos son indicios de serenidad firme y duradera, cosa que ha de obligar á que me dejen solo tan honrados huéspedes como la fortuna á mi hospedaje ha traído.

—Así será, dijo Mauricio; que puesto que vuestra noble compañía se ha de tener por agradable y cara, el deseo de volver á nuestras patrias no consiente que mucho tiempo la gocemos: de mí sé decir que esta noche á la primera guarda me pienso hacer á la vela, si con mi parecer viene el de mi piloto y el destos señores soldados que en el navío vienen » A lo que añadió Arnaldo: «Siempre la pérdida del tiempo no se puede cobrar, y el que se pierde en la navegacion es irremediable.»

En efeto, entre todos los que en el puerto estaban quedó de acuerdo que en aquella noche fuesen de partida la vuelta de Inglaterra, á quien todos iban encaminados Levantóse Arnaldo de la mesa, y asiendo de la mano á Periandro, le sacó fuera del hospedaje, donde á solas y sin ser oido de nadie, le dijo: «No es posible, Periandro amigo, sino que tu hermana Auristela te habrá dicho la voluntad que en dos años que estuvo en poder del Rey mi padre le mostré, tan ajustada con sus honestos deseos, que jamas me salieron palabras á la boca que pudiesen turbar sus castos intentos, nunca quise saber más de su hacienda de aquello que ella quiso decirme, pintándola en mi imaginacion, no como persona ordinaria y de bajo estado, sino como á reina de todo el mundo, porque su honestidad, su gravedad, su discrecion tan en extremo extremada no me daba lugar á que

otra cosa pensase Mil veces me le ofrecí por su esposo, y
esto con voluntad de mi padre, y áun me parecia que era
corto mi ofrecimiento, respondióme siempre que hasta verse
en la ciudad de Roma, adonde iba á cumplir un voto, no
podia disponer de su persona. Jamas me quiso decir su calidad ni la de sus padres, ni yo, como ya he dicho, le im-
portuné me la dijese, pues ella sola por sí misma, sin que
traiga dependencia de otra alguna nobleza, merece, no solamente la corona de Dinamarca, sino de toda la monarquía
de la tierra. Todo esto te he dicho, Periandro, para que,
como varon de discurso y entendimiento, consideres que no
es muy baja la ventura que está llamando á las puertas de
tu comodidad y la de tu hermana, á quien desde aquí me
ofrezco por su esposo, y prometo de cumplir este ofrecimiento cuando ella quisiere y adonde quisiere, aquí debajo
destos pobres techos, ó en los dorados de la famosa Roma,
y asimismo te ofrezco de contenerme en los límites de la
honestidad y buen decoro, si bien viese consumirme en los
ahincos y deseos que trae consigo la concupiscencia desenfrenada y la esperanza propincua, que suele fatigar más que
la apartada.»

Aquí dió fin á su plática Arnaldo, y estuvo atentísimo á
lo que Periandro habia de responderle, que fué· «Bien conozco, valeroso príncipe Arnaldo, la obligacion en que yo
y mi hermana te estamos por las mercedes que hasta aquí
nos has hecho, y por la que agora de nuevo nos haces, á
mí, por ofrecerte por mi hermano, y á ella por esposo, pero,
aunque parezca locura que dos miserables peregrinos desterrados de su patria no admitan luego luego el bien que se
les ofrece, te sé decir no ser posible el recebirle como es

posible el agradecerle Mi hermana y yo vamos, llevados del
destino y de la eleccion, á la santa ciudad de Roma, y hasta
vernos en ella, parece que no tenemos sér alguno, ni libertad para usar de nuestro albedrío Si el cielo nos llevare á
pisar la santísima tierra y adorar sus reliquias santas, quedarémos en disposicion de disponer de nuestras hasta agora
impedidas voluntades, y entónces será la mia toda empleada
en servirte; séte decir tambien que si llegares al cumplimiento de tu buen deseo, llegarás á tener una esposa de
ilustrísimo linaje nacida, y un hermano que lo sea mejor
que cuñado, y entre las muchas mercedes que entrambos á
dos hemos recebido, te suplico me hagas á mí una, y es,
que no me preguntes más de nuestra hacienda y de nuestra
vida, porque no me obligues á que sea mentiroso, inventando
quimeras que decirte, mentirosas y falsas, por no poder
contarte las verdaderas de nuestra historia

—Dispon de mí, respondió Arnaldo, hermano mio, a
toda tu voluntad y gusto, haciendo cuenta que yo soy cera,
y tú el sello que has de imprimir en mí lo que quisieres, y
si te parece, sea nuestra partida esta noche á Inglaterra, que
de allí fácilmente pasaremos á Francia y á Roma, en cuyo
viaje y del modo que quisiéredes pienso acompañaros, si
dello gustáredes.»

Aunque le pesó á Periandro deste último ofrecimiento,
le admitió, esperando en el tiempo y en la dilacion, que tal
vez mejora los sucesos, y abrazándose los dos cuñados en
esperanza, se volvieron al hospedaje á dar traza en su
partida

Habia visto Auristela cómo Arnaldo y Periandro habian
salido juntos, y estaba temerosa del fin que podia tener el de

su plática, y puesto que conocia la modestia en el príncipe
Arnaldo y la mucha discrecion de Periandro, mil géneros
de temores la sobresaltaban, pareciéndole que como el amor
de Arnaldo igualaba á su poder, podia remitir á la fuerza
sus ruegos, que tal vez en los pechos de los desdeñados
amantes se convierte la paciencia en rabia, y la cortesía en
descomedimiento; pero cuando los vió venir tan sosegados
y pacíficos, cobró los casi perdidos espíritus Clodio el maldiciente, que ya habia sabido quién era Arnaldo, se le echó
á los piés, y le suplicó le mandase quitar la cadena y apartar de la compañía de Rosamunda Mauricio le contó luego
la condicion, la culpa y la pena de Clodio y la de Rosamunda. Movido á compasion dellos, hizo por un capitan, que
los traia á su cargo, que los desherrasen y se los entregasen;
que él tomaba á su cargo alcanzarles perdon de su rey, por
ser su grande amigo. Viendo lo cual el maldiciente Clodio,
dijo : «Si todos los señores se ocupasen en hacer buenas obras,
no habria quien se ocupase en decir mal dellos; pero ¿por
qué ha de esperar el que obra mal que digan bien dél? Y si
las obras virtuosas y bien hechas son calumniadas de la malicia humana, ¿por qué no lo serán las malas? ¿Por qué ha
de esperar el que siembra zizaña y maldad, dé buen fruto
su cosecha? Llévame contigo, ¡oh Príncipe! y verás cómo
pongo sobre el cerco de la luna tus alabanzas

— No, no, respondió Arnaldo, no quiero que me alabes
por las obras que en mí son naturales; y más, que la alabanza
tanto es buena cuanto es bueno el que la dice, y tanto es
mala cuanto es vicioso y malo el que alaba, que si la alabanza es premio de la virtud, si el que alaba es virtuoso, es
alabanza, y si vicioso, vituperio.»

CAPITULO XVII.

Da cuenta Arnaldo del suceso de Taurisa

Con gran deseo estaba Auristela de saber lo que Arnaldo y Periandro pasaron en la plática que tuvieron fuera del hospedaje, y aguardaba comodidad para preguntárselo á Periandro, y para saber de Arnaldo qué se habia hecho su doncella Taurisa, y como si Arnaldo le adivinara los pensamientos, le dijo «Las desgracias que has pasado, hermosa Auristela, te habrán llevado de la memoria las que tenias en obligacion de acordarte dellas, entre las cuales querria que hubiesen borrado della á mí mismo, que con sola la imaginacion de pensar que algun tiempo he estado con ella, viviria contento, pues no puede haber olvido de aquello de quien no se ha tenido acuerdo. El olvido presente cae sobre la memoria del acuerdo pasado; pero, como quiera que sea, acuérdesete de mí, ó no te acuerdes, de todo lo que hicieres estoy contento, que los cielos, que me han destinado para ser tuyo, no me dejan hacer otra cosa, mi albedrío lo es para obedecerte. Tu hermano Periandro me ha contado muchas de las cosas que despues que te robaron de mi reino te han sucedido . unas me han admirado, otras suspendido, y éstas y aquellas espantado. Veo asimismo que tienen fuerza las desgracias para borrar de la memoria algunas obligaciones que parecen forzosas Ni me has preguntado por mi padre, ni por Taurisa, tu doncella · á él dejé yo bueno y con deseo de que te buscase y te hallase, á ella la traje conmigo, con intencion de venderla á los bárbaros, para que sirviese

de espía, y viese si la fortuna te había llevado á su poder
De cómo vino al mio tu hermano Periandro, ya él te lo
habrá contado, y el concierto que entre los dos hicimos, y
aunque muchas veces he probado volver á la isla bárbara,
los vientos contrarios no me han dejado, y ahora volvia con
la misma intencion y con el mismo deseo, el cual me ha
cumplido el cielo con bienes de tantas ventajas, como son,
de tenerte en mi presencia, alivio universal de mis cuidados.
Taurisa, tu doncella, habrá dos dias que la entregué á dos
caballeros amigos mios, que encontré en medio dese mar,
que en un poderoso navío iban á Irlanda, á causa que Taurisa iba muy mala y con poca seguridad de la vida, y como
este navío en que yo ando, más se puede llamar de cosario
que de hijo de rey, viendo que en él no habia regalos ni
medicinas que piden los enfermos, se la entregué para que
la llevasen á Irlanda y la entregasen á su príncipe, que la
regalase, curase y guardase, hasta que yo mismo fuese por
ella Hoy he dejado apuntado con tu hermano Periandro
que nos partamos mañana, ó ya para Inglaterra, ó ya para
España ó Francia, que á do quiera que arribemos, tendre-
mos segura comodidad para poner en efeto los honestos
pensamientos que tu hermano me ha dicho que tienes, y
yo en este entretanto llevaré sobre los hombros de mi paciencia mis esperanzas, sustentadas con el arrimo de tu buen
entendimiento. Con todo esto, te ruego, señora, y te suplico
que mires si con nuestro parecer viene y ajusta el tuyo; que
si algun tanto disuena, no le pondremos en ejecucion.

—Yo no tengo otra voluntad, respondió Auristela, sino
la de mi hermano Periandro, ni él, pues es discreto, querrá
salir un punto de la tuya.

—Pues si así es, replicó Arnaldo, no quiero mandar, sino obedecer, porque no digan que por la calidad de mi persona me quiero alzar con el mando á mayores »

Esto fué lo que pasó á Arnaldo con Auristela, la cual se lo contó todo á Periandro, y aquella noche Arnaldo, Periandro, Mauricio, Ladislao y los dos capitanes, y el navío inglés, con todos los que salieron de la isla bárbara, entraron en consejo, y ordenaron su partida en la forma siguiente.

CAPITULO XVIII

Donde Mauricio sabe por la astrología un mal suceso que les avino en el mar

En la nave donde vinieron Mauricio y Ladislao, los capitanes y soldados que trajeron á Rosamunda y á Clodio, se embarcaron todos aquellos que salieron de la mazmorra y prision de la isla bárbara, y en el navío de Arnaldo se acomodaron Periandro, Auristela, Ricla y Constanza, y los dos Antonios, padre y hijo, Ladislao, Mauricio y Transila, sin consentir Arnaldo que se quedasen en tierra Clodio y Rosamunda. Rutilio se acomodó con Arnaldo. Hicieron agua aquella noche, recogiendo y comprando del huésped todos los bastimentos que pudieron, y habiendo mirado los puntos más convenientes para su partida, dijo Mauricio que si la buena suerte les escapaba de una mala que les amenazaba muy propincua, tendria buen suceso su viaje, y que el tal peligro, puesto que era de agua, no habia de suceder, si sucediese, por borrasca ni tormenta del mar ni de tierra, sino por una traicion mezclada y áun forjada del todo de deshonestos y lascivos deseos.

Periandro, que siempre andaba sobresaltado con la compañía de Arnaldo, vino á temer si aquella traicion habia de ser fabricada por el Príncipe para alzarse con la hermosa Auristela, pues la habia de llevar en su navío, pero opúsose á todo este mal pensamiento la generosidad de su ánimo, y no quiso creer lo que temia, por parecerle que en los pechos de los valerosos príncipes no deben hallar acogida alguna las traiciones, pero no por esto dejó de pedir y rogar á Mauricio mirase muy bien de qué parte les podia venir el daño que les amenazaba. Mauricio respondió que no lo sabia, puesto que le tenia por cierto, aunque templaba su rigor con que ninguno de los que en él se hallasen habia de perder la vida, sino el sosiego y la quietud, y habian de ver rompidos la mitad de sus disinios, sus más bien encaminadas esperanzas; á lo que Periandro le replicó que detuviesen algunos dias la partida; quizá con la tardanza del tiempo se mudarian ó se templarian los influjos rigurosos de las estrellas.

«No, replicó Mauricio, mejor es arrojarnos en las manos deste peligro, pues no llega á quitar la vida, que no intentar otro camino que nos lleve á perderla

—Ea pues, dijo Periandro, echada está la suerte, partamos en buen hora, y haga el cielo lo que ordenado tiene, pues nuestra diligencia no lo puede excusar.» Satisfizo Arnaldo al huésped magníficamente con muchos dones el buen hospedaje, y unos en unos navíos y otros en otros, cada cual segun y como vió que más le convenia, dejó el puerto desembarazado y se hizo á la vela. Salió el navío de Arnaldo adornado de ligeras flámulas y banderetas, y de pintados y vistosos gallardetes; al zarpar los hierros y tirar las áncoras,

disparó así la gruesa como la menuda artillería, rompieron
los aires los sones de las chirimías y los de otros instrumentos músicos y alegres; oyéronse las voces de los que decian,
reiterándolo á menudo «¡Buen viaje! ¡buen viaje!»

A todo esto no alzaba la cabeza de sobre el pecho la hermosa Auristela, que, casi como présaga del mal que le habia
de venir, iba pensativa, mirábala Periandro y remirábala
Arnaldo, teniéndola cada uno hecha blanco de sus ojos, fin
de sus pensamientos y principio de sus alegrías Acabóse el
dia, entróse la noche clara, serena, despejando un aire blando
los celajes, que parece que se iban á juntar si los dejáran
Puso los ojos en el cielo Mauricio, y de nuevo tornó á mirar
en su imaginacion las señales de la figura que habia levantado, y de nuevo confirmó el peligro que les amenazaba,
pero nunca supo atinar de qué parte les vendria. Con esta
confusion y sobresalto se quedó dormido encima de la cubierta de la nave, y de allí á poco despertó despavorido,
diciendo á grandes voces: «¡Traicion, traicion, traicion!
¡Despierta, príncipe Arnaldo, que los tuyos nos matan!» A
cuyas voces se levantó Arnaldo, que no dormia, puesto que
estaba echado junto á Periandro en la misma cubierta, y
dijo: «¿Qué has, amigo Mauricio? ¿Quién nos ofende
ó quién nos mata? Todos los que en este navío vamos
¿no somos amigos? ¿no son todos los más vasallos y criados
mios? El cielo ¿no está claro y sereno, el mar tranquilo y
blando, y el bajel sin tocar en escollo ni en bajío no na-
vega? ¿Hay alguna rémora que nos detenga? Pues si no
hay nada desto, ¿de qué temes, que ansí con tus sobresaltos
nos atemorizas?

—No sé, replicó Mauricio haz, señor, que bajen los

búzanos á la sentina; que, si no es sueño, á mí me parece
que nos vamos anegando »

No hubo bien acabado esta razon, cuando cuatro ó seis
marineros se dejaron calar al fondo del navío, y le requirie-
ron todo, porque eran famosos búzanos, y no hallaron cos-
tura alguna por donde entrase agua al navío, y vueltos á la
cubierta, dijeron que el navío iba sano y entero, y que el
agua de la sentina estaba turbia y hedionda, señal clara de
que no entraba agua nueva en la nave.

«Así debe de ser, dijo Mauricio, sino que yo, como
viejo, en quien el temor tiene su asiento de ordinario, hasta
los sueños me espantan, y plega á Dios que este mi sueño
lo sea, que yo me holgaria de parecer viejo temeroso ántes
que verdadero judiciario » Arnaldo le dijo · «Sosegáos, buen
Mauricio, porque vuestros sueños le quitan á estas señoras

— Yo lo haré así, si puedo», respondió Mauricio; y tor-
nándose á echar sobre la cubierta, quedó el navío lleno de
muy sosegado silencio, en el cual Rutilio, que iba sentado
al pié del árbol mayor, convidado de la serenidad de la noche, de la comodidad del tiempo, ó de la voz, que la tenia
extremada, al són del viento, que dulcemente heria en las
velas, en su propia lengua toscana comenzó á cantar esto,
que, vuelto en lengua española, así decia

Huye el rigor de la invencible mano,
Advertido, y enciérrase en el arca,
De todo el mundo el general monarca
Con las reliquias del linaje humano
El dilatado asilo, el soberano
Lugar rompe los fueros de la Parca,
Que entónces fiera y licenciosa abarca
Cuanto alienta y respira el aire vano

Vense en la excelsa máquina encerrarse
El leon y el cordero, y en segura
Paz la paloma al fiero halcon unida,
    Sin ser milagro lo discorde amarse,
Que en el comun peligro y desventura
La natural inclinacion se olvida

El que mejor entendió lo que cantó Rutilio fué el bárbaro Antonio, el cual le dijo asimismo : «Bien canta Rutilio, y si por ventura es suyo el soneto que ha cantado, no es mal poeta, aunque ¿cómo lo puede ser bueno un oficial? Pero no digo bien, que yo me acuerdo haber visto en mi patria España poetas de todos los oficios » Esto dijo en voz que la oyó Mauricio, el Príncipe y Periandro, que no dormian, y Mauricio dijo · «Posible cosa es que un oficial sea poeta, porque la poesía no está en las manos, sino en el entendimiento, y tan capaz es el alma del sastre para ser poeta, como la de un maese de campo, porque las almas todas son iguales, y de una misma masa, en sus principios, criadas y formadas por su Hacedor, y segun la caja y temperamento del cuerpo donde las encierra, así parecen ellas más ó ménos discretas, y atienden y se aficionan á saber las ciencias, artes ó habilidades á que las estrellas más las inclinan, pero más principalmente y propia se dice que el poeta *nascitur*. Así que, no hay que admirar de que Rutilio sea poeta, aunque haya sido maestro de danzar.

—Y tan grande, replicó Antonio, que ha hecho cabriolas en el aire, más arriba de las nubes.

—Así es, respondió Rutilio, que todo esto estaba escuchando, que yo las hice casi junto al cielo cuando me trajo caballero en el manto aquella hechicera desde Toscana, mi

patria, hasta Noruega, donde la maté, que se había convertido en figura de loba, como ya otras veces he contado.

—Eso de convertirse en lobas y lobos algunas gentes
destas setentrionales, es un error grandísimo, dijo Mauricio,
aunque admitido de muchos.

—Pues ¿cómo es esto, dijo Arnaldo, que comunmente
se dice y se tiene por cierto que en Inglaterra andan por
los campos manadas de lobos que de gentes humanas se
han convertido en ellos?

—Eso, respondió Mauricio, no puede ser en Inglaterra,
porque en aquella isla templada y fertilísima, no sólo no se
crian lobos, pero ninguno otro animal nocivo, como si di-
jésemos serpientes, víboras, sapos, arañas y escorpiones;
ántes es cosa llana y manifiesta que si algun animal ponzo-
ñoso traen de otras partes á Inglaterra, en llegando á ella
muere, y si de la tierra desta isla llevan á otra parte alguna
tierra, y cercan con ella á alguna víbora, no osa ni puede
salir del cerco que la aprisiona y rodea, hasta quedar muerta. Lo que se ha de entender desto de convertirse en lobos,
es, que hay una enfermedad, á quien llaman los médicos
manía lupina, que es de calidad que al que la padece le
parece que se ha convertido en lobo, y aulla como lobo, y
se junta con otros heridos del mismo mal, y andan en manadas por los campos y por los montes, ladrando, ya como
perros, ó ya aullando como lobos, despedazan los árboles,
matan á quien encuentran, y comen la carne cruda de los
muertos, y hoy dia sé yo que hay en la isla de Sicilia, que
es la mayor del mar Mediterráneo, gentes deste género,
á quien los sicilianos llaman lobos *menar*, los cuales ántes
que les dé tan pestífera enfermedad lo sienten, y dicen á los

que están junto á ellos que se aparten y huyan dellos, ó que
los aten ó encierren, porque si no se guardan, los hacen pedazos á bocados y los desmenuzan, si pueden, con las uñas,
dando terribles y espantosos ladridos, y es esto tanta verdad, que entre los que se han de casar se hace información
bastante de que ninguno dellos es tocado desta enfermedad;
y si despues, andando el tiempo, la experiencia muestra lo
contrario, se dirime el matrimonio. Tambien es opinion de
Plinio, segun lo escribe en el libro VIII, capítulo XXII, que
entre los árcades hay un género de gente, la cual, pasando
un lago, cuelga los vestidos que lleva de un encina, y se
entra desnudo la tierra adentro, y se junta con la gente que
allí halla de su linaje en figura de lobos, y está con ellos
nueve años, al cabo de los cuales vuelve á pasar el lago y
cobra su perdida figura; pero todo esto se ha de tener por
mentira, y si algo hay, pasa en la imaginacion, y no real-
mente.

—No sé, dijo Rutilio; lo que sé es, que maté la loba, y
hallé muerta á mis piés la hechicera.

—Todo eso puede ser, replicó Mauricio, porque la fuerza
de los hechizos de los maléficos y encantadores, que los hay,
nos hace ver una cosa por otra; y quede desde aquí asentado
que no hay gente alguna que mude en otra su primer naturaleza.

—Gusto me ha dado grande, dijo Arnaldo, el saber esta
verdad, porque tambien yo era uno de los crédulos deste
error; y lo mismo debe de ser lo que las fábulas cuentan de
la conversion en cuervo del rey Artus de Inglaterra, tan
creida de aquella discreta nacion, que se abstiene de matar
cuervos en toda la isla.

—No sé, respondió Mauricio, de dónde tomó principio esa fábula, tan creida como mal imaginada.»

En esto fueron razonando casi toda la noche, y al despuntar del dia dijo Clodio, que hasta allí habia estado oyendo y callando. «Yo soy un hombre á quien no se le da por averiguar estas cosas un dinero, ¿qué se me da á mí que haya lobos hombres ó no, ó que los reyes anden en figuras de cuervos ó de águilas? aunque si se hubiesen de convertir en aves, ántes querria que fuesen en palomas que en milanos.

—Paso, Clodio, no digas mal de los reyes, que me parece que te quieres dar algun filo á la lengua para cortarles el crédito

—No, respondió Clodio, que el castigo me ha puesto una mordaza en la boca, ó por mejor decir, en la lengua, que no consiente que la mueva, y así, ántes pienso de aquí adelante reventar callando que alegrarme hablando. Los dichos agudos, las murmuraciones dilatadas, si á unos alegran, á otros entristecen, contra el callar no hay castigo ni respuesta. Vivir quiero en paz los dias que me quedan de la vida, á la sombra de tu generoso amparo, puesto que por momentos me fatigan ciertos ímpetus maliciosos que me hacen bailar la lengua en la boca, y malográrseme entre los dientes más de cuatro verdades que andan por salir á la plaza del mundo : sírvase Dios con todo » A lo que dijo Auristela . «De estimar es ¡oh Clodio! el sacrificio que haces al cielo de tu silencio.» Rosamunda, que era una de las llegadas á la conversacion, volviéndose á Auristela, dijo : «El dia que Clodio fuere callado, seré yo buena, porque en mí la torpeza, y en él la murmuracion son naturales, puesto que más esperanza puedo yo tener de enmendarme que no

él, porque la hermosura se envejece con los años, y faltando
la belleza, menguan los torpes deseos, pero sobre la lengua
del maldiciente no tiene jurisdicion el tiempo, y así los ancianos murmuradores hablan más cuanto más viejos, porque
han visto más, y todos los gustos de los otros sentidos los
han cifrado y recogido á la lengua.

—Todo es malo, dijo Transila, cada cual por su camino
va á parar á su perdicion

—El que nosotros ahora hacemos, dijo Ladislao, próspero y felice ha de ser, segun el viento se muestra favorable
y el mar tranquilo.

—Así se mostraba esta pasada noche, dijo la bárbara
Constanza; pero el sueño del señor Mauricio nos puso en
confusion y alborotó tanto, que ya yo pensé que nos habia
sorbido el mar á todos.

—En verdad, señora, respondió Mauricio, que si yo no
estuviera enseñado en la verdad católica, y me acordára de
lo que dice Dios en el *Levítico*: «No seais agoreros ni deis
crédito á los sueños, porque no á todos es dado el entender-
los», que me atreviera á juzgar del sueño que me puso en
tan gran sobresalto, el cual, segun á mi parecer, no me vino
por algunas de las causas de donde suelen proceder los sueños, que cuando no son revelaciones divinas ó ilusiones del
demonio, proceden, ó de los muchos manjares, que suben
vapores al cerebro, con que turban el sentido comun, ó ya
de aquello que el hombre trata más de dia. Ni el sueño que
á mí me turbó cae debajo de la observacion de la astrología,
porque sin guardar puntos ni observar astros, señalar rum-
bos ni mirar imágenes, me pareció ver visiblemente que en
un gran palacio de madera, donde estábamos todos los que

aquí vamos, llovian rayos del cielo, que le abrian todo, y
por las bocas que hacian, descargaban las nubes, no sólo un
mar, sino mil mares de agua, de tal manera, que creyendo
que me iba anegando, comencé á dar voces y á hacer los
mismos ademanes que suele hacer el que se anega, y áun
no estoy tan libre deste temor, que no me queden algunas
reliquias en el alma, y como sé que no hay más cierta astrología que la prudencia, de quien nacen los acertados discursos, ¿qué mucho que yendo navegando en un navío de
madera tema rayos del cielo, nubes del aire y aguas de la
mar? Pero lo que más me confunde y suspende, es que si
algun daño nos amenaza, no ha de ser de ningun elemento
que destinada y precisamente se disponga á ello, sino de una
traicion, forjada, como ya otra vez he dicho, en algunos lascivos pechos

—No me puedo persuadir, dijo á esta sazon Arnaldo,
que entre los que van por el mar navegando puedan entre-
meterse las blanduras de Vénus ni los apetitos de su torpe
hijo : al casto amor bien se le permite andar entre los peligros de la muerte, guardándose para mejor vida.»

Esto dijo Arnaldo, por dar á entender á Auristela y á
Periandro, y á todos aquellos que sus deseos conocian, cuán
ajustados iban sus movimientos con los de la razon, y prosiguió diciendo · «El príncipe justo, razon es que viva seguro entre sus vasallos; que el temor de las traiciones nace
de la injusta vida del príncipe.

—Así es, respondió Mauricio, y áun es bien que así sea;
pero dejemos pasar este dia, que si él da lugar á que llegue
la noche sin sobresaltarnos, yo pediré, y las daré, albricias
del buen suceso.»

Iba el sol á esta sazon á ponerse en los brazos de Tétis, y el mar se estaba con el mismo sosiego que hasta allí habia tenido. Soplaba favorable el viento, por parte ninguna se descubrian celajes que turbasen los marineros · el cielo, la mar, el viento, todos juntos y cada uno de por sí prometian felicísimo viaje, cuando el prudente Mauricio dijo en voz turbada y alta . «Sin duda nos anegamos, anegámonos sin duda.»

CAPITULO XIX.

Donde se da cuenta de lo que dos soldados hicieron, y la division de Periandro y Auristela

A cuyas voces respondió Arnaldo : «¿Cómo es esto, oh gran Mauricio? ¿Qué aguas nos sorben ó qué mares nos tragan? ¿qué olas nos embisten?» La respuesta que le dieron á Arnaldo, fué ver salir de bajo de la cubierta á un marinero despavorido, echando agua por la boca y por los ojos, diciendo con palabras turbadas y mal compuestas : «Todo este navío se ha abierto por muchas partes, el mar se ha entrado en él tan á rienda suelta, que presto le veréis sobre esta cubierta Cada uno atienda á su salud y á la conservacion de la vida. Acógete ¡oh príncipe Arnaldo! al esquife ó á la barca, y lleva contigo las prendas que más estimas, ántes que tomen entera posesion dellas estas amargas aguas.» Estancó en esto el navío, sin poderse mover, por el peso de las aguas, de quien ya estaba lleno, amainó el piloto todas las velas de golpe, y todos, sobresaltados y temerosos, acudieron á buscar su remedio el príncipe y Periandro fueron al esquife, y arrojándole al mar, pusieron en él á Auristela, Transila, Ricla y á la bárbara Constanza, entre las cuales, viendo que no se acordaban della, se arrojó Rosamunda, y tras ella, mandó Arnaldo entrase Mauricio

En este tiempo andaban dos soldados descolgando la barca que al costado del navío venia asida, y el uno de ellos, viendo que el otro queria ser el primero que entrase dentro, sacando un puñal de la cinta, se le envainó en el pecho, diciendo á voces: «Pues nuestra culpa ha sido fabricada tan sin provecho, esta pena te sirva á tí de castigo y á mí de escarmiento, á lo ménos el poco tiempo que me queda de vida»; y diciendo esto, sin querer aprovecharse del acogimiento que la barca le ofrecia, desesperadamente se arrojó al mar, diciendo á voces y con mal articuladas palabras·

«Oye ¡oh Arnaldo! la verdad que te dice este traidor, que en tal punto es bien que la diga yo y aquel á quien me viste pasar el pecho, por muchas partes abrimos y taladramos este navío, con intencion de gozar de Auristela y de Transila, recogiéndolas en el esquife, pero habiendo visto yo haber salido mi disinio contrario de mi pensamiento, á mi compañero quité la vida y á mí me doy la muerte»; y con esta última palabra se dejó ir al fondo de las aguas, que le estorbaron la respiracion del aire y le sepultaron en perpétuo silencio, y aunque todos andaban confusos y ocupados, buscando, como se ha dicho, en el comun peligro algun remedio, no dejó de oir las razones Arnaldo del desesperado, y él y Periandro acudieron á la barca, y habiendo, ántes que entrasen en ella, ordenado que entrase en el esquife Antonio el mozo, sin acordarse de recoger algun bastimento, él, Ladislao, Antonio el padre, Periandro y Clodio se entraron en la barca y fueron á abordar con el esquife, que

algun tanto se habia apaitado del navío, sobre el cual ya
pasaban las aguas, y no se parecia dél sino el árbol mayor,
como en señal que allí estaba sepultado.

Llegóse en esto la noche, sin que la barca pudiese alcanzar al esquife, desde el cual daba voces Auristela, llamando
á su heimano Peiiandio, que la respondia, reiterando muchas veces su paia él dulcísimo nombie. Transila y Ladislao
hacian lo mismo, y encontrábanse en los aires las voces de
dulcísimo esposo mio y amada esposa mia, donde se rom-
pian sus disinios y se deshacian sus esperanzas, con la imposibilidad de no poder juntaise, á causa que la noche se
cubria de escuridad y los vientos comenzaron á soplai de
partes diferentes. En resolucion, la barca se apartó del esquife, y como más ligera y ménos cargada, voló por donde
el mar y el viento quisieion llevarla; el esquife, más con la
pesadumbre que con la caiga de los que en él iban, se quedó
como si aposta quisieran que no navegáia, pero cuando la
noche ceiró con más escuridad que al principio, comenzaron á sentii de nuevo la desgracia sucedida, viéronse en mar
no conocida, amenazados de todas las inclemencias del cielo, y faltos de la comodidad que les podia ofiecer la tieira,
el esquife sin remos y sin bastimentos, y la hambie sólo de-
tenida de la pesadumbre que sintieron.

Mauiicio, que habia quedado por pation y por marinero
del esquife, ni tenia con qué ni sabia cómo guialle, ántes,
segun los llantos, gemidos y suspiros de los que en él iban,
podia temer que ellos mismos le anegarian. Miiaba las es-
tiellas, y aunque no parecian de todo en todo, algunas que
por entie la escuridad se mostraban le daban indicio de ve-
nideia serenidad, pero no le mostraban en qué paite se ha-

llaba. No consintió el sentimiento que el sueño aliviase su angustia, porque se les pasó la noche velando, y se vino el dia, no á más andar como dicen, sino para más penar, porque con él descubrieron por todas partes el mar cerca y léjos, por ver si topaban los ojos con la barca que les llevaba las almas, ó algun otro bajel que les prometiese ayuda y socorro en su necesidad, pero no descubrieron otra cosa que una isla á su mano izquierda, que juntamente los alegró y los entristeció: nació la alegría de ver cerca la tierra, y la tristeza de la imposibilidad de poder llegar á ella, si ya el viento no los llevase. Mauricio era el que más confiaba de la salud de todos, por haber hallado, como se ha dicho, en la figura que como judiciario habia levantado, que aquel suceso no amenazaba muerte, sino descomodidades casi mortales. Finalmente, el favor de los cielos se mezcló con los vientos, que poco á poco llevaron el esquife á la isla, y les dió lugar de tomarle en la tierra, en una espaciosa playa no acompañada de gente alguna, sino de mucha cantidad de nieve, que toda la cubria. Miserables son y temerosas las fortunas del mar, pues los que las padecen se huelgan de trocarlas con las mayores que en la tierra se les ofrezcan, la nieve de la desierta playa les pareció blanda arena, y la soledad compañía. Unos en brazos de otros desembarcaron: el mozo Antonio fué el Atlante de Auristela y de Transila, en cuyos hombros tambien desembarcaron Rosamunda y Mauricio, y todos se recogieron al abrigo de un peñon que no léjos de la playa se mostraba, habiendo ántes, como mejor pudieron, varado el esquife en tierra, poniendo en él, despues de en Dios, su esperanza.

Antonio, considerando que la hambre habia de hacer su

oficio, y que ella había de ser bastante á quitarles las vidas, aprestó su arco, que siempre de las espaldas le colgaba, y dijo que él quería ir á descubrir la tierra, por ver si hallaba gente en ella ó alguna caza que socorriese su necesidad Vinieron todos con su parecer, y así se entró con ligero paso por la isla, pisando, no tierra, sino nieve, tan dura por estar helada, que le parecia pisar sobre pedernales Siguióle, sin que él lo echase de ver, la torpe Rosamunda, sin ser impedida de los demas, que creyeron que alguna natural necesidad la forzaba á dejallos Volvió la cabeza Antonio á tiempo y en lugar adonde nadie los podia ver, y viendo junto á sí á Rosamunda, le dijo «La cosa de que ménos necesidad tengo, en ésta que agora padecemos, es la de tu compañía, ¿qué quieres, Rosamunda? vuélvete, que ni tú tienes armas con que matar género de caza alguna, ni yo podré acomodar el paso á esperarte que me sigas

—¡Oh inexperto mozo, respondió la mujer torpe, y cuán léjos estás de conocer la intencion con que te sigo y la deuda que me debes ¹» Y en esto se llegó junto á él y prosiguió diciendo : «Ves aquí ¡oh nuevo cazador, más hermoso que Apolo¹ otra nueva Dafne, que no te huye, sino que te sigue, no mires que ya á mi belleza la marchita el rigor de edad, ligera siempre, sino considera en mí á la que fué Rosamunda, domadora de las cervices de los reyes y de la libertad de los más exentos hombres Yo te adoro, generoso jóven, y aquí, entre estos hielos y nieves, el amoroso fuego me está haciendo ceniza el corazon. Gocémonos y tenme por tuya, que yo te llevaré á parte donde llenes las manos de tesoros, para tí, sin duda alguna, de mí recogidos y guardados, si llegamos á Inglaterra, donde mil bandos de muerte tienen amenazada mi vida. Escondido te llevaré á donde te entregues en más oro que tuvo Mídas y en más riquezas que acumuló Creso.»

Aquí dió fin á su plática, pero no al movimiento de sus manos, que arremetieron á detener las de Antonio, que de sí las apartaba; y entre esta tan honesta como torpe contienda decia Antonio: «Detente, ¡oh arpía! no turbes ni afees las limpias mesas de Fineo, no fuerces ¡oh bárbara egipcia! ni incites la castidad y limpieza deste que no es tu esclavo, tarázate la lengua, sierpe maldita, no pronuncies con deshonestas palabras lo que tienes escondido en tus deshonestos deseos. Mira el poco lugar que nos queda desde este punto al de la muerte, que nos está amenazando con la hambre y con la incertidumbre de la salida deste lugar, que puesto que fuera cierta, con otra intencion la acompañára que con la que me has descubierto. Desvíate de mí y no me sigas, que castigaré tu atrevimiento y publicaré tu locura. Si te vuelves, mudaré propósito y pondré en silencio tu desverguenza; si no me dejas, te quitaré la vida.» Oyendo lo cual la lasciva Rosamunda, se le cubrió el corazon de manera, que no dió lugar á suspiros, á ruegos ni á lágrimas; dejóla Antonio, sagaz y advertido. Volvióse Rosamunda, y él siguió su camino, pero no halló en él cosa que le asegurase, porque las nieves eran muchas y los caminos ásperos, y la gente ninguna; y advirtiendo que si adelante pasaba, podia perder el camino de vuelta, se volvió á juntar con la compañía. Alzaron todos las manos al cielo y pusieron los ojos en la tierra, como admirados de su desventura, á Mauricio dijeron que volvieran al mar el esquife, pues no era posible remediarse en la imposibilidad y soledad de la isla

CAPITULO XX.

De un notable caso que sucedió en la isla nevada

A poco tiempo que pasó del dia, desde léjos vieron venir una nave gruesa, que les levantó las esperanzas de tener remedio, amainó las velas, y pareció que se dejaba detener de las áncoras, y con diligencia presta arrojaron el esquife á la mar y se vinieron á la playa, donde ya los tristes se arrojaban al esquife. Auristela dijo que sería bien que aguardasen los que venian, por saber quién eran. Llegó el esquife de la nave y encalló en la fria nieve, y saltaron en ella dos, al parecer, gallardos y fuertes mancebos, de extremada disposicion y brío, los cuales sacaron encima de sus hombros á una hermosísima doncella, tan sin fuerzas y tan desmayada, que parecia que no le daba lugar para llegar á tocar la tierra. Llamaron á voces los que estaban ya embarcados en el otro esquife, y les suplicaron que se desembarcasen á ser testigos de un suceso que era menester que los tuviese. Respondió Mauricio que no habia remos para encaminar el esquife, si no les prestaban los del suyo. Los marineros con los suyos guiaron los del otro esquife, y volvieron á pisar la nieve, luego los valientes jóvenes asieron de dos tablachinas, con que cubrieron los pechos, y con dos cortadoras espadas en los brazos saltaron de nuevo en tierra. Auristela, llena de sobresalto y temor, casi con certidumbre de algun nuevo mal, acudió á ver la desmayada y hermosa doncella, y lo mismo hicieron todos los demas. Los caballeros dijeron: «Esperad, señores, y estad atentos á lo que queremos de-

ciros este caballero y yo, dijo el uno, tenemos concertado
de pelear por la posesion de esa enferma doncella que ahí veis;
la muerte ha de dar la sentencia en favor del otro, sin que
haya otro medio alguno que ataje en ninguna manera nuestra amorosa pendencia, si ya no es que ella, de su voluntad,
ha de escoger cuál de nosotros ha de ser su esposo, con que
hará envainar nuestras espadas y sosegar nuestros espíritus
Lo que pedimos es, que no estorbeis en manera alguna nuestra
porfía, la cual lleváramos hasta el cabo sin tener temor que
nadie nos la estorbára, si no os hubiéramos menester para
que mirárades si estas soledades pueden ofrecer algun remedio para dilatar siquiera la vida de esa doncella, que es tan
poderosa para acabar las nuestras La priesa que nos obliga
á dar conclusion á nuestro negocio no nos da lugar para
preguntaros por agora quién sois ni cómo estáis en este lugar
tan solos y tan sin remos, que no los teneis, segun parece,
para desviaros desta isla, tan sola, que áun de animales no
es habitada.»

Mauricio les respondió que no saldrian un punto de lo
que querian, y luego echaron los dos mano á las espadas,
sin querer que la enferma doncella declarase primero su voluntad, remitiendo ántes su pendencia á las armas que á los
deseos de la dama. Arremetieron el uno contra el otro, y sin
mirar reglas, movimientos, entradas, salidas y compases, á
los primeros golpes el uno quedó pasado el corazon de parte
á parte, y el otro abierta la cabeza por medio, á éste le concedió el cielo tanto espacio de vida, que le tuvo de llegar á
la doncella y juntar su rostro con el suyo, diciéndole : «Vencí,
señora; mia eres, y aunque ha de durar poco el bien de po-
seerte, en pensar que un solo instante te podré tener por

mia, me tengo por el más venturoso hombre del mundo. Recibe, señora, esta alma, que envuelta en estos últimos alientos te envio, dales lugar en tu pecho, sin que pidas licencia á tu honestidad, pues el nombre de esposo á todo esto da licencia.»

La sangre de la herida bañó el rostro de la dama, la cual estaba tan sin sentido, que no respondió palabra, los dos marineros que habian guiado el esquife de la nave saltaron en tierra, y fueron con presteza á requerir, así al muerto de la estocada como al herido en la cabeza, el cual, puesta su boca con la de su tan caramente comprada esposa, envió su alma á los aires y dejó caer el cuerpo sobre la tierra. Auristela, que todas estas acciones habia estado mirando, ántes de descubrir y mirar atentamente el rostro de la enferma señora, llegó de propósito á mirarla, y limpiándole la sangre que habia llovido del muerto enamorado, conoció ser su doncella Taurisa, la que lo habia sido al tiempo que ella estuvo en poder del príncipe Arnaldo, que le habia dicho la dejaba en poder de dos caballeros que la llevasen á Irlanda, como queda dicho. Auristela quedó suspensa, quedó atónita, quedó más triste que la tristeza misma, y mucho más cuando vino á conocer que la hermosa Taurisa estaba sin vida. «¡Ay, dijo á esta sazon, con qué prodigiosas señales me va mostrando el cielo mi desventura! que si se rematára con acabarse mi vida, pudiera llamarla dichosa; que los males que tienen fin en la muerte, como no se dilaten y entretengan, hacen dichosa la vida. ¿Qué red barredera es ésta, con que cogen los cielos todos los caminos de mi descanso? ¿Qué imposibles son éstos que descubro á cada paso de mi remedio? Mas, pues aquí son excusados los llantos

y son de ningun provecho los gemidos, demos el tiempo
que he de gastar en ellos por ahora á la piedad, y enterre-
mos los muertos, y no congoje yo por mi parte los vivos»;
y luego pidió á Mauricio pidiese á los marineros del esquife
volviesen al navío por instrumentos para hacer las sepulturas. Hízolo así Mauricio, y fué á la nave con intencion de
concertarse con el piloto ó capitan que hubiese, para que
los sacase de aquella isla y los llevase á donde quiera que
fuesen. En este entretanto tuvieron lugar Auristela y Transila de acomodar á Taurisa para enterralla, y la piedad y
honestidad cristiana no consintió que la desnudasen.

Volvió Mauricio con los instrumentos, habiendo negociado todo aquello que quiso; hízose la sepultura de Taurisa,
pero los marineros no quisieron, como católicos, que se
hiciese ninguna á los muertos en el desafío. Rosamunda, que
despues que volvió de haber declarado su mal pensamiento
al bárbaro Antonio, nunca habia alzado los ojos del suelo,
que sus pecados se los tenian aterrados, al tiempo que iban
á sepultar á Taurisa, levantando el rostro, dijo: «Si os pre-
ciais, señores, de caritativos, y si anda en vuestros pechos al
par la justicia y la misericordia, usad destas dos virtudes
conmigo. Yo desde el punto que tuve uso de razon, no la
tuve, porque siempre fuí mala con los años verdes y con la
hermosura mucha; con la libertad demasiada y con la riqueza abundante se fueron apoderando de mí los vicios de
tal manera, que han sido y son en mí como accidentes in-
separables. Ya sabeis, como yo alguna vez he dicho, que
he tenido el pié sobre las cervices de los reyes, y he traido
á la mano que he querido las voluntades de los hombres;
pero el tiempo, salteador y robador de la humana belleza de

las mujeres, se entró por la mia tan sin yo pensarlo, que primero me he visto fea que desengañada, mas, como los vicios tienen asiento en el alma, que no envejece, no quieren dejarme, y como yo no les hago resistencia, sino que me dejo ir con la corriente de mis gustos, heme ido ahora con el que me da el ver siquiera á este bárbaro muchacho, el cual, aunque le he descubierto mi voluntad, no corresponde á la mia, que es de fuego, con la suya, que es de helada nieve. Véome despreciada y aborrecida, en lugar de estimada y bien querida, golpes que no se pueden resistir con poca paciencia y con mucho deseo Ya, ya la muerte me va pisando las faldas y extiende la mano para alcanzarme de la vida, por lo que veis que debe la bondad del pecho que la tiene al miserable que se le encomienda, os suplico que cubrais mi fuego con hielo, y me enterreis en esa sepultura; que puesto que mezcleis mis lascivos huesos con los de esa casta doncella, no los contaminarán, que las reliquias buenas siempre lo son donde quiera que estén», y volviéndose al mozo Antonio, prosiguió : «Y tú, arrogante mozo, que agora tocas ó estás para tocar los márgenes y rayas del deleite, pide al cielo que te encamine de modo, que ni te solicite edad larga ni marchita belleza, y si yo he ofendido tus recientes oidos, que así los puedo llamar, con mis inadvertidas y no castas palabras, perdóname, que los que piden perdon en este trance, por cortesía siquiera merecen ser, si no perdonados, á lo ménos escuchados » Esto diciendo, dió un suspiro envuelto en un mortal desmayo

CAPITULO XXI

Salen de la isla nevada en el navío de los cosarios

«Yo no sé, dijo Mauricio á esta sazon, qué quiere éste que llaman amor por estas montañas, por estas soledades y riscos, por entre estas nieves y hielos, dejándose allá los Páfos, Gnidos, las Chipres, los Elíseos campos, de quien huye la hambre y no llega incomodidad alguna, en el corazon sosegado, en el ánimo quieto tiene el amor deleitable su morada, que no en las lágrimas ni en los sobresaltos.»

Auristela, Transila, Constanza y Ricla quedaron atónitas del suceso, y con callar le admiraron, y finalmente con no pocas lágrimas enterraron á Taurisa, y despues de haber vuelto Rosamunda del pasado desmayo, se recogieron y embarcaron en el esquife de la nave, donde fueron bien recebidos y regalados de los que en ella estaban, satisfaciendo luego todos la hambre que les aquejaba, sólo Rosamunda estaba tal, que por momentos llamaba á las puertas de la muerte Alzaron velas, lloraron algunos los capitanes muertos, y instituyeron luego uno que lo fuese de todos, y siguieron su viaje, sin llevar parte conocida donde le encaminasen, porque era de cosarios, y no irlandeses, como á Arnaldo le habian dicho, sino de una isla rebelada contra Inglaterra. Mauricio, mal contento de aquella compañía, siempre iba temiendo algun reves de su acelerada costumbre y mal modo de vivir, y como viejo y experimentado en las cosas del mundo, no le cabia el corazon en el pecho, temiendo que la mucha hermosura de Auristela, la gallardía

y buen parecer de su hija Transila, los pocos años y nuevo
traje de Constanza no despertasen en aquellos cosarios algun
mal pensamiento.

Servíales de Argos el mozo Antonio, de lo que sirvió el
pastor de Anfriso, eran los ojos de los dos, centinelas no dor-
midas, pues por sus cuartos la hacian á las mansas y hermosas
ovejuelas que debajo de su solicitud y vigilancia se ampara-
ban. Rosamunda, con los continuos desdenes, vino á enfla-
quecer de manera, que una noche la hallaron en una cámara
del navío sepultada en perpétuo silencio. Harto habian llo-
rado, mas no dejaron de sentir su muerte compasiva y cristianamente, sirvióla el ancho mar de sepultura, donde no
tuvo harta agua para apagar el fuego que causó en su pecho
el gallardo Antonio, el cual y todos rogaron muchas veces
á los cosarios que los llevasen de una vez á Irlanda ó á
Ibernia, si ya no quisiesen á Inglaterra ó Escocia, pero ellos
respondian que hasta haber hecho una buena y rica presa
no habian de tocar en tierra alguna, si ya no fuese á hacer
agua ó á tomar bastimentos necesarios La bárbara Ricla
bien comprára á pedazos de oro que los lleváran á Inglaterra, pero no osaba descubrirlos, porque no se los robasen
ántes que se los pidiesen. Dióles el capitan estancia aparte, y
acomodóles de manera, que les aseguró de la insolencia que
podian temer de los soldados

Desta manera anduvieron casi tres meses por el mar, de
unas partes á otras, ya tocaban en una isla, ya en otra, y ya
se salian al mar descubierto (propia costumbre de cosarios
que buscan su ganancia), las veces que habia calma y el
mar sosegado no les dejaba navegar El nuevo capitan del
navío se iba á entretener á la estancia de sus pasajeros, y con

pláticas discretas y cuentos graciosos, pero siempre honestos, los entretenia, y Mauricio hacia lo mismo. Auristela, Transila, Ricla y Constanza más se ocupaban en pensar en la ausencia de las mitades de su alma, que en escuchar al capitan ni á Mauricio Con todo esto, estuvieron un dia atentas á la historia que en este siguiente capítulo se cuenta que el capitan les dijo.

CAPITULO XXII.

Dónde el capitan da cuenta de las grandes fiestas que acostumbraba á hacer en su reino el rey Policarpo

«Una de las islas que están junto á la de Ibernia me dió el cielo por patria, es tan grande, que toma nombre de reino, el cual no se hereda ni viene por sucesion de padre á hijo; sus moradores le eligen á su beneplácito, procurando siempre que sea el más virtuoso y mejor hombre que en él se halláre, y sin intervenir de por medio ruegos ó negociaciones, y sin que los soliciten promesas ni dádivas, de comun consentimiento de todos sale el rey y toma el cetro absoluto del mando, el cual le dura miéntras le dura la vida ó miéntras no se empeora en ella, y con esto, los que no son reyes procuran ser virtuosos para serlo, y los que lo son pugnan serlo más, para no dejar de ser reyes. Con esto se cortan las alas á la ambicion, se atierra la codicia, y aunque la hipocresía suele andar lista, á largo andar se le cae la máscara y queda sin el alcanzado premio, con esto los pueblos viven quietos, campea la justicia y resplandece la misericordia; despáchanse con brevedad los memoriales de los pobres, y los que dan

los ricos, no, por serlo, son mejor despachados; no agobian
la vara de la justicia las dádivas, ni la carne y sangre de los
parentescos; todas las negociaciones guardan sus puntos y
andan en sus quicios, finalmente, reino es donde se vive
sin temor de los insolentes, y donde cada uno goza lo que
es suyo

»Esta costumbre, á mi parecer justa y santa, puso el cetro
del reino en las manos de Policarpo, varon insigne y famoso,
así en las armas como en las letras, el cual tenía, cuando vino
á ser rey, dos hijas de extremada belleza, la mayor llamada
Policarpa, y la menor Sinforosa No tenian madre, que no
les hizo falta cuando murió sino en la compañía; que sus
virtudes y agradables costumbres eran ayas de sí mismas,
dando maravilloso ejemplo á todo el reino Con estas buenas
partes, así ellas como el padre, se hacian amables, se esti-
maban de todos. Los reyes, por parecerles que la melancolía
en los vasallos suele despertar malos pensamientos, procuran
tener alegre el pueblo y entretenido con fiestas públicas, y á
veces con ordinarias comedias, principalmente solemnizaban
el dia que fueron asumptos al reino, con hacer que se renovasen los juegos que los gentiles llamaban olímpicos, en el
mejor modo que podian, señalaban premio á los corredores,
honraban á los diestros, coronaban á los tiradores, y subian
al cielo de la alabanza á los que derribaban á otros en la
tierra

»Hacíase este espectáculo junto á la marina, en una espaciosa playa, á quien quitaban el sol infinita cantidad de ramos entretejidos, que la dejaban á la sombra, ponian en la
mitad un suntuoso teatro, en el cual sentado el Rey y la
real familia, miraban los apacibles juegos Llegóse un dia

destos, y Policarpo procuró aventajarse en magnificencia y
grandeza en solemnizaile sobre todos cuantos hasta allí se
habian hecho; y cuando ya el teatro estaba ocupado con su
persona y con los mejores del reino, y cuando ya los instrumentos bélicos y los apacibles querian dar señal que las fiestas
se comenzasen, y cuando ya cuatro corredores, mancebos
ágiles y sueltos, tenian los piés izquierdos delante y los derechos alzados, que no les impedia otra cosa el soltarse á la
carrera, sino soltar una cuerda que les servia de raya y de
señal, que en soltándola habian de volar á un término señalado, donde habian de dar fin á su carrera, digo que en este
tiempo vieron venir por la mar un barco, que le blanqueaban
los costados el ser recien despalmado, y le facilitaban el romper del agua seis remos que de cada banda traia, impelidos
de doce, al parecer, gallardos mancebos, de dilatadas espaldas
y pechos y de nervudos brazos; venian vestidos de blanco
todos, sino el que guiaba el timon, que venia de encarnado,
como marinero. Llegó con furia el barco á la orilla, y el
encallar en ella y el saltar todos los que en él venian en
tierra, fué una misma cosa. Mandó Policarpo que no saliesen á la carrera hasta saber qué gente era aquella y á lo que
venia, puesto que imaginó que debian de venir á hallarse
en las fiestas y á probar su gallardía en los juegos

»El primero que se adelantó á hablar al Rey fué el que
servia de timonero, mancebo de poca edad, cuyas mejillas
desembarazadas y limpias mostraban ser de nieve y de grana,
los cabellos anillos de oro, y cada una parte de las del rostro
tan perfecta, y todas juntas tan hermosas, que formaban un
compuesto admirable. Luego la hermosa presencia del mozo
arrebató la vista y áun los corazones de cuantos le miraron,

y yo desde luego le quedé aficionadísimo. El cual dijo al
Rey «Señor, estos mis compañeros y yo, habiendo tenido noticia destos juegos, venimos á servirte y hallarnos en
ellos, y no de lejas tierras, sino desde una nave que dejamos
en la isla Scinta, que no está léjos de aquí; y como el viento
no hizo á nuestro propósito para encaminar aquí la nave,
nos aprovechamos de esta barca y de los remos, y de la fuerza
de nuestros brazos. Todos somos nobles y descosos de ganar
honra, y por la que debes hacer, como rey que eres, á los
extranjeros que á tu presencia llegan, te suplicamos nos con-
cedas licencia para mostrar, ó nuestras fuerzas ó nuestros
ingenios, en honra y provecho nuestro y gusto tuyo.

»—Por cierto, respondió Policarpo, agraciado jóven, que
vos pedis lo que quereis con tanta gracia y cortesía, que sería
cosa injusta el negároslo : honrad mis fiestas en lo que quisiéredes, dejadme á mí el cargo de premiároslo; que segun
vuestra gallarda presencia muestra, poca esperanza dejais á
ninguno de alcanzar los primeros premios.»

Dobló la rodilla el hermoso mancebo, y inclinó la cabeza,
en señal de crianza y agradecimiento, y en dos brincos se
puso ante la cuerda que detenia á los cuatro ligeros corredores, sus doce compañeros se pusieron á un lado, á ser
espectadores de la carrera. Sonó una trompeta, soltaron la
cuerda, y arrojáronse al vuelo los cinco; pero áun no habian
dado veinte pasos, cuando con más de seis se les aventajó el
recien venido, y á los treinta ya los llevaba de ventaja más
de quince, finalmente, se los dejó á poco más de la mitad
del camino, como si fueran estatuas inmovibles, con admiracion de todos los circunstantes, especialmente de Sinforosa, que le seguia con la vista, así corriendo como estando

quédo, porque la belleza y agilidad del mozo era bastante
para llevar tras sí las voluntades, no sólo los ojos, de cuantos
le miraban. Noté yo esto, porque tenia los mios atentos á
mirar á Policarpa, objeto dulce de mis deseos, y de camino
miraba los movimientos de Sinforosa.

»Comenzó luego la invidia á apoderarse de los pechos de
los que se habian de probar en los juegos, viendo con cuánta
facilidad se habia llevado el extranjero el precio de la carrera. Fué el segundo certámen el de la esgrima tomó el
ganancioso la espada negra, con la cual, á seis que le salieron,
cada uno de por sí, les cerró las bocas, mosqueó las narices,
les selló los ojos y les santiguó las cabezas, sin que á él le
tocasen, como decirse suele, un pelo de la ropa. Alzó la voz
el pueblo, y de comun consentimiento le dieron el premio
primero, luego se acomodaron otros seis á la lucha, donde
con mayor gallardía dió de sí muestra el mozo, descubrió
sus dilatadas espaldas, sus anchos y fortísimos pechos, y los
nervios y músculos de sus fuertes brazos, con los cuales, y
con destreza y maña increible, hizo que las espaldas de los
seis luchadores, á despecho y pesar suyo, quedasen impresas
en la tierra. Asió luego de una pesada barra, que estaba hincada en el suelo, porque le dijeron que era el tirarla el cuarto
certámen; sompesóla, y haciendo de señas á la gente que
estaba delante para que le diesen lugar donde el tiro cupiese,
tomando la barra por la una punta, sin volver el brazo atras,
la impelió con tanta fuerza, que pasando los límites de la
marina, fué menester que el mar se los diese, en el cual
bien adentro quedó sepultada la barra.

»Esta monstruosidad, notada de sus contrarios, les desmayó los bríos y no osaron probarse en la contienda; pusié-

ronle luego la ballesta en las manos y algunas flechas, y
mostráronle un árbol muy alto y muy liso, al cabo del cual
estaba hincada una media lanza, y en ella de un hilo estaba
asida una paloma, á la cual habian de tirar no más de un tiro
los que en aquel certámen quisiesen probarse Uno que pre-
sumia de certero se adelantó y tomó la mano, creo yo, pensando derribar la paloma ántes que otro; tiró, y clavó su
flecha casi en el fin de la lanza, del cual golpe azorada la
paloma, se levantó en el aire, y luego otro, no ménos pre-
sumido que el primero, tiró con tan gentil certería, que
rompió el hilo donde estaba asida la paloma, que suelta y
libre del lazo que la detenia, entregó su libertad al viento,
y batió las alas con priesa; pero el ya acostumbrado á ganar
los primeros premios disparó su flecha, y como si mandára
lo que habia de hacer, y ella tuviera entendimiento para
obedecerle, así lo hizo, pues dividiendo el aire con un ras-
gado y tendido silbo, llegó á la paloma, y le pasó el corazon
de parte á parte, quitándole á un mismo punto el vuelo y la
vida. Renováronse con esto las voces de los presentes y las
alabanzas del extranjero, el cual en la carrera, en la esgrima, en la lucha, en la barra y en el tirar de la ballesta, y
en otras muchas pruebas que no cuento, con grandísimas
ventajas se llevó los primeros premios, quitando el trabajo
á sus compañeros de probarse en ellas

»Cuando se acabaron los juegos sería el crepúsculo de
la noche, y cuando el Rey Policarpo queria levantarse de
su asiento con los jueces que con él estaban para premiar al
vencedor mancebo, vió que puesto de rodillas ante él, le dijo:
«Nuestra nave quedó sola y desamparada, la noche cierra
algo oscura, los premios que puedo esperar, que por ser de

tu mano se deben estimar en lo posible, quiero ¡oh gran señor! que los dilates hasta otro tiempo que con más espacio y comodidad pienso volver á servirte.» Abrazóle el Rey, preguntóle el nombre, y dijo que se llamaba Periandro. Quitóse en esto la bella Sinforosa una guirnalda de flores con que adornaba su hermosísima cabeza, y la puso sobre la del gallardo mancebo, y con honesta gracia le dijo al ponérsela. «Cuando mi padre sea tan venturoso de que volvais á verle, veréis cómo no vendréis á servirle, sino á ser servido.»

CAPITULO XXIII

De lo que sucedió á la celosa Auristela, cuando supo que su hermano Periandro era el que habia ganado los premios del certámen

¡Oh poderosa fuerza de los celos! ¡oh enfermedad que te pegas al alma de tal manera, que sólo te despegas con la vida! ¡Oh hermosísima Auristela, detente, no te precipites á dar lugar en tu imaginacion á esta rabiosa dolencia! pero ¿quién podrá tener á raya los pensamientos, que suelen ser tan ligeros y sutiles, que como no tienen cuerpo, pasan las murallas, traspasan los pechos y ven lo más escondido de las almas?

Esto se ha dicho, porque en oyendo pronunciar Auristela el nombre de Periandro, su hermano, y habiendo oido ántes las alabanzas de Sinforosa, y el favor que en ponerle la guirnalda le habia hecho, rindió el sufrimiento á las sospechas y entregó la paciencia á los gemidos, y dando un gran suspiro y abrazándose con Transila, dijo· «Querida amiga mia, ruega al cielo que sin haberse perdido tu esposo Ladislao, se pierda mi hermano Periandro ¿No le ves en la boca deste valeroso capitan, honrado como vencedor, coronado como valeroso, atento más á los favores de una doncella que á los cuidados que le debian dar los destierros y pasos desta su hermana? ¿Ándase buscando palmas y trofeos por las tierras ajenas, y déjase entre los riscos y entre las peñas y entre las montañas que suele levantar la mar alterada, á ésta su hermana, que por su consejo y por su gusto no hay peligro de muerte donde no se halle?»

Estas razones escuchaba atentísimamente el capitan del navío, y no sabia qué conclusion sacar dellas; sólo paró en decir.. pero no dijo nada, porque en un instante y en un momentáneo punto le arrebató la palabra de la boca un viento que se levantó tan súbito y tan recio, que le hizo poner en pié, sin responder á Auristela, y dando voces á los marineros que amainasen las velas y las templasen y asegurasen, acudió toda la gente á la faena. Comenzó la nave á volar en popa, con mar tendido y largo, por donde el viento quiso llevarla, recogióse Mauricio con los de su compañía á su estancia, por dejar hacer libremente su oficio á los marineros. Allí preguntó Transila á Auristela qué sobresalto era aquel que tal la habia puesto, que á ella le habia parecido haberle causado el haber oido nombrar el nombre de Periandro, y no sabia por qué las alabanzas y buenos sucesos de un hermano pudiesen dar pesadumbre.

«¡Ay amiga! respondió Auristela, de tal manera estoy obligada á tener en perpétuo silencio una peregrinacion que hago, que hasta darle fin, aunque primero llegue el dia de mi vida, soy forzada á guardarle En sabiendo quién soy, que sí sabrás si el cielo quiere, verás las disculpas de mis sobresaltos, sabiendo la causa de do nacen; verás castos pensamientos acometidos, pero no turbados; verás desdichas sin ser buscadas, y laberintos que por venturas no imaginadas han tenido salida de sus enredos ¿Ves cuán grande es el nudo del parentesco de un hermano? pues sobre éste tengo yo otro mayor con Periandro. ¿Ves ansimismo cuán propio es de los enamorados ser celosos? pues con más propiedad tengo yo celos de mi hermano. Este capitan, amiga, ¿no exageró la hermosura de Sinforosa, y ella, al coronar las sienes de Periandro, no le miró? Sí, sin duda. Y mi hermano ¿no es del valor y de la belleza que tú has visto? Pues ¿qué mucho que haya despertado en el pensamiento de Sinforosa alguno que le haga olvidar de su hermana?

—Advierte, señora, respondió Transila, que todo cuanto el capitan ha contado sucedió ántes de la prision de la ínsula bárbara, y que despues acá os habeis visto y comunicado, donde habrás hallado que ni él tiene amor á nadie, ni cuida de otra cosa que de darte gusto, y no creo yo que las fuerzas de los celos lleguen á tanto, que alcancen á tenerlos una hermana de un su hermano.

—Mira, hija Transila, dijo Mauricio, que las condiciones de amor son tan diferentes como injustas, y sus leyes tan muchas como variables Procura ser tan discreta, que no apures los pensamientos ajenos, ni quieras saber más de nadie, de aquello que quisiere decirte, la curiosidad en los negocios propios se puede sutilizar y atildar, pero en los ajenos que no nos importan, ni por pensamiento » Esto que oyó Auristela á Mauricio la hizo tener cuenta con su discrecion y con su lengua, porque la de Transila, un poco necia, llevaba camino de hacerle sacar á plaza toda su historia

Amansó en tanto el viento, sin haber dado lugar á que los marineros temiesen ni los pasajeros se alborotasen Volvió el capitan á verlos y á proseguir su historia, por haber quedado cuidadoso del sobresalto que Auristela tomó oyendo el nombre de Periandro Deseaba Auristela volver á la plática pasada, y saber del capitan si los favores que Sinforosa habia hecho á Periandro se extendieron á más que coronarle, y así se lo preguntó modestamente, y con recato de no dar á entender su pensamiento Respondió el capitan que Sinforosa no tuvo lugar de hacer más merced, que así se han de llamar los favores de las damas, á Periandro; aunque, á pesar de la bondad de Sinforosa, á él le fatigaban ciertas imaginaciones que tenia de que no estaba muy libre de tener en la suya á Periandro, porque siempre que, despues de partido, se hablaba de las gracias de Periandro, ella las subia y las levantaba sobre los cielos, y por haberle ella mandado que saliese en un navío á buscar á Periandro y le hiciese volver á ver á su padre, confirmaba más sus sospechas

»¡Cómo! ¿y es posible, dijo Auristela, que las grandes señoras, las hijas de los reyes, las levantadas sobre el trono de la fortuna, se han de humillar á dar indicios de que tienen los pensamientos en humildes sujetos colocados? Y siendo verdad, como lo es, que la grandeza y majestad no se aviene bien con el amor, ántes son repugnantes entre sí el amor y la grandeza, hase de seguir que Sinforosa, reina, hermosa y libre, no se habia de cautivar de la primera vista de un no conocido mozo, cuyo estado no prometia ser grande el venir guiando un timon de una barca con doce compañeros desnudos, como lo son todos los que gobiernan los remos.

—Calla, hija Auristela, dijo Mauricio; que en ningunas

otras acciones de la naturaleza se ven mayores milagros ni
más continuos que en las del amor, que por ser tantos y
tales los milagros, se pasan en silencio y no se echa de ver
en ellos, por extraordinarios que sean, el amor junta los ce-
tros con los cayados, la grandeza con la bajeza, hace posible
lo imposible, iguala diferentes estados, y viene á ser poderoso como la muerte. Ya sabes tú, señora, y sé yo muy bien
la gentileza, la gallardía y el valor de tu hermano Periandro,
cuyas partes forman un compuesto de singular hermosura,
y es privilegio de la hermosura rendir las voluntades y atraer
los corazones de cuantos la conocen; y cuanto la hermosura
es mayor y más conocida, es más amada y estimada : así
que, no sería milagro que Sinforosa, por principal que sea,
ame á tu hermano, porque no le amaria como á Periandro
á secas, sino como á hermoso, como á valiente, como á
diestro, como á ligero, como á sugeto donde todas las virtudes están recogidas y cifradas.

—¡Qué! ¿Periandro es hermano desta señora? dijo el
capitan.

—Sí, respondió Transila, por cuya ausencia ella vive en
perpétua tristeza, y todos nosotros, que la queremos bien,
y á él le conocimos, en llanto y amargura.»

Luego le contaron todo lo sucedido del naufragio de la
nave de Arnaldo, la division del esquife y de la barca, con
todo aquello que fué bastante para darle á entender lo sucedido hasta el punto en que estaban; en el cual punto deja el
autor el primer libro desta grande historia, y pasa al segundo, donde se contarán cosas que, aunque no pasan de la
verdad, sobrepujan á la imaginacion, pues apénas pueden
caber en la más sutil y dilatada sus acontecimientos

LIBRO SEGUNDO.

CAPITULO PRIMERO

Donde se cuenta cómo el navío se volcó, con todos los que dentro dél iban

Parece que el autor desta historia sabía más de enamorado que de historiador, porque casi este primer capítulo de la entrada del segundo libro le gasta todo en una difinicion de celos, ocasionados de los que mostró tener Auristela por lo que le contó el capitan del navío, pero en esta traducion, que lo es, se quita, por prolija y por cosa en muchas partes referida y ventilada, y se viene á la verdad del caso, que fué, que cambiándose el viento y enmarañándose las nubes, cerró la noche escura y tenebrosa, y los truenos, dando por mensajeros á los relámpagos, tras quien se siguen, comenzaron á turbar los marineros y á deslumbrar la vista de todos los de la nave, y comenzó la borrasca con tanta furia, que no pudo ser prevenida de la diligencia y arte de los marineros, y así á un mismo tiempo les cogió la turbacion y la tormenta Pero no por esto dejó cada uno de acudir á su oficio y á hacer la faena que vieron ser necesaria, si no para excu-

sar la muerte, para dilatar la vida, que los atrevidos que de
unas tablas la fian, la sustentan cuanto pueden, hasta poner
su esperanza en un madero que acaso la tormenta desclavó
de la nave, con el cual se abrazan, y tienen á gran ventura
tan duros abrazos. Mauricio se abrazó con Transila, su hija,
Antonio con Ricla y con Constanza, su madre y hermana,
sólo la desgraciada Auristela quedó sin arrimo, sino el que
le ofrecia su congoja, que era el de la muerte, á quien ella
de buena gana se entregara, si lo permitiera la cristiana y
católica religion, que con muchas véras procuraba guardar, y
así se recogió entre ellos, y hechos un ñudo, ó por mejor
decir, un ovillo, se dejaron calar casi hasta la postrera parte
del navío, por excusar el miedo espantoso de los truenos y
la interpolada luz de los relámpagos, y el confuso estruendo
de los marineros, y en aquella semejanza del limbo se excu-
saron de no verse, unas veces tocar el cielo con las manos,
levantándose el navío sobre las mismas nubes, y otras veces
barrer la gavia las arenas del mar profundo Esperaban la
muerte cerrados los ojos, ó por mejor decir, la temian sin
verla; que la figura de la muerte, en cualquier traje que
venga, es espantosa, y la que coge á un desapercebido en
todas sus fuerzas y salud es formidable

La tormenta creció de manera, que agotó la ciencia de
los marineros, la solicitud del capitan, y finalmente la esperanza de remedio en todos. Ya no se oian voces que mandaban «hágase esto ó aquello», sino gritos de plegarias y votos
que hacian y á los cielos se enviaban, y llegó á tanto esta
miseria y estrecheza, que Transila no se acordaba de Ladislao, ni Auristela de Periandro; que uno de los efetos poderosos de la muerte es borrar de la memoria todas las cosas

de la vida, y pues llega á hacer que no se sienta la pasion celosa, téngase por dicho que puede lo imposible.

No habia allí reloj de arena que distinguiese las horas, ni aguja que señalase el viento, ni buen tino que atinase el lugar donde estaban, todo era confusion, todo era grita, todo suspiros y todo plegarias Desmayó el capitan, abandonáronse los marineros, rindiéronse las humanas fuerzas, y poco á poco el desmayo llamó al silencio, que ocupó las voces de los más de los míseros que se quejaban. Atrevióse el mar insolente á pasearse por cima de la cubierta del navío, y áun á visitar las más altas gavias, las cuales tambien ellas, casi como en venganza de su agravio, besaron las arenas de su profundidad, finalmente, al parecer del dia, si se puede llamar dia el que no trae consigo claridad alguna, la nave se estuvo quéda y estancó, sin moverse á parte alguna, que es uno de los peligros, fuera del de anegarse, que le puede suceder á un bajel, finalmente, combatida de un huracan furioso, como si la volvieran con algun artificio, puso la gavia mayor en la hondura de las aguas, y la quilla descubrió á los cielos, quedando hecha sepultura de cuantos en ella estaban

Adios, castos pensamientos de Auristela, adios, bien fundados disinios, sosegaos, pasos tan honrados como santos, no espereis otros mauseolos ni otras pirámides ni agujas, que las que os ofrecen esas mal breadas tablas Y vos, ¡oh Transila! ejemplo claro de honestidad, en los brazos de vuestro discreto y anciano padre podeis celebrar las bodas, si no con vuestro esposo Ladislao, á lo ménos con la esperanza, que ya os habrá conducido á mejor tálamo, y tú, ¡oh Ricla! cuyos deseos te llevaban á tu descanso, recoge en tus brazos á Antonio y á Constanza, tus hijos, y ponlos en la presencia del que agora te ha quitado la vida, para mejorártela en el cielo. En resolucion, el volcar de la nave, y la certeza de la muerte de los que en ella iban, puso las razones referidas en la pluma del autor desta grande y lastimosa historia, y ansimismo puso las que se oirán en el siguiente capítulo.

CAPITULO II

Donde se cuenta un extraño suceso

Parece que el volcar de la nave volcó, ó por mejor decir, turbó el juicio del autor desta historia, porque á este segundo capítulo le dió cuatro ó cinco principios, casi como dudando qué fin en él tomaria; en fin, se resolvió, diciendo que las dichas y las desdichas suelen andar tan juntas, que tal vez no hay medio que las divida; andan el pesar y el placer tan apareados, que es simple el triste que se desespera y el alegre que se confia, como lo da fácilmente á entender este extraño suceso. Sepultóse la nave, como queda dicho, en las aguas: quedaron los muertos sepultados sin tierra, deshiciéronse sus esperanzas, quedando imposible á todos su remedio, pero los piadosos cielos, que de muy atras toman la corriente de remediar nuestras desventuras, ordenaron que la nave fuese llevada poco á poco de las olas, ya mansas y recogidas, á la orilla del mar, en una playa, que por entónces su apacibilidad y mansedumbre podia servir de seguro puerto, y no léjos estaba un puerto capacísimo de muchos bajeles, en cuyas aguas, como en espejos claros, se estaba mirando una ciudad populosa, que por una alta loma sus vistosos edificios levantaba

Vieron los de la ciudad el bulto de la nave, y creyeron ser el de alguna ballena ó de otro gran pescado que con la borrasca pasada habia dado al traves; salió infinita gente á verlo, y certificándose ser navío, lo dijeron al rey Policarpo, que era el señor de aquella ciudad; el cual, acompañado de muchos y de sus dos hermosas hijas Policarpa y Sinforosa, salió tambien, y ordenó que con cabestrantes, con tornos y con barcas, con que hizo rodear toda la nave, la tirasen y encaminasen al puerto. Saltaron algunos encima del buco, y dijeron al Rey que dentro dél sonaban golpes, y áun casi se oian voces de vivos. Un anciano caballero que se halló junto al Rey le dijo· «Yo me acuerdo, señor, haber visto en el mar Mediterráneo, en la ribera de Génova, una galera de España, que por hacer el cur con la vela, se volcó como está agora este bajel, quedando la gavia en la arena y la quilla al cielo, y ántes que la volviesen ó enderezasen, habiendo primero oido rumor, como en éste se oye, aserraron el bajel por la quilla, haciendo un buco capaz de ver lo que dentro estaba, y el entrar la luz dentro, y el salir por él el capitan de la misma galera y otros cuatro compañeros suyos, fué todo uno Yo vi esto, y está escrito este caso en muchas historias españolas, y áun podria ser viviesen agora las personas que segunda vez nacieron al mundo del vientre desta galera; y si aquí sucediese lo mismo, no se ha de tener á milagro, sino á misterio; que los milagros suceden fuera del órden de la naturaleza, y los misterios son aquellos que parecen milagros y no lo son, sino casos que acontecen raras veces.

—Pues ¿á qué aguardamos? dijo el Rey : siéntese luego el buco, y veamos este misterio, que si este vientre vomita vivos, yo lo tendré por milagro »

Grande fué la priesa que se dieron á serrar el bajel, y grande el deseo que todos tenian de ver el parto Abrióse en fin una gran concavidad, que descubrió muertos, y vivos que lo parecian : metió uno el brazo, y asió de una doncella que el palpitarle el corazon daba señales de tener vida, otros hicieron lo mismo, y cada uno sacó su presa, y algunos, pensando sacar vivos, sacaban muertos, que no todas veces los pescadores son dichosos Finalmente, dándoles el aire y la luz á los medio vivos, respiraron y cobraron aliento, limpiáronse los rostros, fregáronse los ojos, estiraron los brazos, y como quien despierta de un pesado sueño, miraron á todas partes, y hallóse Auristela en los brazos de Arnaldo, Transila en los de Clodio, Ricla y Constanza en los de Rutilio, Antonio el padre y Antonio el hijo en los de ninguno, porque se salieron por sí mismos, y lo mismo hizo Mauricio Arnaldo quedó más atónito y suspenso que los resucitados, y más muerto que los muertos. Miróle Auristela, y no conociéndole, la primera palabra que le dijo fué (que ella fué la primera que rompió el silencio de todos) · «¿Por ventura, hermano mio, está entre esta gente la bellísima Sinforosa?

—¡Santos cielos! ¿qué es esto? dijo entre sí Arnaldo. ¿Qué memorias de Sinforosa son éstas, en tiempo que no es razon que se tenga acuerdo de otra cosa que de dar gracias al cielo por las recebidas mercedes?» Pero, con todo esto, le respondió y dijo que sí estaba, y le preguntó que cómo la conocia, porque Arnaldo ignoraba lo que Auristela con el capitan del navío, que le contó los triunfos de Periandro, habia pasado, y no pudo alcanzar la causa por la cual Auristela preguntaba por Sinforosa, que si la alcanzára, quizá dijera que la fuerza de los celos es tan poderosa y tan sutil, que se entra y mezcla con el cuchillo de la misma muerte, y va á buscar al alma enamorada en los últimos trances de la vida

Ya despues que pasó algun tanto el pavor en los resucitados, que así pueden llamarse, y la admiracion en los vivos que los sacaron, y el discurso en todos dió lugar á la razon, confusamente unos á otros se preguntaban cómo los de la tierra estaban allí, y los del navío venian allí. Policarpo, en esto, viendo que el navío, al abrirle la boca, se le habia llenado de agua, en el lugar del aire que tenia, mandó llevarle á jorro al puerto y que con artificios le sacasen á tierra, lo cual se hizo con mucha presteza. Salieron asimismo á tierra toda la gente que ocupaba la quilla del navío, que fueron recebidos del rey Policarpo y de sus hijas y de todos los principales ciudadanos con tanto gusto como admiracion, pero lo que más les puso en ella, principalmente á Sinforosa, fué ver la incomparable hermosura de Auristela, fué tambien á la parte desta admiracion la belleza de Transila, y el gallardo y nuevo traje, pocos años y gallardía de la bárbara Constanza, de quien no desdecia el buen parecer y donaire de Ricla, su madre; y por estar la ciudad cerca, sin prevenirse de quién los llevase, fueron todos á pié á ella.

Ya en este tiempo habia llegado Periandro á hablar á su hermana Auristela, Ladislao á Transila, y el bárbaro padre á su mujer y su hija, y los unos á los otros se fueron dando cuenta de sus sucesos. sólo Auristela, ocupada toda en mirar á Sinforosa, callaba, pero en fin habló á Periandro, y le dijo : «¿Por ventura, hermano, esta hermosísima doncella que aquí va es Sinforosa, la hija del rey Policarpo?

—Ella es, respondió Periandro, sugeto donde tienen su asiento la belleza y la cortesía.

—Muy cortés debe de ser, respondió Auristela, porque es muy hermosa.

—Aunque no lo fuera tanto, respondió Periandro, las obligaciones que yo la tengo me obligaran ¡oh querida hermana mia! á que me lo pareciera.

—Si por obligaciones va, y vos por ellas encareceis las hermosuras, la mia os ha de parecer la mayor de la tierra, segun os tengo obligado.

—Con las cosas divinas, replicó Periandro, no se han de comparar las humanas, las hipérboles y alabanzas, por más que lo sean, han de parar en puntos limitados. Decir que una mujer es más hermosa que un ángel es encarecimiento de cortesía, pero no de obligacion, sola en tí, dulcísima hermana mia, se quiebran reglas, y cobran fuerzas de verdad los encarecimientos que se dan á tu hermosura.

—Si mis trabajos y mis desasosiegos ¡oh hermano mio! no turbaran la mia, quizá creyera ser verdaderas las alabanzas que della dices; pero yo espero en los piadosos cielos que algun dia ha de reducir á sosiego mi desasosiego y á bonanza mi tormenta, y en este entretanto con el encarecimiento que puedo te suplico que no te quiten ni borren de la memoria lo que me debes otras ajenas hermosuras ni otras obligaciones, que en la mia y en las mias podrás satisfacer el deseo y llenar el vacío de tu voluntad, si miras que juntando la belleza de mi cuerpo, tal cual ella es, á la de mi alma, hallarás un compuesto de hermosura que te satisfaga »

Confuso iba Periandro oyendo las razones de Auristela.
juzgábala celosa, cosa nueva para él, por tener por larga
experiencia conocido que la discrecion de Auristela jamas se
atrevió á salir de los límites de la honestidad, jamas su lengua se movió á declarar sino honestos y castos pensamientos, jamas le dijo palabra que no fuese digna de decirse á un
hermano en público y en secreto. Iba Arnaldo envidioso de
Periandro, Ladislao alegre con su esposa Transila, Mauricio
con su hija y yerno, Antonio el grande con su mujer y hijos,
Rutilio con el hallazgo de todos, y el maldiciente Clodio
con la ocasion que se le ofrecia de contar, donde quiera que
se hallase, la grandeza de tan extraño suceso.

Llegaron á la ciudad, y el liberal Policarpo honró á sus
huéspedes real y magníficamente, y á todos los mandó alojar en su palacio, aventajándose en el tratamiento de Arnaldo, que ya sabia que era el heredero de Dinamarca y que
los amores de Auristela le habian sacado de su reino, y así
como vió la belleza de Auristela, halló su peregrinacion en
el pecho de Policarpo disculpa. Casi en su mismo cuarto
Policarpa y Sinforosa alojaron á Auristela, de la cual no quitaba la vista Sinforosa, dando gracias al cielo de haberla hecho, no amante, sino hermana de Periandro; y ansí por su
extremada belleza como por el parentesco tan estrecho que
con Periandro tenia, la adoraba, y no sabia un punto desviarse
della. Desmenuzábale sus facciones, notábale las palabras,
ponderaba su donaire, hasta el sonido y órgano de la voz le
daba gusto Auristela casi por el mismo modo y con los
mismos afectos miraba á Sinforosa, aunque en las dos eran
diferentes las intenciones · Auristela miraba con celos, y
Sinforosa con sencilla benevolencia.

Algunos dias estuvieron en la ciudad, descansando de los trabajos pasados, y dando traza de volver Arnaldo á Dinamarca ó á donde Auristela y Periandro quisieran, mostrando, como siempre lo mostraba, no tener otra voluntad que la de los dos hermanos. Clodio, que con ociosidad y vista curiosa había mirado los movimientos de Arnaldo, y cuán oprimido le tenia el cuello el amoroso yugo, un dia en que se halló solo con él le dijo : «Yo, que siempre los vicios de los príncipes he reprendido en público, sin guardar el debido decoro que á su grandeza se debe, sin temer el daño que nace del decir mal, quiero agora, sin tu licencia, decirte en secreto lo que te suplico con paciencia me escuches; que lo que se dice aconsejando, en la intencion halla disculpa lo que no agrada »

Confuso estaba Arnaldo, no sabiendo en qué iban á parar las prevenciones del razonamiento de Clodio, y por saberlo, determinó de escuchalle, y así le dijo que dijese lo que quisiese, y Clodio, con este salvoconduto, prosiguió diciendo · «Tú, señor, amas á Auristela; mal dije amas, adoras dijera mejor, y segun he sabido, no sabes más de su hacienda ni de quién es, que aquello que ella ha querido decirte, que no te ha dicho nada; hasta tenido en tu poder más de dos años, en los cuales has hecho, segun se ha de creer, las diligencias posibles por enternecer su dureza, amansar su rigor y rendir su voluntad á la tuya por los medios honestísimos y eficaces del matrimonio, y en la misma entereza se está hoy que el primero dia que la solicitaste, de donde arguyo que cuanto á tí te sobra de paciencia, le falta á ella de conocimiento, y has de considerar que algun gran misterio encierra desechar una mujer un reino y un príncipe que merece ser

amado Misterio tambien encierra ver una doncella vaga-
munda, llena de recato de encubrir su linaje, acompañada
de un mozo (que, como dice que lo es, podria no ser su
hermano) de tierra en tierra, de isla en isla, sujeta á las inclemencias del cielo y á las borrascas de la tierra, que suelen ser peores que las del mar alborotado. De los bienes que
reparten los cielos entre los mortales, los que más se han de
estimar son los de la honra, á quien se posponen los de la
vida, los gustos de los discretos hanse de medir con la razon,
y no con los mismos gustos.»

Aquí llegaba Clodio, mostrando querer proseguir con un
filosófico y grave razonamiento, cuando entró Periandro, y
le hizo callar con su llegada, á pesar de su deseo y áun del
de Arnaldo, que quisiera escucharle, entraron asimismo
Mauricio, Ladislao y Transila, y con ellos Auristela, arrimada al hombro de Sinforosa, mal dispuesta, de modo que
fué menester llevarla al lecho, causando con su enfermedad
tales sobresaltos y temores en los pechos de Periandro y Arnaldo, que á no encubrillos con discrecion, tambien tuvieran necesidad de los médicos como Auristela

CAPITULO III

Sinforosa cuenta sus amores á Auristela

Apénas supo Policarpo la indisposicion de Auristela,
cuando mandó llamar sus médicos que la visitasen, y como
los pulsos son lenguas que declaran la enfermedad que se
padece, hallaron en los de Auristela que no era del cuerpo
su dolencia, sino del alma, pero ántes que ellos, conoció su

enfermedad Periandro, y Arnaldo la entendió en parte, y
Clodio mejor que todos Ordenaron los médicos que en ninguna manera la dejasen sola, y que procurasen entretenerla
y divertirla con música, si ella quisiese, ó con otros algunos
alegres entretenimientos. Tomó Sinforosa á su cargo su salud, y ofrecióle su compañía á todas horas, ofrecimiento no
de mucho gusto para Auristela, porque quisiera no tener tan
á la vista la causa que pensaba ser de su enfermedad, de la
cual no pensaba sanar, porque estaba determinada de no de-
cilla; que su honestidad le ataba la lengua, su valor se oponia á su deseo Finalmente, despejaron todos la estancia
donde estaba, y quedáronse solas con ella Sinforosa y Policarpa, á quien con ocasion bastante despidió Sinforosa, y
apénas se vió sola con Auristela, cuando, poniendo su boca
con la suya y apretándole reciamente las manos con ardien-
tes suspiros, pareció que queria trasladar su alma en el cuerpo
de Auristela, afectos que de nuevo la turbaron, y así le dijo :
«¿Qué es esto, señora mia? que estas muestras me dan á
entender que estáis más enferma que yo, y más lastimada
el alma que la mia. Mirad si os puedo servir en algo, que
para hacerlo, aunque está la carne enferma, tengo sana la
voluntad.

—Dulce amiga mia, respondió Sinforosa, cuanto puedo
agradezco tu ofrecimiento, y con la misma voluntad con
que te obligas te respondo, sin que en esta parte tengan alguna comedimientos fingidos ni tibias obligaciones Yo,
hermana mia (que con este nombre has de ser llamada en
tanto que la vida me duráre), amo, quiero bien, adoro
¿díjelo? no, que la verguenza y el ser quien soy, son mor-
dazas de mi lengua, pero ¿tengo de morir callando? ¿ha de

sanar mi enfermedad por milagro? ¿es por ventura capaz de palabras el silencio? ¿han de tener dos recatados y vergonzosos ojos virtudes y fuerza para declarar los pensamientos infinitos de un alma enamorada?»

Esto iba diciendo Sinforosa con tantas lágrimas y con tantos suspiros, que movieron á Auristela á enjugalle los ojos, y á abrazarla y á decirla : «No se te mueran ¡oh apasionada señora! las palabras en la boca, despide de tí por algun pequeño espacio la confusion y el empacho, y hazme tu secretaria, que los males comunicados, si no alcanzan sanidad, alcanzan alivio. Si tu pasion es amorosa, como lo imagino, sin duda bien sé que eres de carne, aunque pareces de alabastro, y bien sé que nuestras almas están siempre en contínuo movimiento, sin que puedan dejar de estar atentas á querer bien á algun sugeto, á quien las estrellas las inclinan, que no se ha de decir que las fuerzan. Dime, señora, á quién quieres, á quién amas y á quién adoras; que, como no des en el disparate de amar á un toro, ni en el que dió el que adoró el plátano, como sea hombre el que, segun tú dices, adoras, no me causará espanto ni maravilla. Mujer soy como tú, mis deseos tengo, y hasta ahora, por honra del alma, no me han salido á la boca, que bien pudieran, como señales de la calentura; pero al fin habrán de romper por inconvenientes y por imposibles, y siquiera en mi testamento, procuraré que se sepa la causa de mi muerte.»

Estábala mirando Sinforosa; cada palabra que decia la estimaba como si fuera sentencia salida de la boca de un oráculo. «¡Ay, señora, dijo, y como creo que los cielos te han traido por tan extraño rodeo, que parece milagro, á esta tierra! Condolidos de mi dolor y lastimados de mi lástima, del vientre escuro de la nave te volvieron á la luz del mundo, para que mi escuridad tuviese luz y mis deseos salida de la confusion en que están, y así, por no tenerme ni tenerte más suspensa, sabrás que á esta isla llegó tu hermano Periandro»; y sucesivamente le contó del modo que habia llegado, los triunfos que alcanzó, los contrarios que venció y los premios que ganó, del modo que ya queda contado, díjole tambien cómo las gracias de su hermano Periandro habian despertado en ella un modo de deseo, que no llegaba á ser amor, sino benevolencia; pero que despues, con la soledad y ociosidad, yendo y viniendo el pensamiento á contemplar sus gracias, el amor se le fué pintando, no como hombre particular, sino como á un príncipe, que si no lo era, merecia serlo. «Esta pintura me la grabó en el alma, y yo, inadvertida, dejé que me la grabase sin hacerle resistencia alguna, y así poco á poco vine á quererle, á amarle y áun á adorarle, como he dicho.»

Más dijera Sinforosa, si no volviera Policarpa, deseosa de entretener á Auristela, cantando al són de una arpa que en las manos traia Enmudeció Sinforosa, quedó perdida Auristela, pero el silencio de la una y el perdimiento de la otra no fueron parte para que dejasen de prestar atentos oidos á la sin par en música Policarpa, que desta manera comenzó á cantar en su lengua lo que despues dijo el bárbaro Antonio que en la castellana decia

Cintia, si desengaños no son parte
Para cobrar la libertad perdida,
Da riendas al dolor, suelta la vida,
Que no es valor ni es honra el no quejarte
    Y el generoso ardor que parte á parte
Tiene tu libre voluntad rendida,

Será de tu silencio el homicida,
Cuando pienses por él eternizarte
  Salga con la doliente ánima fuera
La enferma voz, que es fuerza y es cordura
Decir la lengua lo que al alma toca
  Quejándote, sabiá el mundo siquiera
Cuán grande fué de amor tu calentura,
Pues salieron señales á la boca

Ninguno como Sinforosa entendió los versos de Policarpa, la cual era sabidora de todos sus deseos; y puesto que tenia determinado de sepultarlos en las tinieblas del silencio, quiso aprovecharse del consejo de su hermana, diciendo á Auristela sus pensamientos, como ya se los habia comenzado á decir. Muchas veces se quedaba Sinforosa con Auristela, dando á entender que más por cortés que por su gusto propio la acompañaba, en fin, una vez, tornando á anudar la plática pasada, le dijo · «Óyeme otra vez, señora mia, y no te cansen mis razones; que las que me bullen en el alma no dejan sosegar la lengua reventaré si no las digo, y este temor, á pesar de mi crédito, hará que sepas que muero por tu hermano, cuyas virtudes, de mí conocidas, llevaron tras sí mis enamorados deseos, y sin entremeterme en saber quién son sus padres, la patria ó riquezas, ni el punto en que le ha levantado la fortuna, solamente atiendo á la mano liberal con que la naturaleza le ha enriquecido Por sí solo le quiero, por sí solo le amo y por sí solo le adoro, y por tí sola y por quien eres te suplico que sin decir mal de mis precipitados pensamientos, me hagas el bien que pudieres. Innumerables riquezas me dejó mi madre en su muerte, sin sabiduría de mi padre; hija soy de un rey, que puesto que sea por eleccion, en fin es rey, la edad ya la ves, la hermosura no se te encubre, que tal cual es, ya que no merezca ser estimada, no merece ser aborrecida: dame, señora, á tu hermano por esposo, daréte yo á mí misma por hermana; repartiré contigo mis riquezas, procuraré darte esposo que despues, y áun ántes de los dias de mi padre, le elijan por rey los deste reino, y cuando esto no pueda ser, mis tesoros podrán comprar otros reinos.»

Teníale á Auristela de las manos Sinforosa, bañándoselas en lágrimas, en tanto que estas tiernas razones la decia, acompañábale en ellas Auristela, juzgando en sí misma cuáles y cuántos suelen ser los aprietos de un corazon enamorado, y aunque se le representaba en Sinforosa una enemiga, la tenia lástima, que un generoso pecho no quiere vengarse cuando puede, cuanto más que Sinforosa no la habia ofendido en cosa alguna que la obligase á venganza : su culpa era la suya, sus pensamientos los mismos que ella tenia, su intencion la que á ella traia desatinada. Finalmente, no podia culparla sin que ella primero no quedase convencida del mismo delito; lo que procuró apurar fué, si la habia favorecido alguna vez, aunque fuese en cosas leves, ó si con la lengua ó con los ojos habia descubierto su amorosa voluntad á su hermano. Sinforosa la respondió que jamas habia tenido atrevimiento de alzar los ojos á mirar á Periandio sino con el recato que á ser quien era debia, y que al paso de sus ojos habia andado el recato de su lengua.

«Bien creo eso, respondió Auristela, pero ¿es posible que él no ha dado muestras de quererte? Sí habrá, porque no le tengo por tan de piedra, que no le enternezca y ablande una belleza tal como la tuya, y así, soy de parecer que ántes que yo rompa esta dificultad, procures tú hablarle, dándole oca-

sion para ello con algun honesto favor; que tal vez los im-
pensados favores despiertan y encienden los más tibios y
descuidados pechos; que si una vez él responde á tu deseo,
seráme fácil á mí hacerle que de todo en todo le satisfaga.
Todos los principios, amiga, son dificultosos, y los de amor
dificultosísimos : no te aconsejo yo que te deshonestes ni te
precipites; que los favores que hacen las doncellas á los que
aman, por castos que sean, no lo parecen, y no se ha de
aventurar la honra por el gusto, pero, con todo esto, puede
mucho la discrecion, y el amor, sutil maestro de encaminar los pensamientos, á los más turbados ofrece lugar y coyuntura de mostrarlos sin menoscabo de su crédito.»

CAPITULO IV

Donde se prosigue la historia y amores de Sinforosa

Atenta estaba la enamorada Sinforosa á las discretas razones de Auristela, y no respondiendo á ellas, sino volviendo
á anudar las del pasado razonamiento, le dijo : «Mira, amiga
y señora, hasta dónde llegó el amor que engendró en mi
pecho el valor que conocí en tu hermano, que hice que un
capitan de la guarda de mi padre le fuese á buscar y le tru-
jese por fuerza ó de grado á mi presencia, y el navío en que
se embarcó es el mismo en que tú llegaste, porque en él,
entre los muertos le han hallado sin vida

—Así debe de ser, respondió Auristela; que él me contó
gran parte de lo que tú me has dicho, de modo que ya yo
tenia noticia, aunque algo confusa, de tus pensamientos, los
cuales, si es posible, quiero que sosiegues hasta que se los des-

cubras á mi hermano, ó hasta que yo tome á cargo tu remedio, que será luego que me descubras lo que con él te
hubiere sucedido, que ni á tí te faltará lugar para hablarle,
ni á mí tampoco.»

De nuevo volvió Sinforosa á agradecer á Auristela su
ofrecimiento, y de nuevo volvió Auristela á tenerla lástima.
En tanto que entre las dos esto pasaba, se las había Arnaldo
con Clodio, que moría por turbar ó por deshacer los amorosos pensamientos de Arnaldo, y hallándole solo, si solo se
puede hallar quien tiene ocupada el alma de amorosos deseos, le dijo : «El otro día te dije, señor, la poca seguridad
que se puede tener de la voluble condicion de las mujeres,
y que Auristela en efeto es mujer, aunque parece un ángel,
y que Periandro es hombre, aunque sea su hermano, y no
por esto quiero decir que engendres en tu pecho alguna
mala sospecha, sino que cries algun discreto recato, y si por
ventura te dieren lugar de que discurras por el camino de
la razon, quiero que tal vez consideres quién eres, la soledad de tu padre, la falta que haces á tus vasallos, la contingencia en que te pones de perder tu reino, que es la misma
en que está la nave donde falta el piloto que la gobierna.
Mira que los reyes están obligados á casarse, no con la hermosura, sino con el linaje, no con las riquezas, sino con la
virtud, por la obligacion que tienen de dar buenos suceso-
res á sus reinos. Desmengua y apoca el respeto que se debe
al príncipe el verle cojear en la sangre, y no basta decir que
la grandeza del rey es en sí tan poderosa, que iguala consigo
misma la bajeza de la mujer que escogiere. El caballo y la
yegua de casta generosa y conocida prometen crías de valor
admirable, más que las no conocidas y de baja estirpe, entre

la gente comun tiene lugar de mostrarse poderoso el gusto,
pero no le ha de tener entre la noble; así que, ¡oh señor mio!
ó te vuelves á tu reino, ó procura con el recato no dejar
engañarte, y perdona este atrevimiento, que ya que tengo
fama de maldiciente y murmurador, no la quiero tener de
mal intencionado. Debajo de tu amparo me traes, al escudo
de tu valor se ampara mi vida, con tu sombra no temo las
inclemencias del cielo, que ya con mejores estrellas parece
que va mejorando mi condicion, hasta aquí depravada.

—Yo te agradezco, ¡oh Clodio! dijo Arnaldo, el buen consejo que me has dado, pero no consiente ni permite el cielo
que le reciba Auristela es buena, Periandro es su hermano,
y yo no quiero creer otra cosa, porque ella ha dicho que lo
es, que para mí cualquiera cosa que dijere ha de ser verdad
Yo la adoro sin disputa, que el abismo casi infinito de su
hermosura lleva tras sí el de mis deseos, que no pueden parar sino en ella, y por ella he tenido, tengo y he de tener
vida; ansí que, Clodio, no me aconsejes más, porque tus
palabras se llevarán los vientos, y mis obras te mostrarán
cuán vanos serán para conmigo tus consejos.» Encogió los
hombros Clodio, bajó la cabeza y apartóse de su presencia,
con propósito de no servir más de consejero, porque el que
lo ha de ser requiere tener tres calidades: la primera, autoridad; la segunda, prudencia, y la tercera, ser llamado

Estas revoluciones, trazas y máquinas amorosas andaban
en el palacio de Policarpo y en los pechos de los confusos
amantes: Auristela celosa, Sinforosa enamorada, Periandro
turbado, Arnaldo pertinaz, y Mauricio haciendo disinios de
volver á su patria, contra la voluntad de Transila, que no
queria volver á la presencia de gente tan enemiga del buen

decoro como la de su tierra. Ladislao, su esposo, no osaba ni
quería contradecirla, Antonio el padre moría por verse con
sus hijos y mujer en España, y Rutilio en Italia, su patria,
todos deseaban, pero á ninguno se le cumplían sus deseos
condicion de la naturaleza humana, que puesto que Dios la
crió perfecta, nosotros, por nuestra culpa, la hallamos siempre
falta, la cual falta siempre la ha de haber miéntras no dejá-
remos de desear.

Sucedió, pues, que casi de industria dió lugar Sinforosa
á que Periandro se viese solo con Auristela, deseosa que se
diese principio á tratar de su causa y á la vista de su pleito,
en cuya sentencia consistia la de su vida ó muerte. Las primeras palabras que Auristela dijo á Periandro fueron . «Esta
nuestra peregrinacion, hermano y señor mio, tan llena de
trabajos y sobresaltos, tan amenazadora de peligros, cada dia
y cada momento me hace temer los de la muerte, y querria
que diésemos traza de asegurar la vida, sosegándola en una
parte, y ninguna hallo tan buena como ésta donde estamos,
que aquí se te ofrecen riquezas en abundancia, no en promesas, sino en verdad, y mujer noble y hermosísima en
todo extremo, digna, no de que te ruegue, como te ruega,
sino de que tú la ruegues, la pidas y la procures »

En tanto que Auristela esto decia, la miraba Periandro
con tanta atencion, que no movia las pestañas de los ojos·
corria muy apriesa con el discurso de su entendimiento para
hallar dónde podrian ir encaminadas aquellas razones, pero
pasando adelante con ellas Auristela, le sacó de su confusion,
diciendo «Digo, hermano (que con este nombre te he de
llamar en cualquier estado que tomes), digo que Sinforosa
te adora y te quiere por esposo, dice que tiene riquezas in-

creibles, y yo digo que tiene creible hermosura, digo creible, porque es tal, que no ha menester que exageraciones la levanten ni hipérboles la engrandezcan, y en lo que he echado de ver es de condicion blanda, de ingenio agudo y de proceder tan discreto como honesto Con todo esto que te he dicho, no dejo de conocer lo mucho que mereces, por ser quien eres; pero, segun los casos presentes, no te estará mal esta compañía. Fuera estamos de nuestra patria, tú perseguido de tu hermano, y yo de mi corta suerte, nuestro camino á Roma, cuanto más le procuramos, más se dificulta y alarga, mi intencion no se muda, pero tiembla, y no querria que entre temores y peligros me asaltase la muerte; y así pienso acabar la vida en religion, y querria que tú la acabases en buen estado »

Aquí dió fin Auristela á su razonamiento, y principio á unas lágrimas que desdecian y borraban todo cuanto habia dicho. Sacó los brazos honestamente fuera de la colcha, tendiólos por el lecho, y volvió la cabeza á la parte contraria de donde estaba Periandro, el cual, viendo estos extremos y habiendo oido sus palabras, sin ser poderoso á otra cosa, se le quitó la vista de los ojos, se le anudó la garganta y se le trabó la lengua, y dió consigo en el suelo de rodillas, y arrimó la cabeza al lecho Volvió Auristela la suya, y viéndole desmayado, le puso la mano en el rostro y le enjugó las lágrimas, que sin que él lo sintiese, hilo á hilo le bañaban las mejillas.

CAPITULO V.

De lo que pasó entre el Rey Policarpo y su hija Sinforosa

Efetos vemos en la naturaleza, de quien ignoramos las causas : adormécense ó entorpécense á unos los dientes de ver cortar con un cuchillo un paño, tiembla tal vez un hombre de un raton, y yo le he visto temblar de ver cortar un rábano, á otro le he visto levantarse de una mesa de respeto por ver poner unas aceitunas. Si se pregunta la causa, no hay saber decirla, y los que más piensan que aciertan á decirla, es decir que las estrellas tienen cierta antipatía con la complexion de aquel hombre, que le inclina ó mueve á hacer aquellas acciones, temores y espantos, viendo las cosas sobredichas y otras semejantes que á cada paso vemos Una de las difiniciones del hombre es decir que es animal risible, porque sólo el hombre se ríe, y no otro ningun animal; y yo digo que tambien se puede decir que es animal llorable, animal que llora, y ansí como por la mucha risa descubre el poco entendimiento, por el mucho llorar el poco discurso. Por tres cosas es lícito que llore el varon prudente · la una, por haber pecado, la segunda, por alcanzar perdon dél; la tercera, por estar celoso las demas lágrimas no dicen bien en un rostro grave. Veamos, pues, desmayado á Periandro, y ya que no llore de pecador ni arrepentido, llore de celoso, que no faltará quien disculpe sus lágrimas, y áun las enjugue, como hizo Auristela, la cual con más artificio que verdad le puso en aquel estado Volvió, en fin, en sí, y sintiendo pasos en la estancia, volvió la cabeza, y vió á sus espaldas á

Ricla y á Constanza, que entraban á ver á Auristela, que lo
tuvo á buena suerte, que á dejarle solo, no hallara palabras
con que responder á su señora; y así se fué á pensarlas y á
considerar en los consejos que le habia dado.

Estaba tambien Sinforosa con deseo de saber qué auto se
habia proveido en la audiencia de amor, en la primera vista
de su pleito, y sin duda que fuera la primera que entrara á
ver á Auristela, y no Ricla y Constanza; pero estorbóselo
llegar un recado de su padre el Rey, que le mandaba ir á su
presencia luego y sin excusa alguna. Obedecióle, fué á verle,
y hallóle retirado y solo, hízola Policarpo sentar junto á sí, y
al cabo de algun espacio que estuvo callando, con voz baja,
como que se recataba de que no le oyesen, la dijo · «Hija,
puesto que tus pocos años no están obligados á sentir qué
cosa sea esto que llaman amor, ni los muchos mios estén ya
sujetos á su jurisdiccion, todavía tal vez sale de su curso la
naturaleza, y se abrasan las niñas verdes, y se secan y con-
sumen los viejos ancianos.»

Cuando esto oyó Sinforosa, imaginó sin duda que su padre sabia sus deseos, pero, con todo eso, calló, y no quiso
interrumpirle hasta que más se declarase; y en tanto que él
se declaraba, á ella le estaba palpitando el corazon en el pecho Siguió, pues, su padre diciendo : «Despues ¡oh hija mia!
que me faltó tu madre, me acogí á la sombra de tus regalos,
cubríme con tu amparo, gobernéme por tus consejos, y he
guardado, como has visto, las leyes de la viudez con toda
puntualidad y recato, tanto por el crédito de mi persona,
como por guardar la fe católica que profeso, pero despues
que han venido estos nuevos huéspedes á nuestra ciudad se
ha desconcertado el reloj de mi entendimiento, se ha tur-

bado el curso de mi buena vida, y finalmente, he caido desde
la cumbre de mi presuncion discreta hasta el abismo, bajo
de no sé qué deseos, que si los callo me matan, y si los digo
me deshonran No más suspension, hija, no más silencio,
amiga, no más, y si quieres que más haya, sea el decirte
que muero por Auristela El calor de su hermosura tierna
ha encendido los huesos de mi edad madura, en las estrellas
de sus ojos han tomado lumbre los mios ya escuros, la gallardía de su persona ha alentado la flojedad de la mia
Querria, si fuese posible, á tí y á tu hermana daros una
madrastra que su valor disculpe el dárosla, si tú vienes con
mi parecer, no se me dará nada del qué dirán, y cuando por
ésta, si pareciere locura, me quitaren el reino, reine yo en
los brazos de Auristela, que no habrá monarca en el mundo
que se me iguale Es mi intencion, hija, que tú se lo digas
y alcances della el sí que tanto me importa, que, á lo que
creo, no se le hará muy dificultoso el darle, si con su discrecion recompensa y contrapone mi autoridad á mis años, y
mi riqueza á los suyos . bueno es ser reina, bueno es mandar, gusto dan las honras, y no todos los pasatiempos se
cifran en los casamientos iguales. En albricias del sí que me
has de traer desta embajada que llevas, te mando una mejora en tu suerte, que si eres discreta, como lo eres, no has
de acertar á desearla mejor Mira : cuatro cosas ha de procurar tener y sustentar el hombre principal, y son : buena
mujer, buena casa, buen caballo y buenas armas. Las dos
primeras, tan obligada está la mujer á procurarlas como el
varon, y áun más, porque no ha de levantar la mujer al marido, sino el marido á la mujer. Las majestades, las grandezas altas no las aniquilan los casamientos humildes, porque

en casándose, igualan consigo á sus mujeres, así que, séase Auristela quien fuere, que siendo mi esposa será reina, y su hermano Periandro mi cuñado, el cual dándotelo yo por esposo, y honrándole con título de mi cuñado, vendrás tú tambien á ser estimada tanto por ser su esposa como por ser mi hija

—Pues ¿cómo sabes tú, señor, dijo Sinforosa, que no es Periandro casado, y ya que no lo sea, quiera serlo conmigo?

—De que no lo sea, respondió el Rey, me lo da á entender el verle andar peregrinando por extrañas tierras, cosa que lo estorban los casamientos grandes, de que lo quiera ser tuyo, me lo certifica y asegura su discrecion, que es mucha, y caerá en la cuenta de lo que contigo gana; y pues la hermosura de su hermana la hace ser reina, no será mucho que la tuya le haga tu esposo.»

Con estas últimas palabras y con esta grande promesa paladeó el Rey la esperanza de Sinforosa y saboreóle el gusto de sus deseos, y así, sin ir contra los de su padre, prometió ser casamentera y admitió las albricias de lo que no tenia negociado. Sólo le dijo que mirase lo que hacia en darle por esposo á Periandro; que puesto que sus habilidades acreditaban su valor, todavía seria bueno no arrojarse sin que primero la experiencia y el trato de algunos dias le asegurase, y diera ella porque en aquel punto se le dieran por esposo, todo el bien que acertara á desearse en este mundo, los siglos que tuviera de vida; que las doncellas virtuosas y principales, uno dice la lengua y otro piensa el corazon.

Esto pasaron Policarpo y su hija, y en otra estancia se movió otra conversacion y plática entre Rutilio y Clodio Era Clodio, como se ha visto en lo que de su vida y cos-

tumbres queda escrito, hombre malicioso sobre discreto, de
donde le nacia ser gentil maldiciente, que el tonto y simple
ni sabe murmurar ni maldecir; y aunque no es bien decir
bién mal, como ya otra vez se ha dicho, con todo esto,
alaban al maldiciente discreto, que la agudeza maliciosa no
hay conversacion que no la ponga en punto y dé sabor,
como la sal á los manjares; y por lo ménos al maldiciente
agudo, si le vituperan y condenan por perjudicial, no dejan
de absolverle y alabarle por discreto. Este, pues, nuestro
murmurador, á quien su lengua desterró de su patria en
compañía de la torpe y viciosa Rosamunda, habiendo dado
igual pena el Rey de Inglaterra á su maliciosa lengua como á
la torpeza de Rosamunda, hallándose solo con Rutilio, le
dijo: «Mira, Rutilio. necio es y muy necio el que, descubriendo un secreto á otro, le pide encarecidamente que le calle porque le importa la vida en que lo que le dice no se sepa.
Digo yo agora · ven acá, descubridor de tus pensamientos
y derramador de tus secretos : si á tí, con importarte la vida,
como dices, los descubres al otro á quien se lo dices, que no le
importa nada el descubrillos, ¿cómo quieres que los cierre
y recoja debajo de la llave del silencio? ¿Qué mayor seguridad puedes tomar de que no se sepa lo que sabes, sino no
decillo? Todo esto sé, Rutilio, y con todo esto, me salen á
la lengua y á la boca ciertos pensamientos, que rabian porque los ponga en voz y los arroje en las plazas ántes que
se me pudran en el pecho ó reviente con ellos. Ven acá,
Rutilio ¿qué hace aquí este Arnaldo, siguiendo el cuerpo
de Auristela como si fuese su misma sombra, dejando su
reino á la discrecion de su padre viejo y quizá caduco, per-
diéndose aquí, anegándose allí, llorando acá, suspirando acu-

llá, lamentándose amargamente de la fortuna que él mismo se fabrica? ¿Qué dirémos desta Auristela y deste su hermano, mozos vagamundos, encubridores de su linaje, y quizá por poner en duda si son ó no principales? Que el que está ausente de su patria, donde nadie le conoce, bien puede darse los padres que quisiere, y con la discrecion y artificio parecer en sus costumbres que es hijo del sol y de la luna. No niego yo que no sea virtud digna de alabanza mejorarse cada uno, pero ha de ser sin perjuicio de tercero; el honor y la alabanza son premios de la virtud, que siendo firme y sólida, se le deben, más no se le debe á la ficticia y hipócrita ¿Quién puede ser este luchador, este esgrimidor, este corredor y saltador, este Ganimédes, este lindo, este aquí vendido, acullá comprado, este Argos de esta ternera de Auristela, que apénas nos la deja mirar por brújula, que ni sabemos ni hemos podido saber deste par, tan sin par en hermosura, de dónde vienen ni á dónde van? Pero lo que más me fatiga de ellos es, que por los once cielos que dicen que hay, te juro, Rutilio, que no me puedo persuadir que sean hermanos, y que puesto que lo sean, no puedo juzgar bien de que ande tan junta esta hermandad por mares, por tierras, por desiertos, por campañas, por hospedajes y mesones. Lo que gastan sale de las alforjas, saquillos y repuestos, llenos de pedazos de oro, de las bárbaras Ricla y Constanza. Bien veo que aquella cruz de diamantes y aquellas dos perlas que trae Auristela valen un gran tesoro, pero no son prendas que se cambian y truecan por menudo. Pues pensai que siempre han de hallar reyes que los hospeden y príncipes que los favorezcan, es hablar en lo excusado. Pues ¿qué diremos, Rutilio, ahora de la fantasía de Transila y de la astrología de su padre; ella, que revienta de valiente, y él, que se precia de ser el mayor judiciario del mundo? Yo apostaré que Ladislao, su esposo de Transila, tomara ahora estar en su patria, en su casa y en su reposo, aunque pasara por el estatuto y condicion de los de su tierra, y no verse en la ajena á la discrecion del que quisiere darles lo que han menester; y este nuestro bárbaro español, en cuya arrogancia debe estar cifrada la valentía del orbe, yo pondré que si el cielo le lleva á su patria, que ha de hacer corrillos de gente, mostrando á su mujer y á sus hijos envueltos en sus pellejos, pintando la isla bárbara en un lienzo, y señalando con una vara el lugar do estuvo encerrado quince años, la mazmorra de los prisioneros, y la esperanza inútil y ridícula de los bárbaros, y el incendio no pensado de la isla, bien así como hacen los que, libres de la esclavitud turquesca, con las cadenas al hombro, habiéndolas quitado de los piés, cuentan sus desventuras con lastimeras voces y humildes plegarias en tierra de cristianos, pero esto pase, que aunque parezca que cuentan imposibles, á mayores peligros está sujeta la condicion humana, y los de un desterrado, por grandes que sean, pueden ser creederos.

—¿A dónde vas á parar, oh Clodio? dijo Rutilio.

—Voy á parar, respondió Clodio, en decir de tí que mal podrás usar tu oficio en estas regiones, donde sus moradores no danzan ni tienen otros pasatiempos sino lo que les ofrece Baco, en sus tazas risueño y en sus bebidas lascivo; pararé tambien en mí, que habiendo escapado de la muerte por la benignidad del cielo y por la cortesía de Arnaldo, ni al cielo doy gracias, ni á Arnaldo tampoco, ántes querria procurar que aunque fuese á costa de su desdicha, nosotros enmendásemos nuestra ventura. Entre los pobres pueden durar las amistades, porque la igualdad de la fortuna sirve de eslabonar los corazones, pero entre los ricos y los pobres no puede haber amistad duradera, por la desigualdad que hay entre la riqueza y la pobreza

—Filósofo estás, Clodio, replicó Rutilio, pero yo no puedo imaginar qué medio podremos tomar para mejorar, como dices, nuestra suerte, si ella comenzó á no ser buena desde nuestro nacimiento. Yo no soy tan letrado como tú, pero bien alcanzo que los que nacen de padres humildes, si no los ayuda demasiadamente el cielo, ellos por sí solos pocas veces se levantan á donde sean señalados con el dedo, si la virtud no les da la mano; pero á tí ¿quién te la ha de dar, si la mayor que tienes es decir mal de la misma virtud? Y á mí ¿quién me ha de levantar, pues cuando más lo procure. no podré subir más de lo que se alza una cabriola? Yo danzador, tú murmurador, yo condenado á la horca en mi patria, tú desterrado de la tuya por maldiciente: mira qué bien podremos esperar que nos mejore.» Suspendióse Clodio con las razones de Rutilio, con cuya suspension dió fin á este capítulo el autor desta grande historia.

CAPITULO VI

Declara Sinforosa á Auistela los amores de su padre

Todos tenian con quién comunicar sus pensamientos Policarpo con su hija, y Clodio con Rutilio, sólo el suspenso Periandro los comunicaba consigo mismo; que le engendraron tantos las razones de Auistela, que no sabia á cuál acu-

dir, que le aliviase su pesadumbre «¡Válame Dios! ¿qué es
esto? decia entre sí mismo; ¿ha perdido el juicio Auristela?
¡ella mi casamentera! ¿cómo es posible que haya dado al
olvido nuestros conciertos? ¿Qué tengo yo que ver con Sinforosa? ¿Qué reinos ni qué riquezas me pueden á mí obligar á que deje á mi hermana Sigismunda, si no es dejando
de ser yo Persíles?»

En pronunciando esta palabra, se mordió la lengua y
miró á todas partes á ver si alguno le escuchaba, y asegu-
rándose que no, prosiguió diciendo «Sin duda Auristela
está celosa, que los celos se engendran, entre los que bien se
quieren, del aire que pasa, del sol que toca y áun de la
tierra que se pisa ¡Oh señora mia! mira lo que haces, no
hagas agravio á tu valor ni á tu belleza, ni me quites á mí
la gloria de mis firmes pensamientos, cuya honestidad y firmeza me va labrando una inestimable corona de verdadero
amante. Hermosa, rica y bien nacida es Sinforosa, pero en
tu comparacion, es fea, es pobre y de linaje humilde. Considera, señora, que el amor nace y se engendra en nuestros
pechos, ó por eleccion ó por destino. el que por destino,
siempre está en su punto, el que por eleccion, puede crecer
ó menguar, segun pueden menguar ó crecer las causas que
nos obligan y mueven á querernos, y siendo esta verdad tan
verdad como lo es, hallo que mi amor no tiene términos
que le encierren ni palabras que le declaren, casi puedo
decir que desde las mantillas y fajas de mi niñez te quise
bien, y aquí pongo yo la razon del destino. Con la edad y
con el uso de la razon fué creciendo en mí el conocimiento,
y fueron creciendo en tí las partes que te hicieron amable.
Vilas, contemplélas, conocílas, grabélas en mi alma, y de la

tuya y la mia hice un compuesto tan uno y tan solo, que estoy por decir que tendrá mucho que hacer la muerte en dividirle. Deja pues, bien mio, Sinforosas, no me ofrezcas ajenas hermosuras, ni me convides con imperios ni monarquías, ni dejes que suene en mis oidos el dulce nombre de hermano con que me llamas. Todo esto que estoy diciendo entre mí, quisiera decírtelo á tí por los mismos términos con que lo voy fraguando en mi imaginacion, pero no será posible, porque la luz de tus ojos, y más si me miran airados, ha de turbar mi vista y enmudecer mi lengua; mejor será escribírtelo en un papel, porque las razones serán siempre unas, y las podrás ver muchas veces, viendo siempre en ellas una verdad misma, una fe confirmada y un deseo loable y digno de ser creido, y así determino de escribirte » Quietóse con esto algun tanto, pareciéndole que con más advertido discurso pondria su alma en la pluma que en la lengua.

Dejemos escribiendo á Periandro, y vamos á oir lo que dice Sinforosa á Auristela, la cual Sinforosa, con deseo de saber lo que Periandro habia respondido á Auristela, procuró verse con ella á solas, y darle de camino noticia de la intencion de su padre, creyendo que apénas se la habria declarado, cuando alcanzase el sí de su cumplimiento, puesta en pensar que pocas veces se desprecian las riquezas ni los señoríos, especialmente de las mujeres, que por naturaleza, las más, son codiciosas, como las más son altivas y soberbias

Cuando Auristela vió á Sinforosa no le plugo mucho su llegada, porque no tenia qué responderle, por no haber visto más á Periandro, pero Sinforosa, ántes de tratar de su causa, quiso tratar de la de su padre, imaginándose que con aque-

llas nuevas que á Auristela la llevaba, tan dignas de dar gusto, la tendria de su parte, en quien pensaba estar el todo de
su buen suceso; y así le dijo «Sin duda alguna, bellísima
Auristela, que los cielos te quieren bien, porque me parece
que quieren llover sobre tí venturas y más venturas mi
padre el Rey te adora, y conmigo te envia á decir que quiere
ser tu esposo, y en albricias del sí que le has de dar, y yo
se le he de llevar, me ha prometido á Periandro por esposo.
Ya, señora, eres reina, ya Periandro es mio, ya las riquezas
te sobran, y si tus gustos en las canas de mi padre no te so-
braren, sobrarte han en los del mando, y en los de los vasallos, que estarán contínuo atentos á tu servicio. Mucho te
he dicho, amiga y señora mia, y mucho has de hacer por
mí, que de un gran valor no se puede esperar ménos que
un grande agradecimiento. Comience en nosotras á verse en
el mundo dos cuñadas que se quieren bien, y dos amigas
que sin doblez se amen, que sí verán, si tu discrecion no se
olvida de sí misma, y dime agora qué es lo que respondió
tu hermano á lo que de mí le dijiste, que estoy confiada de
la buena respuesta, porque bien simple seria el que no recibiese tus consejos como de un oráculo.»

A lo que respondió Auristela · «Mi hermano Periandro
es agradecido como principal caballero, y es discreto como
andante peregrino; que el ver mucho y leer mucho aviva
los ingenios de los hombres. Mis trabajos y los de mi hermano nos van leyendo en cuánto debemos estimar el sosiego, y pues que el que nos ofreces es tal, sin duda imagino
que le habremos de admitir; pero hasta ahora no me ha
respondido nada Periandro, ni sé de su voluntad cosa que
pueda alentar tu esperanza ni desmayarla Da ¡oh bella Sin-

forosa! algun tiempo al tiempo, y déjanos considerar el bien
de tus promesas, porque puestas en obra, sepamos estimar-
las, las obras que no se han de hacer más de una vez, si se
yerran, no se pueden enmendar en la segunda, pues no la
tienen, y el casamiento es una destas acciones, y así, es menester que se considere bien ántes que se haga, puesto que
los términos desta consideracion los doy por pasados, y hallo
que tú alcanzarás tus deseos y yo admitiré tus promesas y
consejos, y véte, hermana, y haz llamar de mi parte á Periandro, que quiero saber dél alegres nuevas que decirte, y
aconséjame con él de lo que me conviene, como con hermano mayor, á quien debo tener respeto y obediencia.»

Abrazóla Sinforosa, y dejóla, por hacer venir á Periandro
á que la viese, el cual en este tiempo, encerrado y solo, habia
tomado la pluma, y de muchos principios que en un papel
borró y tornó á escribir, quitó y añadió, en fin salió con uno
que se dice decia desta manera:

«No he osado fiar de mi lengua lo que de mi pluma, ni
»áun della fio algo, pues no puede escribir cosa que sea de
»momento el que por instantes está esperando la muerte·
»ahora vengo á conocer que no todos los discretos saben
»aconsejar en todos los casos, aquellos sí que tienen expe-
»riencia en aquellos sobre quien se les pide el consejo. Per-
»dóname que no admito el tuyo, por parecerme, ó que no
»me conoces, ó que te has olvidado de tí misma, vuelve,
»señora, en tí, y no te haga una vana presuncion celosa salir
»de los límites de la gravedad y peso de tu raro entendi-
»miento Considera quién eres, y no se te olvide de quién
»yo soy, y verás en tí el término del valor que puede de-
»searse, y en mí el amor y la firmeza que puede imaginar-

»se, y fiándote en esta consideracion discreta, no temas que
»ajenas hermosuras me enciendan, ni imagines que á tu in-
»comparable virtud y belleza otra alguna se anteponga Si-
»gamos nuestro viaje, cumplamos nuestro voto, y quédense
»aparte celos infructuosos y mal nacidas sospechas La par-
»tida desta tierra solicitaré con toda diligencia y brevedad,
»porque me parece que en salir della, saldré del infierno de
»mi tormento á la gloria de verte sin celos »

Esto fué lo que escribió Periandro, y lo que dejó en limpio al cabo de haber hecho seis borradores; y doblando el
papel, se fué á ver á Auristela, de cuya parte ya le habian
llamado

CAPITULO VII

Rutilio y Clodio, aquellos dos que querian enmendar su
humilde fortuna, confiados el uno de su ingenio y el otro
de su poca verguenza, se imaginaron merecedores, el uno
de Policarpa y el otro de Auristela á Rutilio le contentó
mucho la voz y el donaire de Policarpa, y á Clodio la sin
igual belleza de Auristela y andaban buscando ocasion
cómo descubrir sus pensamientos sin que les viniese mal
por declararlos, que es bien que tema un hombre bajo y
humilde, que se atreve á decir á una mujer principal lo que
no habia de atreverse á pensarlo siquiera. Pero tal vez acontece que la desenvoltura de una poco honesta, aunque principal, señora da motivo á que un hombre humilde y bajo

ponga en ella los ojos y le declare sus pensamientos Ha de ser anejo á la mujer principal el ser grave, el ser compuesta y recatada, sin que por esto sea soberbia, desabrida y descuidada; tanto ha de parecer más humilde y más grave una mujer, cuanto es más señora, pero en estos dos caballeros y nuevos amantes no nacieron sus deseos de las desenvolturas y poca gravedad de sus señoras. Pero, nazcan de do nacieren, Rutilio en fin escribió un papel á Policarpa, y Clodio á Auristela, del tenor que se sigue:

RUTILIO A POLICARPA

«Señora, yo soy extranjero, y aunque te diga grandezas »de mi linaje, como no tengo testigos que las confirmen, »quizá no hallarán crédito en tu pecho, aunque para confir- »macion de que soy ilustre en linaje, basta que he tenido »atrevimiento de decirte que te adoro. Mira qué pruebas »quieres que haga para confirmarte en esta verdad, que á tí »estará el pedirlas y á mí el hacerlas; y pues te quiero para »esposa, imagina que deseo como quien soy, y que merezco »como deseo; que de altos espíritus es aspirar á las cosas »altas. Dame siquiera con los ojos respuesta deste papel; que »en la blandura ó rigor de tu vista veré la sentencia de mi »muerte ó de mi vida»

Cerró el papel Rutilio con intencion de dársele á Policarpa, arrimándose al parecer de los que dicen: «Díselo tú una vez, que no faltará quien se lo acuerde ciento»; mostróselo primero á Clodio, y Clodio le mostró á él otro que para Auristela tenía escrito, que es éste que se sigue.

CLODIO A AURISTELA

«Unos entran en la red amorosa con el cebo de la her-
»mosura, otros con los del donaire y gentileza, otros con los
»del valor que consideran en la persona á quien determinan
»rendir su voluntad, pero yo por diferente manera he puesto
»mi garganta á su yugo, mi cerviz á su coyunda, mi vo-
»luntad á sus fueros y mis piés á sus grillos, que ha sido por
»la de la lástima, que ¿cuál es el corazon de piedra que no
»la tendrá, hermosa señora, de verte vendida y comprada,
»y en tan estrechos pasos puesta, que has llegado al último
»de la vida por momentos? El hierro y despiadado acero ha
»amenazado tu garganta, el fuego ha abrasado las ropas de
»tus vestidos, la nieve tal vez te ha tenido yerta, y la ham-
»bre enflaquecida y de amarilla tez cubiertas las rosas de tus
»mejillas, y finalmente, el agua te ha sorbido y vomitado, y
»estos trabajos, no sé con qué fuerzas los llevas, pues no te
»las pueden dar las pocas de un rey vagamundo y que te
»sigue por solo el interes de gozarte, ni las de tu hermano,
»si lo es, son tantas, que te puedan alentar en tus miserias.
»No fies, señora, de promesas remotas, y arrímate á las
»esperanzas propíncuas, y escoge un modo de vida que te
»asegure la que el cielo quisiere darte. Mozo soy, habilidad
»tengo para saber vivir en los últimos rincones de la tierra
»yo daré traza cómo sacarte desta, y librarte de las impor-
»tunaciones de Arnaldo, y sacándote deste Egipto, te llevaré
»á la tierra de promision, que es España ó Francia ó Italia,
»ya que no puedo vivir en Inglaterra, dulce y amada patria
»mia, y sobre todo, me ofrezco á ser tu esposo, y desde
»luego te acepto por mi esposa »

Habiendo oido Rutilio el papel de Clodio, dijo. «Verdaderamente nosotros estamos faltos de juicio, pues nos queremos persuadir que podemos subir al cielo sin alas, pues las que nos da nuestra pretension son las de la hormiga Mira, Clodio· yo soy de parecer que rasguemos estos papeles, pues no nos ha forzado á escribirlos ninguna fuerza amorosa, sino una ociosa y baldía voluntad; porque el amor ni nace ni puede crecer si no es al arrimo de la esperanza, y faltando ella, falta él de todo punto. Pues ¿por qué queremos aventurarnos á perder, y no á ganar, en esta empresa? que el declararla, y el ver á nuestras gargantas arrimado el cordel ó el cuchillo, ha de ser todo uno, demas que por mostrarnos enamorados, habremos de parecer, sobre desagradecidos, traidores. ¿Tú no ves la distancia que hay de un maestro de danzar, que enmendó su oficio con aprender el de platero, á una hija de un rey, y la que hay de un desterrado murmurador á la que desecha y menosprecia reinos? Mordámonos la lengua, y llegue nuestro arrepentimiento á do ha llegado nuestra necedad, á lo ménos este mi papel se dará primero al fuego ó al viento que á Policarpa.

—Haz tú lo que quisieres del tuyo, respondió Clodio; que el mio, aunque no le dé á Auristela, le pienso guardar por honra de mi ingenio; aunque temo que si no se le doy, toda la vida me ha de morder la conciencia de haber tenido este arrepentimiento, porque el tentar no todas las veces daña.»

Estas razones pasaron entre los dos fingidos amantes, y atrevidos y necios de véras. Llegóse, en fin, el punto de hablar á solas Periandro con Auristela, y entró á verla con intencion de darle el papel que habia escrito, pero así como la vió, olvidándose de todos los discursos y disculpas que llevaba prevenidas, le dijo : «Señora, mírame bien, que yo soy Periandro, que fuí el que fué Persíles, y soy el que tú quieres que sea Periandro · el nudo con que están atadas nuestras voluntades nadie le puede desatar sino la muerte, y siendo esto así, ¿de qué te sirve darme consejos tan contrarios á esta verdad? Por todos los cielos, y por tí misma, más hermosa que ellos, te ruego que no nombres más á Sinforosa, ni imagines que su belleza ni sus tesoros han de ser parte á que yo olvide las minas de tus virtudes, y la hermosura incomparable tuya, así del cuerpo como del alma. Esta mia, que respira por la tuya, te ofrezco de nuevo, no con mayores ventajas que aquellas con que te la ofrecí la vez primera que mis ojos te vieron, porque no hay cláusula que añadir á la obligacion en que quedé de servirte, el punto que en mis potencias se imprimió el conocimiento de tus virtudes Procura, señora, tener salud; que yo procuraré la salida desta tierra, y dispondré lo mejor que pudiere nuestro viaje, que aunque Roma es el cielo de la tierra, no está puesta en el cielo, y no habrá trabajos ni peligros que nos nieguen del todo el llegar á ella, puesto que los haya para dilatar el camino. Tente al tronco y á las ramas de tu mucho valor, y no imagines que ha de haber en el mundo quien se le oponga.»

En tanto que Periandro esto decia, le estaba mirando Auristela con ojos tiernos y con lágrimas, de celos y compasion nacidas, pero en fin, haciendo efeto en su alma las amorosas razones de Periandro, dió lugar á la verdad que en ellas venia encerrada, y respondióle seis ú ocho palabras, que fueron · «Sin hacerme fuerza, dulce amado, te creo, y confiada te pido que con brevedad salgamos desta tierra; que en otra quizá convaleceré de la enfermedad celosa que en este lecho me tiene.

—Si yo hubiera dado, señora, respondió Periandro, alguna ocasion á tu enfermedad, llevara con paciencia tus quejas, y en mis disculpas hallaras tú el remedio de tus lástimas; pero, como no te he ofendido, no tengo de qué disculparme Por quien eres te suplico que alegres los corazones de los que te conocen, y sea brevemente, pues faltando la ocasion de tu enfermedad, no hay para qué nos mates con ella. Pondré en efeto lo que me mandas. saldrémos desta tierra con la brevedad posible.

—¿Sabes cuánto te importa, Periandro? respondió Auristela: pues has de saber que me van lisonjeando promesas y apretando dádivas, y no como quiera, que por lo ménos me ofrecen este reino Policarpo el Rey quiere ser mi esposo, hámelo enviado á decir con Sinforosa, su hija, y ella, con el favor que piensa tener en mí, siendo su madrastra, quiere que seas su esposo. Si esto puede ser, tú lo sabes, y si estamos en peligro, considéralo, y conforme á esto, aconséjate con tu discrecion y busca el remedio que nuestra necesidad pide, y perdóname, que la fuerza de las sospechas han sido las que me han forzado á ofenderte, pero estos yerros fácilmente los perdona el amor

—Dél se dice, replicó Periandro, que no puede estar sin celos, los cuales, cuando de débiles y flacas ocasiones nacen, le hacen crecer, sirviendo de espuelas á la voluntad, que de puro confiada se entibia, ó á lo ménos parece que se desmaya; y por lo que debes á tu buen entendimiento, te ruego que de aquí adelante me mires, no con mejores ojos, pues

no los puede haber en el mundo tales como los tuyos, sino
con voluntad más llana y ménos puntuosa, no levantando
algun descuido mio, más pequeño que un grano de mosta-
za, á ser monte que llegue á los cielos, llegando á los celos,
y en lo demas, con tu buen juicio entreten al Rey y á Sinforosa, que no la ofenderás en fingir palabras que se encaminan
á conseguir buenos deseos. Y queda en paz: no engendre en
algun mal pecho alguna mala sospecha nuestra larga plática »

Con esto, la dejó Periandro, y al salir de la estancia encontró con Clodio y Rutilio, Rutilio acabando de romper
el papel que habia escrito á Policarpa, y Clodio doblando
el suyo para ponérselo en el seno, Rutilio arrepentido de su
loco pensamiento, y Clodio satisfecho de su habilidad y
ufano de su atrevimiento. Pero andará el tiempo, y llegará
el punto donde diera él por no haberle escrito la mitad de
la vida, si es que las vidas pueden partirse.

CAPITULO VIII

De lo que pasó entre Sinforosa y Auristela Resuelven todos los forasteros salir
luego de la isla

Andaba el Rey Policarpo alborozado con sus amorosos
pensamientos, y deseoso ademas de saber la resolucion de
Auristela, tan confiado y tan seguro que habia de corresponder á lo que deseaba, que ya consigo mismo trazaba las
bodas, concertaba las fiestas, inventaba las galas, y áun hacia mercedes en esperanza del venidero matrimonio, pero
entre todos estos disinios no tomaba el pulso á su edad, ni
igualaba con discrecion la disparidad que hay de diez y siete

años á setenta, y cuando fueran sesenta, es tambien grande
la distancia. Ansí halagan y lisonjean los lascivos deseos las
voluntades, así engañan los gustos imaginados á los grandes
entendimientos, así tiran y llevan tras sí las blandas imaginaciones á los que no se resisten en los encuentros amorosos.

Con diferentes pensamientos estaba Sinforosa, que no se
aseguraba de su suerte, por ser cosa natural que quien mucho
desea, mucho teme, y las cosas que podian poner alas á su
esperanza, como eran su valor, su linaje y hermosura, esas
mismas se las cortaban, por ser propio de los amantes rendidos pensar siempre que no tienen partes que merezcan ser
amadas de los que bien quieren Andan el amor y el temor
tan apareados, que á do quiera que volvais la cara los vereis
juntos, y no es soberbio el amor, como algunos dicen, sino
humilde, agradable y manso, y tanto, que suele perder de
su derecho por no dar á quien bien quiere pesadumbre, y
más, que como todo amante tiene en sumo precio y estima
la cosa que ama, huye de que de su parte nazca alguna
ocasion de perderla

Todo esto con mejores discursos que su padre consideraba
la bella Sinforosa, y entre temor y esperanza puesta, fué á
ver á Auristela, y á saber della lo que esperaba y temia; en
fin, se vió Sinforosa con Auristela, y sola, que era lo que
ella más deseaba; y era tanto el deseo que tenia de saber las
nuevas de su buena ó mala andanza, que así como entró á
verla, sin que la hablase palabra, se la puso á mirar ahincadamente, por ver si en los movimientos de su rostro le daba
señales de su vida ó muerte. Entendióla Auristela, y á media risa, quiero decir, con muestras alegres, le dijo: «Lle-
gaos, señora; que á la raíz del árbol de vuestra esperanza

no ha puesto el temor segur para cortar bien es verdad que vuestro bien y el mio se han de dilatar algun tanto, pero en fin llegarán, porque, aunque hay inconvenientes que suelen impedir el cumplimiento de los justos deseos, no por eso ha de tener la desesperacion fuerzas para no esperalle Mi hermano dice que el conocimiento que tiene de tu valor y hermosura, no solamente le obliga, pero que le fuerza á quererte, y tiene á bien y á merced particular la que le haces en querer ser suya. Pero ántes que venga á tan dichosa posesion, ha menester defraudar las esperanzas que el Príncipe Arnaldo tiene de que yo he de ser su esposa, y sin duda lo fuera yo, si el serlo tú de mi hermano no lo estorbara, que has de saber, hermana mia, que así puedo yo vivir sin Periandro como puede vivir un cuerpo sin alma Allí tengo de vivir donde él viviere, él es el espíritu que me mueve y el alma que me anima, y siendo esto así, si él se casa en esta tierra contigo, ¿cómo podré yo vivir en la de Arnaldo en ausencia de mi hermano? Para excusar este desman que me amenaza, ordena que nos vamos con él á su reino, desde el cual le pediremos licencia para ir á Roma, á cumplir un voto, cuyo cumplimiento nos sacó de nuestra tierra, y está claro, como la experiencia me lo ha mostrado, que no ha de salir un punto de mi voluntad. Puestos pues en nuestra libertad, fácil cosa será dar la vuelta á esta isla, donde, burlando sus esperanzas, veamos el fin de las nuestras, yo casándome con tu padre, y mi hermano contigo »

A lo que respondió Sinforosa · «No sé, hermana, con qué palabras podré encarecer la merced que me has hecho con las que me has dicho, y así la dejaré en su punto, porque no sé cómo explicarlo, pero esto que ahora decirte quiero, recíbelo ántes por advertimiento que por consejo. Ahora estás en esta tierra y en poder de mi padre, que te podrá y querrá defender de todo el mundo, y no será bien que se ponga en contingencia la seguridad de tu posesion, no le ha de ser posible á Arnaldo llevaros por fuerza á tí y á tu hermano, y hale de ser forzoso, si no querer, á lo ménos consentir lo que mi padre quisiere, que le tiene en su reino y en su casa. Asegúrame tú ¡oh hermana! que tienes voluntad de ser mi señora, siendo esposa de mi padre, y que tu hermano no se ha de desdeñar de ser mi señor y esposo, que yo te daré llanas todas las dificultades é inconvenientes que para llegar á este efeto pueda poner Arnaldo.»

A lo que respondió Auristela. «Los varones prudentes por los casos pasados y por los presentes juzgan los que están por venir; hacernos fuerza pública ó secreta tu padre en nuestra detencion ha de irritar y despertar la cólera de Arnaldo, que, en fin, es rey poderoso, á lo ménos lo es más que tu padre, y los reyes burlados y engañados fácilmente se acomodan á vengarse, y así, en lugar de haber recebido con nuestro parentesco gusto, recebiríades daño, trayéndoos la guerra á vuestras mismas casas. Y si dijeres que este temor se ha de tener siempre, ora nos quedemos aquí, ora volvamos despues, considerando que nunca los cielos aprietan tanto los males, que no dejen alguna luz con que se descubra la de su remedio, soy de parecer que nos vamos con Arnaldo, y que tú misma con tu discrecion y aviso solicites nuestra partida, que en esto solicitarás y abreviarás nuestra vuelta; y aquí, si no en reinos tan grandes como los de Arnaldo, á lo ménos en paz más segura gozaré yo de la prudencia de tu padre, y tú de la gentileza y bondad de mi

hermano, sin que se dividan y aparten nuestras almas »
Oyendo las cuales razones Sinforosa, loca de contento, se
abalanzó á Auristela y le echó los brazos al cuello, midién-
dole la boca y los ojos con sus hermosos labios

En esto vieron entrar por la sala á los dos, al parecer
bárbaros, padre y hijo, y á Ricla y Constanza, y luego tras
ellos entraron Mauricio, Ladislao y Transila, deseosos de
ver y hablar á Auristela, y saber en qué punto estaba su
enfermedad, que los tenia á ellos sin salud. Despidióse Sinforosa más alegre y más engañada que cuando habia entrado, que los corazones enamorados creen con mucha facilidad
áun las sombras de las promesas de su gusto.

El anciano Mauricio, despues de haber pasado con Auristela las ordinarias preguntas y respuestas que suelen pasar
entre los enfermos y los que los visitan, dijo «Si los pobres,
aunque mendigos, suelen llevar con pesadumbre el verse
desterrados ó ausentes de su patria, donde no dejaron sino
los terrones que los sustentaban, ¿qué sentirán los ausentes
que dejaron en su tierra los bienes que de la fortuna pudieran prometerse? Digo esto, señora, porque mi edad, que
con presurosos pasos me va acercando al último fin, me hace
desear verme en mi patria, adonde mis amigos, mis parientes y mis hijos me cierren los ojos y me dén el último
vale. Este bien y merced conseguiremos todos cuantos aquí
estamos, pues todos somos extranjeros y ausentes, y todos,
á lo que creo, tenemos en nuestras patrias lo que no hallaremos en las ajenas. Si tú, señora, quisieres solicitar nuestra
partida, ó á lo ménos teniendo por bien que nosotros la
procuremos, puesto que no será posible el dejarte, porque
tu generosa condicion y rara hermosura, acompañada de la

discrecion que admira, es la piedra iman de nuestras voluntades.

—A lo ménos, dijo á esta sazon Antonio el padre, de la mia y de las de mi mujer y hijos lo es de suerte, que primero dejaré la vida que dejar la compañía de la señora Auristela, si es que ella no se desdeña de la nuestra

—Yo os agradezco, señores, respondió Auristela, el deseo que me habeis mostrado, y aunque no está en mi mano corresponder á él como debia, todavía haré que le pongan en efeto el Príncipe Arnaldo y mi hermano Periandro, sin que sea parte mi enfermedad, que ya es salud, á impedirle En tanto, pues, que llega el felice dia y punto de nuestra partida, ensanchad los corazones, y no deis lugar que reine en ellos la melancolía, ni penseis en peligros venideros; que pues el cielo de tantos nos ha sacado, sin que otros nos sobrevengan nos llevará á nuestras dulces patrias; que los males que no tienen fuerzas para acabar la vida, no la han de tener para acabar la paciencia »

Admirados quedaron todos de la respuesta de Auristela, porque en ella se descubrió su corazon piadoso y su discrecion admirable. Entró en este instante el Rey Policarpo, alegre sobremanera, porque ya habia sabido de Sinforosa, su hija, las prometidas esperanzas del cumplimiento de sus entre castos y lascivos deseos, que los ímpetus amorosos que suelen parecer en los ancianos, se cubren y disfrazan con la capa de la hipocresía; que no hay hipócrita, si no es conocido por tal, que dañe á nadie sino á sí mismo; y los viejos con la sombra del matrimonio disimulan sus depravados apetitos Entraron con el Rey Arnaldo y Periandro, y dándole el parabien á Auristela de la mejoría, mandó el Rey

que aquella noche, en señal de la merced que del cielo todos
en la mejoría de Auristela habian recebido, se hiciesen luminarias en la ciudad, y fiestas y regocijos ocho dias continuos. Periandro lo agradeció como hermano de Auristela, y
Arnaldo como amante que pretendia ser su esposo

Regocijábase Policarpo allá entre sí mismo en considerar
cuán suavemente se iba engañando Arnaldo, el cual, admirado con la mejoría de Auristela, sin que supiese los disinios
de Policarpo, buscaba modo de salir de su ciudad, pues tanto
cuanto más se dilataba su partida, tanto más, á su parecer, se
alongaba el cumplimiento de su deseo. Mauricio tambien,
deseoso de volver á su patria, acudió á su ciencia, y halló en
ella que grandes dificultades habian de impedir su partida ·
comunicólas con Arnaldo y Periandro, que ya habian sabido
los intentos de Sinforosa y Policarpo, que les puso en mucho
cuidado, por saber cierto que cuando el amoroso deseo se
apodera de los pechos poderosos suele romper por cualquiera dificultad, y hasta llegar al fin dellos no se miran
respetos, ni se cumplen palabras, ni guardan obligaciones, y
así no habia para qué fiarse en las pocas ó ninguna en que
Policarpo les estaba. En resolucion, quedaron los tres de
acuerdo que Mauricio buscase un bajel, de muchos que en
el puerto estaban, que los llevase á Inglaterra secretamente,
que para embarcarse no faltaria modo convenible, y que en
este entretanto no mostrase ninguno señales de que tenian
noticia de los disinios de Policarpo Todo esto se comunicó
con Auristela, la cual aprobó su parecer, y entró en nuevos
cuidados de mirar por su salud y por la de todos.

CAPITULO IX.

Da Clodio el papel á Auristela, Antonio el bárbaro le mata por yerro
De la enfermedad que sobrevino á Antonio el moyo

Dice la historia que llegó á tanto la insolencia, ó por
mejor decir, la desverguenza de Clodio, que tuvo atrevimiento de poner en las manos de Auristela el desvergonzado
papel que la habia escrito, engañada con que le dijo que
eran unos versos devotos, dignos de ser leidos y estimados.
Abrió Auristela el papel, y pudo con ella tanto la curiosidad, que no dió lugar al enojo para dejalle de leer hasta el
cabo. Leyóle en fin, y volviéndole á cerrar, puestos los ojos
en Clodio, y no echando por ellos rayos de amorosa luz,
como las más veces solia, sino centellas de rabioso fuego, le
dijo: «Quítateme de delante, hombre maldito y desvergonzado, que si la culpa deste tu atrevido disparate entendiera
que habia nacido de algun descuido mio que menoscabara
mi crédito y mi honra, en mí misma castigara tu atrevimiento, el cual no ha de quedar sin castigo, si ya entre tu
locura y mi paciencia no se pone el tenerte lástima.»
Quedó atónito Clodio, y diera él por no haberse atrevido
la mitad de la vida, como ya se ha dicho Rodeáronle luego
el alma mil temores, y no se daba más término de vida que
lo que tardasen en saber su bellaquería Arnaldo ó Periandro,
y sin replicar palabra, bajó los ojos, volvió las espaldas y
dejó sola á Auristela, cuya imaginacion ocupó un temor, no
vano, sino muy puesto en razon, de que Clodio, desesperado,
habia de dar en traidor, aprovechándose de los intentos de

Policarpo, si acaso á su noticia viniese, y determinó darla de aquel caso á Periandro y Arnaldo

Sucedió en este tiempo que estando Antonio el mozo solo en su aposento, entró á deshora una mujer en él, de hasta cuarenta años de edad, que con el brío y donaire debia de encubrir otros diez, vestida, no al uso de aquella tierra, sino al de España; y aunque Antonio no conocia de usos, sino de los que habia visto en los de la bárbara isla donde se habia criado y nacido, bien conoció ser extranjera de aquella tierra. Levantóse Antonio á recebirla cortésmente, porque no era tan bárbaro, que no fuese bien criado Sentáronse, y la dama (si en tantos años de edad es justo se le dé este nombre), despues de haber estado atenta mirando el rostro de Antonio, dijo

«Parecerte ha novedad ¡oh mancebo! esta mi venida á verte, porque no debes de estar en uso de ser visitado de mujeres, habiéndote criado, segun he sabido, en la isla Bárbara, y no entre bárbaros, sino entre riscos y peñas, de las cuales, si como sacaste la belleza y brío que tienes, has sacado tambien la dureza en las entrañas, la blandura de las mias temo que no me ha de ser de provecho No te desvies, sosiégate, y no te alborotes, que no está hablando contigo algun monstruo ni persona que quiera decirte ni aconsejarte cosas que vayan fuera de la naturaleza humana, mira que te hablo español, que es la lengua que tú sabes, cuya conformidad suele engendrar amistad entre los que no se conocen. Mi nombre es Cenotia, soy natural de España, nacida y criada en Alhama, ciudad del reino de Granada, conocida por mi nombre en todos los de España, y áun entre otros muchos, porque mi habilidad no consiente que mi nombre

se encubra, haciéndome conocida mis obras. Salí de mi
patria habrá cuatro años, huyendo de la vigilancia que
tienen los mastines veladores que en aquel reino tiene el
católico rebaño; mi estirpe es agarena; mis ejercicios, los
de Zoroastres, y en ellos soy única. ¿Ves este sol que nos
alumbra? pues si para señal de lo que puedo, quieres que le
quite los rayos y le asombre con nubes, pídemelo, que haré
que á esta claridad suceda en un punto escura noche, ó ya
si quisieres ver temblar la tierra, pelear los vientos, alterarse
el mar, encontrarse los montes, bramar las fieras, ó otras
espantosas señales que nos representen la confusion del cáos
primero, pídelo, que tú quedarás satisfecho y yo acreditada
Has de saber ansimismo que en aquella ciudad de Alhama
siempre ha habido alguna mujer de mi nombre, la cual, con
el apellido de Cenotia, hereda esta ciencia, que no nos enseña á ser hechiceras, como algunos nos llaman, sino á ser
encantadoras y magas, nombres que nos vienen más al propio. Las que son hechiceras nunca hacen cosa que para
alguna cosa sea de provecho . ejercitan sus bulerías con
cosas al parecer de burlas, como son habas mordidas, agujas
sin puntas, alfileres sin cabeza, cabellos cortados en crecien-
tes ó menguantes de luna, usan de caractéres que no entien-
den, y si algo alcanzan tal vez de lo que pretenden, es, no
en virtud de sus simplicidades, sino porque Dios permite,
para mayor condenacion suya, que el demonio las engañe
Pero nosotras, las que tenemos nombre de magas y de
encantadoras, somos gente de mayor cuantía tratamos con
las estrellas, contemplamos el movimiento de los cielos, sabemos la virtud de las yerbas, de las plantas, de las piedras,
de las palabras, y juntando lo activo á lo pasivo, parece que

hacemos milagros, y nos atrevemos á hacer cosas tan estu-
pendas, que causan admiracion á las gentes; de donde nace
nuestra buena ó mala fama buena, si hacemos bien con
nuestra habilidad; mala, si hacemos mal con ella Pero, como
la naturaleza parece que nos inclina ántes al mal que al bien,
no podemos tener tan á raya los deseos, que no se deslicen
á procurar el mal ajeno, que ¿quién quitará al airado y ofendido que no se vengue? ¿quién al amante desdeñado que no
quiera, si puede, reducir á ser querido del que le aborrece?
puesto que en mudar las voluntades y sacarlas de su quicio,
como esto es ir contra el libre albedrío, no hay ciencia que
lo pueda, ni virtud de yerbas que lo alcance »

A todo esto que la española Cenotia decia, la estaba mirando Antonio, con deseo grande de saber qué suma tendria
tan larga cuenta; pero la Cenotia prosiguió diciendo : «Dí-
gote en fin, bárbaro discreto, que la persecucion de los que
llaman inquisidores en España me arrancó de mi patria,
que cuando se sale por fuerza della, ántes se puede llamar
arrancada que salida Vine á esta isla por extraños rodeos,
por infinitos peligros, casi siempre como si estuvieran cerca,
volviendo la cabeza atras, pensando que me mordian las
faldas los perros, que áun hasta aquí temo Díme presto á
conocer al rey antecesor de Policarpo, hice algunas maravillas, con que dejé maravillado al pueblo. procuré hacer ven-
dible mi ciencia tan en mi provecho, que tengo juntos más
de treinta mil escudos en oro, y estando atenta á esta ganancia, he vivido castamente, sin procurar otro algun deleite, ni
le procurara, si mi buena ó mala fortuna no te hubieran
traido á esta tierra, que en tu mano está darme la suerte que
quisieres. Si te parezco fea, yo haré de modo que me juz-

gues por hermosa, si son pocos treinta mil escudos que te ofrezco, alarga tu deseo y ensancha los sacos de la codicia y los senos, y comienza desde luego á contar cuantos dineros acertares á desear. Para tu servicio sacaré las perlas que encubren las conchas del mar, rendiré y traeré á tus manos las aves que rompen el aire, haré que te ofrezcan sus frutos las plantas de la tierra, haré que brote del abismo lo más precioso que en él se encierra, haréte invencible en todo, blando en la paz, temido en la guerra, en fin, enmendaré tu suerte de manera, que seas siempre invidiado y no invidioso, y en cambio destos bienes que te he dicho, no te pido que seas mi esposo, sino que me recibas por tu esclava, que para ser tu esclava no es menester que me tengas voluntad, como para ser esposa, y como yo sea tuya, en cualquier modo que lo sea viviré contenta. Comienza pues ¡oh generoso mancebo! á mostrarte prudente, mostrándote agradecido : mostrarte has prudente, si ántes que me agradezcas estos deseos, quisieres hacer experiencia de mis obras, y en señal de que así lo harás, alégrame el alma ahora con darme alguna señal de paz, dándome á tocar tu valerosa mano», y diciendo esto, se levantó para ir á abrazarle. Antonio viendo lo cual, lleno de confusion, como si fuera la más retirada doncella del mundo y como si enemigos combatieran el castillo de su honestidad, se puso á defenderle, y levantándose, fué á tomar su arco, que siempre, ó le traia consigo, ó le tenia junto á sí, y poniendo en él una flecha, hasta veinte pasos desviado de la Cenotia, le encaró la flecha.

No le contentó mucho á la enamorada dama la postura amenazadora de muerte de Antonio, y por huir el golpe desvió el cuerpo, y pasó la flecha volando por junto á la garganta (en esto más bárbaro Antonio de lo que parecia en su traje), pero no fué el golpe de la flecha en vano, porque á este instante entraba por la puerta de la estancia el maldiciente Clodio, que le sirvió de blanco y le pasó la boca y la lengua, y le dejó la vida en perpétuo silencio: castigo merecido á sus muchas culpas Volvió la Cenotia la cabeza, vió el mortal golpe que habia hecho la flecha, temió la segunda, y sin aprovecharse de lo mucho que con su ciencia se prometia, llena de confusion y de miedo, tropezando aquí y cayendo allí, salió del aposento con intencion de vengarse del cruel y desamorado mozo.

CAPÍTULO X

De la enfermedad que sobrevino á Antonio el mozo

No le quedó sabrosa la mano á Antonio del golpe que habia hecho, que aunque acertó errando, como no sabia las culpas de Clodio, y habia visto las de la Cenotia, quisiera haber sido mejor certero. Llegóse á Clodio por ver si le quedaban algunas reliquias de vida, y vió que todas se las habia llevado la muerte, cayó en la cuenta de su yerro, y túvose verdaderamente por bárbaro. Entró en esto su padre, y viendo la sangre y el cuerpo muerto de Clodio, conoció por la flecha que aquel golpe habia sido hecho por la mano de su hijo. Preguntóselo, y respondióle que sí, quiso saber la causa, y tambien se la dijo, admiróse el padre, y lleno de indignacion, le dijo «Ven acá, bárbaro: si á los que te aman y te quieren procuras quitar la vida, ¿qué harás á los que te aborrecen? Si tanto presumes de casto y honesto, defiende tu castidad y honestidad con el sufrimiento, que los peligros semejantes no se remedian con las armas ni con esperar los encuentros, sino con huir de ellos. Bien parece que no sabes lo que le sucedió á aquel mancebo hebreo, que dejó la capa en manos de la lasciva señora que le solicitaba, dejaras tú, ignorante, esa tosca piel que traes vestida, y ese arco con que presumes vencer á la misma valentía, no le armaras contra la blandura de una mujer rendida, que cuando lo está, rompe por cualquier inconveniente que á su deseo se oponga. Si con esta condicion pasas adelante en el discurso de tu vida, por bárbaro serás tenido, hasta que la acabes, de todos los que te conocieren. No digo yo que ofendas á Dios en ningun modo, sino que reprendas, y no castigues, á las que quisieren turbar tus honestos pensamientos, y aparéjate para más de una batalla, que la verdura de tus años y el gallardo brío de tu persona con muchas batallas te amenazan, y no pienses que has de ser siempre solicitado, que alguna vez solicitarás, y sin alcanzar tus deseos, te alcanzará la muerte en ellos.»

Escuchaba Antonio á su padre, los ojos puestos en el suelo, tan vergonzoso como arrepentido, y lo que le respondió fué: «No miré, señor, lo que hice, y pésame de haberlo hecho, procuraré enmendarme de aquí adelante, de modo que no parezca bárbaro por riguroso, ni lascivo por manso, dése órden de enterrar á Clodio y de hacerle la satisfaccion más conveniente que ser pudiere»

Ya en esto habia volado por el palacio la muerte de Clodio, pero no la causa de ella, porque la encubrió la enamorada Cenotia, diciendo sólo que sin saber por qué, el bárbaro

mozo le había muerto Llegó esta nueva á los oídos de Auristela, que áun se tenía el papel de Clodio en las manos,
con intencion de mostrársele á Periandro ó Arnaldo para
que castigasen su atrevimiento, pero viendo que el cielo
había tomado á su cargo el castigo, rompió el papel, y no
quiso que saliesen á luz las culpas de los muertos · consideracion tan prudente como cristiana; y bien que Policarpo se
alborotó con el suceso, teniéndose por ofendido de que nadie en su casa vengase sus injurias, no quiso averiguar el
caso, sino remitióselo al Príncipe Arnaldo, el cual, á ruego
de Auristela y al de Transila, perdonó á Antonio y mandó
enterrar á Clodio, sin averiguar la culpa de su muerte, creyendo ser verdad lo que Antonio decia, que por yerro le
había muerto, sin descubrir los pensamientos de Cenotia,
porque á él no le tuviesen de todo en todo por bárbaro
Pasó el rumor del caso, enterraron á Clodio, quedó Auristela vengada, como si en su generoso pecho albergara género
de venganza alguna, así como albergaba en el de la Cenotia, que bebia, como dicen, los vientos, imaginando cómo
vengarse del cruel flechero; el cual de allí á dos dias se sintió mal dispuesto y cayó en la cama con tanto descaeci-
miento, que los médicos dijeron que se le acababa la vida,
sin conocer de qué enfermedad Lloraba Ricla, su madre, y
su padre Antonio tenia de dolor el corazon consumido; no
se podia alegrar Auristela ni Mauricio, Ladislao y Transila
sentian la misma pesadumbre, viendo lo cual Policarpo, acudió á su consejera Cenotia, y le rogó procurase algun remedio á la enfermedad de Antonio, la cual por no conocerla
los médicos, ellos no sabian hallarle. Ella le dió buenas esperanzas, asegurándole que de aquella enfermedad no mo-

riría, pero que convenía dilatar algun tanto la cura, creyóla Policarpo como si se lo dijera un oráculo.

De todos estos sucesos no le pesaba mucho á Sinforosa, viendo que por ellos se detendria la partida de Periandro, en cuya vista tenia librado el alivio de su corazon; que puesto que deseaba que se partiese, pues no podia volver si no se partia, tanto gusto le daba el verle, que no quisiera que se partiera. Llegó una sazon y coyuntura donde Policarpo y sus dos hijas, Arnaldo, Periandro y Auristela, Mauricio, Ladislao y Transila y Rutilio, que despues que escribió el billete á Policarpa, aunque le habia roto, de arrepentido andaba triste y pensativo, bien así como el culpado que piensa que cuantos le miran son sabidores de su culpa; digo que la compañía de los ya nombrados se halló en la estancia del enfermo Antonio, á quien todos fueron á visitar á pedimento de Auristela, que ansí á él como á sus padres los estimaba y queria mucho, obligada del beneficio que el mozo bárbaro le habia hecho cuando los sacó del fuego de la isla y la llevó al asilo de su padre; y más, que como en las comunes desventuras se reconcilian los ánimos y se traban las amistades, por haber sido tantas las que en compañía de Ricla y de Constanza y de los dos Antonios habia pasado, ya no solamente por obligacion, más por eleccion y destino los amaba.

Estando pues juntos, como se ha dicho, un dia Sinforosa rogó encarecidamente á Periandro les contase algunos sucesos de su vida; especialmente se holgaria de saber de dónde venia la primera vez que llegó á aquella isla, cuando ganó los premios de todos los juegos y fiestas que aquel dia se hicieron en memoria de haber sido el de la eleccion de su padre A lo que Periandro respondió que sí haria, si se le permitiese comenzar el cuento de su historia, no del mismo principio, porque éste no le podia decir ni descubrir á nadie hasta verse en Roma con Auristela, su hermana. Todos le dijeron que hiciese su gusto, que de cualquier cosa que él dijese le recibirian; y el que más contento sintió fué Arnaldo, creyendo descubrir, por lo que Periandro dijese, algo que descubriese quién era. Con este salvo-conducto Periandro dijo desta manera :

CAPITULO XI

Cuenta Periandro el suceso de su viaje

«El principio y preámbulo de mi historia, ya que quereis, señores, que os la cuente, quiero que sea éste que nos contempleis á mi hermana y á mí con una anciana ama suya embarcados en una nave, cuyo dueño, en lugar de parecer mercader, era un gran cosario. Las riberas de una isla barriamos, quiero decir que íbamos tan cerca de ella, que distintamente conociamos, no solamente los árboles, pero sus diferencias, mi hermana, cansada de haber andado algunos dias por el mar, deseó salir á recrearse á la tierra, pidióselo al capitan, y como sus ruegos tienen siempre fuerza de mandamiento, consintió el capitan en el de su ruego, y en la pequeña barca de la nave, con solo un marinero, nos echó en tierra á mí y á mi hermana y á Cloelia, que éste era el nombre de su ama. Al tomar tierra, vió el marinero que un pequeño rio por una pequeña boca entraba á dar al

mar su tributo; hacíanle sombra por una y otra ribera gran
cantidad de verdes y hojosos árboles, á quien servian de
cristalinos espejos sus transparentes aguas; rogámosle se entrase por el rio, pues la amenidad del sitio nos convidaba;
hízolo así, y comenzó á subir por el rio arriba, y habiendo
perdido de vista la nave, soltando los remos, se detuvo y
dijo. «Mirad, señores, del modo que habeis de hacer este
viaje, y haced cuenta que esta pequeña barca que ahora os
lleva es vuestro navío, porque no habeis de volver más al
que en la mar os queda aguardando, si ya esta señora no
quiere perder la honra, y vos, que decis que sois su hermano, la vida.» Díjome, en fin, que el capitan del navío queria
deshonrar á mi hermana y darme á mí la muerte, y que
atendiésemos á nuestro remedio, que él nos seguiria y acom-
pañaria en todo lugar y en todo acontecimiento Si nos tur-
bamos con esta nueva, júzguelo el que estuviere acostumbrado á recebirlas malas de los bienes que espera. Agradecíle
el aviso y ofrecíle la recompensa cuando nos viésemos en
más felice estado. «Áun bien, dijo Cloelia, que traigo conmigo las joyas de mi señora», y aconsejándonos los cuatro
de lo que hacer debiamos, fué parecer del marinero que nos
entrásemos el rio adentro, quizá descubririamos algun lugar
que nos defendiese si acaso los de la nave viniesen á buscarnos, «mas no vendrán, dijo, porque no hay gente en
todas estas islas que no piense ser cosarios todos cuantos
surcan estas riberas, y en viendo la nave ó naves, luego toman las armas para defenderse, y si no es con asaltos noc-
turnos y secretos, nunca salen medrados los cosarios »

»Parecióme bien su consejo, tomé yo el un remo y ayu-
déle á llevar el trabajo, subimos por el rio arriba, y habiendo

andado como dos millas, llegó á nuestros oidos el són de
muchos y varios instrumentos formado, y luego se nos ofreció á la vista una selva de árboles movibles, que de la una
ribera á la otra ligeramente cruzaban, llegamos más cerca,
y conocimos ser barcas enramadas lo que parecian árboles,
y que el són le formaban los instrumentos que tañian los
que en ellas iban Apénas nos hubieron descubierto, cuando
se vinieron á nosotros y rodearon nuestro barco por todas
partes Levantóse en pié mi hermana, y echándose sus hermosos cabellos á las espaldas, tomados por la frente con una
cinta leonada ó liston, que le dió su ama, hizo de sí casi
divina é improvisa muestra, que como despues supe, por tal
la tuvieron todos los que en las barcas venian, los cuales á
voces, como dijo el marinero que las entendia, decian:
«¿Qué es esto? ¿Qué deidad es ésta que viene á visitarnos
y á dar el parabien al pescador Carino y á la sin par Selviana
de sus felicísimas bodas?» Luego dieron cabo á nuestra barca,
y nos llevaron á desembarcar no léjos del lugar donde nos
habian encontrado

»Apénas pusimos los piés en la ribera, cuando un escuadron de pescadores, que así lo mostraban ser en su traje, nos
rodearon, y uno por uno, llenos de admiracion y reverencia,
llegaron á besar las orillas del vestido de Auristela, la cual,
á pesar del temor que la acongojaba de las nuevas que la
habian dado, se mostró á aquel punto tan hermosa, que yo
disculpo el error de aquellos que la tuvieron por divina
Poco desviados de la ribera, vimos un tálamo en gruesos
troncos de sabina sustentado, cubierto de verde juncia, y
oloroso con diversas flores que servian de alcatifas al suelo
Vimos ansimismo levantarse de unos asientos dos mujeres y

dos hombres, ellas mozas y ellos gallardos mancebos; la una
hermosa sobremanera, y la otra fea sobremanera, el uno
gallardo y gentil hombre, y el otro no tanto; y todos cuatro se pusieron de rodillas ante Auristela, y el más gentil
hombre dijo: «¡Oh tú, quien quiera que seas, que no puedes
ser sino cosa del cielo! mi hermano y yo con el extremo á
nuestras fuerzas posibles te agradecemos esta merced que
nos haces, honrando nuestras pobres y ya de hoy más ricas
bodas. Ven, señora, y si en lugar de los palacios de cristal
que en el profundo mar dejas, como una de sus habitado-
ras, hallares en nuestros ranchos las paredes de conchas y
los tejados de mimbres, ó por mejor decir, las paredes de
mimbres y los tejados de conchas, hallarás por lo ménos
los deseos de oro y las voluntades de perlas para servirte, y
hago esta comparacion, que parece impropia, porque no
hallo cosa mejor que el oro ni más hermosa que las perlas.»

»Inclinóse á abrazarle Auristela, confirmando con su gravedad, cortesía y hermosura la opinion que della tenian. El
pescador ménos gallardo se apartó á dar órden á la demas
turba á que levantasen las voces en alabanzas de la recien
venida extranjera, y que tocasen todos los instrumentos en
señal de regocijo. Las dos pescadoras, fea y hermosa, con
sumision humilde besaron las manos á Auristela, y ella las
abrazó cortés y amigablemente. El marinero, contentísimo
del suceso, dió cuenta á los pescadores del navío que en el
mar quedaba, diciéndoles que era de cosarios, de quien se
temia que habian de venir por aquella doncella, que era una
principal señora, hija de reyes; que para mover los corazones á su defensa, le pareció ser necesario levantar este testimonio á mi hermana. Apénas entendieron esto, cuando

dejaron los instrumentos regocijados, y acudieron á los bélicos, que tocaron arma, arma, por entrambas riberas. Llegó
en esto la noche, recogímonos al mismo rancho de los desposados, pusiéronse centinelas hasta la misma boca del rio,
cebáronse las nasas, tendiéronse las redes y acomodáronse
los anzuelos, todo con intencion de regalar y servir á sus
nuevos huéspedes, y por más honrarlos, los dos recien desposados no quisieron aquella noche pasarla con sus esposas,
sino dejar los ranchos solos á ellas y á Auristela y á Cloelia,
y que ellos con sus amigos, conmigo y con el marinero les
hiciesen guarda y centinela; y aunque sobraba la claridad
del cielo, por la que ofrecia la de la creciente luna, y en la
tierra ardian las hogueras que el nuevo regocijo habia encendido, quisieron los desposados que cenásemos en el campo
los varones y dentro del rancho las mujeres. Hízose así, y
fué la cena tan abundante, que pareció que la tierra se quiso
aventajar al mar, y el mar á la tierra, en ofrecer la una sus
carnes y la otra sus pescados.

»Acabada la cena, Carino me tomó por la mano, y paseándose conmigo por la ribera, despues de haber dado
muestras de tener apasionada el alma, con sollozos y con
suspiros me dijo: «Por tener milagrosa esta tu llegada á
tal sazon y tal coyuntura, que con ella has dilatado mis
bodas, tengo por cierto que mi mal ha de tener remedio
mediante tu consejo, y ansí, aunque me tengas por loco y
por hombre de mal conocimiento y de peor gusto, quiero
que sepas que de aquellas dos pescadoras que has visto, la
una fea y la otra hermosa, á mí me ha cabido en suerte de
que sea mi esposa la más bella, que tiene por nombre Selviana, pero no sé qué te diga, ni sé qué disculpa dar de la

culpa que tengo ni del yerro que hago · yo adoro á Leoncia, que es la fea, sin poder ser parte á hacer otra cosa Con todo esto, te quiero decir una verdad, sin que me engañe en creella : que á los ojos de mi alma, por las virtudes que en la de Leoncia descubro, ella es la más hermosa mujer del mundo; y hay más en esto, que de Solercio, que es el nombre del otro desposado, tengo más de un barrunto que muere por Selviana, de modo que nuestras cuatro voluntades están trocadas, y esto ha sido por querer todos cuatro obedecer á nuestros padres y á nuestros parientes, que han concertado estos matrimonios, y no puedo yo pensar en qué razon se consiente que la carga que ha de durar toda la vida se la eche el hombre sobre sus hombros, no por el suyo, sino por el gusto ajeno, y aunque esta tarde habíamos de dar el consentimiento y el sí del cautiverio de nuestras voluntades, no por industria, sino por ordenacion del cielo, que así lo quiero creer, se estorbó con vuestra venida, de modo que áun nos queda tiempo para enmendar nuestra ventura, y para esto te pido consejo, pues como extranjero, y no parcial de ninguno, sabrás aconsejarme, porque tengo determinado, si no se descubre alguna senda que me lleve á mi remedio, de ausentarme destas riberas, y no parecer en ellas en tanto que la vida me duráre, ora mis padres se enojen, ó mis parientes me riñan, ó mis amigos se enfaden »

»Atentamente le estuve escuchando, y de improviso me vino á la memoria su remedio, y á la lengua estas mismas palabras . «No hay para qué te ausentes, amigo; á lo ménos no ha de ser ántes que yo hable con mi hermana Auristela, que es aquella hermosísima doncella que has visto . ella es tan discreta, que parece que tiene entendimiento divino

como tiene hermosura divina.» Con esto, nos volvimos á
los ranchos, y yo conté á mi hermana todo lo que con el
pescador habia pasado, y ella halló en su discrecion el modo
como sacar verdaderas mis palabras y el contento de todos,
y fué que apartándose con Leoncia y Selviana á una parte,
les dijo: «Sabed, amigas (que de hoy más lo habeis de ser
verdaderas mias), que juntamente con este buen parecer que
el cielo me ha dado, me dotó de un entendimiento perspicaz
y agudo, de tal modo, que viendo el rostro de una persona
le leo el alma y le adivino los pensamientos. Para prueba
desta verdad os presentaré á vosotras por testigos : tú,
Leoncia, mueres por Carino, y tú, Selviana, por Solercio.
La virginal verguenza os tiene mudas, pero por mi lengua
se romperá vuestro silencio, y por mi consejo, que sin duda
alguna será admitido, se igualarán vuestros deseos : callad
y dejadme hacer; que, ó yo no tendré discrecion, ó vosotras
tendréis felice fin en vuestros deseos » Ellas, sin responder
palabra, sino con besarla infinitas veces las manos y abra-
zándola estrechamente, confirmaron ser verdad cuanto habia dicho, especialmente en lo de sus trocadas aficiones.

»Pasóse la noche, vino el dia, cuya alborada fué regocija-
dísima, porque con nuevos y verdes ramos parecieron ador-
nadas las barcas de los pescadores, sonaron los instrumentos
con nuevos y alegres sones, alzaron las voces todos, con que
se aumentó la alegría, salieron los desposados para irse á
poner en el tálamo, donde habian estado el dia ántes, vis-
tiéronse Selviana y Leoncia de nuevas ropas de boda, mi
hermana de industria se aderezó y compuso con los mismos
vestidos que tenia, y con ponerse una cruz de diamantes
sobre su hermosa frente, y unas perlas en sus orejas, joyas

de tanto valor, que hasta ahora nadie les ha sabido dar su
justo precio, como lo vereis cuando os las enseñe, mostró
ser imágen sobre el mortal curso levantada. Llevaba asidas
de las manos á Silviana y á Leoncia, y puesta encima del
teatro donde el tálamo estaba, llamó y hizo llegar junto á
sí á Carino y á Solercio. Carino llegó temblando y confuso
de no saber lo que yo habia negociado, y estando ya el sa-
cerdote á punto para darles las manos y hacer las católicas
ceremonias que se usan, mi hermana hizo señal que la escuchasen, luego se extendió un mudo silencio por toda la
gente, tan callado, que apénas los aires se movian. Viéndose,
pues, prestar grato oido de todos, dijo en alta y sonora voz.
«Esto quiere el cielo», y tomando por la mano á Selviana,
se la entregó á Solercio, y asiendo de la de Leoncia, se la
dió á Carino «Esto, señores, prosiguió mi hermana, es,
como ya he dicho, ordenacion del cielo, y gusto no accidental, sino propio destos venturosos desposados, como lo
muestra la alegría de sus rostros y el sí que pronuncian sus
lenguas.» Abrazáronse los cuatro, con cuya señal todos los
circunstantes aprobaron su trueco, y confirmaron, como ya
he dicho, ser sobrenatural el entendimiento y belleza de
mi hermana, pues así habia trocado aquellos casi hechos
casamientos con sólo mandarlo. Celebróse la fiesta, y luego
salieron de entre las barcas del rio cuatro despalmadas, vistosas por las diversas colores con que venian pintadas, y los
remos, que eran seis de cada banda, ni más ni ménos; las
banderetas, que venian muchas por los filaretes, asimismo
eran de várias colores, los doce remos de cada una venian
vestidos de blanquísimo y delgado lienzo, de aquel mismo
modo que yo vine cuando entré la vez primera en esta isla,

luego conocí que querian las barcas correr el palio que se mostraba puesto en el árbol de otra barca desviada de las cuatro como tres carreras de caballo. Era el palio de tafetan verde, listado de oro, vistoso y grande, pues alcanzaba á besar y áun á pasearse por las aguas.

»El rumor de la gente y el són de los instrumentos era tan grande, que no se dejaba entender lo que mandaba el capitan del mar, que en otra pintada barca venia. Apartáronse las enramadas barcas á una y otra parte del rio, dejando un espacio llano en medio, por donde las cuatro competidoras barcas volasen sin estorbar la vista á la infinita gente que desde el tálamo y desde ambas riberas estaba atenta á mirarlas, y estando ya los bogadores asidos de las manillas de los remos, descubiertos los brazos, donde se parecian los gruesos nervios, las anchas venas y los torcidos músculos, atendian la señal de la partida, impacientes por la tardanza y fogosos, bien ansí como lo suele estar el generoso can de Irlanda cuando su dueño no le quiere soltar de la traílla á hacer la presa que á la vista se le muestra. Llegó, en fin, la señal esperada, y á un mismo tiempo arrancaron todas cuatro barcas, que no por el agua, sino por el viento parecia que volaban. Una dellas, que llevaba por insignia un vendado Cupido, se adelantó de las demas casi tres cuerpos de la misma barca, cuya ventaja dió esperanza á todos cuantos la miraban de que ella sería la primera que llegase á ganar el deseado premio; otra que venia tras ella iba alentando sus esperanzas, confiada en el teson durísimo de sus remeros, pero viendo que la primera en ningun modo desmayaba, estuvieron por soltar los remos sus bogadores. Pero son diferentes los fines y acontecimientos de las cosas de aquello que se imagina, porque, aunque es ley de los combates y contiendas que ninguno de los que miran favorezca á ninguna de las partes con señales, con voces ó con otro algun género que parezca que pueda servir de aviso al combatiente, viendo la gente de la ribera que la barca de la insignia de Cupido se aventajaba tanto á las demas, sin mirar á leyes, creyendo que ya la victoria era suya, dijeron á voces muchos. «¡Cupido vence, el Amor es invencible!» A cuyas voces, por escuchallas, parece que aflojaron un tanto los remeros del Amor Aprovechóse de esta ocasion la segunda barca, que detras de la del Amor venia, la cual traia por insignia al Interes en figura de un gigante pequeño, pero muy ricamente aderezado, y impelió los remos con tanta fuerza, que llegó á igualarse el Interes con el Amor, y arrimándosele á un costado, le hizo pedazos todos los remos de la diestra banda, habiendo primero la del Interes recogido los suyos y pasado adelante, dejando burladas las esperanzas de los que primero habian cantado la victoria por el Amor, y volvieron á decir: «¡El Interes vence, el Interes vence!» La barca tercera traia por insignia á la Diligencia, en figura de una mujer desnuda, llena de alas por todo el cuerpo, que á traer trompeta en las manos, ántes pareciera Fama que Diligencia. Viendo el buen suceso del Interes, alentó su confianza, y sus remeros se esforzaron de modo, que llegaron á igualar con el Interes, pero por el mal gobierno del timonero se embarazó con las dos barcas primeras de modo, que los unos ni los otros remos fueron de provecho. Viendo lo cual la postrera, que traia por insignia á la buena Fortuna, cuando estaba desmayada y casi para dejar la empresa, viendo el intricado enredo de las demas barcas, desviándose algun tanto de ellas, por no caer en el mismo embarazo, apretó, como decirse suele, los puños, y deslizándose por un lado, pasó delante de todas. Cambiáronse los gritos de los que miraban, cuyas voces sirvieron de aliento á sus bogadores, que embebidos en el gusto de verse mejorados, les parecia que si los que quedaban atras entónces les llevaran la misma ventaja, no dudaran de alcanzarlos ni de ganar el premio, como lo ganaron, más por ventura que por ligereza. En fin, la buena Fortuna fué la que la tuvo buena entónces, y la mia de agora no lo sería si yo adelante pasase con el cuento de mis muchos y extraños sucesos Y así, os ruego, señores, dejemos esto en este punto; que esta noche le daré fin, si es posible que le puedan tener mis desventuras.»

Esto dijo Periandro á tiempo que al enfermo Antonio le tomó un terrible desmayo; viendo lo cual su padre, casi como adevino de dónde procedia, los dejó á todos, y se fué, como despues parecerá, á buscar á la Cenotia, con la cual le sucedió lo que se dirá en el siguiente capítulo

CAPITULO XII.

De cómo Cenotia deshizo los hechizos para que sanase Antonio el mozo, pero aconseja al Rey Policarpo no deje salir de su reino á Arnaldo y los demas de su compañía

Paréceme que si no se arrimara la paciencia al gusto que tenian Arnaldo y Policarpo de mirar á Auristela, y Sinforosa de ver á Periandro, ya la hubieran perdido escuchando su larga plática, de quien juzgaron Mauricio y Ladislao que habia sido algo larga y traida no muy á propósito, pues

para contar sus desgracias propias no había para qué contar
los placeres ajenos, con todo eso, les dió gusto, y quedaron
con él esperando oír el fin de su historia, por el donaire siquiera y buen estilo con que Periandro la contaba Halló
Antonio el padre á la Cenotia que buscaba, en la cámara
del Rey por lo ménos, y en viéndola, puesta una desenvai-
nada daga en las manos, con cólera española y discurso ciego
arremetió á ella, y asiéndola del brazo izquierdo y levantando la daga en alto, la dijo «Dame ¡oh hechicera! á mi
hijo vivo y sano, y luego, si no, haz cuenta que el punto
de tu muerte ha llegado : mira si tienes su vida envuelta en
algun envoltorio de agujas sin ojos ó de alfileres sin cabezas;
mira ¡oh pérfida! si la tienes escondida en algun quicio de
puerta ó en alguna otra parte que sólo tú la sabes.»

Pasmóse Cenotia viendo que la amenazaba una daga desnuda en las manos de un español colérico, y temblando le
prometió de darle la vida y salud de su hijo, y áun le pro-
metiera de darle la salud de todo el mundo si se la pidiera
de tal manera se le había entrado el temor en el alma; y así
le dijo: «Suéltame, español, y envaina tu acero, que los que
tiene tu hijo le han conducido al término en que está, y
pues sabes que las mujeres somos naturalmente vengativas, y
más cuando nos llama á la venganza el desden y el menosprecio, no te maravilles si la dureza de tu hijo me ha endu-
recido el pecho, aconséjale que se humane de aquí adelante
con los rendidos y no menosprecie á los que piedad le pi-
dieren, y véte en paz; que mañana estará tu hijo en disposicion de levantarse bueno y sano.

—Cuando así no sea, respondió Antonio, ni á mí me
faltará industria para hallarte, ni cólera para quitarte la

vida», y con esto, la dejó, y ella quedó tan entregada al
miedo, que olvidándose de todo agravio, sacó del quicio de
una puerta los hechizos que habia preparado para consumir
la vida, poco á poco, del riguroso mozo que con los de su
donaire y gentileza la tenia rendida.

Apénas hubo sacado la Cenotia sus endemoniados prepa-
ramentos de la puerta, cuando salió la salud perdida de
Antonio á plaza, cobrando en su rostro las primeras colores,
los ojos vista alegre y las desmayadas fuerzas esforzado brío,
de lo que recibieron general contento cuantos le conocian, y
estando con él á solas su padre, le dijo «En todo cuanto
quiero agora decirte, ¡oh hijo! quiero advertirte que ad-
viertas que se encaminan mis razones á aconsejarte que no
ofendas á Dios en ninguna manera, y bien habrás echado
de ver esto en quince ó diez y seis años que há que te en-
seño la ley que mis padres me enseñaron, que es la católica,
la verdadera y en la que se han de salvar y se han salvado
todos los que han entrado hasta aquí y han de entrar de
aquí adelante en el reino de los cielos Esta santa ley nos
enseña que no estamos obligados á castigar á los que nos
ofenden, sino á aconsejarlos la enmienda de sus delitos, que
el castigo toca al juez, y la represion á todos, como sea
con las condiciones que despues te diré. Cuando te convi-
daren á hacer ofensas que redunden en deservicio de Dios, no
tienes para qué armar el arco y disparar flechas ni decir
injuriosas palabras, que con no recebir el consejo y apartarte
de la ocasion, quedarás vencedor de la pelea, y libre y seguro
de verte otra vez en el trance que ahora te has visto. La
Cenotia te tenia hechizado, y con hechizos de tiempo señalado, poco á poco, en ménos de diez dias, perdieras la vida,

si Dios y mi buena inteligencia no lo hubieran estorbado; y vente conmigo, porque alegres á todos tus amigos con tu vista, y escuchemos los sucesos de Periandro, que los ha de acabar de contar esta noche »

Prometióle Antonio á su padre de poner en obra todos sus consejos, con el ayuda de Dios, á pesar de todas las persuasiones y lazos que contra su honestidad le armasen. La Cenotia en esto, corrida, afrentada y lastimada de la soberbia desamorada del hijo, y de la temeridad y cólera del padre, quiso por mano ajena vengar su agravio, sin privarse de la presencia de su desamorado bárbaro, y con este pensamiento y resuelta determinacion se fué al Rey Policarpo y le dijo. «Ya sabes, señor, cómo despues que vine á tu casa y á tu servicio, siempre he procurado no apartarme en él con la solicitud posible; sabes tambien, fiado en la verdad que de mí tienes conocida, que me tienes hecha archivo de tus secretos, y sabes, como prudente, que en los casos propios, y más si se ponen de por medio deseos amorosos, suelen errarse los discursos que al parecer van más acertados, y por esto querria que en el que ahora tienes hecho de dejar ir libremente á Arnaldo y á toda su compañía, vas fuera de toda razon y de todo término. Dime· si no puedes presente rendir á Auristela, ¿cómo la rendirás ausente? Y ¿cómo querrá ella cumplir su palabra, volviendo á tomar por esposo á un varon anciano, que en efecto lo eres (que las verdades que uno conoce de sí mismo no nos pueden engañar), teniéndose ella de su mano á Periandro, que podria ser que no fuese su hermano, y Arnaldo, príncipe mozo y que no la quiere para ménos que para ser su esposa? No dejes, señor, que la ocasion que agora se te ofrece, te vuelva la calva en lugar de la guedeja, y puedes tomar ocasion de detenerlos, de querer castigar la insolencia y atrevimiento que tuvo este monstruo bárbaro que viene en su compañía, de matar en tu misma casa á aquel que dicen que se llamaba Clodio, que si ansí lo haces, alcanzarás fama que alberga en tu pecho, no el favor, sino la justicia.»

Estaba escuchando Policarpo atentísimamente á la maliciosa Cenotia, que con cada palabra que le decia le atravesaba, como si fuera con agudos clavos, el corazon, y luego luego quisiera correr á poner en efecto sus consejos. Ya le parecia ver á Auristela en brazos de Periandro, no como en los de su hermano, sino como en los de su amante; ya se la contemplaba con la corona en la cabeza del reino de Dinamarca, y que Arnaldo hacia burla de sus amorosos disinios; en fin, la rabia de la endemoniada enfermedad de los celos se le apoderó del alma en tal manera, que estuvo por dar voces y pedir venganza de quien en ninguna cosa le habia ofendido, pero viendo la Cenotia cuán sazonado le tenia y cuán pronto para ejecutar todo aquello que más le quisiese aconsejar, le dijo que se sosegase por entónces, y que esperasen á que aquella noche acabase de contar Periandro su historia, porque el tiempo se le diese de pensar lo que más convenia.

Agradecióselo Policarpo, y ella, cruel y enamorada, daba trazas en su pensamiento cómo cumpliese el deseo del Rey y el suyo. Llegóse en esto la noche, juntáronse á conversacion como la vez pasada, volvió Periandro á repetir algunas palabras ántes dichas, para que viniese con concierto á anudar el hilo de su historia, que la habia dejado en el certámen de las barcas.

CAPITULO XIII

Prosigue Periandro su agradable historia y el robo de Auristela

La que con más gusto escuchaba á Periandro era la bella Sinforosa, estando pendiente de sus palabras, como con las cadenas que salian de la boca de Hércules: tal era la gracia y donaire con que Periandro contaba sus sucesos Finalmente, los volvió á anudar, como se ha dicho, prosiguiendo desta manera: «Al Amor, al Interes y á la Diligencia dejó atras la buena Fortuna, que sin ella vale poco la diligencia, no es de provecho el interes, ni el amor puede usar de sus fuerzas La fiesta de mis pescadores, tan regocijada como pobre, excedió á las de los triunfos romanos, que tal vez en la llaneza y en la humildad suelen esconderse los regocijos más aventajados Pero, como las venturas humanas estén por la mayor parte pendientes de hilos delgados, y los de la mudanza fácilmente se quiebran y desbaratan, como se quebraron las de mis pescadores, y se retorcieron y fortificaron mis desgracias, aquella noche la pasamos todos en una isla pequeña que en la mitad del rio se hacia, convidados del verde sitio y apacible lugar Holgábanse los desposados, sin muestras de parecer que lo eran, con honestidad y diligencia de dar gusto á quien se le habia dado tan grande, poniéndolos en aquel deseado y venturoso estado; y así ordenaron que en aquella isla del rio se renovasen las fiestas y se continuasen por tres dias la sazon del tiempo, que era la del verano, la comodidad del sitio, el resplandor de la luna, el susurro de las fuentes, la fruta de los árboles, el olor de las

flores, cada cosa destas de por sí, y todas juntas, convidaban
á tener por acertado el parecer de que allí estuviésemos el
tiempo que las fiestas durasen Pero apénas nos habiamos
reducido á la isla, cuando de entre un pedazo de bosque que
en ella estaba, salieron hasta cincuenta salteadores armados á
la ligera, bien como aquellos que quieren robar y huir, todo
á un mismo punto, y como los descuidados acometidos suelen ser vencidos con su mismo descuido, casi sin ponernos
en defensa, turbados con el sobresalto, ántes nos pusimos á
mirar que á acometer á los ladrones, los cuales como ham-
brientos lobos arremetieron al rebaño de las simples ovejas,
y se llevaron, si no en la boca, en los brazos, á mi hermana
Auristela, á Cloelia, su ama, y á Selviana y á Leoncia, como
si solamente vinieran á ofendellas, porque se dejaron otras
muchas mujeres á quien la naturaleza habia dotado de singular hermosura.

»Yo, á quien el extraño caso más colérico que suspenso
me puso, me arrojé tras los salteadores, los seguí con los
ojos y con las voces, afrentándolos, como si ellos fueran capaces de sentir afrentas, solamente para irritarlos á que mis
injurias les moviesen á volver á tomar venganza de ellas;
pero ellos, atentos á salir con su intento, ó no oyeron, ó no
quisieron vengarse, y así se desaparecieron, y luego los desposados y yo, con algunos de los principales pescadores, nos
juntamos, como suele decirse, á consejo sobre qué hariamos
para enmendar nuestro yerro y cobrar nuestras prendas Uno
dijo. «No es posible sino que alguna nave de salteadores
está en la mar, y en parte donde con facilidad ha echado
esta gente en tierra, quizá sabidores de nuestra junta y de
nuestras fiestas, si esto es ansí, como sin duda lo imagino,

el mejor remedio es que salgan algunos barcos de los nuestros y les ofrezcan todo el rescate que por la presa quisieren, sin detenerse en el tanto más cuanto; que las prendas de esposas hasta las mismas vidas de sus mismos esposos merecen en rescate.

»—Yo seré, dije entónces, el que haré esa diligencia; que para conmigo tanto vale la prenda de mi hermana como si fuera la vida de todos los del mundo.» Lo mismo dijeron Carino y Solercio, ellos llorando en público, y yo muriendo en secreto

»Cuando tomamos esta resolucion, comenzaba á anochecer; pero, con todo eso, nos entramos en un barco los desposados y yo, con seis remeros; pero cuando salimos al mar descubierto habia acabado de cerrar la noche, por cuya escuridad no vimos bajel alguno Determinamos de esperar el venidero dia, por ver si con la claridad descubriamos algun navío, y quiso la suerte que descubriésemos dos, el uno que salia del abrigo de la tierra, y el otro que venia á tomarla. Conocí que el que dejaba la tierra era el mismo de quien habiamos salido á la isla, así en las banderas como en las velas, que venian cruzadas con una cruz roja, los que venian de fuera las traian verdes, y los unos y los otros eran cosarios Pues, como yo imaginé que el navío que salia de la isla era el de los salteadores de la presa, hice poner en una lanza una bandera blanca de seguro; vine arrimado al costado del navío, para tratar del rescate, llevando cuidado de que no me prendiesen. Asomóse el capitan al borde, y cuando quise alzar la voz para hablarle, puedo decir que me la turbó y suspendió y cortó en la mitad del camino un espantoso trueno que formó el disparar de un tiro de arti-

llería de la nave de fuera, en señal que desafiaba á la batalla
al navío de tierra; al mismo punto le fué respondido con
otro no ménos poderoso, y en un instante se comenzaron á
cañonear las dos naves, como si fueran de dos conocidos y
irritados enemigos

»Desvióse nuestro barco de en mitad de la furia, y desde
léjos estuvimos mirando la batalla, y habiendo jugado la
artillería casi una hora, se aferraron los dos navíos con una no
vista furia los del navío de fuera, ó más venturosos, ó por
mejor decir, más valientes, saltaron en el navío de tierra, y
en un instante desembarazaron toda la cubierta, quitando la
vida á sus enemigos, sin dejar á ninguno con ella Viéndose,
pues, libres de sus ofensores, se dieron á saquear el navío de
las cosas más preciosas que tenia, que por ser de cosarios no
era mucho, aunque en mi estimacion eran las mejores del
mundo, porque se llevaron de las primeras á mi hermana,
á Selviana, á Leoncia y á Cloelia, con que enriquecieron su
nave, pareciéndoles que en la hermosura de Auristela llevaban un precioso y nunca visto rescate. Quise llegar con
mi barca á hablar con el capitan de los vencedores, pero,
como mi ventura andaba siempre en los aires, uno de tierra
sopló y hizo apartar el navío. No pude llegar á él, ni ofrecer
imposibles por el rescate de la presa, y así fué forzoso el
volvernos sin ninguna esperanza de cobrar nuestra pérdida,
y por no ser otra la derrota que el navío llevaba, que aquella
que el viento le permitia, no pudimos por entónces juzgar
el camino que haria, ni señal que nos diese á entender quiénes fuesen los vencedores, para juzgar siquiera, sabiendo su
patria, las esperanzas de nuestro remedio El voló, en fin,
por el mar adelante, y nosotros, desmayados y tristes, nos

encontramos en el rio, donde todos los barcos de los pescadores nos estaban esperando.

»No sé si os diga, señores, lo que es forzoso deciros. un
cierto espíritu se entró entónces en mi pecho, que sin mu-
darme el sér, me pareció que le tenia más que de hombre,
y así, levantándome en pié sobre la barca, hice que la ro-
deasen todas las demas, y estuviesen atentos á estas ó otras
semejantes razones que les dije: «La baja fortuna jamas se
enmendó con la ociosidad ni con la pereza; en los ánimos
encogidos nunca tuvo lugar la buena dicha, nosotros mismos nos fabricamos nuestra ventura, y no hay alma que no
sea capaz de levantarse á su asiento; los cobardes, aunque
nazcan ricos, siempres son pobres, como los avaros, mendigos. Esto os digo ¡oh amigos mios! para moveros y inci-
taros á que mejoreis vuestra suerte, y á que dejeis el pobre
ajuar de unas redes y de unos estrechos barcos, y busqueis
los tesoros que tiene en sí encerrados el generoso trabajo,
llamo generoso al trabajo del que se ocupa en cosas grandes.
Si suda el cavador rompiendo la tierra, y apénas saca premio
que le sustente más que un dia, sin ganar fama alguna,
¿por qué no tomará, en lugar de la azada, una lanza, y sin
temor del sol ni de todas las inclemencias del cielo, pro-
curará ganar con el sustento, fama que le engrandezca sobre
los demas hombres? La guerra, así como es madrastra de
los cobardes, es madre de los valientes, y los premios que
por ella se alcanzan, se pueden llamar ultramundanos. Ea
pues, amigos, juventud valerosa, poned los ojos en aquel
navío que se lleva las caras prendas de vuestros parientes,
encerrándonos en estotro que en la ribera nos dejaron, casi,
á lo que creo, por ordenacion del cielo. Vamos tras él y

hagámonos piratas, no codiciosos como son los demas, sino
justicieros, como lo seremos nosotros A todos se nos en-
tiende el arte de la marinería, bastimentos hallaremos en
el navío, con todo lo necesario á la navegacion, porque sus
contrarios no le despojaron más que de las mujeres; y si es
grande el agravio que hemos recebido, grandísima es la
ocasion que para vengarle se nos ofrece. Sígame, pues, el
que quisiere, que yo os suplico, y Carino y Solercio os lo
ruegan, que bien sé que no me han de dejar en esta valerosa empresa »

»Apénas hube acabado de decir estas razones, cuando se
oyó un murmúreo por todas las barcas, procedido de que
unos con otros se aconsejaban de lo que harian, y entre
todos salió una voz que dijo : «Embárcate, generoso huésped, y sé nuestro capitan y nuestra guía, que todos te se-
guiremos.» Esta tan improvisa resolucion de todos me sirvió
de felice auspicio, y por temer que la dilacion de poner en
obra mi buen pensamiento no les diese ocasion de madurar
su discurso, me adelanté con mi barco, al cual siguieron
otros casi cuarenta. Llegué á reconocer el navío, entré dentro, escudriñéle todo, miré lo que tenia y lo que le faltaba,
y hallé todo lo que me pudo pedir el deseo que fuese necesario para el viaje; aconsejéles que ninguno volviese á
tierra, por quitar la ocasion de que el llanto de las mujeres
y el de los queridos hijos no fuese parte para dejar de poner
en efeto resolucion tan gallarda. Todos lo hicieron así, y
desde allí se despidieron con la imaginacion de sus padres,
hijos y mujeres; caso extraño y que ha menester que la
cortesía ayude á darle crédito : ninguno volvió á tierra, ni
se acomodó de más vestidos de aquellos con que habia en-

trado en el navío, en el cual, sin repartir los oficios, todos
servian de marineros y de pilotos, excepto yo, que fuí nombrado por capitan por gusto de todos, y encomendándome
á Dios, comencé luego á ejercer mi oficio, y lo primero
que mandé fué desembarazar el navío de los muertos que
habian sido en la pasada refriega, y limpiarle de la sangre
de que estaba lleno; ordené que se buscasen todas las armas,
ansí ofensivas como defensivas, que en él habia, y repartién-
dolas entre todos, dí á cada uno la que, á mi parecer, mejor
le estaba, requerí los bastimentos, y conforme á la gente,
tanteé para cuántos dias serian bastantes, poco más ó ménos.
Hecho esto, y hecha oracion al cielo, suplicándole enca-
minase nuestro viaje y favoreciese nuestros tan honrados
pensamientos, mandé izar las velas, que áun se estaban
atadas á las entenas, y que las diéramos al viento, que, como
se ha dicho, soplaba de la tierra, y tan alegres como atrevidos, y tan atrevidos como confiados, comenzamos á navegar por la misma derrota que nos pareció que llevaba el
navío de la presa.

»Veisme aquí, señores que me estáis escuchando, hecho
pescador y casamentero, rico con mi querida hermana, y
pobre sin ella, robado de salteadores, y subido al grado de
capitan contra ellos; que las vueltas de mi fortuna no tienen
un punto donde paren, ni términos que las encierren.

—No más, dijo á esta sazon Arnaldo, no más, Periandro amigo, que puesto que tú no te canses de contar tus
desgracias, á nosotros nos fatiga el oirlas, por ser tantas » A
lo que respondió Periandro: «Yo, señor Arnaldo, soy hecho
como esto que se llama lugar, que es donde todas las cosas
caben, y no hay ninguna fuera del lugar, y en mí le tienen

todas las que son desgraciadas, aunque, por haber hallado á mi hermana Auristela, las juzgo por dichosas; que el mal que se acaba sin acabar la vida, no lo es » A esto dijo Transila· «Yo por mí digo, Periandro, que no entiendo esa razon, sólo entiendo que lo será muy grande si no cumplis el deseo que todos tenemos de saber los sucesos de vuestra historia, que me van pareciendo ser tales, que han de dar ocasion á muchas lenguas que las cuenten, y muchas ingeniosas plumas que las escriban. Suspensa me tiene el veros capitan de salteadores, juzgué merecer este nombre vuestros pescadores valientes, y estaré esperando tambien suspensa cuál fué la primera hazaña que hicistes y la aventura primera con que encontrastes.

—Esta noche, señora, respondió Periandro, daré fin, si fuere posible, al cuento, que áun hasta agora se está en sus principios » Quedando todos de acuerdo que aquella noche volviesen á la misma plática, por entónces dió fin Periandro á la suya

CAPITULO XIV.

Da cuenta Periandro de un notable caso que le sucedió en el mar

La salud del hechizado Antonio volvió su gallardía á su primera entereza, y con ella se volvieron á renovar en Cenotia sus mal nacidos deseos, los cuales tambien renovaron en su corazon los temores de verse de él ausente, que los desahuciados de tener en sus males remedio, nunca acaban de desengañarse que lo están en tanto que ven presente la causa de donde nacen, y así, procuraba con todas las trazas

que podia imaginar su agudo entendimiento de que no
saliesen de la ciudad ninguno de aquellos huéspedes, y así
volvió á aconsejar á Policarpo que en ninguna manera dejase sin castigo el atrevimiento del bárbaro homicida, y que
por lo ménos, ya que no le diese la pena conforme al delito,
le debia prender y castigarle siquiera con amenazas, dando
lugar que el favor se opusiese por entónces á la justicia, como
tal vez se suele hacer en más importantes ocasiones. No la
quiso tomar Policarpo en la que este consejo le ofrecia, diciendo á la Cenotia que era agraviar la autoridad del Príncipe Arnaldo, que debajo de su amparo le traia, y enfadar
á su querida Auristela, que como á su hermano le trataba,
y más, que aquel delito fué accidental y forzoso, y nacido
más de desgracia que de malicia, y más, que no tenia parte
que le pidiese, y que todos cuantos le conocian afirmaban
que aquella pena era condigna de su culpa, por ser el mayor
maldiciente que se conocia

«¿Cómo es esto, señor, replicó la Cenotia, que habiendo
quedado el otro dia entre nosotros de acuerdo de prenderle,
con cuya ocasion la tomases de detener á Auristela, agora
estás tan léjos de tomarle? Ellos se te irán, ella no volverá,
tú llorarás entónces tu perplejidad y tu mal discurso á tiempo
cuando ni te aprovechen las lágrimas, ni enmendar en la
imaginacion lo que ahora con nombre de piadoso quieres
hacer. Las culpas que comete el enamorado en razon de
cumplir su deseo, no lo son, en razon de que no es suyo,
ni es él el que las comete, sino el amor, que manda su voluntad: rey eres, y de los reyes las injusticias y rigores son
bautizados con nombre de severidad Si prendes á este mozo,
darás lugar á la justicia, y soltándole, á la misericordia, y

en lo uno y en lo otro confirmarás el nombre que tienes de bueno »

Desta manera aconsejaba la Cenotia á Policarpo, el cual á solas y en todo lugar iba y venía con el pensamiento en el caso, sin saber resolverse de qué modo podia detener á Auristela sin ofender á Arnaldo, de cuyo valor y poder era razon temiese; pero en medio de estas consideraciones, y en el de las que tenia Sinforosa, que por no estar tan recatada ni tan cruel como la Cenotia, deseaba la partida de Periandro por entrar en la esperanza de la vuelta, se llegó el término de que Periandro volviese á proseguir su historia, que la siguió en esta manera.

«Ligera volaba mi nave por donde el viento queria llevarla, sin que se le opusiese á su camino la voluntad de ninguno de los que íbamos en ella, dejando todos en el albedrío de la fortuna nuestro viaje, cuando desde lo alto de la gavia vimos caer á un marinero, que ántes que llegase á la cubierta del navío quedó suspenso de un cordel que traia anudado á la garganta, llegué con priesa y cortésele, con que estorbé no se le acortase la vida. Quedó como muerto, y estuvo fuera de sí casi dos horas, al cabo de las cuales volvió en sí, y preguntándole la causa de su desesperacion, dijo. «Dos hijos tengo, el uno de tres y el otro de cuatro años, cuya madre no pasa de los veinte y dos, y cuya pobreza pasa de lo posible, pues sólo se sustentaba del trabajo destas manos, y estando yo agora encima de aquella gavia, volví los ojos al lugar donde los dejaba, y casi como si alcanzara á verlos, los vi hincados de rodillas, las manos levantadas al cielo, rogando á Dios por la vida de su padre y llamándome con palabras tiernas, vi ansimismo llorar á su madre, dándome nombre de cruel sobre todos los hombres. Esto imaginé con tan gran vehemencia, que me fuerza á decir que lo vi, para no poner duda en ello; y el ver que esta nave vuela y me aparta dellos, y que no sé dónde vamos, y la poca ó ninguna obligacion que me obligó á entrar en ella, me trastornó el sentido, y la desesperacion me puso este cordel en las manos, y yo le dí á mi garganta, por acabar en un punto los siglos de pena que me amenazaba »

»Este suceso movió á lástima á cuantos le escuchábamos, y habiéndole consolado y casi asegurado que presto daríamos la vuelta contentos y ricos, le pusimos dos hombres de guarda, que le estorbasen volver á poner en ejecucion su mal intento, y ansí le dejamos; y yo, porque este suceso no despertase en la imaginacion de alguno de los demas el querer imitarle, les dije que la mayor cobardía del mundo era el matarse, porque el homicida de sí mismo es señal que le falta el ánimo para sufrir los males que teme, y ¿qué mayor mal puede venir á un hombre que la muerte? Y siendo esto así, no es locura el dilatarla; con la vida se enmiendan y mejoran las malas suertes, y con la muerte desesperada, no sólo no se acaban y se mejoran, pero se empeoran y comienzan de nuevo. «Digo esto, compañeros mios, porque no os asombre el suceso que habeis visto deste nuestro desesperado, que áun hoy comenzamos á navegar, y el ánimo me está diciendo que nos aguardan y esperan mil felices sucesos »

»Todos dieron la voz á uno para responder por todos, el cual desta manera dijo· «Valeroso capitan, en las cosas que mucho se consideran, siempre se hallan muchas dificultades,

y en los hechos valerosos que se acometen, alguna parte se
ha de dar á la razon y muchas á la ventura, y en la buena
que hemos tenido en habeite elegido por nuestro capitan,
vamos seguros y confiados de alcanzar los buenos sucesos
que dices. Quédense nuestras mujeres, quédense nuestros
hijos, lloren nuestros ancianos padres, visite la pobreza á
todos, que los cielos, que sustentan los gusarapos del agua,
tendrán cuidado de sustentar los hombres de la tierra.
Manda, señor, izar las velas; pon centinelas en las gavias
por ver si descubren en qué podamos mostrar que no te-
merarios, sino atrevidos, son los que aquí vamos á servirte »

»Agradecíles la respuesta, hice izar todas las velas, y
habiendo navegado aquel dia, al amanecer del siguiente la
centinela de la gavia mayor dijo á grandes voces· «¡Navío,
navío!» Preguntáronle qué derrota llevaba, y que de qué
tamaño parecia Respondió que era tan grande como el
nuestro, y que le teníamos por la proa

»—Alto pues, dije, amigos, tomad las armas en las manos,
y mostrad con éstos, si son cosarios, el valor que os ha hecho
dejar vuestras redes.» Hice luego cargar las velas, y en poco
más de dos horas descubrimos y alcanzamos el navío, al cual
embestimos de golpe, y sin hallar defensa alguna saltaron
en él mas de cuarenta de mis soldados, que no tuvieron en
quién ensangrentar las espadas, porque solamente traia algunos marineros y gente de servicio, y mirándolo bien todo,
hallaron en un apartamiento, puestos en un cepo de hierro
por la garganta, desviados uno de otro casi dos varas, á un
hombre de muy buen parecer y á una mujer más que medianamente hermosa, y en otro aposento hallaron tendido
en un rico lecho á un venerable anciano, de tanta autoridad,

que obligó su presencia á que todos le tuviésemos respeto. No se movió del lecho, porque no podia, pero levantándose un poco, alzó la cabeza y dijo: «Envainad, señores, vuestras espadas, que en este navío no hallareis ofensores en quien ejercitarlas; y si la necesidad os hace y fuerza á usar este oficio de buscar vuestra ventura á costa de las ajenas, á parte habeis llegado que os hará dichosos, no porque en este navío haya riquezas ni alhajas que os enriquezcan, sino porque yo voy en él, que soy Leopoldio, el rey de los danaos.»

»Este nombre de rey me avivó el deseo de saber qué sucesos habian traido á un rey á estar tan solo y tan sin defensa alguna, lleguéme á él y preguntéle si era verdad lo que decia, porque, aunque su grave presencia prometia serlo, el poco aparato con que navegaba hacia poner en duda el creerle.

»—Manda, señor, respondió el anciano, que esta gente se sosiegue, y escúchame un poco, que en breves razones te contaré cosas grandes.» Sosegáronse mis compañeros, y ellos y yo estuvimos atentos á lo que decir queria, que fué esto:

»—El cielo me hizo rey del reino de Danea, que heredé de mis padres, que tambien fueron reyes, y lo heredaron de sus antepasados, sin haberles introducido á serlo la tiranía ni otra negociacion alguna, caséme en mi mocedad con una mujer mi igual, murióse sin dejarme sucesion alguna, corrió el tiempo, y muchos años me contuve en los límites de una honesta viudez, pero al fin, por culpa mia (que de los pecados que se cometen nadie ha de echar la culpa á otro, sino á sí mismo), digo que por culpa mia tropecé y caí en la de enamorarme de una dama de mi mujer, que, á

ser ella la que debia, hoy fuera el dia que fuera reina, y no
se viera atada y puesta en un cepo, como ya debeis de haber
visto. Esta pues, pareciéndole no ser injusto anteponer los
rizos de un criado mio á mis canas, se envolvió con él, y
no solamente tuvo gusto de quitarme la honra, sino que
procuró, junto con ella, quitarme la vida, maquinando contra
mi persona con tan extrañas trazas, con tales embustes y
rodeos, que, á no ser avisado con tiempo, mi cabeza estuviera fuera de mis hombros en una escarpia al viento, y las
suyas coronadas del reino de Danea. Finalmente, yo descubrí sus intentos á tiempo, cuando ellos tambien tuvieron
noticia de que yo lo sabia.

»Una noche, en un pequeño navío que estaba con las velas en alto para partirse, por huir del castigo de su culpa y
de la indignacion de mi furia, se embarcaron, súpelo, volé
á la marina en las alas de mi cólera, y hallé que habria veinte
horas que habian dado las suyas al viento, y yo, ciego del
enojo y turbado con el deseo de la venganza, sin hacer algun prudente discurso, me embarqué en este navío y los
seguí, no con autoridad y aparato de rey, sino como particular enemigo. Hallélos á cabo de diez dias en una isla que
llaman del Fuego, y cogílos descuidados, y puestos en ese
cepo que habreis visto, los llevaba á Danea para darles por
justicia y procesos fulminados la debida pena á su delito.
Esta es la pura verdad, los delincuentes ahí están, que aunque no quieran, la acreditan: yo soy el rey de Danea, que
os prometo cien mil monedas de oro, no porque las traiga
aquí, sino porque os doy mi palabra de ponéroslas y enviá-
roslas donde quisiéredes, para cuya seguridad, si no basta
mi palabra, llevadme con vosotros en vuestro navío, y dejad

que en este mio, ya vuestro, vaya alguno de los mios á Danea, y traiga este dinero donde le ordenárades; y no tengo más que deciros.»

»Mirábanse mis compañeros unos á otros, y diéronme la vez de responder por todos, aunque no era menester, pues yo, como capitan, lo podia y debia hacer, con todo eso, quise tomar parecer con Carino y con Soleicio y con alguno de los demas, porque no entendiesen que me queria alzar de hecho con el mando que de su voluntad ellos me tenian dado; y así la respuesta que dí al Rey fué decirle : «Señor, á los que aquí venimos no nos puso la necesidad las armas en las manos, ni ninguno otro deseo que de ambiciosos tenga semejanza : buscando vamos ladrones, á castigar vamos salteadores y á destruir piratas, y pues tú estás tan léjos de ser persona deste género, segura está tu vida de nuestras armas, ántes, si has menester que con ellas te sirvamos, ninguna cosa habrá que nos lo impida, y aunque agradecemos la rica promesa de tu rescate, soltamos la promesa, que, pues no estás cautivo, no estás obligado al cumplimiento della. Sigue en paz tu camino, y en recompensa que vas de nuestro encuentro mejor de lo que pensaste, te suplicamos perdones á tus ofensores, que la grandeza del rey algun tanto resplandece más en ser misericordioso que justiciero.»

»Quisiérase humillar Leopoldio á mis piés, pero no lo consintió ni mi cortesía ni su enfermedad pedíle me diese alguna pólvora si llevaba, y partiese con nosotros de sus bastimentos, lo cual se hizo al punto, aconsejéle asimismo que si no perdonaba á sus dos enemigos, los dejase en mi navío; que yo los pondria en parte donde no la tuviesen más de ofenderle. Dijo que sí haria, porque la presencia del ofensor suele renovar la injuria en el ofendido Ordené que luego nos volviésemos á nuestro navío con la pólvora y bastimentos que el Rey partió con nosotros, y queriendo pasar á los dos prisioneros, ya sueltos y libres del pesado cepo, no dió lugar un recio viento que de improviso se levantó, de modo que apartó los dos navíos, sin dejar que otra vez se juntasen. Desde el borde de mi nave me despedí del Rey á voces, y él en los brazos de los suyos salió de su lecho y se despidió de nosotros, y yo me despido agora, porque la segunda hazaña me fuerza á descansar para entrar en ella »

CAPITULO XV

Refiere lo que le pasó con Sulpicia, sobrina de Cratilo, rey de Lituania

A todos dió general gusto de oir el modo con que Periandro contaba su extraña peregrinacion, sino fué á Mauricio, que llegándose al oido de Transila, su hija, le dijo. «Paréceme, Transila, que con ménos palabras y más sucintos discursos pudiera Periandro contar los de su vida, porque no habia para qué detenerse en decirnos tan por extenso las fiestas de las barcas, ni áun los casamientos de los pescadores, porque los episodios que para ornato de las historias se ponen, no han de ser tan grandes como la misma historia, pero yo sin duda creo que Periandro nos quiere mostrar la grandeza de su ingenio y la elegancia de sus palabras

—Así debe de ser, respondió Transila, pero lo que yo sé decir es, que ora se dilate ó se sucinte en lo que dice,

todo es bueno y todo da gusto » Pero ninguno le recebia
mayor, como ya creo que otra vez se ha dicho, como Sinforosa, que cada palabra que Periandro decia, así le rega-
laba el alma, que la sacaba de sí misma Los revueltos pensamientos de Policarpo no le dejaban estar muy atento á los
razonamientos de Periandro, y quisiera que no le quedara
más que decir, porque le dejara á él más que hacer; que
las esperanzas propíncuas de alcanzar el bien que se desea,
fatigan mucho más que las remotas y apartadas, y era tanto
el deseo que Sinforosa tenia de oir el fin de la historia de
Periandro, que solicitó el volverse á juntar otro dia, en el
cual Periandro prosiguió su cuento en esta forma:

«Contemplad, señores, á mis marineros, compañeros y
soldados más ricos de fama que de oro, y á mí con algunas
sospechas de que no les hubiese parecido bien mi liberalidad; y puesto que nació tan de su voluntad como de la mia
en la libertad de Leopoldio, como no son todas unas las
condiciones de los hombres, bien podia yo temer no estuviesen todos contentos, y que les pareciese que sería difícil
recompensar la pérdida de cien mil monedas de oro, que
tantas eran las que prometió Leopoldio por su rescate, y
esta consideracion me movió á decirles: «Amigos mios, nadie esté triste por la perdida ocasion de alcanzar el gran tesoro que nos ofreció el Rey, porque os hago saber que una
onza de buena fama vale más que una libra de perlas, y
esto no lo puede saber sino el que comienza á gustar de la
gloria que da el tener buen nombre. El pobre á quien la
virtud enriquece, suele llegar á ser famoso, como el rico, si
es vicioso, puede venir y viene á ser infame, la liberalidad
es una de las más agradables virtudes, de quien se engendra

la buena fama, y es tan verdad esto, que no hay liberal mal puesto, como no hay avaro que no lo sea »

»Más iba á decir, pareciéndome que me daban todos tan gratos oidos como mostraban sus alegres semblantes, cuando me quitó las palabras de la boca el descubrir un navío que no léjos del nuestro, á orza por delante de nosotros pasaba. Hice tocar al arma, y díle caza con todas las velas tendidas, y en breve rato me le puse á tiro de cañon, y disparando uno sin bala, en señal de que amainase, lo hizo así, soltando las velas de alto abajo Llegando más cerca, vi en él uno de los más extraños espectáculos del mundo: vi que pendientes de las entenas y de las jarcias venian más de cuarenta hombres ahorcados. Admiróme el caso, y abordando con el navío, saltaron mis soldados en él, sin que nadie se lo defendiese; hallaron la cubierta llena de sangre y de cuerpos de hombres semivivos, unos con las cabezas partidas, y otros con las manos cortadas, tal vomitando sangre, y tal vomitando el alma, éste gimiendo dolorosamente, y aquel gritando sin paciencia alguna Esta mortandad y fracaso daba señales de haber sucedido sobre mesa, porque los manjares nadaban entre la sangre, y los vasos, mezclados con ella, guardaban el olor del vino, en fin, pisando muertos y hollando heridos, pasaron los mios adelante, y en el castillo de popa hallaron puestas en escuadron hasta doce hermosísimas mujeres, y delante dellas una, que mostraba ser su capitana, armada de un coselete blanco y tan terso y limpio, que pudiera servir de espejo, á quererse mirar en él Traia puesta la gola, pero no las escarcelas ni los brazaletes, el morrion sí, que era de hechura de una enroscada sierpe, á quien adornaban infinitas y diversas piedras de varios colores, te-

nia un venablo en sus manos, tachonado de arriba abajo con
clavos de oro, con una gran cuchilla de agudo y luciente
acero forjada, con que se mostraba tan briosa y tan gallarda, que bastó á detener su vista la furia de mis soldados,
que con admirada atencion se pusieron á mirarla.

»Yo, que de mi nave la estaba mirando, por verla mejor
pasé á su navío, á tiempo cuando ella estaba diciendo. «Bien
creo ¡oh soldados! que os pone más admiracion que miedo
este pequeño escuadron de mujeres que á la vista se os
ofrece, el cual, despues de la venganza que hemos tomado
de nuestros agravios, no hay cosa que pueda engendrar en
nosotras temor alguno embestid, si venis sedientos de sangre, y derramad la nuestra, quitándonos las vidas; que, como
no nos quiteis las honras, las daremos por bien empleadas.
Sulpicia es mi nombre, sobrina soy de Cratilo, rey de Lituania; casóme mi tio con el gran Lampidio, tan famoso
por linaje como rico de los bienes de naturaleza y de los de
la fortuna Ibamos los dos á ver al Rey mi tio, con la seguridad que nos podia ofrecer ir entre nuestros vasallos y criados, todos obligados por las buenas obras que siempre les
hicimos, pero la hermosura y el vino, que suelen trastornar
los más vivos entendimientos, les borró las obligaciones de
la memoria, y en su lugar les puso los gustos de la lascivia.
Anoche bebieron de modo, que les sepultó en profundo
sueño, y algunos, medio dormidos, acudieron á poner las
manos en mi esposo, y quitándole la vida, dieron principio
á su abominable intento, pero, como es cosa natural defender cada uno su vida, nosotras, por morir vengadas siquiera, nos pusimos en defensa, aprovechándonos del poco tiento
y borrachez con que nos acometian, y con algunas armas

que les quitamos, y con cuatro criados que libres del humo
de Baco nos acudieron, hicimos en ellos lo que muestran
esos muertos que están sobre esa cubierta, y pasando adelante con nuestra venganza, habemos hecho que esos árboles y esas entenas produzcan el fruto que de ellas veis pendiente Cuarenta son los ahorcados, y si fueran cuarenta
mil, también murieran, porque su poca ó ninguna defensa
y nuestra cólera á toda esta crueldad, si por ventura lo es,
se extendia Riquezas traigo que poder repartir, aunque
mejor diria que vosotros podeis tomar; sólo puedo añadir
que os las entregaré de buena gana Tomadlas, señores, y
no toqueis en nuestras honras, pues con ellas ántes quedareis infames que ricos »

»Pareciéronme tan bien las razones de Sulpicia, que,
puesto que yo fuera verdadero cosario, me ablandara Uno
de mis pescadores dijo á este punto : «Que me maten si no
se nos ofrece aquí hoy otro rey Leopoldio, con quien nuestro valeroso capitan muestre su general condicion. Ea, señor
Periandro, vaya libre Sulpicia, que nosotros no queremos
más de la gloria de haber vencido nuestros naturales apetitos.

»—Así será, respondí yo, pues vosotros, amigos, lo quereis, y entended que obras tales nunca las deja el cielo sin
buena paga, como á las que son malas sin castigo. Despo-
jad esos árboles de tan mal fruto y limpiad esa cubierta, y
entregad á esas señoras, junto con la libertad, la voluntad de
servirlas »

»Púsose en efeto mi mandamiento, y llena de admiracion y de espanto, se me humilló Sulpicia, la cual, como
persona que no acertaba á saber lo que le habia sucedido,
tampoco acertaba á responderme, y lo que hizo fué mandar

á una de sus damas le hiciese traer los cofres de sus joyas y
de sus dineros. Hízolo así la dama, y en un instante, como
aparecidos ó llovidos del cielo, me pusieron delante cuatro
cofres llenos de joyas y dineros. Abriólos Sulpicia, y hizo
muestras de aquel tesoro á los ojos de mis pescadores, cuyo
resplandor quizá, y áun sin quizá, cegó en algunos la intencion que de ser liberales tenian, porque hay mucha diferencia de dar lo que se posee y se tiene en las manos, á dar lo
que está en esperanzas de poseerse. Sacó Sulpicia un rico
collar de oro, resplandeciente por las ricas piedras que en él
venian engastadas, y diciendo . «Toma, capitan valeroso,
esta prenda, rica no por otra cosa que por serlo la voluntad
con que se te ofrece, dádiva es de una pobre viuda, que ayer
se vió en la cumbre de la buena fortuna, por verse en poder de su esposo, y hoy se ve sujeta á la discrecion destos
soldados que te rodean, entre los cuales puedes repartir estos
tesoros, que, segun se dice, tienen fuerzas para quebrantar
las peñas.» A lo que yo respondí : «Dádivas de tan gran señora se han de estimar como si fuesen mercedes», y tomando el collar, me volví á mis soldados y les dije · «Esta
joya es ya mia, soldados y amigos mios, y así puedo disponer de ella como cosa propia, cuyo precio, por ser, á mi parecer, inestimable, no conviene que se dé á uno solo. Tómele
y guárdele el que quisiere, que en hallando quien le com-
pre, se dividirá el precio entre todos, y quédese sin tocar lo
que la gran Sulpicia os ofrece, porque vuestra fama quede
con este hecho frisando con el cielo.» A lo que uno respondió «Quisiéramos ¡oh buen capitan! que no nos hubieras
prevenido con el consejo que nos has dado, porque vieras que
de nuestra voluntad correspondiamos á la tuya, vuelve el

collar á Sulpicia. la fama que nos prometes no hay collar que la ciña ni límite que la contenga »

»Quedé contentísimo de la respuesta de mis soldados, y Sulpicia admirada de su poca codicia, finalmente, ella me pidió que le diese doce soldados de los mios, que le sirviesen de guarda y de marineros, para llevar su nave á Lituania, hízose así, contentísimos los doce que escogí sólo por saber que iban á hacer bien. Proveyónos Sulpicia de generosos vinos y de muchas conservas, de que careciamos. Soplaba el viento próspero para el viaje de Sulpicia y para el nuestro, que no llevaba determinado paradero · despedímonos de ella; supo mi nombre y el de Carino y Solercio, y dándonos á los tres sus brazos, con los ojos abrazó á todos los demas, ella llorando lágrimas de placer y tristeza nacidas, de tristeza por la muerte de su esposo, de alegría por verse libre de las manos que pensó ser de salteadores, nos dividimos y apartamos

»Olvidaba de deciros cómo volví el collar á Sulpicia, y ella le recibió á fuerza de mis importunaciones, y casi tuvo á afrenta que le estimase yo en tan poco, que se le volviese. Entré en consulta con los mios sobre qué derrota tomariamos, y concluyóse que la que el viento llevase, pues por ella habian de caminar los demas navíos que por el mar navegasen, ó por lo ménos, si el viento no hiciese á su propósito, harian bordos hasta que les viniese á cuento Llegó en esto la noche clara y serena, y yo, llamando á un pescador marinero que nos servia de maestro y piloto, me senté en el castillo de popa y con ojos atentos me puse á mirar el cielo.

—Apostaré, dijo á esta sazon Mauricio á Transila, su hija, que se pone agora Periandro á describirnos toda la celeste esfera, como si importase mucho á lo que va contando el declararnos los movimientos del cielo, yo, por mí, deseando estoy que acabe, porque el deseo que tengo de salir de esta tierra no da lugar á que me entretenga ni ocupe en saber cuáles son fijas ó cuáles erráticas estrellas, cuanto más que yo sé de sus movimientos más de lo que él me puede decir.»

En tanto que Mauricio y Transila esto con sumisa voz hablaban, cobró aliento Periandro para proseguir su historia en esta forma.

CAPITULO XVI

Prosigue Periandro sus acaecimientos y cuenta un extraño sueño

«Comenzaba á tomar posesion el sueño y el silencio de los sentidos de mis compañeros, y yo me acomodaba á preguntar al que estaba conmigo muchas cosas necesarias para saber usar el arte de la marinería, cuando de improviso comenzaron á llover, no gotas, sino nubes enteras de agua sobre la nave, de modo que no parecia sino que el mar todo se habia subido á la region del viento, y desde allí se dejaba descolgar sobre el navío. Alborotámonos todos, y puestos en pié, mirando á todas partes, por unas vimos el cielo claro, sin dar muestras de borrasca alguna; cosa que nos puso en miedo y en admiracion. En esto, el que estaba conmigo dijo «Sin duda alguna esta lluvia procede de la que derraman por las ventanas que tienen más abajo de los ojos aquellos monstruosos pescados que se llaman náufragos, y si esto es

así, en gran peligro estamos de perdernos, menester es disparar toda la artillería, con cuyo ruido se espantan »

»En esto vi alzar y poner en el navío un cuello como de
serpiente terrible, que arrebatando un marinero, se le engu-
lló y tragó de improviso, sin tener necesidad de mascarle

»—Náufragos son, dijo el piloto, disparen con balas ó sin
ellas, que el ruido, y no el golpe, como tengo dicho, es el
que ha de librarnos »

»Traia el miedo confusos y agazapados los marineros, que
no osaban levantarse en pié, por no ser arrebatados de aquellos vestiglos; con todo eso, se dieron priesa á disparar la
artillería, y á dar voces unos, y á acudir otros á la bomba
para volver el agua al agua, tendimos todas las velas, y como
si huyéramos de alguna gruesa armada de enemigos, hui-
mos del sobrestante peligro, que fué el mayor en que
hasta entónces nos habiamos visto Otro dia al crepúsculo
de la noche nos hallamos en la ribera de una isla no conocida por ninguno de nosotros, y con disinio de hacer
agua en ella, quisimos esperar el dia sin apartarnos de su
ribera Amainamos las velas, arrojamos las áncoras, y entregamos al reposo y al sueño los trabajados cuerpos, de quien
el sueño tomó posesion blanda y suavemente; en fin, nos
desembarcamos todos y pisamos la amenísima ribera, cuya
arena (vaya fuera todo encarecimiento) la formaban granos
de oro y de menudas perlas Entrando más adentro, se nos
ofrecieron á la vista prados cuyas yerbas no eran verdes por
ser yerbas, sino por ser esmeraldas, en el cual verdor las
tenian, no cristalinas aguas, como suele decirse, sino cor-
rientes de líquidos diamantes formadas, que cruzando por
todo el prado, sierpes de cristal parecian

»Descubrimos luego una selva de árboles de diferentes
géneros, tan hermosos, que nos suspendieron las almas y
alegraron los sentidos; de algunos pendian ramos de rubíes
que parecian guindas, ó guindas que parecian granos de rubíes; de otros pendian camuesas, cuyas mejillas, la una era de
rosa, la otra de finísimo topacio, en aquel se mostraban las
peras, cuyo olor era de ámbar, y cuyo color, de los que se
forman en el cielo cuando el sol se traspone, en resolucion,
todas las frutas de quien tenemos noticia estaban allí en su
sazon, sin que las diferencias del año las estorbasen, todo
allí era primavera, todo verano, todo estío sin pesadumbre,
y todo otoño agradable con extremo increible Satisfacia á
todos nuestros cinco sentidos lo que mirábamos · á los ojos,
con la belleza y la hermosura, á los oidos, con el ruido manso
de las fuentes y arroyos y con el són de los infinitos pajari-
llos, con no aprendidas voces formado, los cuales, saltando
de árbol en árbol y de rama en rama, parecia que en aquel
distrito tenian cautiva su libertad, y que no querian ni acei-
taban á cobrarla, al olfato, con el olor que de sí despedian
las yerbas, las flores y los frutos; al gusto, con la prueba que
hicimos de la suavidad dellos; al tacto, con tenerlos en las
manos, con que nos parecia tener en ellas las perlas del Sur,
los diamantes de las Indias y el oro del Tíbar

—Pésame, dijo á esta sazon Ladislao á su suegro Mauricio, que se haya muerto Clodio; que á fe que le habria
dado bien que decir Periandro en lo que va diciendo

—Callad, señor, dijo Transila, su esposa, que por más
que digais, no podreis decir que no prosigue bien su cuento
Periandro», el cual, como se ha dicho, cuando algunas razones se entremetian de los circunstantes, él tomaba aliento

para proseguir en las suyas, que cuando son largas, aunque sean buenas, ántes enfadan que alegran.

«No es nada lo que hasta aquí he dicho, prosiguió Periandro, porque á lo que resta por decir falta entendimiento que lo perciba y áun cortesías que lo crean. Volved, señores, los ojos, y haced cuenta que veis salir del corazon de una peña, como nosotros lo vimos, sin que la vista nos pudiese engañar, digo que vimos salir de la abertura de la peña, primero un suavísimo són, que hirió nuestros oidos y nos hizo estar atentos, de diversos instrumentos de música formado, luego salió un carro, que no sabré decir de qué materia, aunque diré su forma, que era de una nave rota, que escapaba de alguna gran borrasca : tirábanla doce poderosísimos jimios, animales lascivos; sobre el carro venia una hermosísima dama, vestida de una rozagante ropa de várias y diversas colores adornada, coronada de amarillas y amargas adelfas; venia arrimada á un baston negro, y en él fija una tablachina ó escudo, donde venian estas letras SENSUALIDAD Tras ella salieron otras muchas hermosas mujeres con diferentes instrumentos en las manos, formando una música, ya alegre y ya triste, pero todas singularmente regocijadas.

»Todos mis compañeros y yo estábamos atónitos, como si fuéramos estatuas sin voz, de dura piedra formados Llegóse á mí la Sensualidad, y con voz entre airada y suave me dijo «Costarte ha, generoso mancebo, el ser mi enemigo, si no la vida, á lo ménos el gusto»; y diciendo esto, pasó adelante, y las doncellas de la música arrebataron, que así se puede decir, siete o ocho de mis marineros, y se los llevaron consigo y volvieron á entrarse, siguiendo á su señora, por la abertura de la peña Volvíme yo entónces á los mios para

preguntarles qué les parecia de lo que habian visto, pero
estorbólo otra voz ó voces que llegaron á nuestros oidos,
bien diferentes que las pasadas, porque eran más suaves y
regaladas; formábanlas un escuadron de hermosísimas, al
parecer, doncellas, y segun la guía que traian, éranlo sin
duda, porque venia delante mi hermana Auristela, que á
no tocarme tanto, gastara algunas palabras en alabanza de
su más que humana hermosura ¿Qué me pidieran á mí entónces, que no diera, en albricias de tan rico hallazgo? que
á pedirme la vida, no la negara, si no fuera por no perder
el bien tan sin pensarlo hallado.

»Traia mi hermana á sus dos lados dos doncellas, de las
cuales la una me dijo. «La Continencia y la Pudicicia,
amigas y compañeras, acompañamos perpetuamente á la
Castidad, que en figura de tu querida hermana Auristela
hoy ha querido disfrazarse, ni la dejaremos hasta que con
dichoso fin le dé á sus trabajos y peregrinaciones en la alma
ciudad de Roma.» Entónces yo, á tan felices nuevas atento,
y de tan hermosa vista admirado, y de tan nuevo y extraño
acontecimiento, por su grandeza y por su novedad, mal seguro, alcé la voz para mostrar con la lengua la gloria que
en el alma tenia, y queriendo decir. «¡Oh únicas consolado-
ras de mi alma, oh ricas prendas por mi bien halladas, dulces
y alegres en este y en otro cualquier tiempo!», fué tanto el
ahinco que puse en decir esto, que rompí el sueño, y la
vision hermosa desapareció, y yo me hallé en mi navío con
todos los mios, sin que faltase alguno dellos.» A lo que dijo
Constanza : «¿Luego, señor Periandro, dormíades?

—Sí, respondió, porque todos mis bienes son soñados

—En verdad, replicó Constanza, que ya quería preguntar á mi señora Auristela adónde habia estado el tiempo que no habia parecido.

—De tal manera, respondió Auristela, ha contado su sueño mi hermano, que me iba haciendo dudar si era verdad ó no lo que decia » A lo que añadió Mauricio : «Esas son fuerzas de la imaginacion, en quien suelen representarse las cosas con tanta vehemencia, que se aprenden de la memoria, de manera que quedan en ella, siendo mentiras, como si fueran verdades »

A todo esto callaba Arnaldo, y consideraba los afectos y demostraciones con que Periandro contaba su historia, y de ninguno dellos podia sacar en limpio las sospechas que en su alma habia infundido el ya muerto maldiciente Clodio, de no ser Auristela y Periandro verdaderos hermanos.

«Con todo eso, dijo, prosigue, Periandro, tu cuento, sin repetir sueños, porque los ánimos trabajados siempre los engendran muchos y confusos, y porque la sin par Sinforosa está esperando que llegues á decir de dónde venias la primera vez que á esta isla llegaste, de dónde saliste coronado de vencedor de las fiestas que por la eleccion de su padre cada año en ellas se hacen.

—El gusto de lo que soñé, respondió Periandro, me hizo no advertir de cuán poco fruto son las digresiones en cualquiera narracion, cuando ha de ser sucinta, y no dilatada » Callaba Policarpo, ocupando la vista en mirar á Auristela, y el pensamiento en pensar en ella, y así para él importaba muy poco ó nada que callase ó que hablase Periandro, el cual, advertido ya de que algunos se cansaban de su larga plática, determinó de proseguirla abreviándola y siguiéndola en las ménos palabras que pudiese, y así dijo·

CAPITULO XVII

Prosigue Periandro su historia

«Desperté del sueño, como he dicho, tomé consejo con
mis compañeros qué derrota tomaríamos, y salió decretado
que por donde el viento nos llevase; que pues íbamos en
busca de cosarios, los cuales nunca navegan contra viento,
era cierto el hallarlos, y había llegado á tanto mi simpleza,
que pregunté á Carino y á Solercio si habían visto á sus
esposas en compañía de mi hermana Auristela cuando yo
la vi soñando Riéronse de mi pregunta, y obligáronme y
áun forzáronme á que les contase mi sueño. Dos meses
anduvimos por el mar, sin que nos sucediese cosa de consideracion alguna, puesto que le escombramos de más de
sesenta navíos de cosarios, que por serlo verdaderos, adjudi-
camos sus robos á nuestro navío, y le llenamos de inumera-
bles despojos, con que mis compañeros iban alegres y no
les pesaba de haber trocado el oficio de pescadores en el de
piratas, porque ellos no eran ladrones sino de ladrones, ni
robaban sino lo robado

»Sucedió, pues, que un porfiado viento nos salteó una
noche, que sin dar lugar á que amainásemos algun tanto ó
templásemos las velas, en aquel término que las halló las
tendió y acosó de modo, que, como he dicho, más de un
mes navegamos por una misma derrota, tanto, que tomando
mi piloto el altura del polo donde nos tomó el viento, y
tanteando las aguas que hacíamos por hora y los días que
habíamos navegado, hallamos ser cuatrocientas leguas, poco

más ó ménos Volvió el piloto á tomar la altura, y vió que
estaba debajo del Norte, en el paraje de Noruega, y con voz
grande y mayor tristeza dijo : «Desdichados de nosotros,
que si el viento no nos concede dar la vuelta para seguir
otro camino, en éste se acabará el de nuestra vida, porque
estamos en el mar Glacial, digo, en el mar helado, y si aquí
nos saltea el hielo, quedarémos empedrados en estas aguas.»

»Apénas hubo dicho esto, cuando sentimos que el navío
tocaba por los lados y por la quilla como en movibles peñas,
por donde se conoció que ya el mar se comenzaba á helar,
cuyos montes de hielo, que por dentro se formaban, impe-
dian el movimiento del navío Amainamos de golpe, porque
topando en ellos no se abriese, y en todo aquel dia y aquella
noche se congelaron las aguas tan duramente y se apretaron
de modo, que cogiéndonos en medio, dejaron al navío en-
gastado en ellas, como lo suele estar la piedra en el anillo.
Casi como en un instante comenzó el hielo á entumecer
los cuerpos y á entristecer nuestras almas, y haciendo el
miedo su oficio, considerando el manifiesto peligro, no nos
dimos más dias de vida que los que pudiese sustentar el bastimento que en el navío hubiese, en el cual bastimento desde
aquel punto se puso tasa y se repartió por órden, tan miserable y estrechamente, que desde luego comenzó á matar-
nos la hambre. Tendimos la vista por todas partes, y no
topamos con ella en cosa que pudiese alentar nuestra esperanza, si no fué con un bulto negro, que á nuestro parecer
estaria de nosotros seis ó ocho millas; pero luego imagina-
mos que debia de ser algun navío á quien la comun desgracia del hielo tenia aprisionado Este peligro sobrepuja y se
adelanta á los infinitos en que de perder la vida me he visto,

porque un miedo dilatado y un temor no vencido fatiga más
el alma que una repentina muerte; que en el acabar súbito
se ahorran los miedos y los temores que la muerte trae consigo, que suelen ser tan malos como la misma muerte.

»Esta, pues, que nos amenazaba, tan hambrienta como
larga, nos hizo tomar una resolucion, si no desesperada,
temeraria por lo ménos, y fué, que consideramos que si los
bastimentos se nos acababan, el morir de hambre era la
más rabiosa muerte que puede caber en la imaginacion humana, y así determinamos de salirnos del navío y caminar
por encima del hielo, y ir á ver si en el que se parecia habria alguna cosa de que aprovecharnos, ó ya de grado ó ya
por fuerza. Púsose en obra nuestro pensamiento, y en un
instante vieron las aguas sobre sí formado con piés enjutos
un escuadron pequeño, pero de valentísimos soldados, y
siendo yo la guía, resbalando, cayendo y levantando, llegamos al otro navío, que lo era casi tan grande como el nuestro Habia gente en él, que puesta sobre el borde, adevi-
nando la intencion de nuestra venida, á voces comenzó uno
á decirnos : «¿A qué venis, gente desesperada? ¿qué buscais?
¿venis por ventura á apresurar nuestra muerte y á morir
con nosotros? Volveos á vuestro navío, y si os faltan bastimentos, roed las jarcias y encerrad en vuestros estómagos
los embreados leños, si es posible, porque pensar que os
hemos de dar acogida, será pensamiento vano y contra los
preceptos de la caridad, que ha de comenzar de sí mismo.
Dos meses dicen que suele durar este hielo que nos detiene ·
para quince dias tenemos sustento, si es bien que le repar-
tamos con vosotros, á vuestra consideracion lo dejo.» A lo
que yo le respondí «En los apretados peligros toda razon

se atropella, no hay respeto que valga ni buen término que
se guarde. Acogednos en vuestro navío de grado, y junta-
remos en él el bastimento que en el nuestro queda, y comá-
moslo amigablemente, ántes que la precisa necesidad nos
haga mover las armas y usar de la fuerza.»

»Esto le respondí yo, creyendo no decian verdad en la
cantidad del bastimento que señalaban, pero ellos, viéndose
superiores y aventajados en el puesto, no temieron nuestras
amenazas ni admitieron nuestros ruegos, ántes arremetieron
á las armas y se pusieron en órden de defenderse. Los nuestros, á quien la desesperacion, de valientes, hizo valentísimos, añadiendo á la temeridad nuevos bríos, arremetieron
al navío, y casi sin recibir herida le entraron y le ganaron,
y alzóse una voz entre nosotros que á todos les quitásemos
la vida, por ahorrar de bocas y de estómagos por donde se
fuese el bastimento que en el navío hallásemos. Yo fuí de
parecer contrario, y quizá por tenerle bueno en esto nos
socorrió el cielo, como despues diré, aunque primero quiero
deciros que este navío era el de los cosarios que habian
robado á mi hermana y á las dos recien desposadas pescadoras. Apénas le hube reconocido, cuando dije á voces:
«¿Adónde teneis, ladrones, nuestras almas? ¿adónde están
las vidas que nos robasteis? ¿Qué habeis hecho de mi hermana Auristela, y de las dos Selviana y Leoncia, partes mitades de los corazones de mis buenos amigos Carino y
Solercio?» A lo que uno me respondió: «Esas mujeres pescadoras que decis, las vendió nuestro capitan, que ya es
muerto, á Arnaldo, Príncipe de Dinamarca.

—Así es la verdad, dijo á esta sazon Arnaldo, que yo
compré á Auristela y á Cloelia, su ama, y á otras dos her-

mosísimas doncellas, de unos piratas que me las vendieron, y no por el precio que ellas merecian.

—¡Válame Dios, dijo Rutilio en esto, y por qué rodeos y con qué eslabones se viene á engarzar la peregrina historia tuya, oh Periandro!

—Por lo que debes al deseo que todos tenemos de servirte, añadió Sinforosa, que abrevies tu cuento, ¡oh historiador tan verdadero como gustoso!

—Sí haré, respondió Periandro, si es posible que grandes cosas en breves términos puedan encerrarse »

CAPITULO XVIII

Traicion de Policarpo por consejo de Cenotia Quítanle á él el reino sus vasallos, y á ella la vida. Salen de la isla los huéspedes, y van á parar á la isla de las Ermitas

Toda esta tardanza del cuento de Periandro se declaraba tan en contrario del gusto de Policarpo, que ni podia estar atento para escucharle, ni le daba lugar á pensar maduramente lo que debia hacer para quedarse con Auristela, sin perjuicio de la opinion que tenia de generoso y de verdadero. Ponderaba la calidad de sus huéspedes, entre los cuales se le ponia delante Arnaldo, Príncipe de Dinamarca, no por eleccion, sino por herencia; descubria en el modo de proceder de Periandro, en su gentileza y brío algun gran personaje, y en la hermosura de Auristela el de alguna gran señora, quisiera buenamente lograr sus deseos á pié llano, sin rodeos ni invenciones, cubriendo toda dificultad y todo parecer contrario con el velo del matrimonio, que puesto que su mucha edad no lo permitia, todavía podia disimularlo, porque en cualquier tiempo es mejor casarse que abrasarse; acuciaba y solicitaba sus pensamientos con los que solicitaban y aquejaban á la embaidora Cenotia, con la cual se concertó que ántes de dar otra audiencia á Periandro, se pusiese en efeto su disinio, que fué que de allí á dos noches tocasen una arma fingida en la ciudad, y se pegase fuego al palacio por tres ó cuatro partes, de modo que obligase á los que en él asistian á ponerse en cobro, donde era forzoso que interviniese la confusion y el alboroto, en medio del cual previno gente que robasen al bárbaro mozo Antonio y á la hermosa Auristela; y asimismo ordenó á Policarpa, su hija, que conmovida de lástima cristiana, avisase á Arnaldo y á Periandro el peligro que los amenazaba, sin descubrilles el robo, pero mostrándoles el modo de salvarse, que era que acudiesen á la marina, donde en el puerto hallarian una saetía que los acogiese

Llegóse la noche, y á las tres horas della comenzó el arma, que puso en confusion y alborotó á toda la gente de la ciudad, comenzó á resplandecer el fuego, en cuyo ardor se aumentaba el que Policarpo en su pecho tenia. Acudió su hija, no alborotada, sino con reposo, á dar noticia á Arnaldo y á Periandro de los disinios de su traidor y enamorado padre, que se extendian á quedarse con Auristela y con el bárbaro mozo, sin quedar con indicios que le infamasen Oyendo lo cual Arnaldo y Periandro, llamaron á Auristela, á Mauricio, Transila, Ladislao, á los bárbaros padre y hijo, á Ricla, á Constanza y á Rutilio, y agradeciendo á Policarpa su aviso, se hicieron todos un monton, y puestos delante los varones, siguiendo el consejo de Policarpa, hallaron paso desembarazado hasta el puerto y segura embarcacion en la saetía, cuyo piloto y marineros estaban avisados y cohechados de Policarpa, que en el mismo punto que aquella gente al parecer huida se embarcase, se hiciesen al mar, y no parasen con ella hasta Inglaterra ó hasta otra parte más léjos de aquella isla.

Entre la confusa gritería y contínuo vocear ¡al arma! ¡al arma! entre los estallidos del fuego abrasador, que como si supiera que tenia licencia del dueño de aquellos palacios para que los abrasase, hacia el mayor estrago, andaba encubierto Policarpo, mirando si salia cierto el robo de Auristela, y asimismo solicitaba el de Antonio la hechicera Cenotia, pero viendo que se habian embarcado todos, sin quedar ninguno, como la verdad se lo decia y el alma se lo pronosticaba, acudió á mandar que todos los baluartes y todos los navíos que estaban en el puerto disparasen la artillería contra el navío de los que en él huian, con lo cual de nuevo se aumentó el estruendo, y el miedo discurrió por los ánimos de todos los moradores de la ciudad, que no sabian qué enemigos los asaltaban ó qué intempestivos acontecimientos les acometian En esto, la enamorada Sinforosa, ignorante del caso, puso el remedio en sus piés y su esperanza en su inocencia, y con pasos desconcertados y temerosos se subió á una alta torre de palacio, á su parecer parte segura del fuego, que lo demas del palacio iba consumiendo Acertó á encerrarse con ella su hermana Policarpa, que le contó, como si lo hubiera visto, la huida de sus huéspedes, cuyas nuevas quitaron el sentido á Sinforosa, y en Policarpa pusieron el arrepentimiento de haberlas dado

Amanecia en esto el alba risueña para todos los que con

ella esperaban descubrir la causa ó causas de la presente calamidad, y en el pecho de Policarpo anochecía la noche de
la mayor tristeza que pudiera imaginarse, mordíase las manos Cenotia, y maldecía su engañadora ciencia y las promesas de sus malditos maestros: sola Sinforosa se estaba aún
en su desmayo, y sola su hermana lloraba su desgracia, sin
descuidarse de hacerle los remedios que ella podía para hacerla volver en su acuerdo. Volvió en fin, tendió la vista por
el mar, vió volar la saetía donde iba la mitad de su alma,
ó la mejor parte della, y como si fuera otra engañada y
nueva Dido que de otro fugitivo Enéas se quejaba, en-
viando suspiros al cielo, lágrimas á la tierra y voces al aire,
dijo estas ó otras semejantes razones.

«¡Oh hermoso huésped, venido por mi mal á estas riberas, no engañador por cierto, que aún no he sido yo tan dichosa, que me dijeses palabras amorosas para engañarme!
amaina esas velas ó témplalas algún tanto, para que se dilate el tiempo de que mis ojos vean ese navío, cuya vista
sólo, porque vas en él, me consuela. Mira, señor, que huyes
de quien te sigue, que te alejas de quien te busca, y das
muestras de que aborreces á quien te adora. Hija soy de un
rey, y me contento con ser esclava tuya, y si no tengo hermosura que pueda satisfacer á tus ojos, tengo deseos que
puedan llenar los vacíos de los mejores que el amor tiene.
No repares en que se abrase toda esta ciudad, que si vuelves, habrá servido este incendio de luminarias por la alegría
de tu vuelta. Riquezas tengo, acelerado fugitivo mio, y
puestas en parte donde no las hallará el fuego, aunque más
las busque, porque las guarda el cielo para tí solo.» A esta
sazon volvió á hablar con su hermana y le dijo: «¿No te

parece, hermana mia, que ha amainado algun tanto las velas?
¿No te parece que no camina tanto? ¡Ay Dios, si se habrá
arrepentido! ¡Ay Dios, si la rémora de mi voluntad le detiene el navío!

—Ay hermana, respondió Policarpa, no te engañes, que
los deseos y los engaños suelen andar juntos. El navío vuela, sin que le detenga la rémora de tu voluntad, como tú
dices, sino que le impele el viento de tus muchos suspiros »

Salteólas en esto el Rey, su padre, que quiso ver de la
alta torre, tambien como su hija, no la mitad, sino toda su
alma, que se le ausentaba, aunque ya no se descubria, los
hombres que tomaron á su cargo encender el fuego de palacio, le tuvieron tambien de apagarle. Supieron los ciudadanos la causa del alboroto, y el mal nacido deseo de su
rey Policarpo, y los embustes y consejos de la hechicera
Cenotia, y aquel mismo dia le depusieron del reino, y colgaron á Cenotia de una entena. Sinforosa y Policarpa fueron respetadas como quien eran, y la ventura que tuvieron
fué tal, que correspondió á sus merecimientos; pero no en
modo que Sinforosa alcanzase el fin felice de sus deseos,
porque la suerte de Periandro mayores venturas le tenia
guardadas. Los del navío, viéndose todos juntos y todos libres, no se hartaban de dar gracias al cielo de su buen suceso, de ellos supieron otra vez los traidores disinios de
Policarpo; pero no les parecieron tan traidores, que no hallase en ellos disculpa el haber sido por el amor forjados,
disculpa bastante de mayores yerros, que cuando ocupa á
un alma la pasion amorosa, no hay discurso con que acierte
ni razon que no atropelle

Hacíales el tiempo claro, y aunque el viento era largo,

estaba el mar tranquilo; llevaban la mira de su viaje puesta
en Inglaterra, adonde pensaban tomar el disino que más les
conviniese, y con tanto sosiego navegaban, que no les sobresaltaba ningun recelo ni miedo de ningun suceso adverso. Tres dias duró la apacibilidad del mar, y tres dias
sopló próspero el viento, hasta que al cuarto, al poner del
sol, se comenzó á turbar el viento y á desasosegarse el mar,
y el recelo de alguna gran borrasca comenzó á turbar á los
marineros, que la inconstancia de nuestras vidas y la del
mar simbolizan en no prometer seguridad ni firmeza alguna
largo tiempo, pero quiso la buena suerte que cuando les
apretaba este temor descubriesen cerca de sí una isla, que
luego de los marineros fué conocida, y dijeron que se llamaba la de las Ermitas, de que no poco se alegraron, porque en ella sabian que estaban dos calas capaces de guare-
cerse en ellas de todos vientos más de veinte navíos, tales en
fin, que pudieran servir de abrigados puertos Dijeron tambien que en una de las ermitas servia de ermitaño un caballero principal, frances, llamado Renato, y en la otra
ermita servia de ermitaña una señora francesa, llamada Eusebia, cuya historia de los dos era la más peregrina que se
hubiese visto.

El deseo de saberla, y el de repararse de la tormenta, si
viniese, hizo á todos que encaminasen allá la proa, hízose
así con tanto acertamiento, que dieron luego con una de las
calas, donde dieron fondo sin que nadie se lo impidiese, y
estando informado Arnaldo de que en la isla no habia otra
persona alguna que la del ermitaño y ermitaña referidos, por
dar contento á Auristela y á Transila, que fatigadas del mar
venian, con parecer de Mauricio, Ladislao, Rutilio y Perian-

dro, mandó echar el esquife al agua, y que saliesen todos á
tierra á pasar la noche en sosiego, libres de los vaivenes del
mar, y aunque se hizo así, fué parecer del bárbaro Antonio
que él y su hijo, Ladislao y Rutilio se quedasen en el navío
guardándole, pues la fe de sus marineros, poco experimentada, no les debia asegurar de modo que se fiasen dellos Y
en efeto, los que se quedaron en el navío fueron los dos
Antonios, padre y hijo, con todos los marineros, que la mejor tierra para ellos es las tablas embreadas de sus naves,
mejor les huele la pez, la brea y la resina de sus navíos, que
á la demas gente las rosas, las flores y los amarantos de los
jardines A la sombra de una peña los de la tierra se repa-
raron del viento, y á la claridad de mucha lumbre, que de
ramas cortadas en un instante hicieron, se defendieron del
frio; y ya como acostumbrados á pasar muchas veces cala-
midades semejantes, pasaron la desta noche sin pesadumbre
alguna, y más con el alivio que Periandro les causó con
volver, por ruego de Transila, á proseguir su historia, que
puesto que él lo rehusaba, añadiendo ruegos Arnaldo, Ladislao y Mauricio, ayudándoles Auristela, la ocasion y el
tiempo, la hubo de proseguir en esta forma

CAPITULO XIX

Del buen acogimiento que hallaron en la isla de las Ermitas

«Si es verdad, como lo es, ser dulcísima cosa contar en
tranquilidad la tormenta, y en la paz presente los peligros
de la pasada guerra, y en la salud la enfermedad padecida,
dulce me ha de ser á mí agora contar mis trabajos en este

sosiego, que puesto que no puedo decir que estoy libre de
ellos todavía, según han sido grandes y muchos, puedo afirmar que estoy en descanso, por ser condicion de la humana
suerte que cuando los bienes comienzan á crecer, parece
que unos se van llamando á otros, y que no tienen fin donde
parar, y los males por el mismo consiguiente. Los trabajos
que yo hasta aquí he padecido, imagino que han llegado
al último paradero de la miserable fortuna, y que es forzoso que declinen; que cuando en el extremo de los trabajos
no sucede el de la muerte, que es el último de todos, ha de
seguirse la mudanza, no de mal á mal, sino de mal á bien,
y de bien á más bien, y éste en que estoy, teniendo á mi
hermana conmigo, verdadera y precisa causa de todos mis
males y mis bienes, me asegura y promete que tengo de
llegar á la cumbre de los más felices que acierte á desear-
me, y así, con este dichoso pensamiento digo que quedé
en la nave de mis contrarios ya rendidos, donde supe, como
ya he dicho, la venta que habian hecho de mi hermana y
de las dos recien desposadas pescadoras y de Cloelia, al Príncipe Arnaldo, que aquí está presente

»En tanto que los mios andaban escudriñando y tanteando
los bastimentos que habia en el empedrado navío, á deshora
y de improviso de la parte de tierra descubrimos que sobre
los hielos caminaba un escuadron de armada gente, de más
de cuatro mil personas formado. Dejónos más helados que
el mismo mar vista semejante, aprestando las armas, más
por muestra de ser hombres que con pensamiento de defenderse Caminaban sobre solo un pié, dándose con el
derecho sobre el calcaño izquierdo, con que se impelian y
resbalaban sobre el mar grandísimo trecho, y luego, vol-

viendo á reiterar el golpe, tornaban á resbalar otra gran pieza
de camino, y desta suerte en un instante fueron con nosotros y nos rodearon por todas partes; y uno de ellos, que,
como despues supe, era el capitan de todos, llegándose cerca
de nuestro navío, á trecho que pudo ser oido, asegurando la
paz con un paño blanco que volteaba sobre el brazo, en
lengua polaca con voz clara dijo . «Cratilo, rey de Lituania
y señor destos mares, tiene por costumbre de requerirlos con
gente armada y sacar dellos los navíos que del hielo están
detenidos, á lo ménos la gente y la mercancía que tuvieren,
por cuyo beneficio se paga con tomarla por suya. Si vosotros
gustáredes de aceptar este partido sin defenderos, gozareis
de las vidas y de la libertad, que no se os ha de cautivar en
ningun modo. Miradlo, y si no, aparejáos á defenderos de
nuestras armas, de contínuo vencedoras.»

»Contentóme la brevedad y la resolucion del que nos hablaba. Respondíle que me dejase tomar parecer con nosotros
mismos, y fué el que mis pescadores me dieron, decir que
el fin de todos los males, y el mayor de ellos, era el acabar la
vida, la cual se habia de sustentar por todos los medios posibles, como no fuesen por los de la infamia, y que, pues en
los partidos que nos ofrecian no intervenia ninguna, y del
perder la vida estábamos tan ciertos, como dudosos de la
defensa, sería bien rendirnos y dar lugar á la mala fortuna
que entónces nos perseguia, pues podria ser que nos guardase para mejor ocasion. Casi esta misma respuesta dí al
capitan del escuadron, y al punto, más con apariencia de
guerra que con muestras de paz, arremetieron al navío, y en
un instante le desbalijaron todo, y trasladaron cuanto en él
habia, hasta la misma artillería y jarcias, á unos cueros de

bueyes que sobre el hielo tendieron, y liándolos por encima,
aseguraron poderlos llevar, tirándolos con cuerdas, sin que
se perdiese cosa alguna. Robaron ansimismo lo que hallaron en el otro nuestro navío, y poniéndonos á nosotros sobre otras pieles, alzando una alegre vocería, nos tiraron y
nos llevaron á tierra, que debia de estar desde el lugar del
navío como veinte millas. Paréceme á mí que debia de ser
cosa de ver, caminar tanta gente por cima de las aguas á
pié enjuto, sin usar allí el cielo alguno de sus milagros, en
fin, aquella noche llegamos á la ribera, de la cual no salimos hasta otro dia por la mañana, que la vimos coronada
de infinito número de gente, que á ver la presa de los helados y yertos habian venido.

»Venia entre ellos sobre un hermoso caballo el rey Cratilo, que por las insignias reales con que se adornaba conocimos ser quien era, venia á su lado, asimismo á caballo,
una hermosísima mujer, armada de unas armas blancas, á
quien no podia acabar de encubrir un velo negro con que
venian cubiertas. Llevóme tras sí la vista, tanto su buen
parecer como la gallardía del rey Cratilo, y mirándola con
atencion, conocí ser la hermosa Sulpicia, á quien la cortesía
de mis compañeros pocos dias há habia dado la libertad que
entónces gozaba. Acudió el Rey á ver los rendidos, y lle-
vándome el capitan asido de la mano, le dijo: «En este solo
mancebo, ¡oh valeroso rey Cratilo! me parece que te presento
la más rica presa que en razon de persona humana hasta
agora humanos ojos han visto.—¡Santos cielos! dijo á esta
sazon la hermosa Sulpicia, arrojándose del caballo al suelo,
ó yo no tengo vista en los ojos, ó es éste mi libertador Periandro», y el decir esto y añudarme el cuello con sus brazos

fué todo uno; cuyas extrañas y amorosas muestras obligaron tambien á Cratilo á que del caballo se arrojase y con las mismas señales de alegría me recibiese. Entónces la desmayada esperanza de algun buen suceso estaba léjos de los pechos de mis pescadores, pero cobrando aliento en las muestras alegres con que vieron recebirme, les hizo brotar por los ojos el contento, y por las bocas las gracias que dieron á Dios del no esperado beneficio, que ya le contaban, no por beneficio, sino por singular y conocida merced.

»Sulpicia dijo á Cratilo «Este mancebo es un sugeto donde tiene su asiento la suma cortesía, y su albergue la misma liberalidad, y aunque yo tengo hecha esta experiencia, quiero que tu discrecion la acredite, sacando por su gallarda presencia (y en esto bien se ve que hablaba como agradecida y áun como engañada) en limpio esta verdad que te digo Este fué el que me dió libertad despues de la muerte de mi marido, éste el que no despreció mis tesoros, sino el que no los quiso; éste fué el que, despues de recebidas mis dádivas, me las volvió mejoradas, con el deseo de dármelas mayores si pudiera, éste fué, en fin, el que, acomodándose, ó por mejor decir, haciendo acomodar á su gusto el de sus soldados, dándome doce que me acompañasen, me tiene ahora en tu presencia » Yo entónces, á lo que creo, rojo el rostro con las alabanzas, ó ya aduladoras ó demasiadas, que de mí oia, no supe más que hincarme de rodillas ante Cratilo, pidiéndole las manos, que no me las dió para besárselas, sino para levantarme del suelo En este entretanto los doce pescadores que habian venido en guarda de Sulpicia andaban entre la demas gente, buscando á sus compañeros, abrazándose unos á otros, y llenos de contento y regocijo, se contaban sus buenas y malas suertes; los del mar exageraban su hielo, y los de la tierra sus riquezas «A mí, decia el uno, me ha dado Sulpicia esta cadena de oro —A mí, decia otro, esta joya, que vale por dos de esas cadenas —A mí, replicaba éste, me dió tanto dinero»; y aquel repetia : «Más me ha dado á mí en este solo anillo de diamantes, que á todos vosotros juntos.»

»A todas estas pláticas puso silencio un gran rumor que se levantó entre la gente, causado del que hacia un poderosísimo caballo bárbaro, á quien dos valientes lacayos traian del freno, sin poderse averiguar con él. Era de color morcillo, pintado todo de moscas blancas, que sobremanera le hacian hermoso, venia en pelo, porque no consentia ensillarse sino del mismo Rey, pero no le guardaba este respeto despues de puesto encima, no siendo bastantes á detenerle mil montes de embarazos que ante él se pusieran, de lo que el Rey estaba tan pesaroso, que diera una ciudad á quien sus malos siniestros le quitara Todo esto me contó el Rey breve y sucintamente, y yo me resolví con mayor brevedad á hacer lo que agora os diré »

Aquí llegaba Periandro con su plática, cuando á un lado de la peña donde estaban recogidos los del navío, oyó Arnaldo un ruido como de pasos de personas que hácia ellos se encaminaban, levantóse en pié, puso mano á su espada, y con esforzado denuedo estuvo esperando el suceso Calló asimismo Periandro, y las mujeres con miedo, y los varones con ánimo, especialmente Periandro, atendian lo que sería Y á la escasa luz de la luna, que cubierta de nubes, no dejaba verse, vieron que hácia ellos venian dos bultos, que no pudieran diferenciar lo que eran, si uno dellos con voz

clara no dijera: «No os alborote, señores, quien quiera que
seais, nuestra improvisa llegada, pues sólo venimos á serviros. Esta estancia que teneis, desierta y sola, la podeis
mejorar, si quisiéredes, en la nuestra, que en la cima desta
montaña está puesta; luz y lumbre hallareis en ella, y manjares, que, si no delicados y costosos, son por lo ménos necesarios y de gusto.» Yo le respondí: «¿Sois por ventura
Renato y Eusebia, los limpios y verdaderos amantes en
quien la fama ocupa sus lenguas, diciendo el bien que en
ellos se encierra?

—Si dijérades los desdichados, respondió el bulto, acertá-
rades en ello; pero, en fin, nosotros somos los que decís y los
que os ofrecemos con voluntad sincera el acogimiento que
puede daros nuestra estrecheza.» Arnaldo fué de parecer
que se tomase el consejo que se les ofrecia, pues el rigor del
tiempo que amenazaba les obligaba á ello.

Levantáronse todos, y siguiendo á Renato y á Eusebia,
que les sirvieron de guías, llegaron á la cumbre de una montañuela, donde vieron dos ermitas, más cómodas para pasar
la vida en su pobreza que para alegrar la vista con su rico
adorno. Entraron dentro, y en la que parecia algo mayor
hallaron luces que de dos lámparas procedian, con que podian distinguir los ojos lo que dentro estaba, que era un altar
con tres devotas imágenes: la una del Autor de la vida, ya
muerto y crucificado; la otra de la Reina de los cielos y de
la Señora de la alegría, triste y puesta al pié del que tiene los
piés sobre todo el mundo; y la otra del amado discípulo, que
vió más estando durmiendo, que vieron cuantos ojos tiene el
cielo en sus estrellas. Hincáronse de rodillas, y hecha la debida oracion con devoto respeto, les llevó Renato á una es-

tancia que estaba junto á la ermita, á quien se entraba por
una puerta que junto al altar se hacía, finalmente, pues las
menudencias no piden ni sufren relaciones largas, se dejarán
de contar las que allí pasaron, ansí de la pobre cena como
del estrecho regalo, que sólo se alargaba en la bondad de los
ermitaños, de quien se notaron los pobres vestidos, la edad
que tocaba en los márgenes de la vejez, y la hermosura de
Eusebia, donde todavía resplandecían las muestras de haber
sido rara en todo extremo. Auristela, Transila y Constanza
se quedaron en aquella estancia, á quien sirvieron de camas
secas espadañas con otras yerbas, más para dar gusto al olfato
que á otro sentido alguno. Los hombres se acomodaron en
la ermita en diferentes puestos, tan fríos como duros, y tan
duros como fríos. Corrió el tiempo como suele, voló la noche, y amaneció el día claro y sereno; descubrióse la mar
tan cortés y bien criada, que parecía que estaba convidando
á que la gozasen, volviéndose á embarcar, y sin duda alguna
se hiciera así, si el piloto de la nave no subiera á decir que
no se fiasen de las muestras del tiempo, que puesto que pro-
metían serenidad tranquila, los efetos habían de ser muy
contrarios. Salió con su parecer, pues todos se atuvieron á él,
que en el arte de la marinería más sabe el más simple marinero que el mayor letrado del mundo. Dejaron sus herbosos
lechos las damas, y los varones sus duras piedras, y salieron
á ver desde aquella cumbre la amenidad de la pequeña isla,
que sólo podía bojar hasta doce millas, pero tan llena de
árboles frutíferos, tan fresca por muchas aguas, tan agradable por las yerbas verdes y tan olorosa por las flores, que en
un igual grado y á un mismo tiempo podía satisfacer á todos
cinco sentidos.

Pocas horas se habia entrado por el dia, cuando los dos venerables ermitaños llamaron á sus huéspedes, y tendiendo dentro de la ermita verdes y secas espadañas, formaron sobre el suelo una agradable alfombra, quizá más vistosa que las que suelen adornar los palacios de los reyes, luego tendieron sobre ella diversidad de frutas, así verdes como secas, y pan no tan reciente, que no semejase bizcocho; coronando la mesa asimismo de vasos de corcho con maestría labrados, de frios y líquidos cristales llenos. El adorno, las frutas, las puras y limpias aguas, que á pesar de la parda color de los corchos mostraban su claridad, y la necesidad juntamente, obligó á todos, y áun les forzó, por mejor decir, á que al rededor de la mesa se sentasen; hiciéronlo así, y despues de la tan breve como sabrosa comida, Arnaldo suplicó á Renato que les contase su historia, y la causa que á la estrecheza de tan pobre vida le habia conducido; el cual, como era caballero, á quien es aneja siempre la cortesía, sin que segunda vez se lo pidiesen, desta manera comenzó el cuento de su verdadera historia·

CAPITULO XX.

Cuenta Renato la ocasion que tuvo para irse á la isla de las Ermitas

«Cuando los trabajos pasados se cuentan en prosperidades presentes, suele ser mayor el gusto que se recibe en contarlos, que fué el pesar que se recibió en sufrilos, esto no podré decir de los mios; pues no los cuento fuera de la borrasca, sino en mitad de la tormenta. Nací en Francia, engendráronme padres nobles, ricos y bien intencionados, criéme en los ejercicios de caballero, medí mis pensamientos con mi estado, pero, con todo eso, me atreví á ponerlos en la señora Eusebia, dama de la reina de Francia, á quien sólo con los ojos la dí á entender que la adoraba, y ella, ó ya descuidada, ó no advertida, ni con sus ojos ni con su lengua me dió á entender que me entendia, y aunque el disfavor y los desdenes suelen matar al amor en sus principios, faltándole el arrimo de la esperanza, con quien suele crecer, en mí fué al contrario, porque del silencio de Eusebia tomaba alas mi esperanza con que subir hasta el cielo de merecerla Pero la invidia, ó la demasiada curiosidad de Libsomiro, caballero asimismo francés, no ménos rico que noble, alcanzó á saber mis pensamientos, y sin ponerlos en el punto que debia, me tuvo más invidia que lástima, habiendo de ser al contrario, porque hay dos males en el amor que llegan á todo extremo el uno es querer y no ser querido, el otro querer y ser aborrecido, y á este mal no se iguala el de la ausencia ni el de los celos En resolucion, sin haber yo ofendido á Libsomiro, un dia se fué al Rey y le dijo cómo yo tenia trato ilícito con Eusebia, en ofensa de la majestad real y contra la ley que debia guardar como caballero; cuya verdad la acreditaria con sus armas, porque no queria que la mostrase la pluma ni otros testigos, por no turbar la decencia de Eusebia, á quien una y mil veces acusaba de impúdica y mal intencionada Con esta informacion alborotado el Rey, me mandó llamar, y me contó lo que Libsomiro de mí le habia contado; disculpé mi inocencia, volví por la honra de Eusebia, y por el más comedido medio que pude, desmentí á mi enemigo Remitióse la prueba á las armas; no quiso el Rey darnos campo en ninguna tierra de su reino, por no ir contra la ley católica, que lo prohibe; diónosle una de las ciudades libres de Alemania Llegóse el dia de la batalla, parecí en el puesto con las armas que se habian señalado, que eran espada y rodela, sin otro artificio alguno, hicieron los padrinos y los jueces las ceremonias que en tales casos se acostumbran, partiéronnos el sol, y dejáronnos.

»Entré yo confiado y animoso, por saber indubitablemente que llevaba la razon conmigo y la verdad de mi parte; de mi contrario bien sé yo que entró animoso, y más soberbio y arrogante que seguro de su conciencia ¡Oh soberanos cielos! ¡Oh juicios de Dios inescrutables! yo hice lo que pude, yo puse mis esperanzas en Dios y en la limpieza de mis no ejecutados deseos, sobre mí no tuvo poder el miedo, ni la debilidad de los brazos, ni la puntualidad de los movimientos, y con todo eso, y no saber decir el cómo, me hallé tendido en el suelo, y la punta de la espada de mi enemigo puesta sobre mis ojos, amenazándome de presta inevitable muerte. «Aprieta, dije yo entónces, ¡oh más venturoso que valiente vencedor mio! esa punta desa espada, y sácame el alma, pues tan mal ha sabido defender su cuerpo, no esperes á que me rinda, que no ha de confesar mi lengua la culpa que no tengo; pecados sí tengo yo, que merecen mayores castigos, pero no quiero añadirles éste de levantarme testimonio á mí mismo, y así, más quiero morir con honra que vivir deshonrado.

»—Si no te rindes, Renato, respondió mi contrario, esta punta llegará hasta el celebro, y hará que con tu sangre firmes y confirmes mi verdad y tu pecado » Llegaron en esto

los jueces, y tomáronme por muerto, y dieron á mi enemigo el lauro de la vitoria; sacáronle del campo en hombros
de sus amigos, y á mí me dejaron solo en poder del que-
branto y la confusion, con más tristeza que heridas, y no
con tanto dolor como yo pensaba, pues no fué bastante á
quitarme la vida, ya que no me la quitó la espada de mi
enemigo. Recogiéronme mis criados, volvíme á la patria.

»Ni en el camino ni en ella tenia atrevimiento para alzar
los ojos al cielo, que me parecia que sobre sus párpados
caigaba el peso de la deshonra y la pesadumbre de la infamia; de los amigos que me hablaban pensaba que me ofen-
dian, el claro cielo para mí estaba cubierto de oscuras tinieblas. Ni un corrillo acaso se hacia en las calles de los vecinos
del pueblo, de quien no pensase que sus pláticas no nacie-
sen de mi deshonra, finalmente, yo me hallé tan apretado
de mis melancolías, pensamientos y confusas imaginaciones,
que por salir dellas, ó á lo ménos aliviarlas, ó acabar con la
vida, determiné salir de mi patria, y renunciando mi hacienda en otro hermano menor que tengo, en un navío con
algunos de mis criados quise desterrarme, y venir á estas
septentrionales partes, á buscar lugar donde no me alcanzase
la infamia de mi infame vencimiento, y donde el silencio
sepultase mi nombre. Hallé esta isla acaso, contentóme el
sitio, y con el ayuda de mis criados levanté esta ermita y
encerréme en ella, despedílos, díles órden que cada un año
viniesen á verme para que enterrasen mis huesos, el amor
que me tenian, las promesas que les hice y los dones que
les dí, les obligaron á cumplir mis ruegos, que no los quiero
llamar mandamientos. Fuéronse, y dejáronme entregado á
mi soledad, donde hallé tan buena compañía en estos árbo-

les, en estas yerbas y plantas, en estas claras fuentes, en estos bulliciosos y frescos arroyuelos, que de nuevo me tuve lástima á mí mismo de no haber sido vencido muchos tiempos ántes, pues con aquel trabajo hubiera venido ántes al descanso de gozallos.

»¡Oh soledad alegre, compañía de los tristes! ¡Oh silencio, voz agradable á los oidos donde llegas, sin que la adulacion ni la lisonja te acompañen! ¡Oh, qué de cosas dijera, señores, en alabanza de la santa soledad y del sabroso silencio! pero estórbamelo el deciros primero cómo dentro de un año volvieron mis criados, y trajeron consigo á mi adorada Eusebia, que es esta señora ermitaña que veis presente, á quien mis criados dijeron en el término que yo quedaba, y ella, agradecida á mis deseos y condolida de mi infamia, quiso, ya que no en la culpa, serme compañera en la pena, y embarcándose con ellos, dejó su patria y padres, sus regalos y sus riquezas, y lo más que dejó fué la honra, pues la dejó al vano discurso del vulgo, casi siempre engañado, pues con su huida confirmaba su yerro y el mio Recebíla como ella esperaba que yo la recibiese, y la soledad y la hermosura, que habian de encender nuestros comenzados deseos, hicieron el efeto contrario, merced al cielo y á la honestidad suya Dímonos las manos de legítimos esposos, enterramos el fuego en la nieve, y en paz y en amor, como dos estatuas movibles, há que vivimos en este lugar casi diez años, en los cuales no se ha pasado ninguno en que mis criados no vuelvan á verme, proveyéndome de algunas cosas que en esta soledad es forzoso que me falten. Traen alguna vez consigo algun religioso que nos confiese, tenemos en la ermita suficientes ornamentos para celebrar los

divinos oficios, dormimos aparte, comemos juntos, habla-
mos del cielo, menospreciamos la tierra, y confiados en la
misericordia de Dios, esperamos la vida eterna.»

Con esto dió fin á su plática Renato, y con esto dió ocasion á que todos los circunstantes se admirasen de su suceso, no porque les pareciese nuevo dar castigos el cielo contra
la esperanza de los pensamientos humanos, pues se sabe que
por una de dos causas vienen los que parecen males á las
gentes á los malos por castigo, y á los buenos por mejora,
y en el número de los buenos pusieron á Renato, con el
cual gastaron algunas palabras de consuelo, y ni más ni ménos con Eusebia, que se mostró prudente en los agradecimientos y consolada en su estado.

«¡Oh vida solitaria! dijo á esta sazon Rutilio, que sepultado en silencio habia estado escuchando la historia de Renato ¡Oh vida solitaria, dijo, santa, libre y segura, que
infunde el cielo en las regaladas imaginaciones! ¡quién te
amara, quién te abrazara, quién te escogiera, y quién,
finalmente, te gozara!

—¡Ah! dices bien, dijo Mauricio, amigo Rutilio, pero
esas consideraciones han de caer sobre grandes sugetos,
porque no nos ha de causar maravilla que un rústico pastor
se retire á la soledad del campo, ni nos ha de admirar que
un pobre, que en la ciudad muere de hambre, se recoja á
la soledad, donde no le ha de faltar el sustento Modos hay
de vivir que los sustenta la ociosidad y la pereza, y no es
pequeña pereza dejar yo el remedio de mis trabajos en las
ajenas, aunque misericordiosas manos. Si yo viera á un
Aníbal cartagines encerrado en una ermita, como vi á un
Cárlos V encerrado en un monasterio, suspendiérame y ad-

mirárame, pero que se retire un plebeyo, que se recoja un pobre, ni me admira ni me suspende Fuera va deste cuento Renato, que le trajeron á estas soledades, no la pobreza, sino la fuerza que nació de su buen discurso, aquí tiene en la carestía abundancia, y en la soledad compañía, y el no tener más que perder le hace vivir más seguro»; á lo que añadió Periandro. «Si como tengo pocos, tuviera muchos años, en trances y ocasiones me ha puesto mi fortuna, que tuviera por suma felicidad que la soledad me acompañara, y en la sepultura del silencio se sepultara mi nombre, pero no me dejan resolver mis deseos, ni mudar de vida la priesa que me da el caballo de Cratilo, en quien quedé de mi historia » Todos se alegraron oyendo esto, por ver que quería Periandro volver á su tantas veces comenzado y no acabado cuento, que fué así.

CAPITULO XXI.

Cuenta lo que le sucedió con el caballo, tan estimado de Cratilo, como famoso

«La grandeza, la ferocidad y la hermosura del caballo que os he descrito, tenían tan enamorado á Cratilo, y tan deseoso de verle manso, como á mí de mostrar que deseaba servirle, pareciéndome que el cielo me presentaba ocasion para hacerme agradable á los ojos de quien por señor tenia, y á poder acreditar con algo las alabanzas que la hermosa Sulpicia de mí al Rey habia dicho, y así, no tan maduro como presuroso, fuí donde estaba el caballo, y subí en él sin poner el pié en el estribo, pues no le tenia, y arremetí con

él, sin que el freno fuese parte para detenerle, y llegué á la
punta de una peña que sobre la mar pendia, y apretándole
de nuevo las piernas, con tan mal grado suyo como gusto
mio, le hice volar por el aire, y dar con entrambos en la
profundidad del mar; y en la mitad del vuelo me acordé
que pues el mar estaba helado, me habia de hacer pedazos
con el golpe, y tuve mi muerte y la suya por cierta. Pero
no fué así, porque el cielo, que para otras cosas que él sabe
me debe de tener guardado, hizo que las piernas y brazos
del poderoso caballo resistiesen el golpe, sin recebir yo otro
daño que haberme sacudido de sí el caballo, y echado á
rodar, resbalando por gran espacio Ninguno hubo en la ribera que no pensase y creyese que yo quedaba muerto, pero
cuando me vieron levantar en pié, aunque tuvieron el suceso
á milagro, juzgaron á locura mi atrevimiento »

Duro se le hizo á Mauricio el terrible salto del caballo
tan sin lision, que quisiera él, por lo ménos, que se hubiera
quebrado tres ó cuatro piernas, porque no dejara Periandro
tan á la cortesía de los que le escuchaban la creencia de tan
desaforado salto: pero el crédito que todos tenian de Periandro les hizo no pasar adelante con la duda del no creerle,
que así como es pena del mentiroso que cuando diga verdad
no se le crea, así es gloria del bien acreditado el ser creido
cuando diga mentira; y como no pudieron estorbar los pensamientos de Mauricio la plática de Periandro, prosiguió la
suya diciendo.

«Volví á la ribera con el caballo, volví asimismo á subir
en él, y por los mismos pasos que primero, le incité á saltar
segunda vez; pero no fué posible, porque puesto en la punta
de la levantada peña, hizo tanta fuerza por no arrojarse,

que puso las ancas en el suelo y rompió las riendas, quedándose clavado en la tierra. Cubrióse luego de un sudor de piés á cabeza, tan lleno de miedo, que le volvió de leon en cordero, y de animal indomable en generoso caballo, de manera que los muchachos se atrevieron á manosearle, y los caballerizos del Rey, enjaezándole, subieron en él y le corrieron á más seguridad, y él mostró su ligereza y su bondad, hasta entónces jamas vista, de lo que el Rey quedó contentísimo y Sulpicia alegre, por ver que mis obras habian respondido á sus palabras.

»Tres meses estuvo en su rigor el hielo, y éstos se tardaron en acabar un navío que el Rey tenia comenzado para correr en convenible tiempo aquellos mares, limpiándolos de cosarios, enriqueciéndose con sus robos. En este entretanto le hice algunos servicios en la caza, donde me mostré sagaz y experimentado y gran sufridor de trabajos, porque ningun ejercicio corresponde así al de la guerra como el de la caza, á quien es anejo el cansancio, la sed y la hambre, y áun á veces la muerte. La liberalidad de la hermosa Sulpicia se mostró conmigo y con los mios extremada, y la cortesía de Cratilo le corrió parejas, los doce pescadores que trajo consigo Sulpicia estaban ya ricos, y los que conmigo se perdieron estaban ganados. Acabóse el navío, mandó el Rey aderezarle y pertrecharle de todas las cosas necesarias largamente, y luego me hizo capitan dél á toda mi voluntad, sin obligarme á que hiciese cosa más de aquella que fuese de mi gusto, y despues de haberle besado las manos por tan gran beneficio, le dije que me diese licencia de ir á buscar á mi hermana Auristela, de quien tenia noticia que estaba en poder del rey de Dinamarca. Cratilo me la dió para todo aquello que quisiese hacer, diciéndome que á más le tenia obligado mi buen término, hablando como rey, á quien es anejo tanto el hacer mercedes como la afabilidad, y si se puede decir la buena crianza, ésta tuvo Sulpicia en todo extremo, acompañándola con la liberalidad, con la cual ricos y contentos, yo y los mios nos embarcamos, sin que quedase ninguno.

»La primer derrota que tomamos fué á Dinamarca, donde creí hallar á mi hermana, y lo que hallé fueron nuevas de que de la ribera del mar á ella y á otras doncellas las habian robado cosarios; renováronse mis trabajos y comenzaron de nuevo mis lástimas, á quien acompañaron las de Carino y Solercio, los cuales creyeron que en la desgracia de mi hermana y en su prision se debia de comprender la de sus esposas.

—Sospecharon bien», dijo á esta sazon Arnaldo, y prosiguiendo Periandro, dijo : «Barrimos todos los mares, rodeamos todas ó las más islas destos contornos, preguntando siempre por nuevas de mi hermana, pareciéndome á mí, con paz sea dicho de todas las hermosas del mundo, que la luz de su rostro no podia estar encubierta, por ser escuro el lugar donde estuviese, y que la suma discrecion suya habia de ser el hilo que la sacase de cualquier laberinto. Prendimos cosarios, soltamos prisioneros, restituimos haciendas á sus dueños, alzámonos con las mal ganadas de otros, y con esto, colmando nuestro navío de mil diferentes bienes de fortuna, quisieron los mios volver á sus redes y á sus casas y á los brazos de sus hijos, imaginando Carino y Solercio ser posible hallar á sus esposas en su tierra, ya que en las ajenas no las hallaban. Antes desto llegamos á aquella isla,

que, á lo que creo, se llama Scinta, donde supimos las fiestas
de Policarpo, y á todos nos vino voluntad de hallarnos en
ellas. No pudo llegar nuestra nave, por ser el viento contrario, y así en traje de marineros bogadores nos entramos
en aquel barco luengo, como ya queda dicho; allí gané los
premios, allí fuí coronado por vencedor de todas las contiendas, y de allí tomó ocasion Sinforosa de desear saber
quién yo era, como se vió por las diligencias que para ello
hizo

»Vuelto al navío, y resueltos los mios de dejarme, los rogué
que me dejasen el barco como en premio de los trabajos
que con ellos habia pasado Dejáronmele, y áun me dejaran
el navío, si yo le quisiera, diciéndome que si me dejaban
solo, no era otra la ocasion sino porque les parecia ser solo
mi deseo, y tan imposible de alcanzarle como lo habia mostrado la experiencia en las diligencias que habiamos hecho
para conseguirle. En resolucion, con seis pescadores que
quisieron seguirme, llevados del premio que les dí y del que
les ofrecí, abrazando á mis amigos, me embarqué, y puse la
proa en la isla Bárbara, de cuyos moradores sabia ya la costumbre y la falsa profecía que los tenia engañados, la cual
no os refiero porque sé que la sabeis. Dí al traves en aquella
isla, fuí preso y llevado donde estaban los vivos enterrados,
sacáronme otro dia para ser sacrificado; sucedió la tormenta
del mar, desbaratáronse los leños que servian de barcas, salí
al mar ancho en un pedazo dellas con cadenas que me ro-
deaban el cuello y esposas que me ataban las manos, caí
en las misericordiosas del Príncipe Arnaldo, que está presente, por cuya órden entré en la isla para ser espía que in-
vestigase si estaba en ella mi hermana, no sabiendo que yo

fuese hermano de Auristela, la cual otro dia vino en traje de varon á ser sacrificada, conocíla, dolióme su dolor, previne su muerte con decir que era hembra, como ya lo habia dicho Cloelia, su ama, que la acompañaba, y el modo como allí las dos vinieron, ella lo dirá cuando quisiere. Lo que en la isla nos sucedió ya lo sabeis, y con esto y con lo que á mi hermana le queda por decir, quedareis satisfechos de casi todo aquello que acertáre á pediros el deseo en la certeza de nuestros sucesos.»

CAPITULO XXII

Llega Sinibaldo, hermano de Renato, con noticias favorables de Francia Trata de volver á aquel reino con Renato y Eusebia Llevan en su navío á Arnaldo, Mauricio, Transila y Ladislao, y en el otro se embarcan para España Periandro, Auristela, los dos Antonios, Riela y Constanza; y Rutilio se queda allí por ermitaño

No sé si tenga por cierto, de manera que ose afirmar, que Mauricio y algunos de los más oyentes se holgaron de que Periandro pusiese fin en su plática, porque las más veces, las que son largas, aunque sean de importancia, suelen ser desabridas. Este pensamiento pudo tener Auristela, pues no quiso acreditarle con comenzar por entónces la historia de sus acontecimientos; que puesto que habian sido pocos desde que fué robada del poder de Arnaldo hasta que Periandro la halló en la isla Bárbara, no quiso añadirlos hasta mejor coyuntura, ni aunque quisiera, tuviera lugar para hacerlo, porque se lo estorbara una nave que vieron venir por alta mar, encaminada á la isla, con todas las velas tendidas, de modo que en breve rato llegó á una de las calas de la isla, y luego fué de Renato conocida, el cual dijo: «Esta es, señores, la nave donde mis criados y mis amigos suelen visitarme algunas veces.»

Ya en esto, hecha la zaloma y arrojado el esquife al agua, se llenó de gente, que salió á la ribera, donde ya estaban para recebirle Renato y todos los que con él estaban. Hasta veinte serian los desembarcados, entre los cuales salió uno de gentil presencia, que mostró ser señor de todos los demas; el cual, apénas vió á Renato, cuando con los brazos abiertos se vino á él, diciéndole· «Abrázame, hermano, en albricias de que te traigo las mejores nuevas que pudieras desear.» Abrazóle Renato, porque conoció ser su hermano Sinibaldo, á quien dijo «Ningunas nuevas me pueden ser más agradables ¡oh hermano mio! que ver tu presencia, que puesto que en el siniestro estado en que me veo ninguna alegría seria bien que me alegrase, el verte pasa adelante y tiene excepcion en la comun regla de mis desgracias.» Sinibaldo se volvió luego á abrazar á Eusebia y le dijo: «Dadme tambien vos los brazos, señora, que tambien me debeis las albricias de las nuevas que traigo, las cuales no será bien dilatarlas, porque no se dilate más vuestra pena. Sabed, señores, que vuestro enemigo es muerto de una enfermedad, que habiendo estado seis dias ántes que muriese sin habla, se la dió el cielo seis horas ántes que despidiese el alma; en el cual espacio, con muestras de un grande arrepentimiento, confesó la culpa en que habia caido de haberos acusado falsamente, confesó su envidia, declaró su malicia, y finalmente hizo todas las demostraciones bastantes á manifestar su pecado. Puso en los secretos juicios de Dios el haber salido vencedora su maldad contra la bondad vuestra, y no sólo se contentó con decirlo, sino que quiso que quedase por instrumento público esta verdad, la cual sabida por el Rey, tambien por público instrumento os volvió vuestra honra, y os declaró á tí ¡oh hermano! por vencedor, y á Eusebia por honesta y limpia, y ordenó que fuésedes buscados, y que hallados, os llevasen á su presencia para recompensaros con su magnanimidad y grandeza las estrechezas en que os debeis de haber visto. Si éstas son nuevas dignas de que os den gusto, á vuestra buena consideracion lo dejo

—Son tales, dijo entónces Arnaldo, que no hay acrecentamiento de vida que las aventaje, ni posesion de no esperadas riquezas que las lleguen, porque la honra perdida y vuelta á cobrar con extremo, no tiene bien alguno la tierra que se le iguale Gocéisle luengos años, señor Renato, y gócele en vuestra compañía la sin par Eusebia, hiedra de vuestro muro, olmo de vuestra hiedra, espejo de vuestro gusto y ejemplo de bondad y agradecimiento.»

Este mismo parabien, aunque con palabras diferentes, les dieron todos, y luego pasaron á preguntarle por nuevas de lo que en Europa pasaba y en otras partes de la tierra, de quien ellos, por andar en el mar, tenian poca noticia. Sinibaldo respondió que de lo que más se trataba era de la calamidad en que estaba puesto por el rey de los danaos, Leopoldio, el rey antiguo de Dinamarca, y por otros allegados que á Leopoldio favorecian. Contó asimismo cómo se murmuraba que por la ausencia de Arnaldo, príncipe heredero de Dinamarca, estaba su padre tan á pique de perderse, del cual príncipe decian que cual mariposa se iba tras la luz de unos bellos ojos de una su prisionera, tan no conocida por linaje, que no se sabia quién fuesen sus padres

Contó, con esto, guerras del de Transilvania, movimientos
del turco, enemigo comun del género humano, dió nuevas
de la gloriosa muerte de Cárlos V, rey de España y emperador romano, terror de los enemigos de la Iglesia y
asombro de los secuaces de Mahoma, dijo asimismo otras
cosas más menudas, que unas alegraron y otras suspendieron, y las unas y las otras dieron gusto á todos, sino fué al
pensativo Arnaldo, que desde el punto que oyó la opresion
de su padre, puso los ojos en el suelo y la mano en la me-
jilla, y al cabo de un buen espacio que así estuvo, quitó los
ojos de la tierra, y poniéndolos en el cielo, exclamando en
voz alta, dijo: «¡Oh amor, oh honra, oh compasion pa-
terna, y cómo me apretais el alma! Perdóname, amor, que
no porque me aparto te dejo, espérame, ¡oh honra! que no
porque tenga amor dejaré de seguirte, consuélate, ¡oh padre!
que ya vuelvo; esperadme, vasallos, que el amor nunca hizo
ningun cobarde, ni lo he de ser yo en defenderos, pues soy
el mejor y el más bien enamorado del mundo. Para la sin
par Auristela quiero ir á ganar lo que es mio, y para poder
merecer por ser rey lo que no merezco por ser amante, que
el amante pobre, si la ventura á manos llenas no le favorece,
casi no es posible que llegue á felice fin su deseo. Rey la
quiero pretender, rey la he de servir, amante la he de adorar; y si con todo esto no la pudiere merecer, culparé más
á mi suerte que á su conocimiento.»

Todos los circunstantes quedaron suspensos oyendo las
razones de Arnaldo; pero el que más lo quedó de todos fué
Sinibaldo, á quien Mauricio habia dicho cómo aquel era
el Príncipe de Dinamarca, y aquella, mostrándole á Auristela, la prisionera que decian que le traia rendido. Puso algo

más de propósito los ojos en Auristela Sinibaldo, y luego
juzgó á discrecion la que en Arnaldo parecia locura, porque
la belleza de Auristela, como otras veces se ha dicho, era
tal, que cautivaba los corazones de cuantos la miraban, y
hallaban en ella disculpa todos los errores que por ella se
hicieran

Es pues el caso que aquel mismo dia se concertó que Renato y Eusebia se volviesen á Francia, llevando en su navío
á Arnaldo para dejalle en su reino, el cual quiso llevar consigo á Mauricio y á Transila, su hija, y á Ladislao, su yerno,
y que en el navío de la huida, prosiguiendo su viaje, fuesen
á España Periandro, los dos Antonios, Auristela, Ricla y la
hermosa Constanza. Rutilio, viendo este repartimiento, estuvo esperando á qué parte le echarian, pero ántes que la
declarasen, puesto de rodillas ante Renato, le suplicó le
hiciese heredero de sus alhajas y le dejase en aquella isla,
siquiera para que no faltase en ella quien encendiese el farol
que guiase á los perdidos navegantes, porque él queria acabar bien la vida, hasta entónces mala. Reforzaron todos su
cristiana peticion, y el buen Renato, que era tan cristiano
como liberal, le concedió todo cuanto pedia, diciéndole
que quisiera que fueran de importancia las cosas que le
dejaba, puesto que eran todas las necesarias para cultivar
la tierra y pasar la vida humana, á lo que añadió Arnaldo
que él le prometia, si se viese pacífico en su reino, de en-
viarle cada un año un bajel que le socorriese A todos hizo
señales de besar los piés Rutilio, y todos le abrazaron, y
los más de ellos lloraron de ver la santa resolucion del nuevo
ermitaño, que aunque la nuestra no se enmiende, siempre
da gusto ver enmendar la ajena vida, si no es que llega a

tanto la protervidad nuestra, que querríamos ser el abismo que á otros abismos llamase.

Dos días tardaron en disponerse y acomodarse para seguir cada uno su viaje, y al punto de la partida hubo corteses comedimientos, especialmente entre Arnaldo, Periandro y Auristela, y aunque entre ellos se mezclaron amorosas razones, todas fueron honestas y comedidas, pues no alborotaron el pecho de Periandro. Lloró Transila, no tuvo enjutos los ojos Mauricio, ni lo estuvieron los de Ladislao, gimió Ricla, enternecióse Constanza, y su padre y su hermano también se mostraron tiernos. Andaba Rutilio de unos en otros, ya vestido con los hábitos de ermitaño de Renato, despidiéndose destos y de aquellos, mezclando sollozos y lágrimas, todo á un tiempo, finalmente, convidándoles el sosegado tiempo y un viento que podía servir á diferentes viajes, se embarcaron y le dieron las velas, y Rutilio mil bendiciones, puesto en lo alto de las ermitas Y aquí dió fin á este segundo libro el autor desta peregrina historia

LIBRO TERCERO.

—

CAPITULO PRIMERO.

Llegan á Portugal, desembarcan en Belen, pasan por tierra á Lisboa, de donde al cabo de diez dias salen en traje de peregrinos

Como están nuestras almas siempre en contínuo movimiento, y no pueden parar ni sosegar sino en su centro, que es Dios, para quien fueron criadas, no es maravilla que nuestros pensamientos se muden, que éste se tome, aquel se deje, uno se prosiga y otro se olvide, y el que más cerca anduviere de su sosiego, ése será el mejor, cuando no se mezcle con error de entendimiento. Esto se ha dicho en disculpa de la ligereza que mostró Arnaldo en dejar en un punto el deseo que tanto tiempo habia mostrado de servir á Auristela, pero no se puede decir que le dejó, sino que le entretuvo, en tanto que el de la honra, que sobrepuja al de todas las acciones humanas, se apoderó de su alma, el cual deseo se le declaró Arnaldo á Periandro una noche ántes de la partida, hablándole aparte en la isla de las Ermitas. Allí le suplicó (que quien pide lo que ha menester, no ruega, sino suplica) que mirase por su hermana Auristela, y que la guardase para reina de Dinamarca, y que aunque la ventura no se le mostrase á él buena en cobrar su reino, y en tan justa demanda perdiese la vida, se estimase Auristela por viuda de un príncipe, y como tal supiese escoger esposo, puesto que ya él sabia, y muchas veces lo habia dicho, que por sí sola, sin tener dependencia de otra grandeza alguna, merecia ser señora del mayor reino del mundo, que no del de Dinamarca Periandro le respondió que le agradecia su buen deseo, y que él tendria cuidado de mirar por ella como por cosa que tanto le tocaba y que tan bien le venia

Ninguna destas razones dijo Periandro á Auristela, porque las alabanzas que se dan á la persona amada, halas de decir el amante como propias, y no como que se dicen de persona ajena. No ha de enamorar el amante con las gracias de otro, suyas han de ser las que mostráre á su dama. si no canta bien, no le traiga quien la cante, si no es demasiado gentil hombre, no se acompañe con Ganimédes; y finalmente, soy de parecer que las faltas que tuviere no las enmiende con ajenas sobras Estos consejos no se dan á Periandro, que de los bienes de la naturaleza se llevaba la gala, y en los de la fortuna era inferior á pocos.

En esto iban las naves con un mismo viento por diferentes caminos, que éste es uno de los que parecen misterios en el arte de la navegacion : iban rompiendo, como digo, no claros cristales, sino azules, mostrábase el mar colchado, porque el viento, tratándole con respeto, no se atrevia á tocarle á más de la superficie, y la nave suavemente le besaba los labios, y se dejaba resbalar por él con tanta ligereza, que apénas parecia que le tocaba. Desta suerte y con la misma tranquilidad y sosiego navegaron diez y siete dias, sin ser necesario subir ni bajar ni llegar á templar las velas, cuya felicidad en los que navegan, si no tuviese por descuentos el temor de borrascas venideras, no habria gusto con que igualalle.

Al cabo destos ó pocos más dias, al amanecer de uno, dijo un grumete que desde la gavia mayor iba descubriendo la tierra «Albricias, señores, albricias pido y albricias merezco; tierra, tierra, aunque mejor diria cielo, cielo, porque sin duda estamos en el paraje de la famosa Lisboa», cuyas nuevas sacaron de los ojos de todos tiernas y alegres lágrimas, especialmente de Ricla, de los dos Antonios y de su hija Constanza, porque les pareció que ya habian llegado á la tierra de promision que tanto deseaban. Echóle los brazos Antonio al cuello, diciéndole : «Agora sabrás, bárbara mia, del modo que has de servir á Dios, con otra relacion más copiosa, aunque no diferente de la que yo te he hecho, agora verás los ricos templos en que es adorado, verás juntamente las católicas ceremonias con que se sirve, y notarás cómo la caridad cristiana está en su punto Aquí en esta ciudad verás cómo son verdugos de la enfermedad muchos hospitales que la destruyen, y el que en ellos pierde la vida, envuelto en la eficacia de infinitas indulgencias, gana la del cielo, aquí el amor y la honestidad se dan las manos y se pasean juntos, la cortesía no deja que se le llegue la arrogancia, y la braveza no consiente que se le acerque la cobardía. Todos sus moradores son agradables, son corteses, son liberales y son enamorados, porque son discretos; la ciudad es la mayor de Europa y la de mayores tratos en ella se descargan las riquezas del Oriente, y desde ella se reparten por el universo, su puerto es capaz, no sólo de naves que se puedan reducir á número, sino de selvas movibles de árboles que los de las naves forman La hermosura de las mujeres admira y enamora, la bizarría de los hombres pasma, como ellos dicen, finalmente, ésta es la tierra que da al cielo santo y copiosísimo tributo

—No digas más, dijo á esta sazon Periandro · deja, Antonio, algo para nuestros ojos, que las alabanzas no lo han de decir todo, algo ha de quedar para la vista, para que con ella nos admiremos de nuevo; y así, creciendo el gusto por puntos, vendrá á ser mayor en sus extremos.»

Contentísima estaba Auristela de ver que se le acercaba la hora de poner pié en tierra firme, sin andar de puerto en puerto y de isla en isla, sujeta á la inconstancia del mar y la movible voluntad de los vientos, y más cuando supo que desde allí á Roma podia ir á pié enjuto, sin embarcarse otra vez, si no quisiese. Mediodia sería cuando llegaron á Sangian, donde se registró el navío, y donde el castellano del castillo y los que con él entraron en la nave se admiraron de la hermosura de Auristela, de la gallardía de Periandro, del traje bárbaro de los dos Antonios, del buen aspecto de Ricla y de la agradable belleza de Constanza. Supieron ser extranjeros y que iban peregrinando á Roma, satisfizo Periandro á los marineros que los habian traido, magníficamente con el oro que sacó Ricla de la isla Bárbara, ya vuelto en moneda corriente en la isla de Policarpo; los marineros quisieron llegar á Lisboa á granjearlo con alguna mercancía El castellano de Sangian envió al Gobernador de Lisboa, que entónces era el Arzobispo de Braga, por ausencia del Rey, que no estaba en la ciudad, la nueva de la venida de los ex-

tranjeros y de la sin par belleza de Auristela, añadiendo la
de Constanza, que con el traje de bárbara, no solamente no
la encubria, pero la realzaba, exageróle asimismo la gallarda
disposicion de Periandro, y juntamente la discrecion de todos,
que no bárbaros, sino cortesanos parecian. Llegó el navío á
la ribera de la ciudad, y en la de Belen desembarcaron,
porque quiso Auristela, enamorada y devota de la fama de
aquel santo monasterio, visitarle primero y adorar en él al
verdadero Dios, libre y desembarazadamente, sin las torcidas ceremonias de su tierra. Habia salido á la marina infinita
gente á ver los extranjeros desembarcados en Belen, corrieron allá todos por ver la novedad, que siempre se lleva tras
sí los deseos y los ojos.

Ya salia de Belen el nuevo escuadron de la nueva hermosura; Ricla medianamente hermosa, pero extremadamente
á lo bárbaro vestida, Constanza hermosísima y rodeada de
pieles, Antonio el padre, brazos y piernas desnudas, pero
con pieles de lobos cubierto lo demas del cuerpo, Antonio
el hijo iba del mismo modo, pero con el arco en la mano y
la aljaba de las saetas á las espaldas; Periandro con casaca de
terciopelo verde y calzones de lo mismo á lo marinero, un
bonete estrecho y puntiagudo en la cabeza, que no le podia
cubrir las sortijas de oro que sus cabellos formaban; Auristela traia toda la gala del setentrion en el vestido, la más
bizarra gallardía en el cuerpo y la mayor hermosura del
mundo en el rostro. En efeto, todos juntos y cada uno de
por sí causaban espanto y maravilla á quien los miraba, pero
sobre todos campeaba la sin par Auristela y el gallardo Periandro. Llegaron por tierra á Lisboa, rodeados de plebeya
y cortesana gente, lleváronlos al Gobernador, que despues

de admirado de verlos, no se cansaba de preguntarles quiénes eran, de dónde venian y á dónde iban. A lo que respondió Periandro, que ya traia estudiada la respuesta que habia de dar á semejantes preguntas, viendo que se le habian de hacer muchas veces, y así, cuando queria ó le parecia que le convenia, relataba su historia á lo largo, encubriendo siempre sus padres, de modo que satisfaciendo á los que le preguntaban, en breves razones cifraba, si no toda, á lo ménos gran parte de su historia. Mandólos el Visorey alojar en uno de los mejores alojamientos de la ciudad, que acertó á ser la casa de un magnífico caballero portugues, donde era tanta la gente que concurria para ver á Auristela, de quien sola habia salido la fama de lo que habia que ver en todos, que fué parecer de Periandro mudasen los trajes de bárbaros en los de peregrinos, porque la novedad de los que traian era la causa principal de ser tan seguidos, que ya parecian perseguidos del vulgo, ademas que para el viaje que ellos llevaban de Roma, ninguno les venia más á cuento Hízose así, y de allí á dos dias se vieron peregrinamente peregrinos.

Acaeció, pues, que al salir un dia de casa, un hombre portugues se arrojó á los piés de Periandro, llamándole por su nombre, y abrazándole por las piernas, le dijo: «¿Qué ventura es ésta, señor Periandro, que la des á esta tierra con tu presencia? No te admires en ver que te nombro por tu nombre, que uno soy de aquellos veinte que cobraron libertad en la abrasada isla Bárbara, donde tú la tenias perdida Halléme á la muerte de Manuel de Sousa Coutiño, el caballero portugues, apartéme de tí y de los tuyos en el hospedaje donde llegó Mauricio y Ladislao en busca de Transila, esposa del uno y hija del otro, trájome la buena suerte á mi patria, conté aquí á sus parientes la enamorada muerte, creyéronla, y aunque yo no se la afirmara de vista, la creyeran por tener casi en costumbre el morir de amores los portugueses Un hermano suyo, que heredó su hacienda, ha hecho sus obsequias, y en una capilla de su linaje le puso en una piedra de mármol blanco, como si debajo della estuviera enterrado, un epitafio que quiero que vengáis á ver todos así como estáis, porque creo que os ha de agradar por discreto y por gracioso.» Por las palabras bien conoció Periandro que aquel hombre decia verdad, pero por el rostro no se acordaba haberle visto en su vida; con todo eso, se fueron al templo que decia, y vieron la capilla y la losa sobre la cual estaba escrito en lengua portuguesa este epitafio, que leyó casi en castellano Antonio el padre, que decia así .

AQUÍ YACE VIVA LA MEMORIA
DEL YA MUERTO
MANUEL DE SOUSA COUTIÑO,
CABALLERO PORTUGUÉS,
QUE Á NO SER PORTUGUÉS ÁUN FUERA VIVO
NO MURIÓ Á LAS MANOS
DE NINGUN CASTELLANO,
SINO Á LAS DE AMOR, QUE TODO LO PUEDE
PROCURA SABER SU VIDA,
Y ENVIDIARÁS SU MUERTE,
PASAJERO

Vió Periandro que habia tenido razon el portugues de alabarle el epitafio, en el escribir de los cuales tiene gran primor la nacion portuguesa. Preguntó Auristela al portugues qué sentimiento habia hecho la monja, dama del muerto, de la muerte de su amante, el cual la respondió que dentro de pocos dias que la supo pasó desta á mejor

vida, ó ya por la estrecheza de la que hacia siempre, ó ya
por el sentimiento del no pensado suceso. Desde allí se fueron en casa de un famoso pintor, donde ordenó Periandro
que en un lienzo grande le pintase todos los más principales
casos de su historia, á un lado pintó la isla Bárbara ardiendo
en llamas, y allí junto la isla de la prision, y un poco más
desviado la balsa ó enmaderamiento donde le halló Arnaldo
cuando le llevó á su navío. En otra parte estaba la isla ne-
vada, donde el enamorado portugues perdió la vida, luego
la nave que los soldados de Arnaldo taladraron, allí junto
pintó la division del esquife y de la barca; allí se mostraba
el desafío de los amantes de Taurisa, y su muerte, acá estaban serrando por la quilla la nave que habia servido de sepultura á Auristela y á los que con ella venian; aculla estaba
la agradable isla donde vió en sueños Periandro los dos escuadrones de virtudes y vicios, y allí junto la nave donde
los peces náufragos pescaron á los dos marineros y les dieron
en su vientre sepultura. No se olvidó de que pintase verse
empedrados en el mar helado, el asalto y combate del navío,
ni el entregarse á Cratilo; pintó asimismo la temeraria carrera del poderoso caballo, cuyo espanto, de leon le hizo
cordero, que los tales con un asombro se amansan, pintó
como en rasguño y en estrecho espacio las fiestas de Policarpo, coronándose á sí mismo por vencedor en ellas; reso-
lutamente no quedó paso principal en que no hiciese labor
en su historia, que allí no pintase, hasta poner la ciudad de
Lisboa y su desembarcacion en el mismo traje en que habian
venido. Tambien se vió en el mismo lienzo arder la isla de
Policarpo, á Clodio traspasado con la saeta de Antonio, y á
Cenotia colgada de una entena, pintóse tambien la isla de

las Ermitas, y á Rutilio con apariencias de santo. Este lienzo
servia de una recopilacion, que les excusaba de contar su
historia por menudo, porque Antonio el mozo declaraba las
pinturas y los sucesos cuando le apretaban á que los dijese,
pero en lo que más se aventajó el pintor famoso, fué en el
retrato de Auristela, en quien decian se habia mostrado á
saber pintar una hermosa figura, puesto que la dejaba agraviada, pues á la belleza de Auristela, si no era llevado de
pensamiento divino, no habia pincel humano que alcanzase.

Diez dias estuvieron en Lisboa, todos los cuales gastaron
en visitar los templos y en encaminar sus almas por la derecha senda de su salvacion; al cabo de los cuales, con licencia del Visorey y con patentes verdaderas y firmes de
quiénes eran y á dónde iban, se despidieron del caballero
portugues su huésped, y del hermano del enamorado di-
funto, de quien recibieron grandes caricias y beneficios, y
se pusieron en camino de Castilla, y esta partida fué menester hacerla de noche, temerosos que, si de dia la hicieran,
la gente que les seguiria la estorbara, puesto que la mudanza
del traje habia hecho ya que amainase la admiracion.

CAPITULO II

Empiezan los peregrinos su viaje por España, sucédenles nuevos y extraños casos

Pedian los tiernos años de Auristela y los más tiernos de
Constanza, con los entreverados de Ricla, coches, estruendo
y aparato para el largo viaje en que se ponian, pero la devocion de Auristela, que habia prometido de ir á pié hasta

Roma, desde la parte do llegase en tierra firme, llevó tras sí las demas devociones, y todos de un parecer, así varones como hembras, votaron el viaje á pié, añadiendo, si fuese necesario, mendigar de puerta en puerta. Con esto cerró la del dar Ricla, y Periandro se excusó de no disponer de la cruz de diamantes que Auristela traia, guardándola, con las inestimables perlas, para mejor ocasion; solamente compraron un bagaje que sobrellevase las cargas que no pudieran sufrir las espaldas, acomodáronse de bordones, que servian de arrimo y defensa, y de vainas de unos agudos estoques. Con este cristiano y humilde aparato salieron de Lisboa, dejándola sin su belleza, y pobre sin la riqueza de su discrecion, como lo mostraron los infinitos corrillos de gente que en ella se hicieron, donde la fama no trataba de otra cosa sino del extremo de discrecion y belleza de los peregrinos extranjeros.

Desta manera, acomodándose á sufrir el trabajo de hasta dos ó tres leguas de camino cada dia, llegaron á Badajoz, donde ya tenia el Corregidor castellano nuevas de Lisboa cómo por allí habian de pasar los nuevos peregrinos, los cuales, entrando en la ciudad, acertaron á alojarse en un meson do se alojaba una compañía de famosos recitantes, los cuales aquella misma noche habian de dar la muestra, para alcanzar la licencia de representar en público, en casa del Corregidor. Pero apénas vieron el rostro de Auristela y el de Constanza, cuando les sobresaltó lo que solia sobresaltar á todos aquellos que primeramente las veian, que era admiracion y espanto, pero ninguno puso tan en punto el maravillarse, como fué el ingenio de un poeta que de propósito con los recitantes venia, así para enmendar y remendar comedias viejas, como para hacerlas de nuevo, ejercicio más ingenioso que honrado, y más de trabajo que de provecho, pero la excelencia de la poesía es tan limpia como el agua clara, que á todo lo no limpio aprovecha; es como el sol, que pasa por todas las cosas inmundas sin que se le pegue nada, es habilidad que tanto vale cuanto se estima, es un rayo que suele salir de donde está encerrado, no abrasando, sino alumbrando, es instrumento acordado, que dulcemente alegra los sentidos, y al paso del deleite, lleva consigo la honestidad y el provecho. Digo, en fin, que este poeta, á quien la necesidad había hecho trocar los Parnasos con los mesones, y las Castalias y las Aganipes con los charcos y arroyos de los caminos y ventas, fué el que más se admiró de la belleza de Auristela, y al momento la marcó en su imaginacion y la tuvo por más que buena para ser comedianta, sin reparar si sabia ó no la lengua castellana Contentóle el talle, dióle gusto el brío, y en un instante la vistió en su imaginacion en hábito corto de varon, desnudóla luego, y vistióla de ninfa, y casi al mismo punto la envistió de la majestad de reina, sin dejar traje de risa ó de gravedad de que no la vistiese, y en todas se le representó grave, alegre, discreta, aguda y sobremanera honesta; extremos que se acomodan mal en una farsanta hermosa.

¡Válame Dios, y con cuánta facilidad discurre el ingenio de un poeta y se arroja á romper por mil imposibles! ¡Sobre cuán flacos cimientos levanta grandes quimeras! Todo se lo halla hecho, todo fácil, todo llano, y esto de manera, que las esperanzas le sobran cuando la ventura le falta, como lo mostró este nuestro moderno poeta cuando vió descoger acaso el lienzo donde venian pintados los trabajos de Perian-

dro. Allí se vió él en el mayor que en su vida se había visto,
por venirle á la imaginacion un grandísimo deseo de com-
poner de todos ellos una comedia, pero no acertaba en qué
nombre la pondria, si la llamaria comedia ó tragedia ó tra-
gicomedia, porque si sabia el principio, ignoraba el medio y
el fin, pues áun todavía iban corriendo las vidas de Periandro y de Auristela, cuyos fines habian de poner nombre á
lo que dellos se representase

Pero lo que más le fatigaba era pensar cómo podria encajar un lacayo consejero y gracioso en el mar y entre tantas
islas, fuego y nieves; y con todo esto, no se desesperó de hacer la comedia y de encajar el tal lacayo, á pesar de todas las
reglas de la poesía y á despecho del arte cómico, y en tanto
que en esto iba y venia, tuvo lugar de hablar á Auristela y
de proponerla su deseo, y aconsejarla cuán bien la estaria si
se hiciese recitanta Díjole que á dos salidas al teatro la llo-
verian minas de oro á cuestas, porque los príncipes de aquella
edad eran como hechos de alquimia, que llegada al oro es
oro, y llegada al cobre es cobre, pero que por la mayor parte
rendian su voluntad á las ninfas de los teatros, á las diosas
enteras y á las semideas, á las reinas de estudio y á las fre-
gonas de apariencia Díjole que si alguna fiesta real acertase
á hacerse en su tiempo, que se diese por cubierta de falde-
llines de oro, porque todas ó las más libreas de los caballeros
habian de venir á su casa rendidas á besarla los piés Repre-
sentóla el gusto de los viajes, y el llevarse tras sí dos ó tres
disfrazados caballeros, que la servirian tan de criados como
de amantes; y sobre todo, encarecia y puso sobre las nubes
la excelencia y la honra que la darian en encargarla las primeras figuras, en fin, la dijo que si en alguna cosa se ven-

ficaba la verdad de un antiguo refran castellano, era en las hermosas faisantas, donde la honra y provecho cabian en un saco. Auristela le respondió que no habia entendido palabra de cuantas le habia dicho, porque bien se veia que ignoraba la lengua castellana, y que puesto que la supiera, sus pensamientos eran otros, que tenian puesta la mira en otros ejercicios, si no tan agradables, á lo ménos más convenientes. Desesperóse el poeta con la resoluta respuesta de Auristela, miróse á los piés de su ignorancia, y deshizo la rueda de su vanidad y locura.

Aquella noche fueron á dar muestra en casa del Corregidor, el cual, como hubiese sabido que la hermosa junta peregrina estaba en la ciudad, los envió á buscar y á convidar viniesen á su casa á ver la comedia, y á recebir en ella muestras del deseo que tenia de servirles, por las que de su valor le habian escrito de Lisboa. Aceptólo Periandro, con parecer de Auristela y de Antonio el padre, á quien obedecian como á su mayor. Juntas estaban muchas damas de la ciudad con la Corregidora, cuando entraron Auristela, Ricla y Constanza con Periandro y los dos Antonios, admirando, suspendiendo, alborotando la vista de los presentes, que á sentir tales efectos les forzaba la sin par bizarría de los nuevos peregrinos, los cuales, acrecentando con su humildad y buen parecer la benevolencia de los que los recebieron, dieron lugar á que les diesen casi el más honrado en la fiesta, que fué la representacion de la fábula de *Céfalo* y de *Prócris*, cuando ella celosa más de lo que debia, y él con ménos discurso que fuera necesario, disparó el dardo que á ella la quitó la vida, y á él el gusto para siempre. El verso tocó los extremos de bondad posibles, como compuesto, segun se dijo, por Juan de Herrera de Gamboa, á quien, por mal nombre, llamaron el Maganto, cuyo ingenio tocó asimismo las más altas rayas de la poética esfera. Acabada la comedia, desmenuzaron las damas la hermosura de Auristela parte por parte, y hallaron todas un todo á quien dieron por nombre *perfeccion sin tacha*, y los varones dijeron lo mismo de la gallardía de Periandro, y de recudida se alabó tambien la belleza de Constanza y la bizarría de su hermano Antonio.

Tres dias estuvieron en la ciudad, donde en ellos mostró el Corregidor ser caballero liberal, y tener la Corregidora condicion de reina, segun fueron las dádivas y presentes que hizo á Auristela y á los demas peregrinos, los cuales, mostrándose agradecidos y obligados, prometieron de tener cuenta de darla de sus sucesos, de donde quiera que estuviesen. Partidos, pues, de Badajoz, se encaminaron á Nuestra Señora de Guadalupe, y habiendo andado tres dias, y en ellos cinco leguas, les tomó la noche en un monte poblado de infinitas encinas y de otros rústicos árboles. Tenia suspenso el cielo el curso y sazon del tiempo en la balanza igual de los dos equinocios: ni el calor fatigaba, ni el frio ofendia, y á necesidad, tambien se podia pasar la noche en el campo como en el aldea, y á esta causa, y por estar léjos un pueblo, quiso Auristela que se quedasen en unas majadas de pastores boyeros que á los ojos se les ofrecieron.

Hízose lo que Auristela quiso, y apénas habian entrado por el bosque doscientos pasos, cuando se cerró la noche con tanta escuridad, que los detuvo, y les hizo mirar atentamente la lumbre de los boyeros, porque su resplandor les sirviese de norte para no errar el camino, las tinieblas de la noche y un ruido que sintieron les detuvo el paso, y hizo que Antonio el mozo se apercebiese de su arco, perpétuo compañero suyo. Llegó en esto un hombre á caballo, cuyo rostro no vieron, el cual les dijo. «¿Sois desta tierra, buena gente?

—No por cierto, respondió Periandro, sino de bien léjos della, peregrinos extranjeros somos, que vamos á Roma, y primero á Guadalupe.

—Sí, que tambien, dijo el de á caballo, hay en las extranjeras tierras caridad y cortesía, tambien hay almas compasivas donde quiera

—¿Pues no? respondió Antonio, mirad, señor, quien quiera que seais, si habeis menester algo de nosotros, y vereis cómo sale verdadera vuestra imaginacion.

—Tomad, dijo, pues, el caballero; tomad, señores, esta cadena de oro, que debe de valer doscientos escudos, y tomad asimismo esta prenda, que no debe de tener precio, á lo ménos yo no se le hallo, y darle heis en la ciudad de Trujillo á uno de dos caballeros que en ella y en todo el mundo son bien conocidos. Llámase el uno don Francisco Pizarro y el otro don Juan de Orellana, ambos mozos, ambos libres, ambos ricos y ambos en todo extremo generosos (y en esto puso en las manos de Ricla, que, como mujer compasiva, se adelantó á tomarlo, una criatura que ya comenzaba á llorar, envuelta, ni se supo por entónces si en ricos ó en pobres paños); y direis á cualquiera dellos que la guarden, que presto sabrán quién es, y las desdichas que á ser dichoso le habrian llevado si llega á su presencia, y perdonadme, que mis enemigos me siguen, los cuales si aquí llegaren, y preguntaren si me habeis visto, direis que no, pues os importa poco el decir esto, ó si ya os pareciere mejor, decid que por aquí pasaron tres ó cuatro hombres de á caballo, que iban

diciendo . «¡A Portugal, á Portugal!» y á Dios quedad, que
no puedo detenerme; que puesto que el miedo pone espuelas,
más agudas las pone la honra», y arrimando las que traia al
caballo, se apartó como un rayo dellos, pero casi al mismo
punto volvió el caballero y dijo · «No está bautizado», y
tornó á seguir su camino

Veis aquí á nuestros peregrinos, á Ricla con la criatura
en los brazos, á Periandro con la cadena al cuello, á Antonio el mozo sin dejar de tener flechado el arco, y al padre
en postura de desenvainar el estoque que de bordon le servia, y á Auristela confusa y atónita del extraño suceso, y á
todos juntos admirados del extraño acontecimiento, cuya
salida fué por entónces, que aconsejó Auristela que como
mejor pudiesen llegasen á la majada de los boyeros, donde
podria ser hallasen remedios para sustentar aquella recien
nacida criatura, que por su pequeñez y la debilidad de su
llanto mostraba ser de pocas horas nacida. Hízose así, y
apénas llegaron á la majada de los pastores, á costa de muchos tropiezos y caidas, cuando ántes que los peregrinos les
preguntasen si eran servidos de darles alojamiento aquella
noche, llegó á la majada una mujer llorando triste, pero no
reciamente, porque mostraba en sus gemidos que se esfor-
zaba á no dejar salir la voz del pecho Venia medio desnuda,
pero las ropas que la cubrian eran de rica y principal persona; la lumbre y luz de las hogueras, á pesar de la diligencia
que ella hacia para encubrirse el rostro, la descubrieron, y
vieron ser tan hermosa como niña, y tan niña como hermosa, puesto que Ricla, que sabia más de edades, la juzgó
por de diez y seis á diez y siete años Preguntáronle los pastores si la seguia álguien, ó si tenia otra necesidad que pi-

diese presto remedio, á lo que respondió la dolorosa muchacha: «Lo primero, señores, que habeis de hacer, es ponerme debajo de la tierra; quiero decir, que me encubrais de modo que no me halle quien me buscáre. Lo segundo, que me deis algun sustento, porque desmayos me van acabando la vida.

—Nuestra diligencia, dijo un pastor viejo, mostrará que tenemos caridad»; y aguijando con presteza á un hueco de un árbol que en una valiente encina se hacia, puso en él algunas pieles blandas de ovejas y cabras que entre el ganado mayor se criaban, hizo un modo de lecho, bastante por entónces á suplir aquella necesidad precisa, tomó luego á la mujer en los brazos y encerróla en el hueco, adonde le dió lo que pudo, que fueron sopas en leche, y le dieran vino si ella quisiera beberlo. Colgó luego delante del hueco otras pieles, como para enjugarse. Ricla, viendo hecho esto, habiendo conjeturado que aquella sin duda habia de ser la madre de la criatura que ella tenia, se llegó al pastor caritativo, diciéndole: «No pongais, buen señor, término á vuestra caridad, y usadla con esta criatura que tengo en los brazos, ántes que perezca de hambre», y en breves razones le contó cómo se la habian dado. Respondióla el pastor á la intencion, y no á sus razones, llamando á uno de los demas pastores, á quien mandó que tomando aquella criatura, la llevase al aprisco de las cabras y hiciese de modo como de alguna de ellas tomase el pecho. Apénas hubo hecho esto, y tan apénas, que casi se oian los últimos acentos del llanto de la criatura, cuando llegaron á la majada un tropel de hombres á caballo, preguntando por la mujer desmayada y por el caballero de la criatura, pero, como no les dieron nuevas ni noticia de lo que pedian, pasaron con extraña priesa adelante, de que no poco se alegraron sus remediadores, y aquella noche pasaron con más comodidad que los peregrinos pensaron, y con más alegría de los ganaderos, por verse tan bien acompañados

CAPITULO III

La doncella encerrada en el árbol da razon de quién era

Preñada estaba la encina, digámoslo así, preñadas estaban las nubes, cuya escuridad la puso en los ojos de los que por la prisionera del árbol preguntaron, pero al compasivo pastor que era mayoral del hato ninguna cosa le pudo turbar para que dejase de acudir á proveer lo que fuese necesario al recebimiento de sus huéspedes, la criatura tomó los pechos de la cabra, la encerrada el rústico sustento, y los peregrinos el nuevo y agradable hospedaje Quisieron todos saber luego qué causas habian traido allí á la lastimada y al parecer fugitiva, y á la desamparada criatura; pero fué parecer de Auristela que no le preguntasen nada hasta el venidero dia, porque los sobresaltos no suelen dar licencia á la lengua áun á que cuente venturas alegres, cuanto más desdichas tristes; y puesto que el anciano pastor visitaba á menudo el árbol, no preguntando nada al depósito que tenia, sino solamente por su salud, fuéle respondido que aunque tenia mucha ocasion para no tenerla, le sobraria como ella se viese libre de los que la buscaban, que era su padre y hermanos Cubrióla y encubrióla el pastor, y dejóla, y vol-

vióse á los peregrinos, que aquella noche la pasaron con
más claridad de las hogueras y fuego de los pastores que
con aquella que ella les concedia, y ántes que el cansancio
les obligase á entregar los sentidos al sueño, quedó concertado que el pastor que habia llevado la criatura á procurar
que las cabras fuesen sus amas, la llevase y entregase á una
hermana del anciano ganadero, que casi dos leguas de allí
en una pequeña aldea vivia; diéronle que llevase la cadena,
con órden de darla á criar en la misma aldea, diciendo ser
de otra algo apartada Todo esto se hizo así, con que se aseguraron y apercibieron á desmentir las espías, si acaso volviesen, ó viniesen otras de nuevo á buscar los perdidos, á lo
ménos los que perdidos parecian

En tratar desto, y en satisfacer la hambre, y en un breve
rato que se apoderó de sus ojos el sueño, y de sus lenguas
el silencio, se pasó el de la noche, y se vino á más andar el
dia, alegre para todos, y no para la temerosa, que encerrada
en el árbol, apénas osaba ver del sol la claridad hermosa.
Con todo eso, habiendo puesto primero, cerca y léjos del
rebaño, de trecho en trecho centinelas que avisasen si alguna gente venia, la sacaron del árbol para que la diese el
aire y para saber della lo que deseaban, y con la luz del
dia vieron que la de su rostro era admirable, de modo que
puso en duda á cuál darian, della y de Costanza, despues de
Auristela, el segundo lugar de hermosa, porque donde quiera
se llevó el primero Auristela, á quien no quiso dar igual la
naturaleza Muchas preguntas la hicieron, y muchos ruegos
precedieron ántes, todos encaminados á que su suceso les
contase, y ella, de puro cortés y agradecida, pidiendo licencia á su flaqueza, con aliento debilitado así comenzó á decir ·

«Puesto, señores, que en lo que deciros quiero tengo de descubrir faltas que me han de hacer perder el crédito de honrada, todavía quiero más parecer cortés por obedeceros, que desagradecida por no contentaros. Mi nombre es Feliciana de la Voz, mi patria, una villa no léjos deste lugar; mis padres son nobles mucho más que ricos, y mi hermosura, en tanto que no ha estado tan marchita como agora, ha sido de algunos estimada y celebrada. Junto á la villa que me dió el cielo por patria vivia un hidalgo riquísimo, cuyo trato y cuyas muchas virtudes le hacian ser caballero en la opinion de las gentes; éste tiene un hijo, que desde agora muestra ser tan heredero de las virtudes de su padre, que son muchas, como de su hacienda, que es infinita. Vivia ansimismo en la misma aldea un caballero con otro hijo suyo, más nobles que ricos, en una tan honrada medianía, que ni los humillaba, ni los ensoberbecia, con este segundo mancebo noble ordenaron mi padre y dos hermanos que tengo de casarme, echando á las espaldas los ruegos con que me pedia por esposa el rico hidalgo; pero yo, á quien los cielos guardaban para esta desventura en que me veo y para otras en que pienso verme, me dí por esposo al rico, y me entregué por suya á hurto de mi padre y de mis hermanos, que madre no la tengo, por mayor desgracia mia. Vímonos muchas veces solos y juntos, que para semejantes casos nunca la ocasion vuelve las espaldas, ántes en la mitad de las imposibilidades ofrece su guedeja.

»Destas juntas y destos hurtos amorosos se acortó mi vestido y creció mi infamia, si es que se puede llamar infamia la conversacion de los desposados amantes. En este tiempo, sin hacerme sabidora, concertaron mis padres y hermanos de casarme con el mozo noble, con tanto deseo de efetuarlo, que anoche le trajeron á casa, acompañado de dos cercanos parientes suyos, con propósito de que luego luego nos diésemos las manos. Sobresaltéme cuando vi entrar á Luis Antonio, que éste es el nombre del mancebo noble, y más me admiré cuando mi padre me dijo que me entrase en mi aposento y me aderezase algo más de lo ordinario, porque en aquel punto había de dar la mano de esposa á Luis Antonio. Dos días había que había entrado en los términos que la naturaleza pide en los partos, y con el sobresalto y no esperada nueva quedé como muerta, y diciendo entraba á aderezarme á mi aposento, me arrojé en los brazos de una mi doncella, depositaria de mis secretos, á quien dije, hechos fuentes mis ojos «¡Ay, Leonora mía, y cómo creo que es llegado el fin de mis días! Luis Antonio está en esa antesala, esperando que yo salga á darle la mano de esposa Mira si es éste trance riguroso y la más apretada ocasión en que pueda verse una mujer desdichada Pásame, hermana mía, si tienes con qué, este pecho, salga primero mi alma destas carnes, que no la desverguenza de mi atrevimiento ¡Ay, amiga mía, que me muero, que se me acaba la vida!» Y diciendo esto y dando un gran suspiro, arrojé una criatura en el suelo, cuyo nunca visto caso suspendió á mi doncella, y á mí me cegó el discurso de manera, que sin saber qué hacer, estuve esperando á que mi padre ó mis hermanos entrasen, y en lugar de sacarme á desposar, me sacasen á la sepultura »

Aquí llegaba Feliciana de su cuento, cuando vieron que los centinelas que habían puesto para asegurarse hacían señal de que venía gente, y con diligencia no vista el pastor

anciano queria volver á depositar á Feliciana en el árbol,
seguro asilo de su desgracia; pero habiendo vuelto las centinelas á decir que se asegurasen, porque un tropel de gente
que habian visto cruzaba por otro camino, todos se aseguraron, y Feliciana de la Voz volvió á su cuento, diciendo
«Considerad, señores, el apretado peligro en que me vi
anoche, el desposado en la sala esperándome, y el adúltero,
si así se puede decir, en un jardin de mi casa atendiéndome
para hablarme, ignorante del estrecho en que yo estaba y
de la venida de Luis Antonio, yo sin sentido por el no esperado suceso, mi doncella turbada con la criatura en los
brazos, mi padre y hermanos dándome priesa que saliese á
los desdichados desposorios aprieto fué éste que pudiera
derribar á más gallardos entendimientos que el mio, y opo-
nerse á toda buena razon y buen discurso No sé qué os diga
más, sino que sentí, estando sin sentido, que entró mi padre, diciendo «Acaba, muchacha, sal como quiera que
estuvieres, que tu hermosura suplirá tu desnudez y te servirá de riquísimas galas » Dióle, á lo que creo, en esto á los
oidos el llanto de la criatura, que mi doncella, á lo que
imagino, debia de ir á poner en cobro ó á dársela á Rosanio, que éste es el nombre del que yo quise escoger por esposo. Alborotóse mi padre, y con una vela en la mano me
miró el rostro, y coligió por mi semblante mi sobresalto y
mi desmayo; volvióle á herir en los oidos el eco del llanto
de la criatura, y echando mano á la espada, fué siguiendo
á donde la voz le llevaba, el resplandor del cuchillo me dió
en la turbada vista, y el miedo en la mitad del alma, y como
sea natural cosa el desear conservar la vida cada uno, del
temor de perderla salió en mí el ánimo de remediarla, y

apénas hubo mi padre vuelto las espaldas, cuando yo, así
como estaba, bajé por un caracol á unos aposentos bajos de
mi casa, y dellos con facilidad me puse en la calle, y de la
calle en el campo, y del campo en no sé qué camino; y
finalmente, aguijada del miedo y solicitada del temor, como
si tuviera alas en los piés, caminé más de lo que prometia
mi flaqueza Mil veces estuve para arrojarme en el camino
de algun ribazo que me acabara con acabarme la vida, y
otras tantas estuve por sentarme ó tenderme en el suelo y
dejarme hallar de quien me buscase, pero alentándome la
luz de vuestras cabañas, procuré llegar á ellas á buscar descanso á mi cansancio, y si no remedio, algun alivio á mi
desdicha; y así llegué como me vistes, y así me hallo como
me veo, merced á vuestra caridad y cortesía Esto es, señores
mios, lo que os puedo contar de mi historia, cuyo fin dejo
al cielo, y le remito en la tierra á vuestros buenos consejos.»

Aquí dió fin á su plática la lastimada Feliciana de la Voz,
con que puso en los oyentes admiracion y lástima en un
mismo grado. Periandro contó luego el hallazgo de la criatura, la dádiva de la cadena, con todo aquello que le habia
sucedido con el caballero que se la dió «¡Ay! dijo Feliciana,
¿si es por ventura esa prenda mia? ¿y si es Rosanio el que
la trajo? y si yo la viese, si no por el rostro, pues nunca le
he visto, quizá por los paños en que viene envuelta sacaria
á luz la verdad de las tinieblas de mi confusion; porque mi
doncella, no apercebida, ¿en qué la podia envolver, sino en
paños que estuviesen en el aposento, que fuesen de mí conocidos? y cuando esto no sea, quizá la sangre hará su oficio, y por ocultos sentimientos le dará á entender lo que me
toca.» A lo que respondió el pastor «La criatura está ya en

mi aldea, en poder de una hermana y de una sobrina mia, yo haré que ellas mismas nos la traigan hoy aquí, donde podrás, hermosa Feliciana, hacer las experiencias que deseas en tanto sosiega, señora, el espíritu, que mis pastores y este árbol servirán de nubes que se opongan á los ojos que te buscaren »

CAPITULO IV

Quiere Feliciana acompañarlos en su peregrinacion, llegan á Guadalupe, habiéndoles acontecido en el camino un notable peligro

«Paréceme, hermano mio, dijo Auristela á Periandro, que los trabajos y los peligros, no solamente tienen jurisdicion en el mar, sino en toda la tierra; que las desgracias é infortunios así se encuentran con los levantados sobre los montes como con los escondidos en sus rincones, ésta que llaman fortuna, de quien yo he oido hablar algunas veces, de la cual se dice que quita y da los bienes cuando, como y á quien quiere, sin duda alguna debe de ser ciega y antojadiza, pues á nuestro parecer levanta los que habian de estar por el suelo, y derriba los que están sobre los montes de la luna No sé, hermano, lo que me voy diciendo; pero sé que quiero decir que no es mucho que nos admire ver esta señora, que dice que se llama Feliciana de la Voz, que apénas la tiene para contar su desgracia Contémplola yo pocas horas há en su casa, acompañada de su padre, hermanos y criados, esperando poner con sagacidad remedio á sus arrojados deseos, y agora puedo decir que la veo escondida en lo hueco de un árbol, temiendo los mosquitos del

aire y áun las lombrices de la tierra; bien es verdad que la
suya no es caída de príncipes, pero es un caso que puede
servir de ejemplo á las recogidas doncellas que le quisieren
dar bueno de sus vidas. Todo esto me mueve á suplicarte
¡oh hermano! mires por mi honra, que desde el punto que
salí del poder de mi padre y del de tu madre la deposité
en tus manos, y aunque la experiencia con certidumbre
grandísima tiene acreditada tu bondad ansí en la soledad de
los desiertos como en la compañía de las ciudades, todavía
temo que la mudanza de las horas no mude los que de suyo
son fáciles pensamientos. A tí te va en esto lo que sabes, mi
honra es la tuya, un solo deseo nos gobierna y una misma
esperanza nos sustenta, el camino en que nos hemos puesto
es largo, pero no hay ninguno que no se acabe, como no
se le oponga la pereza y la ociosidad Ya los cielos, á quien
doy mil gracias por ello, nos han traído á España sin la
compañía peligrosa de Arnaldo, ya podemos tender los pasos,
seguros de naufragios, de tormentas y de salteadores, porque
segun la fama que sobre todas las regiones del mundo, de
pacífica y de santa tiene ganada España, bien nos podemos
prometer seguro viaje.

—¡Oh hermana! respondió Periandro, y ¡cómo por puntos vas mostrando los extremados de tu discrecion! Bien veo
que temes como mujer y que te animas como discreta Yo
quisiera, por aquietar tus bien nacidos recelos, buscar nuevas
experiencias que me acreditasen contigo; que puesto que las
hechas pueden convertir el temor en esperanza, y la esperanza en firme seguridad, y desde luego en posesion alegre,
quisiera que nuevas ocasiones me acreditaran En el rancho
destos pastores no nos queda que hacer, ni en el caso de

Feliciana podemos servir más que de compadecernos de ella, procuremos llevarnos esta criatura á Trujillo, como nos lo encargó el que con ella nos dió la cadena, al parecer por paga.»

En esto estaban los dos, cuando llegó el pastor anciano con su hermana y con la criatura, que habia enviado por ella á la aldea por ver si Feliciana la reconocia, como ella lo habia pedido. Lleváronsela, miróla y remiróla, quitóle las fajas, pero en ninguna cosa pudo conocer ser la que habia parido, ni áun, lo que más es de considerar, el natural cariño no le movia los pensamientos á reconocer el niño, que era varon el recien nacido. «No, decia Feliciana, no son éstas las mantillas que mi doncella tenia diputadas para envolver lo que de mí naciese, ni esta cadena (que se la enseñaron) la vi yo jamas en poder de Rosanio, de otra debe ser esta prenda, que no mia, que á serlo, no fuera yo tan venturosa, teniéndola una vez perdida, tornar á cobrarla, aunque yo oí decir muchas veces á Rosanio que tenia amigos en Trujillo, pero de ninguno me acuerdo el nombre

—Con todo eso, dijo el pastor, que pues el que dió la criatura mandó que la llevasen á Trujillo, sospecho que el que la dió á estos peregrinos fué Rosanio, y así soy de parecer, si es que en ello os hago algun servicio, que mi hermana, con la criatura y con otros dos destos mis pastores, se ponga en camino de Trujillo, á ver si la recibe alguno desos dos caballeros á quien va dirigida » A lo que Feliciana respondió con sollozos y con arrojarse á los piés del pastor, abrazándolos estrechamente; señales que la dieron de que aprobaba su parecer Todos los peregrinos le aprobaron asimismo, y con darle la cadena lo facilitaron todo

Sobre una de las bestias del hato se acomodó la hermana del pastor, que estaba recien parida, como se ha dicho, con órden que se pasase por su aldea y dejase en cobro su criatura, y con la otra se partiese á Trujillo, que los peregrinos que iban á Guadalupe con más espacio la seguirian. Todo se hizo como lo pensaron, y luego, porque la necesidad del caso no admitia tardanza alguna. Feliciana callaba, y con silencio se mostraba agradecida á los que tan de véras sus cosas tomaban á su cargo. Añadióse á todo esto que Feliciana, habiendo sabido cómo los peregrinos iban á Roma, aficionada á la hermosura y discrecion de Auristela, á la cortesía de Periandro, á la amorosa conversacion de Constanza y de Ricla, su madre, y al agradable trato de los dos Antonios, padre y hijo, que todo lo miró, notó y ponderó en aquel poco espacio que los habia comunicado, y lo principal por volver las espaldas á la tierra donde quedaba enterrada su honra, pidió que consigo la llevasen como peregrina á Roma; que pues habia sido peregrina en culpas, queria procurar serlo en gracias, si el cielo se las concedia en que con ellos la llevasen.

Apénas descubrió su pensamiento, cuando Auristela acudió á satisfacer su deseo, compasiva y deseosa de sacar á Feliciana de entre los sobresaltos y miedos que la perseguian, sólo dificultó el ponerla en camino estando tan recien parida, y así se lo dijo, pero el anciano pastor dijo que no habia más diferencia del parto de una mujer que del de una res, y que así como la res, sin otro regalo alguno, despues de su parto se quedaba á las inclemencias del cielo, ansí la mujer podia sin otro regalo alguno acudir á sus ejercicios, sino que el uso habia introducido entre las mujeres los regalos y todas aquellas prevenciones que suelen hacer con las recien paridas. «Yo aseguro, dijo más, que cuando Eva parió el primer hijo, que no se echó en el lecho, ni se guardó del aire, ni usó de los melindres que agora se usan en los partos Esforzáos, señora Feliciana, y seguid vuestro intento, que desde aquí le apruebo casi por santo, pues es tan cristiano», á lo que añadió Auristela · «No quedará por falta de hábito de peregrina; que mi cuidado me hizo hacer dos cuando hice éste, el cual daré yo á la señora Feliciana de la Voz, con condicion que me diga qué misterio tiene el llamarse de la Voz, si ya no es el de su apellido.

—No me le ha dado, respondió Feliciana, mi linaje, sino el ser comun opinion de todos cuantos me han oido cantar, que tengo la mejor voz del mundo, tanto, que por excelencia me llaman comunmente Feliciana de la Voz, y á no estar en tiempo más de gemir que de cantar, con facilidad os mostrara esta verdad, pero si los tiempos se mejoran y dan lugar á que mis lágrimas se enjuguen, yo cantaré, si no canciones alegres, á lo ménos endechas tristes, que cantándolas encanten, y llorándolas alegren »

Por esto que Feliciana dijo, nació en todos un deseo de oirla cantar luego luego, pero no osaron rogárselo, porque, como ella habia dicho, los tiempos no lo permitian Otro dia se despojó Feliciana de los vestidos no necesarios que traia, y se cubrió con los que le dió Auristela de peregrina, quitóse un collar de perlas y dos sortijas, y si los adornos son parte para acreditar calidades, estas piezas pudieran acreditarla de rica y noble Tomólas Ricla, como tesorera general de la hacienda de todos, y quedó Feliciana segunda peregrina, como primera Auristela y tercera Constanza, aunque

este parecer se dividió en pareceres, y algunos le dieron el
segundo lugar á Constanza; que el primero no hubo hermosura en aquella edad que á la de Auristela se le quitase

Apénas se vió Feliciana en el nuevo hábito, cuando le
nacieron alientos nuevos y deseos de ponerse en camino
Conoció esto Auristela, y con consentimiento de todos,
despidiéndose del pastor caritativo y de los demas de la majada, se encaminaron á Cáceres, hurtando el cuerpo con su
acostumbrado paso al cansancio, y si alguna vez alguna de
las mujeres le tenia, le suplia el bagaje donde iba el repuesto, ó ya el márgen de algun arroyuelo ó fuente, do se
sentaban, ó la verdura de algun prado que á dulce reposo
las convidaba, y así andaban á una con ellos el reposo y el
cansancio, junto con la pereza y la diligencia, la pereza en
caminar poco, la diligencia en caminar siempre, pero, como
por la mayor parte nunca los buenos deseos llegan á fin dichoso sin estorbos que los impidan, quiso el cielo que el
de este hermoso escuadron, que aunque dividido en todos,
era sólo uno en la intencion, fuese impedido con el estorbo
que agora oireis

Dábales asiento la verde yerba de un deleitoso pradecillo,
refrescábales los rostros el agua clara y dulce de un pequeño
arroyuelo que por entre las yerbas corria, servíanles de mu-
ralla y de reparo muchas zarzas cambroneras, que casi por
todas partes los rodeaba, sitio agradable y necesario para su
descanso, cuando de improviso, rompiendo por las intricadas
matas, vieron salir al verde sitio un mancebo vestido de camino, con una espada hincada por las espaldas, cuya punta
le salia al pecho Cayó de ojos, y al caer dijo · «Dios sea
conmigo», y el fin desta palabra y el arrancársele el alma fué

todo á un tiempo, y aunque todos, con el extraño espectáculo, se levantaron alborotados, el que primero llegó á so-
correrle fué Periandro, y por hallarle ya muerto, se atrevió
á sacar la espada Los dos Antonios saltaron las zarzas, por
ver si vieran quién hubiese sido el cruel y alevoso homicida,
que por ser la herida por las espaldas, se mostraba que trai-
doras manos la habian hecho No vieron á nadie, volviéronse á los demas, y la poca edad del muerto y su gallardo
talle y parecer les acrecentó la lástima. Miráronle todo, y
halláronle debajo de una ropilla de terciopelo pardo, sobre
el jubon, puesta una cadena de cuatro vueltas de menudos
eslabones de oro, de la cual pendia un devoto crucifijo asimismo de oro; allá entre el jubon y la camisa le hallaron,
dentro de una caja de ébano ricamente labrada, un hermo-
sísimo retrato de mujer, pintado en la lisa tabla, al rededor
del cual, de menudísima y clara letra, vieron que traia escritos estos versos

> Hiela, enciende, mira y habla,
> Milagros de la hermosura
> ¡Que tenga vuestra figura
> Tanta fuerza en una tabla!

Por estos versos conjeturó Periandro, que los leyó primero, que de causa amorosa debia de haber nacido su muerte; miráronle las faldriqueras y escudriñáronle todo, pero
no hallaron cosa que les diese indicio de quién era, y estando
haciendo este escrutinio, parecieron, como si fueran llovidos,
cuatro hombres con ballestas armadas, por cuyas insignias
conoció luego Antonio el padre que eran cuadrilleros de la
Santa Hermandad, uno de los cuales dijo á voces · «Tenéos,
ladrones, homicidas y salteadores, no le acabeis de despojar,

que á tiempo sois venidos en que os llevaremos á donde paguéis vuestro pecado.

—Eso no, bellacos, respondió Antonio el mozo, aquí no hay ladron ninguno, porque todos somos enemigos de los que lo son.

—Bien se os parece por cierto, replicó el cuadrillero, el hombre muerto, sus despojos en vuestro poder, y su sangre en vuestras manos, que sirve de testigos á vuestra maldad. Ladrones sois, salteadores sois, homicidas sois, y como tales ladrones, salteadores y homicidas, presto pagaréis vuestros delitos, sin que os valga la capa de virtud cristiana con que procuráis encubrir vuestras maldades, vistiéndoos de peregrinos » A esto le dió respuesta Antonio el mozo con poner una flecha en su arco y pasarle con ella un brazo, puesto que quisiera pasarle de parte á parte el pecho, los demas cuadrilleros, ó escarmentados del golpe, ó por hacer la prision más al seguro, volvieron las espaldas, y entre huyendo y esperando, á grandes voces apellidaron «¡Aquí de la Santa Hermandad! ¡Favor á la Santa Hermandad!» Y mostróse ser santa la hermandad que apellidaban, porque en un instante, como por milagro, se juntaron más de veinte cuadrilleros, los cuales, encarando sus ballestas y sus saetas á los que no se defendian, los prendieron y aprisionaron, sin respetar la belleza de Auristela ni las demas peregrinas, y con el cuerpo del muerto las llevaron á Cáceres, cuyo corregidor era un caballero del hábito de Santiago, el cual, viendo el muerto, y el cuadrillero herido, y la informacion de los demas cuadrilleros, con el indicio de ver ensangrentado á Periandro, con el parecer de su teniente, quisiera luego ponerlos á cuestion de tormento, puesto que Periandro se defendia con

la verdad, mostrándole en su favor los papeles que para seguridad de su viaje y licencia de su camino había tomado
en Lisboa. Mostróle asimismo el lienzo de la pintura de su
suceso, que la relató y declaró muy bien Antonio el mozo,
cuyas pruebas hicieron poner en opinion la ninguna culpa
que los peregrinos tenian. Ricla, la tesorera, que sabia muy
poco ó nada de la condicion de escribanos y procuradores,
ofreció á uno de secreto, que andaba allí en público dando
muestras de ayudarlas, no sé qué cantidad de dineros porque tomase á cargo su negocio. Lo echó á perder del todo,
porque en oliendo los sátrapas de la pluma que tenian lana
los peregrinos, quisieron trasquilarlos, como es uso y costumbre, hasta los huesos, y sin duda alguna fuera así, si las
fuerzas de la inocencia no permitiera el cielo que sobrepu-
jaran á las de la malicia.

Fué el caso, pues, que un huésped ó mesonero del lugar,
habiendo visto el cuerpo muerto que habian traido, y reco-
nocídole muy bien, se fué al Corregidor y le dijo: «Señor,
este hombre que han traido muerto los cuadrilleros, ayer de
mañana partió de mi casa en compañía de otro, al parecer
caballero, poco ántes que se partiese, se encerró conmigo en
mi aposento y con recato me dijo: «Señor huésped, por lo
que debeis á ser cristiano, os ruego que si yo no vuelvo por
aquí dentro de seis dias, abrais este papel que os doy, delante de la justicia», y diciendo esto, me dió éste, que entrego á vuesa merced, donde imagino que debe de venir
alguna cosa que toque á este tan extraño suceso.» Tomó el
papel el Corregidor, y abriéndole, vió que en él estaban escritas estas mismas razones:

«Yo, don Diego Parráces, salí de la córte de su Majestad

»tal dia (y venia puesto el dia), en compañía de don Sebas-
»tian de Soranzo, mi pariente, que me pidió que le acompa-
»ñase en cierto viaje, donde le iba la honra y la vida; yo, por
»no querer hacer verdaderas ciertas sospechas falsas que de
»mí tenia, fiándome en mi inocencia, dí lugar á su malicia
»y acompañéle, creo que me lleva á matar Si esto sucediere,
»y mi cuerpo se hallare, sépase que me mataron á traicion y
»que morí sin culpa.» Y firmaba . *Don Diego de Pariáces*

Este papel á toda diligencia despachó el Corregidor á
Madrid, donde con la justicia se hicieron las diligencias posibles, buscando al matador, el cual llegó á su casa la misma
noche que le buscaban, y entreoyendo el caso, sin apearse
de la cabalgadura volvió las riendas y nunca más pareció
Quedóse el delito sin castigo, el muerto se quedó por muerto, quedaron libres los prisioneros, y la cadena que tenia
Ricla se deslabonó para gastos de justicia. El retrato se quedó
para gusto de los ojos del Corregidor, satisfízose la herida
del cuadrillero, volvió Antonio el mozo á relatar el lienzo,
y dejando admirado al pueblo, y habiendo estado en él todo
este tiempo de las averiguaciones Feliciana de la Voz en el
lecho, fingiendo estar enferma por no ser vista, se partieron
la vuelta de Guadalupe, cuyo camino entretuvieron tratando
del caso extraño, y deseando que sucediese ocasion donde se
cumpliese el deseo que tenian de oir cantar á Feliciana, la
cual sí cantará, pues no hay dolor que no se mitigue con el
tiempo ó se acabe con acabar la vida, pero, por guardar ella
á su desgracia el decoro que á sí misma debia, sus cantos eran
lloros y su voz gemidos

Estos se aplacaron un tanto con haber topado en el camino la hermana del compasivo pastor, que volvia de Tru-

jillo, donde dijo que dejaba el niño en poder de don Francisco
Pizarro y de don Juan de Orellana, los cuales habian conjeturado no poder ser de otro aquella criatura sino de su
amigo Rosanio, segun el lugar donde le hallaron, pues por
todos aquellos contornos no tenian ellos algun conocido que
aventurase á fiarse dellos «Sea, en fin, lo que fuere, dijo la
labradora; que no ha de quedar defraudado de sus buenos
pensamientos el que se ha fiado de nosotros, ansí que, señores, el niño queda en Trujillo en poder de los que he dicho,
si algo me queda que hacer por serviros, aquí estoy con la
cadena, que áun no me he deshecho de ella, pues la que me
pone á la voluntad el ser yo cristiana, me enlaza y me obliga
á más que la de oro.» A lo que respondió Feliciana que la
gozase muchos años, sin que se le ofreciese necesidad de
deshacella, pues las ricas prendas de los pobres no perma-
necen largo tiempo en sus casas, porque ó se empeñan para
no quitarse, ó se venden para nunca volverlas á comprar La
labradora se despidió aquí, y dieron mil encomiendas para
su hermano y los demas pastores, y nuestros peregrinos llegaron poco á poco á las santísimas sierras de Guadalupe.

CAPITULO V

Tiene fin en Guadalupe la desgracia de Feliciana, y se vuelve contenta á su casa
con su esposo, padre y hermano

Apénas hubieron puesto los piés los devotos peregrinos
en una de las dos entradas que guian al valle que forman
y cierran las altísimas sierras de Guadalupe, cuando con
cada paso que daban, nacian en sus corazones nuevas oca-

siones de admirarse pero allí llegó la admiracion á su punto, cuando vieron el grande y suntuoso monasterio, cuyas murallas encierran la santísima imágen de la Emperatriz de los cielos; la santísima imágen, otra vez, que es libertad de los cautivos, lima de sus hierros y alivio de sus prisiones, la santísima imágen que es salud de las enfermedades, consuelo de los afligidos, madre de los huérfanos y reparo de las desgracias. Entraron en su templo, y donde pensaron hallar por sus paredes, pendientes por adorno, las púrpuras de Tiro, los damascos de Siria, los brocados de Milan, hallaron en lugar suyo muletas que dejaron los cojos, ojos de cera que dejaron los ciegos, brazos que colgaron los mancos, mortajas de que se desnudaron los muertos, todos despues de haber caido en el suelo de las miserias, ya vivos, ya sanos, ya libres y ya contentos, merced á la larga misericordia de la Madre de las misericordias, que en aquel pequeño lugar hace campear á su benditísimo Hijo con el escuadron de sus infinitas misericordias. De tal manera hicieron aprension estos milagrosos adornos en los corazones de los devotos peregrinos, que volvieron los ojos á todas las partes del templo, y les parecia ver venir por el aire volando los cautivos, envueltos en sus cadenas, á colgarlas de las santas murallas, y á los enfermos arrastrar las muletas, y á los muertos mortajas, buscando lugar donde ponerlas, porque ya en el sacro templo no cabian tan grande es la suma que las paredes ocupan.

Esta novedad, no vista hasta entónces de Periandro ni de Auristela, ni ménos de Ricla, de Constanza ni de Antonio, los tenia como asombrados, y no se hartaban de mirar lo que veian, ni de admirar lo que imaginaban; y así, con devotas y cristianas muestras, hincados de rodillas se pusieron

á adorar á Dios Sacramentado y á suplicar á su Santísima
Madre que en crédito y honra de aquella imágen fuese ser-
vida de mirar por ellos, pero lo que más es de ponderar, fué
que puesta de hinojos y las manos puestas y junto al pecho,
la hermosa Feliciana de la Voz, lloviendo tiernas lágrimas,
con sosegado semblante, sin mover los labios, ni hacer otra
demostracion ni movimiento que diese señal de ser viva
criatura, soltó la voz á los vientos y levantó el corazon al
cielo, y cantó unos versos que ella sabia de memoria, los
cuales dió despues por escrito, con que suspendió los sentidos de cuantos la escuchaban, y acreditó las alabanzas que
ella misma de su voz habia dicho, y satisfizo de todo en todo
los deseos que sus peregrinos tenian de escucharla

Cuatro estancias habia cantado, cuando entraron por la
puerta del templo unos forasteros, á quien la devocion y la
costumbre puso luego de rodillas, y la voz de Feliciana, que
todavía cantaba, puso tambien en admiracion, y uno de ellos,
que de anciana edad parecia, volviéndose á otro que estaba
á su lado, díjole «O aquella voz es de algun ángel de los
confirmados en gracia, ó es de mi hija Feliciana de la Voz

—¿Quién lo duda? respondió el otro, ella es, y la que no
será, si no yerra el golpe este mi brazo»; y diciendo esto,
echó mano á una daga, y con descompasados pasos, perdido
el color y turbado el sentido, se fué hácia donde Feliciana
estaba. El venerable anciano se arrojó tras él y le abrazó por
las espaldas, diciéndole «No es éste ¡oh hijo! teatro de miserias ni lugar de castigos; da tiempo al tiempo, que pues
no se nos puede huir esta traidora, no te precipites, y pensando castigar el ajeno delito, te eches sobre tí la pena de la
culpa propia »

Estas razones y alboroto selló la boca de Feliciana, y alborotó á los peregrinos y á todos cuantos en el templo estaban, los cuales no fueron parte para que su padre y hermano de Feliciana no la sacasen del templo á la calle, donde en un instante se juntó casi toda la gente del pueblo, con la justicia, que se la quitó á los que parecian más verdugos que hermano y padre. Estando en esta confusion, el padre dando voces por su hija y su hermano por su hermana, y la justicia defendiéndola hasta saber el caso, por una parte de la plaza entraron hasta seis de á caballo, que los dos dellos fueron luego conocidos de todos, por ser el uno don Francisco Pizarro y el otro don Juan de Orellana, los cuales, llegándose al tumulto de la gente, y con ellos otro caballero que con un velo de tafetan negro traia cubierto el rostro, preguntaron la causa de aquellas voces. Fuéles respondido que no se sabia otra cosa sino que la justicia queria defender aquella peregrina, á quien querian matar dos hombres que decian ser su hermano y su padre. Esto estaban oyendo don Francisco Pizarro y don Juan de Orellana, cuando el caballero embozado, arrojándose del caballo abajo sobre quien venia, poniendo mano á su espada y descubriéndose el rostro, se puso al lado de Feliciana y á grandes voces dijo: «En mí, en mí debeis, señores, tomar la enmienda del pecado de Feliciana, vuestra hija, si es tan grande que merezca muerte el casarse una doncella contra la voluntad de sus padres. Feliciana es mi esposa, y yo soy Rosanio, como veis, no de tan poca calidad, que no merezca que me deis por concierto lo que yo supe escoger por industria. Noble soy, de cuya nobleza os podré presentar testigos, riquezas tengo que la sustenten, y no será bien que lo que he ganado por ventura, me

lo quite Luis Antonio por vuestro gusto; y si os parece que
os he hecho ofensa de haber llegado á este punto de teneros
por señores sin sabiduría vuestra, perdonadme, que las fuerzas poderosas de amor suelen turbar los ingenios más entendidos, y el veros yo tan inclinados á Luis Antonio me
hizo no guardar el decoro que se os debia, de lo cual otra
vez os pido perdon »

Mientras Rosanio esto decia, Feliciana estaba pegada con
él, teniéndole asido por la pretina con la mano, toda temblando, toda temerosa y toda triste, y toda hermosa juntamente, pero ántes que su padre y hermano respondiesen
palabra, don Francisco Pizarro se abrazó con su padre, y
don Juan de Orellana con su hermano, que eran sus grandes
amigos. Don Francisco dijo al padre . «¿Dónde está vuestra
discrecion, señor don Pedro Tenorio? ¡Cómo! y ¿es posible
que vos mismo querais confesar vuestra ofensa? ¿No veis
que estos agravios, ántes que la pena, traen la disculpa consigo? ¿Qué tiene Rosanio, que no merezca á Feliciana, ó
qué le quedará á Feliciana de aquí adelante si pierde á Rosanio?»

Casi estas mismas ó semejantes razones decia don Juan de
Orellana á su hermano, añadiendo más, porque le dijo · «Señor don Sancho, nunca la cólera prometió buen fin de sus
ímpetus, ella es pasion del ánimo, y el ánimo apasionado
pocas veces acierta en lo que emprende Vuestra hermana
supo escoger buen marido, tomar venganza de que no se
guardaron las debidas ceremonias y respetos no será bien
hecho, porque os pondreis á peligro de derribar y echar por
tierra todo el edificio de vuestro sosiego. Mirad, señor don
Sancho, que tengo una prenda vuestra en mi casa, un so-

bino os tengo, que no le podreis negar si no os negais á vos mismo : tanto es lo que os parece.»

La respuesta que dió el padre á don Francisco fué llegarse á su hijo don Sancho y quitalle la daga de las manos, y luego fué á abrazar á Rosanio, el cual, dejándose derribar á los piés del que ya conoció ser su suegro, se los besó mil veces. Arrodillóse tambien ante su padre Feliciana, derramó lágrimas, envió suspiros, vinieron desmayos, la alegría discurrió por todos los circunstantes, ganó fama de prudente el padre, de prudente el hijo, y los amigos de discretos y bien hablados. Llevólos el Corregidor á su casa, regalólos el Prior del santo monasterio abundantísimamente, visitaron las reliquias los peregrinos, que son muchas, santísimas y ricas, confesaron sus culpas, recibieron los sacramentos, y en este tiempo, que fué el de tres dias, envió don Francisco por el niño que le habia llevado la labradora, que era el mismo que Rosanio dió á Periandro la noche que le dió la cadena, el cual era tan lindo, que el abuelo, puesta en olvido toda injuria, dijo, viéndole · «Que mil bienes haya la madre que te parió y el padre que te engendró»; y tomándole en sus brazos tiernamente, le bañó el rostro con lágrimas, y se las enjugó con besos y las limpió con sus canas Pidió Auristela á Feliciana le diese el traslado de los versos que habia cantado delante de la santísima imágen, la cual respondió que solamente habia cantado cuatro estancias, y que todas eran doce, dignas de ponerse en la memoria, y así las escribió, que eran éstas

> Antes que de la mente eterna fuera
> Saliesen los espiritus alados,
> Y ántes que la veloz ó tarda esfera

Tuviese movimientos señalados,
Y ántes que aquella escuridad primera
Los cabellos del sol viese dorados,
Fabricó para sí Dios una casa
De santísima, limpia y pura masa
   Los altos y fortísimos cimientos
Sobre humildad profunda se fundaron,
Y miéntras más á la humildad atentos,
Más la fábrica régia levantaron,
Pasó la tierra, pasó el mar, los vientos
Atras, como más bajos, se quedaron,
El fuego pasa, y con igual fortuna
Debajo de sus piés tiene la luna
   De fe son los pilares, de esperanza
Los muros esta fábrica bendita
Ciñe la caridad, por quien se alcanza
Duracion, como Dios, siempre infinita
Su recreo se aumenta en su templanza,
Su prudencia los grados facilita
Del bien que ha de gozar, por la grandeza
De su mucha justicia y fortaleza
   Adornan este alcázar soberano
Profundos pozos, perenales fuentes,
Huertos cerrados, cuyo fruto sano
Es bendicion y gloria de las gentes
Están á la siniestra y diestra mano
Cipreses altos, palmas eminentes,
Altos cedros, clarísimos espejos,
Que dan lumbre de gracia cerca y léjos
   El cinamomo, el plátano y la rosa
De Hiericó se halla en sus jardines,
Con aquella color, y áun más hermosa,
De los más abrasados querubines,
Del pecado la sombra tenebrosa
Ni llega ni se acerca á sus confines
Todo es luz, todo es gloria, todo es cielo,
Este edificio que hoy se muestra al suelo
   De Salomon el templo se nos muestra
Hoy con la perfecion á Dios posible,
Donde no se oyó golpe que la diestra
Mano diese á la obra convenible

Hoy haciendo de sí gloriosa muestra,
Salió la luz del sol inaccesible,
Hoy nuevo resplandor ha dado al dia
La clarísima estrella de María

    Antes que el sol la estrella hoy da su lumbre,
Prodigiosa señal, pero tan buena,
Que sin guardar de agueros la costumbre,
Deja el alma de gozo y bienes llena
Hoy la humildad se vió puesta en la cumbre,
Hoy comenzó á romperse la cadena
Del hierro antiguo, y sale al mundo aquella
Prudentísima Ester, que el sol más bella

    Niña de Dios, por nuestro bien nacida,
Tierna, pero tan fuerte, que la frente,
En soberbia maldad endurecida,
Quebrado habeis de la infernal serpiente,
Brinco de Dios, de nuestra muerte vida,
Pues vos fuisteis el medio conveniente
Que redujo á pacífica concordia
De Dios y el hombre la mortal discordia

    La justicia y la paz hoy se han juntado
En vos, Vírgen Santísima, y con gusto
El dulce beso de la paz se han dado,
Atra y señal del venidero Augusto
Del claro amanecer, del sol sagrado
Sois la primera aurora, sois del justo
Gloria, del pecador firme esperanza,
De la borrasca antigua la bonanza

    Sois la paloma que abeterno fuistes
Llamada desde el cielo, sois la esposa
Que al sacro Verbo limpia carne distes,
Por quien de Adan la culpa fué dichosa,
Sois el brazo de Dios, que detuvistes
De Abrahan la cuchilla rigurosa,
Y para el sacrificio verdadero
Nos distes el mansísimo Cordero

    Creced, hermosa planta, y dad el fruto
Presto en sazon, por quien el alma espera
Cambiar en ropa rozagante el luto
Que la gran culpa le vistió primera
De aquel inmenso y general tributo

La paga conveniente y verdadera
En vos se ha de fraguar: creced, Señora,
Que sois universal remediadora
        Ya en las empíreas sacrosantas salas
El paraninfo alígero se apresta,
O casi mueve las doradas alas,
Para venir con la embajada honesta,
Que el olor de virtud que de tí exhalas,
Vírgen bendita, sirve de recuesta
Y apremio á que se vea en tí muy presto
Del gran poder de Dios echado el resto

Estos fueron los versos que comenzó á cantar Feliciana,
y los que dió por escrito despues, que fueron de Auristela
más estimados que entendidos En resolucion, las paces de
los desavenidos se hicieron, Feliciana, esposo, padre y hermano se volvieron á su lugar, dejando órden á don Francisco
Pizarro y don Juan de Orellana les enviasen el niño, pero
no quiso Feliciana pasar el disgusto que da el esperar, y así
se le llevó consigo, con cuyo suceso quedaron todos alegres

CAPITULO VI.

Prosiguen su viaje, encuentran una vieja peregrina, y un polaco que les cuenta
su vida

Cuatro dias se estuvieron los peregrinos en Guadalupe,
en los cuales comenzaron á ver las grandezas de aquel santo
monasterio, digo comenzaron, porque acabarlas de ver es
imposible Desde allí se fueron á Trujillo, adonde asimismo
fueron agasajados de los dos nobles caballeros don Francisco
Pizarro y don Juan de Orellana, y allí de nuevo refirieron
el suceso de Feliciana, y ponderaron, al par de su voz, su

discrecion y el buen proceder de su hermano y de su padre, exagerando Auristela los corteses ofrecimientos que Feliciana le habia hecho al tiempo de su partida. La ida de Trujillo fué de allí á dos dias la vuelta de Talavera, donde hallaron que se preparaba para celebrar la gran fiesta de la Monda, que trae su orígen de muchos años ántes que Cristo naciese, reducida por los cristianos á tan buen punto y término, que si entónces se celebraba en honra de la diosa Vénus por la gentilidad, ahora se celebra en honra y alabanza de la Vírgen de las vírgenes. Quisieran esperar á verla, pero por no dar más espacio á su espacio, pasaron adelante, y se quedaron sin satisfacer su deseo.

Seis leguas se habrian alongado de Talavera, cuando delante de sí vieron que caminaba una peregrina, tan peregrina, que iba sola, y excusóles el darla voces á que se detuviese, el haberse ella sentado sobre la verde yerba de un pradecillo, ó ya convidada del ameno sitio, ó ya obligada del cansancio Llegaron á ella, y hallaron ser de tal talle, que nos obliga á describirle la edad, al parecer, salia de los términos de la mocedad y tocaba en las márgenes de la vejez, el rostro daba en rostro, porque la vista de un lince no alcanzara á verle las narices, porque no las tenia sino tan chatas y llanas, que con unas pinzas no le pudieran asir una brizna de ellas. Los ojos les hacian sombra, porque más salian fuera de la cara que ella, el vestido era una esclavina rota, que le besaba los calcañares, sobre la cual traia una muceta, la mitad guarnecida de cuero, que por roto y despedazado no se podia distinguir si de cordoban ó si de badana fuese, ceñíase con un cordon de esparto, tan abultado y poderoso, que más parecia gúmena de galera que cordon de peregrina, las tocas eran bastas, pero limpias y blancas Cubríale la cabeza un sombrero viejo, sin cordon ni toquilla, y los piés unos alpargates rotos, y ocupábale la mano un bordon hecho á manera de cayado, con una punta de acero al fin, pendíale del lado izquierdo una calabaza de más que mediana estatura, y apesgábale el cuello un rosario, cuyos padrenuestros eran mayores que algunas bolas de las con que juegan los muchachos al argolla En efeto, toda ella era rota y toda penitente, y como despues se echó de ver, toda de mala condicion.

Saludáronla en llegando, y ella les volvió las saludes con la voz que podia prometer la chatedad de sus narices, que fué más gangosa que suave Preguntáronla dónde iba y qué peregrinacion era la suya, y diciendo y haciendo, convidados, como ella, del ameno sitio, se le sentaron á la redonda, dejaron pacer el bagaje, que les servia de recámara, de despensa y botillería, y satisfaciendo á la hambre, alegremente la convidaron, y ella, respondiendo á la pregunta que la habian hecho, dijo «Mi peregrinacion es la que usan algunos peregrinos, quiero decir, que siempre es la que más cerca les viene á cuento para disculpar su ociosidad, y así me parece que será bien deciros que por ahora voy á la gran ciudad de Toledo á visitar á la devota imágen del Sagrario, y desde allí me iré al Niño de la Guardia, y dando una punta, como halcon noruego, me entretendré con la Santa Verónica de Jaen, hasta hacer tiempo de que llegue el último domingo de Abril, en cuyo dia se celebra en las entrañas de Sierra Morena, tres leguas de la ciudad de Andújar, la fiesta de Nuestra Señora de la Cabeza, que es una de las fiestas que en todo lo descubierto de la tierra se celebra tal, segun he oido decir, que ni las pasadas fiestas de la gentilidad, á quien imita la de la Monda de Talavera, no le han hecho ni le pueden hacer ventaja. Bien quisiera yo, si fuera posible, sacarla de la imaginacion, donde la tengo fija, y pintárosla con palabras y ponérosla delante de la vista, para que, comprendiéndola, viérades la mucha razon que tengo de alabárosla, pero ésta es carga para otro ingenio no tan estrecho como el mio En el rico palacio de Madrid, morada de los reyes, en una galería está retratada esta fiesta con la puntualidad posible · allí está el monte, ó por mejor decir, peñasco, en cuya cima está el monasterio, que deposita en sí una santa imágen llamada de la Cabeza, que tomó el nombre de la peña donde habita, que antiguamente se llamó el Cabezo, por estar en la mitad de un llano libre y desembarazado, solo y señero de otros montes ni peñas que lo rodeen, cuya altura será de hasta un cuarto de legua, y cuyo circuito debe de ser poco más de media En este espacioso y ameno sitio tiene su asiento, siempre verde y apacible por el humor que le comunican las aguas del rio Jandula, que de paso, como en reverencia, le besa las faldas El lugar, la peña, la imágen, los milagros, la infinita gente que acude de cerca y léjos, el solemne dia que he dicho, le hacen famoso en el mundo y célebre en España, sobre cuantos lugares las más extendidas memorias se acuerdan.»

Suspensos quedaron los peregrinos de la relacion de la nueva, aunque vieja, peregrina, y casi les comenzó á bullir en el alma la gana de irse con ella á ver tantas maravillas, pero la que llevaban de acabar su camino no dió lugar á que nuevos deseos lo impidiesen. «Desde allí, prosiguió la peregrina, no sé qué viaje será el mio, aunque sé que no

me ha de faltar dónde ocupe la ociosidad y entretenga el
tiempo, como lo hacen, como ya he dicho, algunos peregrinos que se usan.» A lo que dijo Antonio el padre.
«Paréceme, señora peregrina, que os da en el rostro la peregrinacion.

—Eso no, respondió ella, que bien sé que es justa, santa
y loable, y que siempre la ha habido y la ha de haber en
el mundo, pero estoy mal con los malos peregrinos, como
son los que hacen granjería de la santidad, y ganancia infame
de la virtud loable · con aquellos, digo, que saltean la limosna de los verdaderos pobres, y no digo más, aunque
pudiera »

En esto, por el camino real que junto á ellos estaba
vieron venir á un hombre á caballo, que llegando á igualar
con ellos, al quitarles el sombrero para saludarles y hacerles
cortesía, habiendo puesto la cabalgadura, como despues pareció, la mano en un hoyo, dió consigo y con su dueño
al traves una gran caida Acudieron todos luego á socorrer
al caminante, que pensaron hallar muy mal parado. Ar-
rendó Antonio el mozo la cabalgadura, que era un poderoso
macho, y al dueño le abrigaron lo mejor que pudieron, y
le socorrieron con el remedio más ordinario que en tales
casos se usa, que fué darle á beber un golpe de agua, y hallando que su mal no era tanto como pensaban, le dijeron
que bien podia volver á subir y á seguir su camino; el cual
hombre les dijo : «Quizá, señores peregrinos, ha permitido
la suerte que yo haya caido en este llano para poder levantarme de los riesgos donde la imaginacion me tiene puesta
el alma Yo, señores, aunque no querais saberlo, quiero que
sepais que soy extranjero y de nacion polaco; muchacho

salí de mi tierra, y vine á España como á centro de extranjeros y á madre comun de las naciones, serví á españoles, aprendí la lengua castellana de la manera que veis que la hablo, y llevado del general deseo que todos tienen de ver tierras, vine á Portugal á ver la gran ciudad de Lisboa, y la misma noche que entré en ella me sucedió un caso, que si lo creyéredes, hareis mucho, y si no, no importa nada, puesto que la verdad ha de tener siempre su asiento, aunque sea en sí misma.»

Admirados quedaron Periandro y Auristela y los demas compañeros de la improvisa y concertada narracion del caido caminante, y con gusto de escuchalle, le dijo Periandro que prosiguiese en lo que decir queria, que todos le darian crédito, porque todos eran corteses y en las cosas del mundo experimentados. Alentado con esto el caminante, prosiguió diciendo : «Digo que la primera noche que entré en Lisboa, yendo por una de sus principales calles, ó ruas, como ellos las llaman, por mejorar de posada, que no me habia parecido bien una donde me habia apeado, al pasar de un lugar estrecho y no muy limpio, un embozado portugues con quien encontré me desvió de sí con tanta fuerza, que tuve necesidad de arrimarme al suelo Despertó el agravio la cólera, remití mi venganza á mi espada, puse mano, púsola el portugues con gallardo brío y desenvoltura, y la ciega noche y la fortuna, más ciega á la luz de mi mejor suerte, sin saber yo á dónde, encaminó la punta de mi espada á la vista de mi contrario, el cual, dando de espaldas, dió el cuerpo al suelo y el alma á donde Dios sabe. Luego me representó el temor lo que habia hecho : pasméme, puse en el huir mi remedio; quise huir, pero no sabia á dónde; mas el rumor

de la gente que me pareció que acudia me puso alas en los
piés, y con pasos desconcertados volví la calle abajo, buscando dónde esconderme ó adónde tener lugar de limpiar
mi espada, porque si la justicia me cogiese, no me hallase
con manifiestos indicios de mi delito Yendo pues así, ya del
temor desmayado, vi una luz en una casa principal, y arro-
jéme á ella, sin saber con qué disinio · hallé una sala baja
abierta y muy bien aderezada, alargué el paso y entré en
otra cuadra tambien bien aderezada, y llevado de la luz que
en otra cuadra parecia, hallé en un rico lecho echada una señora, que, alborotada, sentándose en él, me preguntó quién
era, qué buscaba y á dónde iba, y quién me habia dado licencia de entrar hasta allí con tan poco respeto. Yo le respondí «Señora, á tantas preguntas no os puedo responder
sino sólo con deciros que soy un hombre extranjero, que, á
lo que creo, dejo muerto á otro en esa calle, más por su desgracia y su soberbia que por mi culpa Suplícoos por Dios
y por quien sois que me escapeis del rigor de la justicia,
que pienso que me viene siguiendo

»—¿Sois castellano? me preguntó en su lengua portuguesa.

»—No, señora, le respondí yo, sino forastero, y bien léjos desta tierra

»—Pues aunque fuérades mil veces castellano, replicó ella,
os librara yo si pudiera, y os libraré si puedo Subid por
cima deste lecho, y entráos debajo deste tapiz, y entráos en
un hueco que aquí hallareis, y no os movais, que si la justicia viniere, me tendrá respeto, y creerá lo que yo quisiere
deciles »

»Hice luego lo que me mandó alcé el tapiz, hallé el

hueco, estrechéme en él, recogí el aliento y comencé á en-
comendarme á Dios lo mejor que pude; y estando en esta
confusa afliccion, entró un criado de casa, diciendo casi á
gritos : «Señora, á mi señor don Duarte han muerto; aquí
le traen pasado de una estocada de parte á parte por el ojo
derecho, y no se sabe el matador ni la ocasion de la pendencia, en la cual apénas se oyeron los golpes de las espadas, solamente hay un muchacho que dice que vió entrar
un hombre huyendo en esta casa

»—Este debe de ser el matador sin duda, respondió la
señora, y no podia escaparse. ¡Cuántas veces temia yo ¡ay
desdichada! ver que traian á mi hijo sin vida, porque de su
arrogante proceder no se podian esperar sino desgracias!»

»En esto, en hombros de otros cuatro entraron al muerto,
y le tendieron en el suelo delante de los ojos de la afligida
madre, la cual con voz lamentable comenzó á decir : «¡Ay
venganza, y cómo me estás llamando á las puertas del alma!
pero no consiente que responda á tu gusto el que yo tengo
de guardar mi palabra ¡Ay, con todo esto, dolor, que me
aprietas mucho!» Considerad, señores, cuál estaria mi corazon oyendo las apretadas razones de la madre, á quien la
presencia del muerto hijo me parecia á mí que le ponia en
las manos mil géneros de muertes con que de mí se vengase, que bien estaba claro que habia de imaginar que yo era
el matador de su hijo Pero ¿qué podia yo hacer entónces,
sino callar y esperar en la misma desesperacion? y más cuando
entró en el aposento la justicia, que con comedimiento dijo
á la señora «Guiados por la voz de un muchacho, que dice
que se entró en esta casa el homicida deste caballero, nos
hemos atrevido á entrar en ella » Entónces yo abrí los oidos,

y estuve atento á las respuestas que daría la afligida madre,
la cual respondió, llena el alma de generoso ánimo y de
piedad cristiana «Si ese tal hombre ha entrado en esta casa,
no á lo ménos en esta estancia; por allá le pueden buscar,
aunque plegue á Dios que no le hallen, porque mal se re-
media una muerte con otra, y más cuando las injurias no
proceden de malicia »

»Volvióse la justicia á buscar la casa, y volvieron en mí
los espíritus que me habían desamparado; mandó la señora
quitar delante de sí el cuerpo muerto del hijo, y que le
amortajasen y desde luego diesen órden en su sepultura,
mandó asimismo que la dejasen sola, porque no estaba para
recebir consuelos y pésames de infinitos que venían á dár-
selos, así de parientes como de amigos y conocidos. Hecho
esto, llamó á una doncella suya, que, á lo que pareció, debió de ser de la que más se fiaba, y habiéndola hablado al
oido, la despidió, mandándole cerrase tras sí la puerta, ella
lo hizo así, y la señora, sentándose en el lecho, tentó el tapiz, y á lo que pienso, me puso las manos sobre el corazon,
el cual, palpitando apriesa, daba indicios del temor que le
cercaba; ella viendo lo cual, me dijo con baja y lastimada
voz «Hombre, quien quiera que seas, ya ves que me has
quitado el aliento de mi pecho, la luz de mis ojos, y finalmente la vida que me sustentaba, pero, porque entiendo que
ha sido sin culpa tuya, quiero que se oponga mi palabra á
mi venganza, y así, en cumplimiento de la promesa que te
hice de librarte cuando aquí entraste, has de hacer lo que
ahora te diré Ponte las manos en el rostro, porque si yo
me descuido en abrir los ojos no me obligues á que te conozca, y sal de ese encerramiento, y sigue á una mi don-

cella, que ahora vendía aquí, la cual te pondrá en la calle y te dará cien escudos de oro con que facilites tu remedio. No eres conocido, no tienes ningun indicio que te manifieste, sosiega el pecho, que el alboroto demasiado suele descubrir el delincuente »

»En esto volvió la doncella, yo salí detras del paño, cubierto el rostro con la mano, y en señal de agradecimiento, hincado de rodillas, besé el pié de la cama muchas veces, y luego seguí los de la doncella, que, asimismo callando, me asió del brazo, y por la puerta falsa de un jardin, á escuras, me puso en la calle. En viéndome en ella, lo primero que hice fué limpiar la espada, y con sosegado paso salí acaso á una calle principal, de donde reconocí mi posada, y me encontré en ella como si por mí no hubiera pasado ni próspero suceso ni adverso, contóme el huésped la desgracia del recien muerto caballero, y así exageró la grandeza de su linaje como la arrogancia de su condicion, de la cual se creia le habria granjeado algun enemigo secreto que á semejante término le hubiese conducido. Pasé aquella noche dando gracias á Dios de las recebidas mercedes, y ponderando el valeroso y nunca visto ánimo cristiano y admirable proceder de doña Guiomar de Sosa, que así supe se llamaba mi bienhechora. Salí por la mañana al rio, y hallé en él un barco lleno de gente, que se iba á embarcar en una gran nave que en Sangian estaba de partida para las Indias Orientales, volvíme á mi posada, vendí á mi huésped la cabalgadura, y cerrando todos mis discursos en el puño, volví al rio y al barco, y otro dia me hallé en el gran navío fuera del puerto, dadas las velas al viento, siguiendo el camino que se deseaba.

»Quince años he estado en las Indias, en los cuales, sirviendo de soldado con valentísimos portugueses, me han
sucedido cosas de que quizá pudiera hacer una gustosa y
verdadera historia, especialmente de las hazañas de la en
aquellas partes invencible nacion portuguesa, dignas de perpétua alabanza en los presentes y venideros siglos, allí gran-
jeé algun oro y algunas perlas, y cosas más de valor que de
bulto, con las cuales, y con la ocasion de volverse mi general á Lisboa, volví á ella, y de allí me puse en camino para
volverme á mi patria, determinando ver primero todas las
mejores y más principales ciudades de España Reduje á
dineros mis riquezas, y á pólizas lo que me pareció ser necesario para mi camino, que fué el que primero intenté venir á Madrid, donde estaba recien venida la córte del gran
Felipe III, pero ya mi suerte, cansada de llevar la nave de
mi ventura con próspero viento por el mar de la vida humana, quiso que diese en un bajío que la destrozase toda, y
ansí hizo que en llegando una noche á Talavera, un lugar
que no está léjos de aquí, me apeé en un meson, que no
me sirvió de meson, sino de sepultura, pues en el hallé la
de mi honra

»¡Oh fuerzas poderosas de amor, de amor, digo, incon-
siderado, presuroso y lascivo y mal intencionado, y con
cuánta facilidad atropellas disinios buenos, intentos castos,
proposiciones discretas! Digo, pues, que estando en este meson, entró en él acaso una doncella de hasta diez y seis años,
á lo ménos á mí no me pareció de más, puesto que despues
supe que tenia veinte y dos, venia en cuerpo y en tranzado,
vestida de paño, pero limpísima, y al pasar junto á mí, me
pareció que olia á un prado lleno de flores por el mes de

mayo, cuyo olor en mis sentidos dejó atras las aromas de
Arabia, llegóse la cual á un mozo del meson, y hablándole
al oido, alzó una gran risa, y volviendo las espaldas, salió
del meson y se entró en una casa frontera. El mozo mesonero corrió tras ella, y no la pudo alcanzar sino fué con una
coz que le dió en las espaldas, que la hizo entrar cayendo
de ojos en su casa, esto vió otra moza del mismo meson, y
llena de cólera, dijo al mozo· «Por Dios, Alonso, que lo
haces mal, que no merece Luisa que la santigues á coces

»—Como ésas le daré yo si vivo, respondió el Alonso
Calla, Martina amiga, que estas mocitas sobresalientes, no
solamente es menester ponerles la mano, sino los piés y
todo»; y con esto, nos dejó solos á mí y á Martina, á la
cual le pregunté que qué Luisa era aquella, y si era casada
ó no

»—No es casada, respondió Martina, pero serálo presto
con este mozo Alonso que habeis visto; y en fe de los tratos
que andan entre los padres della y los dél, de esposa, se
atreve Alonso á molella á coces todas las veces que se le an-
toja, aunque muy pocas son sin que ella las merezca, porque, si va á decir la verdad, señor huésped, la tal Luisa es
algo atrevidilla y algun tanto libre y descompuesta. Harto
se lo he dicho yo, mas no aprovecha, no dejará de seguir
su gusto si la sacan los ojos Pues en verdad, en verdad, que
una de las mejores dotes que puede llevar una doncella es la
honestidad, que buen siglo haya la madre que me parió, que
fué persona que no me dejó ver la calle ni áun por un agu-
jero, cuanto más salir al umbral de la puerta, sabia bien,
como ella decia, que la mujer y la gallina, etc

»—Dígame, señora Martina, le repliqué yo· ¿cómo de

la estrecheza dese noviciado vino á hacer profesion en la anchura de un meson?

»—Hay mucho que decir en eso», dijo Martina; y áun yo tuviera más que decir destas menudencias, si el tiempo lo pidiera ó el dolor que traigo en el alma lo permitiera.»

CAPITULO VII

Donde el polaco da fin á la narracion de su historia

Con atencion escuchaban los peregrinos el peregrino cuento del polaco, y deseaban saber qué dolor traia en el alma, como sabian el que debia tener en el cuerpo; á quien dijo Periandro. «Contad, señor, lo que quisiéredes y con las menudencias que quisiéredes, que muchas veces el contarlas suele acrecentar gravedad al cuento, que no parece mal estar en la mesa de un banquete, junto á un faisan bien aderezado, un plato de una fresca, verde y sabrosa ensalada. La salsa de los cuentos es la propiedad del lenguaje en cualquiera cosa que se diga; así que, señor, seguid vuestra historia, contad de Alonso y de Martina, acocead á vuestro gusto á Luisa, casadla ó no la caseis, séase ella libre y desenvuelta como un cernícalo, que el toque no está en sus desenvolturas, sino en sus sucesos, segun lo hallo yo en mi astrología.

—Digo pues, señores, respondió el polaco, que usando de esa buena licencia, no me quedará cosa en el tintero, que no la ponga en la plana de vuestro juicio. Con todo el que entónces tenia, que no debia de ser mucho, fuí y vine una

y muchas veces aquella noche á pensar en el donaire, en la
gracia y en la desenvoltura de la sin par, á mi parecer, ni
sé si la llame vecina, moza ó conocida de mi huéspeda
Hice mil disinios, fabriqué mil torres de viento, caséme,
tuve hijos y dí dos higas al qué dirán, y finalmente, me
resolví de dejar el primer intento de mi jornada, y quedarme en Talavera, casado con la diosa Vénus, que no ménos
hermosa me pareció la muchacha, aunque acoceada por el
mozo del mesonero Pasóse aquella noche, tomé el pulso á
mi gusto, y halléle tal, que á no casarme con ella, en poco
espacio de tiempo habia de perder, perdiendo el gusto, la
vida, que ya habia depositado en los ojos de mi labradora; y
atropellando por todo género de inconvenientes, determiné
de hablar á su padre, pidiéndosela por mujer Enseñéle mis
perlas, manifestéle mis dineros, díjele alabanzas de mi ingenio y de mi industria, no sólo para conservailos, sino
para aumentailos, y con estas razones y con el alarde que
le habia hecho de mis bienes, vino, más blando que un
guante, á condescender con mi deseo, y más cuando vió que
yo no reparaba en dote, pues con sola la hermosura de su
hija me tenia por pagado, contento y satisfecho deste concierto.

»Quedó Alonso despechado; Luisa, mi esposa, rostrituerta,
como lo dieron á entender los sucesos que de allí á quince
dias acontecieron con dolor mio y sin vergüenza suya, que
fueron acomodaise mi esposa con algunas joyas y dineros
mios, con los cuales, y con ayuda de Alonso, que le puso
alas en la voluntad y en los piés, desapareció de Talavera,
dejándome burlado y arrepentido, y dando ocasion al pueblo á que de su inconstancia y bellaquería en corrillos ha-

blasen. Hízome el agravio acudir á la venganza, pero no hallé en quién tomarla sino en mí propio, que con un lazo estuve mil veces para ahorcarme, pero la suerte, que quizá para satisfacerme de los agravios que me tiene hechos me guarda, ha ordenado que mis enemigos hayan parecido presos en la cárcel de Madrid, de donde he sido avisado que vaya á ponerles la demanda y á seguir mi justicia, y así voy con voluntad determinada de sacar con su sangre las manchas de mi honra, y con quitarles las vidas, quitar de sobre mis hombros la pesada carga de su delito, que me trae aterrado y consumido. Vive Dios, que han de morir, vive Dios, que me he de vengar, vive Dios, que ha de saber el mundo que no sé disimular agravios, y más los que son tan dañosos, que se entran hasta las médulas del alma A Madrid voy, ya estoy mejor de mi caida, no hay sino ponerme á caballo, y guárdense de mí hasta los mosquitos del aire, y no me lleguen á los oidos ni ruegos de frailes, ni llantos de personas devotas, ni promesas de bien intencionados corazones, ni dádivas de ricos, ni imperios, ni mandamientos de grandes, ni toda la caterva que suele proceder á semejantes acciones, que mi honra ha de andar sobre su delito, como el aceite sobre el agua.» Y diciendo esto, se iba á levantar muy ligero, para volver á subir y á seguir su viaje, viendo lo cual Periandro, asiéndole del brazo, le detuvo y le dijo «Vos, señor, ciego de vuestra cólera, no echais de ver que vais á dilatar y á extender vuestra deshonra, hasta agora no estáis más deshonrado de entre los que os conocen en Talavera, que deben de ser bien pocos, y agora vais á serlo de los que os conocerán en Madrid. Quereis ser como el labrador que crió la víbora ó serpiente en el seno todo el

invierno, y por merced del cielo, cuando llegó el verano,
donde ella pudiera aprovecharse de su ponzoña, no la halló,
porque se había ido, el cual, sin agradecer esta merced al
cielo, quiso irla á buscar y á volverla á anidar en su casa y
en su seno, no mirando ser suma prudencia no buscar el
hombre lo que no le está bien hallar, y á lo que comunmente se dice, que al enemigo que huye puente de plata,
y el mayor que el hombre tiene, suele decirse que es la
mujer propia. Pero esto debe de ser en otras religiones que
en la cristiana, entre las cuales los matrimonios son una
manera de concierto y conveniencia, como lo es el de al-
quilar una casa ú otra alguna heredad; pero en la religion
católica el casamiento es sacramento que sólo se desata con
la muerte ó con otras cosas que son más duras que la misma muerte, las cuales pueden excusar la cohabitacion de
los dos casados, pero no deshacer el nudo con que ligados
fueron. ¿Qué pensais que os sucederá cuando la justicia os
entregue á vuestros enemigos atados y rendidos, encima
de un teatro público, á la vista de infinitas gentes, y á vos
blandiendo el cuchillo encima del cadalso, amenazando el
segarles las gargantas, como si pudiera su sangre limpiar,
como vos decis, vuestra honra? ¿Qué os puede suceder,
como digo, sino hacer más público vuestro agravio? porque
las venganzas castigan, pero no quitan las culpas, y las que
en estos casos se cometen, como la enmienda no proceda de
la voluntad, siempre se están en pié y siempre están vivas
en las memorias de las gentes, á lo ménos en tanto que vive
el agraviado Así que, señor, volved en vos, y dando lugar
á la misericordia, no corrais tras la justicia Y no os aconsejo
por esto á que perdoneis á vuestra mujer para volvella á

vuestra casa, que á esto no hay ley que os obligue, lo que
os aconsejo es que la dejeis, que es el mayor castigo que
podreis darle : vivid léjos della, y vivireis, lo que no hareis
estando juntos, porque morireis contínuo La ley del repu-
dio fué muy usada entre los romanos, y puesto que sería
mayor caridad perdonarla, recogerla, sufrirla y aconsejarla,
es menester tomar el pulso á la paciencia, y poner en un
punto extremado á la discrecion, de la cual pocos se pueden
fiar en esta vida, y más cuando la contrastan inconvenientes
tantos y tan pesados; y finalmente, quiero que considereis
que vais á hacer un pecado mortal en quitarles las vidas,
que no se ha de cometer por todas las ganancias que la honra
del mundo ofrezca »

Atento estuvo á estas razones de Periandro el colérico
polaco, y mirándole de hito en hito, respondió · «Tú, señor,
has hablado sobre tus años : tu discrecion se adelanta á tus
dias, y la madurez de tu ingenio á tu verde edad, un ángel
te ha movido la lengua, con la cual has ablandado mi voluntad, pues ya no es otra la que tengo, sino es la de volverme á mi tierra á dar gracias al cielo por la merced que
me ha hecho Ayúdame á levantar; que si la cólera me volvió las fuerzas, no es bien que me las quite mi bien considerada paciencia.

—Eso haremos todos de muy buena gana», dijo Antonio
el padre; y ayudándole á subir en el macho, abrazándoles á
todos primero, dijo que queria volver á Talavera á cosas que
á su hacienda tocaban, y que desde Lisboa volveria por la
mar á su patria. Díjoles su nombre, que se llamaba Ortel
Banedre, que respondia en castellano Martin Banedre, y
ofreciéndoseles de nuevo á su servicio, volvió las riendas há-

cia Talavera, dejando á todos admirados de sus sucesos y del buen donaire con que los habia contado.

Aquella noche la pasaron los peregrinos en aquel mismo lugar, y de allí á dos dias, en compañía de la antigua peregrina, llegaron á la Sagra de Toledo y á vista del celebrado Tajo, famoso por sus arenas y claro por sus líquidos cristales

CAPITULO VIII

De cómo los peregrinos llegaron á la villa de Ocaña, y el agradable suceso que les avino en el camino

No es la fama del rio Tajo tal, que la cierren límites ni la ignoren las más remotas gentes del mundo, que á todos se extiende y á todos se manifiesta, y en todos hace nacer un deseo de conocerle, y como es uso de los setentrionales ser toda la gente principal versada en la lengua latina y en los antiguos poetas, éralo asimismo Periandro, como uno de los más principales de aquella nacion, y así por esto, como por haber mostrádose á la luz del mundo, aquellos dias, las famosas obras del jamas alabado como se debe poeta Garcilaso de la Vega, y haberlas él visto, leido, mirado y admirado, así como vió al claro rio, dijo: «No dirémos: *Aquí dió fin á su cantar Salicio*, sino Aquí dió principio á su cantar Salicio, aquí sobrepujó en sus églogas á sí mismo, aquí resonó su zampoña, á cuyo són se detuvieron las aguas deste rio, no se movieron las hojas de los árboles, y parándose los vientos, dieron lugar á que la admiracion de su canto fuese de lengua en lengua y de gente en gente por todas las de la tierra ¡Oh venturosas, pues, cristalinas aguas, doradas arenas, ¿qué digo yo doradas? ántes de puro oro nacidas! Recoged á este pobre peregrino, que como desde léjos os adora, os piensa reverenciar desde cerca.» Y poniendo la vista en la gran ciudad de Toledo, fué esto lo que dijo: «¡Oh peñascosa pesadumbre, gloria de España y luz de sus ciudades, en cuyo seno han estado guardadas por infinitos siglos las reliquias de los valientes godos, para volver á resucitar su muerta gloria, y á ser claro espejo y depósito de católicas ceremonias! Salve, pues, ¡oh ciudad santa! y da lugar que en tí le tengan éstos que venimos á verte.»

Esto dijo Periandro, que lo dijera mejor Antonio el padre, si tan bien como él lo supiera, porque las lecciones de los libros muchas veces hacen más cierta experiencia de las cosas, que no la tienen los mismos que las han visto, á causa que el que lee con atencion repara una y muchas veces en lo que va leyendo, y el que mira sin ella no repara en nada, y con esto excede la leccion á la vista. Casi en este mismo instante resonó en sus oidos el són de infinitos y alegres instrumentos, que por los valles que la ciudad rodean se extendian, y vieron venir hácia donde ellos estaban, escuadrones no armados de infantería, sino montones de doncellas sobre el mismo sol hermosas, vestidas á lo villano, llenas de sartas y patenas los pechos, en quien los corales y la plata tenian su lugar y asiento, con más gala que las perlas y el oro, que aquella vez se hurtó de los pechos y se acogió á los cabellos, que todos eran luengos y rubios como el mismo oro. Venian, aunque sueltos por las espaldas, recogidos en la cabeza con verdes guirnaldas de olorosas flores; campeó aquel dia y en ellas, ántes la palmilla de Cuenca que el damasco de Milan

y el raso de Florencia; finalmente, la rusticidad de sus galas
se aventajaba á las más ricas de la córte, porque si en ellas
se mostraba la honesta medianía, se descubria asimismo la
extremada limpieza. Todas eran flores, todas rosas, todas
donaire, y todas juntas componian un honesto movimiento,
aunque de diferentes bailes formado, el cual movimiento era
incitado del són de los diferentes instrumentos ya referidos.

Al rededor de cada escuadron andaban por de fuera, de
blanquísimo lienzo vestidos, y con paños labrados rodeadas
las cabezas, muchos zagales, ó ya sus parientes, ó ya sus conocidos, ó ya vecinos de sus mismos lugares. Uno tocaba el
tamboril y la flauta, otro el salterio, éste las sonajas, y aquel
los albogues, y de todos estos sones redundaba uno solo, que
alegraba con la concordancia, que es el fin de la música, y
al pasar uno destos escuadrones ó junta de bailadoras doncellas por delante de los peregrinos, uno, que, á lo que despues
pareció, era el alcalde del pueblo, asió á una de aquellas doncellas del brazo, y mirándola muy bien de arriba abajo, con
voz alterada y de mal talante le dijo : «¡Ah Tozuelo, Tozuelo, y qué de poca verguenza os acompaña! ¿bailes son
éstos para ser profanados? ¿fiestas son éstas para no llevarlas
sobre las niñas de los ojos? No sé yo cómo consienten los
cielos semejantes maldades. Si esto ha sido con sabiduría de
mi hija Clementa Cobeña, por Dios que nos han de oir los
sordos.»

Apénas acabó de decir esta palabra el Alcalde, cuando llegó
otro alcalde y le dijo : «Pedro Cobeño, si os oyesen los sordos,
sería hacer milagros; contentáos con que nosotros nos oiga-
mos á nosotros, y sepamos en que os ha ofendido mi hijo
Tozuelo; que si él ha delinquido contra vos, justicia soy yo,

que le podré y sabré castigar»; á lo que respondió Cobeño
«El delinquimiento ya se ve, pues siendo varon va vestido
de hembra, y no de hembra como quiera, sino de doncella
de su Majestad en sus fiestas, porque veais, Alcalde Tozuelo,
si es mocosa la culpa Témome que mi hija Cobeña anda
por aquí, porque estos vestidos de vuestro hijo me parecen
suyos, y no querría que el diablo hiciese de las suyas, y sin
nuestra sabiduría los juntase sin las bendiciones de la Iglesia,
que ya sabeis que estos casorios hechos á hurtadillas por la
mayor parte pararon en mal, y dan de comer á los de la
audiencia clerical, que es muy carera.»

A esto respondió por Tozuelo una doncella labradora, de
muchas que se pararon á oir la plática : «Si va á decir la
verdad, señores alcaldes, tan marida es Mari Cobeña de
Tozuelo, y él marido della, como lo es mi madre de mi
padre, y mi padre de mi madre, ella está en cinta, y no está
para danzar ni bailar cásenlos, y váyase el diablo para malo,
y á quien Dios se la dió, San Pedro se la bendiga

—Par Dios, hija, respondió Tozuelo, vos decis muy bien,
entrambos son iguales, no es más cristiano viejo el uno que
el otro; las riquezas se pueden medir con una misma vara.

—Agora bien, replicó Cobeño, llamen aquí á mi hija,
que ella lo deslindará todo, que no es nada muda »

Vino Cobeña, que no estaba léjos, y lo primero que dijo
fué : «Ni yo he sido la primera, ni seré la postrera que haya
tropezado y caido en estos barrancos; Tozuelo es mi esposo,
y yo su esposa, y perdónenos Dios á entrambos, cuando
nuestros padres no quisieren

—Eso sí, hija, dijo su padre, la verguenza por los cerros
de Ubeda ántes que en la cara, pero, pues esto está ya hecho,

bien será que el Alcalde Tozuelo se sirva de que este caso pase adelante, pues vosotros no le habeis querido dejar atras

—Par diez, dijo la doncella primera, que el señor Alcalde Cobeño ha hablado como un viejo, dénse estos niños las manos, si es que no se las han dado hasta agora, y queden para en uno, como lo manda la Santa Iglesia nuestra madre, y vamos con nuestro baile al olmo, que no se ha de estorbar nuestra fiesta por niñerías » Vino Tozuelo con el parecer de la moza, diéronse las manos los donceles, acabóse el pleito, y pasó el baile adelante, que si con esta brevedad se acabaran todos los pleitos, secas y peladas estuvieran las solícitas plumas de los escribanos. Quedaron Periandro, Auristela y los demas peregrinos contentísimos de haber visto la pendencia de los dos amantes, y admirados de ver la hermosura de las labradoras doncellas, que parecian todas á una mano, que eran principio, medio y fin de la humana belleza.

No quiso Periandro que entrasen en Toledo, porque así se lo pidió Antonio el padre, á quien aguijaba el deseo que tenia de ver á su patria y á sus padres, que no estaban léjos, diciendo que para ver las grandezas de aquella ciudad, convenia más tiempo que el que su priesa les ofrecia Por esta misma razon tampoco quisieron pasar por Madrid, donde á la sazon estaba la córte, temiendo algun estorbo que su camino les impidiese. Confirmóles en este parecer la antigua peregrina, diciéndoles que andaban en la córte ciertos pequeños que tenian fama de ser hijos de grandes, que aunque pájaros noveles, se abatian al señuelo de cualquier mujer hermosa, de cualquiera calidad que fuese; que el amor antojadizo no busca calidades, sino hermosuras, á lo que añadió Antonio el padre «Desa manera, será menester que usemos de la industria que usan las grullas cuando, mudando regiones, pasan por el monte Limabo, en el cual las están aguardando unas aves de rapiña para que les sirvan de pasto, pero ellas, previniendo este peligro, pasan de noche, y llevan una piedra cada una en la boca para que les impida el canto y excusen de ser sentidas, cuanto más, que la mejor industria que podemos tener es seguir la ribera deste famoso rio, y dejando la ciudad á mano derecha, guardando para otro tiempo el verla, nos vamos á Ocaña, y desde allí al Quintanar de la Orden, que es mi patria »

Viendo la peregrina el disinio del viaje que habia hecho Antonio, dijo que ella queria seguir el suyo, que le venia más á cuento, la hermosa Ricla le dió dos monedas de oro en limosna, y la peregrina se despidió de todos, cortés y agradecida. Nuestros peregrinos pasaron por Aranjuez, cuya vista, por ser en tiempo de primavera, en un mismo punto les puso la admiracion y la alegría. Vieron iguales y extendidas calles, á quien servian de espaldas y arrimos los verdes y infinitos árboles, tan verdes, que las hacian parecer de finísimas esmeraldas, vieron la junta, los besos y abrazos que se daban los dos famosos rios Jarama y Tajo; contemplaron sus sierras de agua, y admiraron el concierto de sus jardines y de la diversidad de sus flores, vieron sus estanques con más peces que arenas, y sus exquisitos frutales, que por aliviar el peso á los árboles tendian las ramas por el suelo, finalmente, Periandro tuvo por verdadera la fama que deste sitio por todo el mundo se esparcia Desde allí fueron á la villa de Ocaña, donde supo Antonio que sus padres vivian, y se informó de otras cosas que le alegraron, como luego se dirá

CAPITULO IX

Llegan al Quintanar de la Orden, donde sucede un notable caso Halla Antonio el bárbaro a sus padres quédanse con ellos él y Ricla, su mujer, pero Antonio el mozo y Constanza prosiguen la peregrinacion en compañía de Periandro y Auristela

Con los aires de su patria se regocijaron los espíritus de Antonio, y con el visitar á Nuestra Señora de Esperanza, á todos se les alegró el alma Ricla y sus dos hijos se alborozaron con el pensamiento de que habian de ver presto, ella á sus suegros, y ellos á sus abuelos, de quien ya se habia informado Antonio que vivian, á pesar del sentimiento que la ausencia de su hijo les habia causado. Supo asimismo cómo su contrario habia heredado el estado de su padre, y que habia muerto en amistad de su padre de Antonio, á causa que con infinitas pruebas, nacidas de la intrincada seta del duelo, se habia averiguado que no fué afrenta la que Antonio le hizo, porque las palabras que en la pendencia pasaron fueron con la espada desnuda, y la luz de las armas quita la fuerza á las palabras, y las que se dicen con las espadas desnudas no afrentan, puesto que agravian; y así, el que quiere tomar venganza dellas no se ha de entender que satisface su afrenta, sino que castiga su agravio, como se mostrará en este ejemplo. Presupongamos que yo digo una verdad manifiesta; respóndeme un desalumbrado que miento y mentiré todas las veces que lo dijere, y poniendo mano á la espada, sustenta aquella desmentida, yo, que soy el desmentido, no tengo necesidad de volver por la verdad que dije, la cual no puede ser desmentida en ninguna manera,

pero tengo necesidad de castigar el poco respeto que se me
tuvo, de modo que el desmentido desta suerte puede entrar
en campo con otro, sin que se le ponga por objecion que
está afrentado, y que no puede entrar en campo con nadie
hasta que se satisfaga, porque, como tengo dicho, es grande
la diferencia que hay entre agravio y afrenta En efeto, digo
que supo Antonio la amistad de su padre y de su contrario,
y que pues ellos habian sido amigos, se habria bien mirado
su causa

Con estas buenas nuevas, con más sosiego y más contento
se puso otro dia en camino con sus camaradas, á quien contó
todo aquello que de su negocio sabia, y que un hermano
del que pensó ser su enemigo le habia heredado, y quedado en la misma amistad con su padre que su hermano el
muerto. Fué parecer de Antonio que ninguno saliese de su
órden, porque pensaba darse á conocer á su padre, no de improviso, sino por algun rodeo que le aumentase el contento
de haberle conocido, advirtiendo que tal vez mata una sú-
bita alegría, como suele matar un improviso pesar

De allí á tres dias llegaron, al crepúsculo de la noche, á
su lugar y á la casa de su padre, el cual con su madre, segun despues pareció, estaba sentado á la puerta de la calle,
tomando, como dicen, el fresco, por ser el tiempo de los
calurosos del verano. Llegaron todos juntos, y el primero
que habló fué Antonio á su mismo padre · «¿Hay por ventura, señor, en este lugar hospital de peregrinos?

—Segun es cristiana la gente que le habita, respondió
su padre, todas las casas dél son hospital de peregrinos,
y cuando otra no hubiera, esta mia, segun su capacidad,
sirviera por todas, prendas tengo yo por esos mundos ade-

lante, que no sé si andarán agora buscando quien las acoja.

—¿Por ventura, señor, replicó Antonio, este lugar no se llama el Quintanar de la Orden, y en él no vive un apellido de unos hidalgos que se llaman Villaseñores? Dígolo, porque he conocido yo un tal Villaseñor bien léjos desta tierra; que si él estuviera en ésta, no nos faltara posada á mí ni á mis camaradas.

—Y ¿cómo se llamaba, hijo, dijo su madre, ese Villaseñor que decis?

—Llamábase Antonio, replicó Antonio, y su padre, segun me acuerdo, me dijo que se llamaba Diego de Villaseñor.

—¡Ay, señor, dijo la madre, levantándose de donde estaba, que ese Antonio es mi hijo, que por cierta desgracia há al pié de diez y seis años que falta desta tierra! Comprado le tengo á lágrimas, pesado á suspiros y granjeado con oraciones, plegue á Dios que mis ojos le vean ántes que les cubra la noche de la eterna sombra. Decidme, dijo ¿há mucho que le vistes? ¿há mucho que le dejastes? ¿tiene salud? ¿piensa volver á su patria? ¿acuérdase de sus padres? á quien podrá venir á ver, pues no hay enemigos que se lo impidan; que ya no son sino amigos los que le hicieron desterrar de su tierra.»

Todas estas razones escuchaba el anciano padre de Antonio, y llamando á grandes voces á sus criados, les mandó encender luces y que metiesen dentro de casa á aquellos honrados peregrinos, y llegándose á su no conocido hijo, le abrazó estrechamente, diciéndole. «Por vos solo, señor, sin que otras nuevas os hiciesen el aposento, os le diera yo en mi casa, llevado de la costumbre que tengo de agasajar

en ella á todos cuantos peregrinos por aquí pasan; pero
agora con las regocijadas nuevas que me habeis dado ensan-
charé la voluntad, y sobrepujarán los servicios que os hiciere
á mis mismas fuerzas »

En esto ya los sirvientes habian encendido luces y guiado
los peregrinos dentro de la casa, y en mitad de un gran
patio que tenia, salieron dos hermosas y honestas doncellas,
hermanas de Antonio, que habian nacido despues de su ausencia, las cuales, viendo la hermosura de Auristela y la
gallardía de Constanza, su sobrina, con el buen parecer de
Ricla, su cuñada, no se hartaban de besarlas y de bendecir-
las; y cuando esperaban que sus padres entrasen dentro de
casa con el nuevo huésped, vieron entrar con ellos un confuso monton de gente, que traian en hombros, sobre una
silla sentado, un hombre como muerto, que luego supieron
ser el Conde que habia heredado al enemigo que solia ser
de su hermano El alboroto de la gente, la confusion de sus
padres, el cuidado de recebir los nuevos huéspedes, las turbó
de manera, que no sabian á quién acudir ni á quién preguntar la causa de aquel alboroto, los padres de Antonio acudieron al Conde, herido de una bala por las espaldas, que
en una revuelta que dos compañías de soldados que estaban
en el pueblo alojadas habian tenido con los del lugar, le
habian pasado por las espaldas el pecho; el cual, viéndose
herido, mandó á sus criados que le trajesen en casa de
Diego de Villaseñor, su amigo, y el traerle fué al tiempo
que comenzaba á hospedar á su hijo, á su nuera y á sus dos
nietos, y á Periandro y á Auristela, la cual, asiendo de las
manos á las hermanas de Antonio, les pidió que la quitasen
de aquella confusion y la llevasen á algun aposento donde

nadie la viese Hiciéronlo ellas así, siempre admirándose de nuevo de la sin par belleza de Auristela Constanza, á quien la sangre del parentesco bullia en el alma, ni queria ni podia apartarse de sus tias, que todas eran de una misma edad y casi de una igual hermosura; lo mismo le aconteció al mancebo Antonio, el cual, olvidado de los respetos de la buena crianza y de la obligacion del hospedaje, se atrevió, honesto y regocijado, á abrazar á una de sus tias, viendo lo cual un criado de casa, le dijo «Por vida del señor peregrino, que tenga quédas las manos, que el señor desta casa no es hombre de burlas, si no, á fe que se las haga tener quédas á despecho de su desvergonzado atrevimiento

—Por Dios, hermano, respondió Antonio, que es muy poco lo que he hecho para lo que pienso hacer, si el cielo favorece mis deseos, que no son otros que servir á estas señoras y á todos los desta casa.» Ya en esto habian acomodado al Conde herido en un rico lecho, y llamado á dos cirujanos que le tomasen la sangre y mirasen la herida, los cuales declararon ser mortal, sin que por via humana tuviese remedio alguno

Estaba todo el pueblo puesto en arma contra los soldados, que en escuadron formado se habian salido al campo, y esperaban, si fuesen acometidos del pueblo, darles la batalla. Valia poco para ponerlos en paz la solicitud y la prudencia de los capitanes, ni la diligencia cristiana de los sacerdotes y religiosos del pueblo, el cual, por la mayor parte, se alborota de livianas ocasiones, y crece, bien así como van creciendo las olas del mar de blando viento movidas, hasta que tomando el regañon el blando soplo del céfiro, le mezcla con su huracan y las levanta al cielo, el cual dándose

priesa á entrar el dia, la prudencia de los capitanes hizo
marchar á sus soldados á otra parte, y los del pueblo se
quedaron en sus límites, á pesar del rigor y mal ánimo que
contra los soldados tenian concebido. En fin, por términos
y pausas espaciosas, con sobresaltos agudos, poco á poco
vino Antonio á descubrirse á sus padres, haciéndoles presente de sus nietos y de su nuera, cuya presencia sacó lágrimas de los ojos de los viejos, la belleza de Auristela y
gallardía de Periandro les sacó el pasmo al rostro y la admiracion á todos los sentidos Este placer tan grande como
improviso, esta llegada de sus hijos tan no esperada, se la
aguó, turbó y casi deshizo la desgracia del Conde, que por
momentos iba empeorando, con todo eso, le hizo presente
de sus hijos, y de nuevo le hizo ofrecimiento de su casa y
de cuanto en ella habia que para su salud fuese conveniente,
porque, aunque quisiera moverse y llevarle á la de su estado,
no fuera posible : tales eran las pocas esperanzas que tenian
de su salud

No se quitaban de la cabecera del Conde, obligadas de
su natural condicion, Auristela y Constanza, que con la
compasion cristiana y solicitud posible eran sus enfermeras,
puesto que iban contra el parecer de los cirujanos, que or-
denaban le dejasen solo, ó á lo ménos no acompañado de
mujeres; pero la disposicion del cielo, que con causas á nosotros secretas ordena y dispone las cosas de la tierra, ordenó
y quiso que el Conde llegase al último de su vida; y un dia,
ántes que della se despidiese, cierto ya de que no podia vivir, llamó á Diego de Villaseñor, y quedándose con él solo,
le dijo de esta manera·

«Yo salí de mi casa con intencion de ir á Roma este año,

en el cual el Sumo Pontífice ha abierto las arcas del tesoro
de la Iglesia, y comunicádonos, como en año santo, las infinitas gracias que en él suelen ganarse; iba á la ligera, más
como peregrino pobre que como caballero rico. En este
pueblo hallé trabada una pendencia, como ya, señor, habeis
visto, entre los soldados que en él estaban alojados y entre
los vecinos dél, mezcléme en ella, y por reparar las ajenas
vidas, he venido á perder la mia, porque esta herida que á
traicion, si así se puede decir, me dieron, me la va quitando
por momentos. No sé quién me la dió, porque las penden-
cias del vulgo traen consigo á la misma confusion, no me pesa
de mi muerte, sino es por las que ha de costar si por justicia ó por venganza quisiere castigarse, con todo esto, por
hacer lo que en mí es, y todo aquello que de mi parte puedo,
como caballero y cristiano, digo que perdono á mi matador
y á todos aquellos que con él tuvieron culpa; y es mi voluntad asimismo de mostrar que soy agradecido al bien que
en vuestra casa me habeis hecho, y la muestra que he de
dar deste agradecimiento no será así como quiera, sino con
el más alto extremo que pueda imaginarse. En esos dos
baúles que ahí están, donde llevaba recogida mi recámara,
creo que van hasta veinte mil ducados en oro y en joyas,
que no ocupan mucho lugar, y si como esta cantidad es
poca, fuera la grande que encierran las entrañas de Po-
tosí, hiciera della lo mismo que desta hacer quiero to-
malda, señor, en vida, ó haced que la tome la señora doña
Constanza, vuestra nieta; que yo se la doy en arras y para su
dote, y más, que la pienso dar esposo de mi mano, tal, que
aunque presto quede viuda, quede viuda honradísima, juntamente con quedar doncella honrada. Llamadla aquí, y

traed quien me despose con ella; que su valor, su cristiandad, su hermosura merecian hacerla señora del universo.
No os admire, señor, lo que ois; creed lo que os digo, que
no será novedad disparatada casarse un título con una doncella hijadalgo, en quien concurren todas las virtuosas partes
que pueden hacer á una mujer famosa. Esto quiere el cielo,
á esto me inclina mi voluntad; por lo que debeis al ser discreto, que no lo estorbe la vuestra: id luego, y sin replicar
palabra, traed quien me despose con vuestra nieta y quien
haga las escrituras tan firmes, así de la entrega destas joyas
y dineros, y de la mano que de esposo la he de dar, que no
haya calumnia que la deshaga.»

Pasmóse á estas razones Villaseñor, y creyó sin duda alguna que el Conde habia perdido el juicio y que la hora
de su muerte era llegada, pues en tal punto, por la mayor
parte, ó se dicen grandes sentencias, ó se hacen grandes disparates, y así, lo que le respondió fué «Señor, yo espero en
Dios que tendreis salud, y entónces con ojos más claros, y
sin que algun dolor os turbe los sentidos, podreis ver las riquezas que dais y la mujer que escogeis. Mi nieta no es
vuestra igual, ó á lo ménos no está en potencia propíncua,
sino muy remota, de merecer ser vuestra esposa, y yo no
soy tan codicioso, que quiera comprar esta honra que quereis hacerme con lo que dirá el vulgo, casi siempre mal intencionado, del cual ya me parece que dice que os tuve en
mi casa, que os trastorné el sentido, y que por via de la solicitud codiciosa os hice hacer esto.

—Diga lo que quisiere, dijo el Conde; que si el vulgo
siempre se engaña, tambien quedará engañado en lo que
de vos pensáre

—Alto, pues, dijo Villaseñor, no quiero ser tan ignorante, que no quiera abrir á la buena suerte que está llamando á las puertas de mi casa. Y con esto, se salió del aposento, y comunicó lo que el Conde le habia dicho con su mujer, con sus nietos y con Periandro y Auristela, los cuales fueron de parecer que sin perder punto asiesen á la ocasion por los cabellos que les ofrecia, y trajesen quien llevase al cabo aquel negocio. Hízose así, y en ménos de dos horas ya estaba Constanza desposada con el Conde, y los dineros y joyas en su posesion, con todas las circunstancias y revalidaciones que fueron posible hacerse No hubo músicas en el desposorio, sino llantos y gemidos, porque la vida del Conde se iba acabando por momentos; finalmente, otro dia despues del desposorio, recebidos todos los sacramentos, murió el Conde en los brazos de su esposa la Condesa Constanza, la cual, cubriéndose la cabeza con un velo negro, hincada de rodillas y levantando los ojos al cielo, comenzó á decir : «Yo hago voto...» pero apénas dijo esta palabra, cuando Auristela le dijo «¿Qué voto quereis hacer, señora?

—De ser monja, respondió la Condesa.

—Sedlo, y no le hagais, replicó Auristela; que las obras de servir á Dios no han de ser precipitadas ni que parezcan que las mueven accidentes, y éste de la muerte de vuestro esposo quizá os hará prometer lo que despues, ó no podreis, ó no querreis cumplir. Dejad en las manos de Dios y en las vuestras vuestra voluntad, que así vuestra discrecion como la de vuestros padres y hermanos os sabrá aconsejar y encaminar en lo que mejor os estuviere, y dése agora órden de enterrar á vuestro marido, y confiad en Dios; que quien os hizo condesa tan sin pensarlo, os sabrá y querrá dar otro

título que os honre y os engrandezca con más duracion que
el presente »

Rindióse á este parecer la Condesa, y dando trazas al en-
tierro del Conde, llegó un su hermano menor, á quien ya
habian ido las nuevas á Salamanca, donde estudiaba, lloró
la muerte de su hermano, pero enjugóle presto las lágrimas
el gusto de la herencia del estado. Supo el hecho, abrazó á
su cuñada, no contradijo á ninguna cosa, depositó á su hermano para llevaile despues á su lugar, partióse á la córte
para pedir justicia contra los matadores, anduvo el pleito,
degollaron á los capitanes y castigaron muchos de los del
pueblo. Quedóse Constanza con las arras y el título de condesa; apercebióse Periandro para seguir su viaje, á quien no
quisieron acompañar Antonio el padre ni Ricla, su mujer,
cansados de tantas peregrinaciones, que no cansaron á Antonio el hijo ni á la nueva Condesa, que no fué posible dejai
la compañía de Auristela ni de Periandro

A todo esto, nunca habia mostrado á su abuelo el lienzo
donde venia pintada su historia, enseñósele un dia Antonio,
y dijo que faltaba allí de pintar los pasos por donde Auristela habia venido á la isla Bárbara, cuando se vieron ella y
Periandro en los trocados trajes, ella en el de varon, y él en
el de hembra; metamorfósis bien extraño, á lo que Auristela
dijo que en pocas razones lo diria, que fué, que cuando la
robaron los piratas de las riberas de Dinamarca á ella, Cloelia
y á las dos pescadoras, vinieron á una isla despoblada á repartir la presa entre ellos; «y no pudiéndose hacer el repartimiento con igualdad, uno de los más principales se contentó
con que por su parte le diesen mi persona, y áun añadió
dádivas para igualar la demasía Entré en su poder sola, sin

tener quien en mi desventura me acompañase, que de las
miserias suele ser alivio la compañía. Este me vistió en los
hábitos de varon, temeroso que en los de mujer no me so-
licitase el viento. Muchos dias anduve con él peregrinando
por diversas partes y sirviéndole en todo aquello que á mi
honestidad no ofendia; finalmente, un dia llegamos á la isla
Bárbara, donde de improviso fuimos presos de los bárbaros,
y él quedó muerto en la refriega de mi prision, y yo fuí
traida á la cueva de los prisioneros, donde hallé á mi amada
Cloelia, que por otros no ménos desventurados pasos allí
habia sido traida, la cual me contó la condicion de los bár-
báros, la vana supersticion que guardaban, y el asunto ri-
dículo y falso de su profecía. Díjome asimismo que tenia
barruntos de que mi hermano Periandro habia estado en
aquella sima, á quien no habia podido hablar por la priesa
que los bárbaros se daban á sacarle para ponerle en el sacrificio», y que habia querido acompañarle para certificarse de
la verdad, pues se hallaba en hábitos de hombre; y que así,
rompiendo por las persuasiones de Cloelia, que se lo estor-
baban, salió con su intento, y se entregó de toda su voluntad
para ser sacrificada de los bárbaros, persuadiéndose ser bien
de una vez acabar la vida, que no de tantas gustar la muerte, con traerla á peligro de perderla por momentos; y que
no tenia más que decir, pues sabian lo que desde aquel punto
le habia sucedido.

Bien quisiera el anciano Villaseñor que todo esto se aña-
diera al lienzo; pero todos fueron de parecer que no solamente no se añadiese, sino que áun lo pintado se borrase,
porque tan grandes y tan no vistas cosas no eran para andar
en lienzos débiles, sino en láminas de bronce escritas y en

las memorias de las gentes grabadas Con todo eso, quiso
Villaseñor quedarse con el lienzo, siquiera por ver los bien
sacados retratos de sus nietos y la sin igual hermosura y gallardía de Auristela y Periandro Algunos días se pasaron
poniendo en órden su partida para Roma, deseosos de ver
cumplidos los votos de su promesa Quedóse Antonio el
padre, y no quiso quedarse Antonio el hijo, ni ménos la
nueva Condesa, que, como queda dicho, la aficion que á Auristela tenia la llevaia no solamente á Roma, sino al otro
mundo, si para allá se pudiera hacer viaje en compañía
Llegóse el dia de la partida, donde hubo tiernas lágrimas y
apretados abrazos y dolientes suspiros, especialmente de Ricla, que en ver partir á sus hijos se le partia el alma. Echóles
su bendicion su abuelo á todos, que la bendicion de los ancianos parece que tiene prerogativa de mejorar los sucesos
Llevaron consigo á uno de los criados de casa, para que les
sirviese en el camino, y puestos en él, dejaron soledades
en su casa y padres, y en compañía entre alegre y triste siguieron su viaje.

CAPITULO X

De lo que pasó con unos cautivos que encontraron

Las peregrinaciones largas siempre traen consigo diversos
acontecimientos, y como la diversidad se compone de cosas
diferentes, es forzoso que los casos lo sean Bien nos lo
muestra esta historia, cuyos acontecimientos nos cortan su
hilo, poniéndonos en duda dónde será bien anudarle, porque no todas las cosas que suceden son buenas para conta-

das, y podrian pasar sin serlo y sin quedar menoscabada la historia. Acciones hay que por grandes deben de callarse, y otras que por bajas no deben decirse, puesto que es excelencia de la historia que cualquiera cosa que en ella se escriba puede pasar al sabor de la verdad que trae consigo, lo que no tiene la fábula, á quien conviene guisar sus acciones con tanta puntualidad y gusto y con tanta verisimilitud, que á despecho y pesar de la mentira, que hace disonancia en el entendimiento, forme una verdadera armonía.

Aprovechándome, pues, desta verdad, digo que el hermoso escuadron de los peregrinos, prosiguiendo su viaje, llegó á un lugar no muy pequeño ni muy grande, de cuyo nombre no me acuerdo, y en mitad de la plaza dél, por quien forzosamente habian de pasar, vieron mucha gente junta, todos atentos mirando y escuchando á dos mancebos, que en traje de recien rescatados de cautivos estaban declarando las figuras de un pintado lienzo que tenian tendido en el suelo. Parecia que se habian descargado de dos pesadas cadenas que tenian junto á sí, insignias y relatoras de su pesada desventura, y uno dellos, que debia de ser de hasta veinticuatro años, con voz clara y en todo extremo experta lengua, crujiendo de cuando en cuando un corbacho, ó por mejor decir, azote, que en la mano tenia, le sacudia de manera, que penetraba los oidos y ponia los estallidos en el cielo; bien así como hace el cochero, que castigando ó amenazando sus caballos, hace resonar su látigo por los aires.

Entre los que la larga plática escuchaban, estaban los dos alcaldes del pueblo, ambos ancianos, pero no tanto el uno como el otro Por donde comenzó su arenga el libre cautivo, fué diciendo «Esta, señores, que aquí veis pintada es la

ciudad de Argel, gomia y tarasca de todas las riberas del mar
Mediterráneo, puerto universal de cosarios, y amparo y refugio de ladrones, que deste pequeñuelo puerto que aquí va
pintado salen con sus bajeles á inquietar el mundo, pues se
atreven á pasar el *plus ultra* de las colunas de Hércules, y
á acometer y robar las apartadas islas, que por estar rodeadas del inmenso mar Océano pensaban estar seguras, á lo
ménos de los bajeles turquescos. Este bajel que aquí veis,
reducido á pequeño, porque lo pide así la pintura, es una
galeota de veintidos bancos, cuyo dueño y capitan es el turco
que en la crujía va en pié, con un brazo en la mano, que
cortó á aquel cristiano que allí veis, para que les sirva de
rebenque ó azote á los demas cristianos que van amarrados
á sus bancos, temeroso no le alcancen estas cuatro galeras
que aquí veis, que le van entrando y dando caza. Aquel
cautivo primero del primer banco, cuyo rostro le desfigura
la sangre que se le ha pegado de los golpes del brazo muerto, soy yo, que servia de espalder en esta galeota, y el otro
que está junto á mí es este mi compañero, no tan sangrien-
to, porque fué ménos apaleado. Escuchad, señores, y estad
atentos: quizá la aprension deste lastimero cuento os llevará
á los oidos las amenazadoras y vituperosas voces que ha dado
este perro de Dragut, que así se llamaba el arraez de la galeota, cosario tan famoso como cruel, y tan cruel como Fa-
laris ó Busíris, tirano de Sicilia, á lo ménos á mí me suena
agora el rospir, el manahora y el de nimamyoz, que con
coraje endiablado va diciendo, que todas éstas son palabras
y razones turquescas, encaminadas á la deshonra y vituperio
de los cautivos cristianos, llamándolos de judíos, hombres de
poco valor, de fe negra y de pensamientos viles, y para ma-

yor horror y espanto, con los brazos muertos azotan los cuerpos vivos.»

Parece ser que uno de los dos alcaldes había estado cautivo en Argel mucho tiempo, el cual con baja voz dijo á su compañero : «Este cautivo hasta agora parece que va diciendo verdad, y que en lo general no es cautivo falso, pero yo le examinaré en lo particular, y veremos cómo da la cuerda, porque quiero que sepais que yo iba dentro desta galeota, y no me acuerdo de haberle conocido por espalder della, sino fué á un Alonso Moclin, natural de Velez-Málaga»; y volviéndose al cautivo, le dijo : «Decidme, amigo, cúyas eran las galeras que os daban caza, y si conseguisteis por ellas la libertad deseada.

—Las galeras, respondió el cautivo, eran de don Sancho de Leiva, la libertad no la conseguimos, porque no nos alcanzaron, tuvímosla despues, porque nos alzamos con una galeota que desde Sargel iba á Argel, cargada de trigo, venimos á Oran con ella, y desde allí á Málaga, de donde mi compañero y yo nos pusimos en camino de Italia, con intencion de servir á su Majestad, que Dios guarde, en el ejercicio de la guerra

—Decidme, amigos, replicó el Alcalde . ¿cautivastes juntos, lleváron-os á Argel del primer boleo, ó á otra parte de Berbería?

—No cautivamos juntos, respondió el otro cautivo, porque yo cautivé junto á Alicante, en un navío de lanas que pasaba á Génova, mi compañero en los percheles de Málaga, adonde era pescador. Conocímonos en Tetuan dentro de una mazmorra; hemos sido amigos y corrido una misma fortuna mucho tiempo, y para diez ó doce cuartos que apé-

nas nos han ofrecido de limosna sobre el lienzo, mucho nos
aprieta el señor Alcalde.

—No mucho, señor galan, replicó el Alcalde, que áun
no están dadas todas las vueltas de la mancuerda Escúcheme
y dígame : ¿cuántas puertas tiene Argel, y cuántas fuentes y
cuántos pozos de agua dulce?

—La pregunta es boba, respondió el primer cautivo;
tantas puertas tiene como tiene casas, y tantas fuentes, que
yo no las sé, y tantos pozos, que no los he visto, y los trabajos que yo en él he pasado me han quitado la memoria
de mí mismo, y si el señor Alcalde quiere ir contra la caridad cristiana, recogeremos los cuartos y alzaremos la tienda,
y adios aho, que tan buen pan hacen aquí como en Francia »

Entónces el Alcalde llamó á un hombre de los que estaban
en el corro, que al parecer servia de pregonero en el lugar, y
tal vez de verdugo cuando se ofrecia, y díjole «Gil Berrueco, id á la plaza, y traedme aquí luego los primeros dos
asnos que topáredes, que por vida del Rey, nuestro señor, que
han de pasear las calles en ellos estos dos señores cautivos,
que con tanta libertad quieren usurpar la limosna de los
verdaderos pobres, contándonos mentiras y embelecos, estando sanos como una manzana y con más fuerzas para tomar una azada en la mano que no un corbacho para dar
estallidos en seco. Yo he estado en Argel cinco años esclavo,
y sé que no me dais señas dél en ninguna cosa de cuantas
habeis dicho.

— ¡Cuerpo del mundo! respondió el cautivo, ¿es posible
que ha de querer el señor Alcalde que seamos ricos de memoria, siendo tan pobres de dinero, y que por una niñería
que no importa tres ardites quiera quitar la honra á dos tan

insignes estudiantes como nosotros, y juntamente quitar á
su Majestad dos valientes soldados, que íbamos á esas Italias
y á esos Flándes á romper, á destrozar, á herir y á matar
los enemigos de la santa fe católica que topáramos? Porque,
si va á decir verdad, que en fin es hija de Dios, quiero que
sepa el señor Alcalde que nosotros no somos cautivos, sino
estudiantes de Salamanca, y en la mitad y en lo mejor de
nuestros estudios nos vino gana de ver mundo y de saber á
qué sabia la vida de la guerra, como sabíamos el gusto de
la vida de la paz Para facilitar y poner en obra este deseo,
acertaron á pasar por allí unos cautivos, que tambien lo debian de ser falsos, como nosotros agora, les compramos este
lienzo, y nos informamos de algunas cosas de las de Argel,
que nos pareció ser bastantes y necesarias para acreditar
nuestro embeleco Vendimos nuestros libros y nuestras alhajas á ménos precio, y cargados con esta mercadería, hemos
llegado hasta aquí, pensamos pasar adelante, si es que el señor Alcalde no manda otra cosa

—Lo que pienso hacer es, replicó el Alcalde, daros cada
cien azotes, y en lugar de la pica que vais á arrastrar en
Flándes, poneros un remo en las manos, que le cimbreis en
el agua en las galeras, con quien quizá hareis más servicio
á su Majestad que con la pica

—Querráse, replicó el mozo hablador, mostrar agora el
señor Alcalde ser un legislador de Aténas, y que la riguridad de su oficio llegue á los oidos de los señores del Consejo, donde, acreditándole con ellos, le tengan por severo
y justiciero, y le cometan negocios de importancia, donde
muestre su severidad y su justicia · pues sepa el señor Alcalde
que *summum jus, summa injuria*

—Mirad cómo hablais, hermano, replicó el segundo Alcalde, que aquí no hay justicia con lujuria, que todos los alcaldes deste lugar han sido, son y serán limpios y castos como el pelo de la masa, y hablad ménos, que os será sano.»

Volvió en esto el pregonero y dijo: «Señor Alcalde, yo no he topado en la plaza asnos ningunos, sino á los dos regidores Berrueco y Crespo, que andan en ella paséandose.

—Por asnos os envié yo, majadero, que no por regidores; pero volved, y traedlos acá por sí ó por no, que se hallen presentes al pronunciar desta sentencia, que ha de ser sin embargo; y no ha de quedar por falta de asnos, que, gracias sean dadas al cielo, hartos hay en este lugar.

—No le tendrá vuesa merced, señor Alcalde, en el cielo, replicó el mozo, si pasa adelante con esa riguridad, por quien Dios es, que vuesa merced considere que no hemos robado tanto, que podemos dar á censo ni fundar ningun mayorazgo, apénas granjeamos el mísero sustento con nuestra industria, que no deja de ser trabajosa, como lo es la de los oficiales y jornaleros. Nuestros padres no nos enseñaron oficio alguno, y así nos es forzoso que remitamos á la industria lo que habiamos de remitir á las manos, si tuviéramos oficio: castíguense los que cohechan, los escaladores de casas, los salteadores de caminos, los testigos falsos por dineros, los mal entretenidos en la república, los ociosos y baldíos en ella, que no sirven de otra cosa que de acrecentar el número de los perdidos, y dejen á los míseros que van su camino derecho á servir á su Majestad con la fuerza de sus brazos y con la agudeza de sus ingenios, porque no hay mejores soldados que los que se trasplantan de la tierra de los estudios en los campos de la guerra. Ninguno salió

de estudiante para soldado, que no lo fuese por extremo;
porque cuando se avienen y se juntan las fuerzas con el ingenio, y el ingenio con las fuerzas, hacen un compuesto milagroso, con quien Marte se alegra, la paz se sustenta y la
república se engrandece.»

Admirado estaba Periandro y todos los más de los circunstantes, así de las razones del mozo, como de la velocidad con que hablaba, el cual, prosiguiendo, dijo · «Es-
púlguenos el señor Alcalde, mírenos y remírenos, y haga
escrutinio de las costuras de nuestros vestidos, y si en todo
nuestro poder halláre seis reales, no sólo nos mande dar
ciento, sino seis cuentos de azotes; veamos, pues, si la ad-
quisicion de tan pequeña cantidad de intereses merece ser
castigada con afrentas y martirizada con galeras, y así, otra
vez digo que el señor Alcalde se remire en esto, no se arroje y precipite apasionadamente á hacer lo que despues de
hecho quizá le causará pesadumbre. Los jueces discretos
castigan, pero no toman venganza de los delitos, los prudentes y los piadosos mezclan la equidad con la justicia, y
entre el rigor y la clemencia dan luz de su buen entendimiento.

—Por Dios, dijo el segundo Alcalde, que este mancebo
ha hablado bien, aunque ha hablado mucho, y que no solamente no tengo de consentir que los azoten, sino que los
tengo de llevar á mi casa y ayudarles para su camino, con
condicion que le lleven derecho, sin andar surcando la tierra
de una en otras partes, porque si así lo hiciesen, más pare-
cerian viciosos que necesitados »

Ya el primer Alcalde, manso y piadoso, blando y compasivo, dijo · «No quiero que vayan á vuestra casa, sino á

la mia, donde les quiero dar una licion de las cosas de Argel, tal, que de aquí adelante ninguno les coja en mal latin, en cuanto á su fingida historia.» Los cautivos se lo agradecieron, los circunstantes alabaron su honrada determinacion, y los peregrinos recibieron contento del buen despacho del negocio. Volvióse el primer Alcalde á Periandro, y dijo: «Vosotros, señores peregrinos, ¿traeis algun lienzo que enseñarnos? ¿Traeis otra historia que hacernos creer por verdadera, aunque la haya compuesto la misma mentira?» No respondió nada Periandro, porque vió que Antonio sacaba del seno las patentes, licencias y despachos que llevaban para seguir su viaje, el cual los puso en manos del Alcalde, diciéndole: «Por estos papeles podrá ver vuesa merced quién somos y á dónde vamos, los cuales no era menester presentallos, porque ni pedimos limosna, ni tenemos necesidad de pedilla, y así como á caminantes libres nos podian dejar pasar libremente.»

Tomó el Alcalde los papeles, y porque no sabia leer, se los dió á su compañero, que tampoco lo sabia, y así pararon en manos del escribano, que pasando los ojos por ellos brevemente, se los volvió á Antonio, diciendo: «Aquí, señores Alcaldes, tanto valor hay en la bondad destos peregrinos, como hay grandeza en su hermosura, si aquí quisieren hacer noche, mi casa les servirá de meson, y mi voluntad de alcázar donde se recojan.» Volvióle las gracias Periandro, quedáronse allí aquella noche por ser algo tarde, donde fueron agasajados en casa del escribano con amor, con abundancia y con limpieza.

CAPITULO XI.

Donde se cuenta lo que les pasó en un lugar poblado de moriscos

Llegóse el dia, y con él los agradecimientos del hospedaje, y puestos en camino, al salir del lugar toparon con los cautivos falsos, que dijeron que iban industriados del Alcalde de modo, que de allí adelante no los podian coger en mentira acerca de las cosas de Argel, «que tal vez, dijo el uno (digo, el que hablaba más que el otro), tal vez, dijo, se hurta con autoridad y aprobacion de la justicia · quiero decir, que alguna vez los malos ministros della se hacen á una con los delincuentes, para que todos coman.»

Llegaron todos juntos donde un camino se dividia en dos los cautivos tomaron el de Cartagena, y los peregrinos el de Valencia; los cuales otro dia al salir de la aurora, que por los balcones del Oriente se asomaba, barriendo el cielo de las estrellas y aderezando el camino por donde el sol habia de hacer su acostumbrada carrera, Bartolomé, que así creo se llamaba el guiador del bagaje, viendo salir el sol tan alegre y regocijado, bordando las nubes de los cielos con diversas colores, de manera que no se podia ofrecer otra cosa más alegre y más hermosa á la vista, con rústica discrecion dijo· «Verdad debió de decir el predicador que predicaba los dias pasados en nuestro pueblo, cuando dijo que los cielos y la tierra anunciaban y declaraban las grandezas del Señor Pardiez, que si yo no conociera á Dios por lo que me han enseñado mis padres y los sacerdotes y ancianos de mi lugar, le viniera á rastrear y conocer viendo la inmensa grandeza

destos cielos, que me dicen que son muchos, ó á lo ménos
que llegan á once, y por la grandeza deste sol que nos
alumbra, que con no parecer mayor que una rodela, es
muchas veces mayor que toda la tierra, y más, que con ser
tan grande, afirman que es tan ligero, que camina en veinte
y cuatro horas más de trescientas mil leguas. La verdad que
sea, yo no creo nada desto; pero dícenlo tantos hombres de
bien, que aunque hago fuerza al entendimiento, lo creo,
pero de lo que más me admiro es, que debajo de nosotros
hay otras gentes, á quien llaman *antípodas*, sobre cuyas cabezas los que andamos acá arriba traemos puestos los piés,
cosa que me parece imposible, que para tan gran carga como
la nuestra fuera menester que tuvieran ellos las cabezas de
bronce »

Rióse Periandro de la rústica astrología del mozo, y díjole : «Buscar querria razones acomodadas ¡oh Bartolomé!
para darte á entender el error en que estás, y la verdadera
postura del mundo, para lo cual era menester tomar muy
de atras sus principios, pero acomodándome con tu ingenio,
habré de coartar el mio y decirte sola una cosa, y es, que
quiero que entiendas por verdad infalible que la tierra es
centro del cielo, llamo centro un punto indivisible, á quien
todas las líneas de su circunferencia van á parar. Tampoco
me parece que has de entender esto; y así, dejando estos términos, quiero que te contentes con saber que toda la tierra
tiene por alto el cielo, y en cualquier parte della donde los
hombres estén, han de estar cubiertos con el cielo, así que,
como á nosotros el cielo que ves nos cubre, asimismo cubre
á los *antípodas* que dicen, sin estorbo alguno y como naturalmente lo ordenó la naturaleza, mayordoma del verdadero

Dios, criador del cielo y de la tierra » No se descontentó el mozo de oir las razones de Periandro, que tambien dieron gusto á Auristela, á la Condesa y á su hermano.

Con estas y otras cosas iba enseñando y entreteniendo el camino Periandro, cuando á sus espaldas llegó un carro, acompañado de seis arcabuceros á pié, y uno, que venia á caballo con una escopeta pendiente del arzon delantero, llegándose á Periandro, dijo . «Si por ventura, señores peregrinos, llevais en ese repuesto alguna conserva de regalo, que yo creo que sí debeis de llevar, porque vuestra gallarda presencia más de caballeros ricos que de pobres peregrinos os señala, si la llevais, dádmela, para socorrer con ella á un desmayado muchacho que va en aquel carro, condenado á galeras por dos años con otros doce soldados, que por haberse hallado en la muerte de un conde los dias pasados, van condenados al remo, y sus capitanes, por más culpados, creo que están sentenciados á degollar en la córte.» No pudo tener á esta razon las lágrimas la hermosa Constanza, porque en ella se le representó la muerte de su breve esposo; pero pudiendo más su cristiandad que el deseo de su venganza, acudió al bagaje y sacó una caja de conserva, y acudiendo al carro, preguntó : «¿Quién es aquí el desmayado?» á lo que respondió uno de los soldados · «Allí va echado en aquel rincon, untado el rostro con el sebo del timon del carro, porque no quiere que parezca hermosa la muerte cuando él se muera, que será bien presto, segun está pertinaz en no querer comer bocado.» A estas razones alzó el rostro el untado mozo, y alzándose de la frente un roto sombrero que toda se la cubria, se mostró feo y sucio á los ojos de Constanza, y alargando la mano para tomar la caja, la tomó di-

ciendo «Dios os lo pague, señora», volvió á encajar el
sombrero, y volvió á su melancolía y á arrinconarse en el
rincon donde esperaba la muerte. Otras algunas razones pasaron los peregrinos con las guardas del caño, que se acabaron con apartarse por diferentes caminos.

De allí á algunos dias llegó nuestro hermoso escuadron á
un lugar de moriscos que estaba puesto como una legua de
la marina, en el reino de Valencia. Hallaron en él, no meson en que albergarse, sino todas las casas del lugar con
agradable hospicio los convidaban; viendo lo cual Antonio,
dijo: «Yo no sé quién dice mal desta gente, que todos me
parecen unos santos.

—Con palmas, dijo Periandro, recibieron al Señor en
Jerusalen los mismos que de allí á pocos dias le pusieron en
una cruz: agora bien, á Dios y á la ventura, como decirse
suele, aceptemos el convite que nos hace este buen viejo
que con su casa nos convida», y era así verdad, que un anciano morisco, casi por fuerza, asiéndolos por las esclavi-
nas, los metió en su casa, y dió muestras de agasajarlos, no
morisca, sino cristianamente. Salió á servirlos una hija suya,
vestida en traje morisco, y en él tan hermosa, que las más
gallardas cristianas tuvieran á ventura el parecerla; que en
las gracias que naturaleza reparte, tan bien suele favorecer
á las bárbaras de Citia como á las ciudadanas de Toledo.
Esta, pues, hermosa y mora, en lengua aljamiada, asiendo
á Constanza y á Auristela de las manos, se encerró con
ellas en una sala baja, y estando solas, sin soltarles las manos, recatadamente miró á todas partes, temerosa de ser es-
cuchada, y despues que hubo asegurado el miedo que mostraba, las dijo:

«¡Ay, señoras, y como habeis venido como mansas y simples ovejas al matadero! ¿Veis este viejo, que con verguenza digo que es mi padre, veisle tan agasajador vuestro? pues sabed que no pretende otra cosa sino ser vuestro verdugo. Esta noche se han de llevar en peso, si así se puede decir, diez y seis bajeles de cosarios berberiscos á toda la gente deste lugar, con todas sus haciendas, sin dejar en él cosa que les mueva á volver á buscarlas Piensan estos desventurados que en Berbería está el gusto de sus cuerpos y la salvacion de sus almas, sin advertir que de muchos pueblos que allá se han pasado casi enteros, ninguno hay que dé otras nuevas sino de arrepentimiento, el cual les viene juntamente con las quejas de su daño Los moros de Berbería pregonan glorias de aquella tierra, al sabor de las cuales corren los moriscos desta, y dan en los lazos de su desventura. Si quereis estorbar la vuestra, y conservar la libertad en que vuestros padres os engendraron, salid luego de esta casa, y acogéos á la iglesia, que en ella hallareis quien os ampare, que es el cura, que sólo él y el escribano son en este lugar cristianos viejos Hallareis tambien allí al jadraque Jarife, que es un tio mio, moro sólo en el nombre, y en las obras cristiano. Contadles lo que pasa, y decid que os lo dijo Rafala, que con esto sereis creidos y amparados, y no lo echeis en burla, si no quereis que las véras os desengañen á vuestra costa, que no hay mayor engaño que venir el desengaño tarde »

El susto, las acciones con que Rafala esto decia, se asentó en las almas de Auristela y de Constanza de manera, que fué creida, y no le respondieron otra cosa que fuese más que agradecimientos. Llamaron luego á Periandro y á Antonio,

y contándoles lo que pasaba, sin tomar ocasion aparente, se
salieron de la casa con todo lo que tenian, á Bartolomé, que
quisiera más descansar que mudar de posada, pesóle de la
mudanza, pero en efeto obedeció á sus señores Llegaron á
la iglesia, donde fueron bien recebidos del cura y del jadraque, á quien contaron lo que Rafala les habia dicho. El cura
dijo «Muchos dias há, señores, que nos dan sobresalto con
la venida de esos bajeles de Berbería, y aunque es costumbre
suya hacer estas entradas, la tardanza de esta me tenia ya algo
descuidado. Entrad, hijos, que buena torre tenemos y buenas
ferradas puertas la iglesia, que, si no es muy de propósito, no
pueden ser derribadas ni abrasadas.

—¡Ay, dijo á esta sazon el jadraque, si han de ver mis
ojos, ántes que se cierren, libre esta tierra destas espinas y
malezas que la oprimen! ¡Ay, cuándo llegará el tiempo que
tiene profetizado un abuelo mio, famoso en el astrología,
donde se veiá España de todas partes entera y maciza en la
religion cristiana, que ella sola es el rincon del mundo donde
está recogida y venerada la verdadera verdad de Cristo! Morisco soy, señores, y ojalá que negarlo pudiera, pero no por
esto dejo de ser cristiano, que las divinas gracias las da Dios
á quien él es servido, el cual tiene por costumbre, como
vosotros mejor sabeis, de hacer salir su sol sobre los buenos
y los malos, y llover sobre los justos y los injustos. Digo,
pues, que este mi abuelo dejó dicho que cerca destos tiempos reinaria en España un rey de la casa de Austria, en
cuyo ánimo cabria la dificultosa resolucion de desterrar los
moriscos della, bien así como el que arroja de su seno la
serpiente que le está royendo las entrañas, ó bien así como
quien aparta la neguilla del trigo, ó escarda ó arranca la

mala yerba de los sembrados Ven ya, ¡oh venturoso mozo
y rey prudente! y pon en ejecucion el gallardo decreto de este
destierro, sin que se te oponga el temor que ha de quedar
esta tierra desierta y sin gente, y el de que no será bien desterrar la que en efeto está en ella bautizada, que, aunque
éstos sean temores de consideracion, el efeto de tan grande
obra los hará vanos, mostrando la experiencia, dentro de poco
tiempo, que con los nuevos cristianos viejos que esta tierra
se pobláre, se volverá á fertilizar, y á poner en mucho mejor
punto que agora tienen. Tendrán sus señores, si no tantos y
tan humildes vasallos, serán los que tuvieren, católicos, con
cuyo amparo estarán estos caminos seguros, y la paz podrá
llevar en las manos las riquezas, sin que los salteadores se
las lleven.» Esto dicho, cerraron bien las puertas, fortalecié-
ronlas con los bancos de los asientos, subiéronse á la torre,
alzaron una escalera levadiza, llevóse el cura consigo el
Santísimo Sacramento en su relicario, proveyéronse de piedras, armaron dos escopetas, dejó el bagaje mondo y desnudo
á la puerta de la iglesia Bartolomé el mozo, y encerróse con
sus amos, y todos con ojo alerta y manos listas y con ánimos
determinados estuvieron esperando el asalto, de quien avisados estaban por la hija del morisco.

Pasó la media noche, que la midió por las estrellas el cura :
tendia los ojos por todo el mar que desde allí se parecia, y
no habia nube que con la luz de la luna se pareciese, que
no pensase sino que fuesen los bajeles turquescos, y aguijando á las campanas, comenzó á repicallas tan apriesa y tan
recio, que todos aquellos valles y todas aquellas riberas re-
tumbaban, á cuyo són los atajadores de aquellas marinas se
juntaron y las corrieron todas, pero no aprovechó su dili-

gencia para que los bajeles no llegasen á la ribera y echasen
la gente en tierra La del lugar, que los esperaba, salió cargada con sus más ricas y mejores alhajas, adonde fueron
recebidos de los turcos con grande grita y algazara, al són
de muchas dulzainas y de otros instrumentos, que puesto que
eran bélicos, eran regocijados. Pegaron fuego al lugar, y
asimismo á las puertas de la iglesia, no por esperar entrarla,
sino por hacer el mal que pudiesen; dejaron á Bartolomé
á pié, porque le dejarretaron el bagaje, derribaron una cruz
de piedra que estaba á la salida del pueblo, y llamando á
grandes voces el nombre de Mahoma, se entregaron á los
turcos, ladrones pacíficos y deshonestos públicos. Desde la
lengua del agua, como dicen, comenzaron á sentir la pobreza que les amenazaba su mudanza, y la deshonra en que
ponian á sus mujeres y á sus hijos Muchas veces, y quizá
algunas no en vano, dispararon Antonio y Periandro las escopetas, muchas piedras arrojó Bartolomé, y todas á la parte
de donde había dejado el bagaje, y muchas flechas el jadraque; pero muchas más lágrimas echaron Auristela y Constanza, pidiendo á Dios, que presente tenian, que de tan
manifiesto peligro los librase, y ansimismo que no ofendiese
el fuego á su templo, el cual no ardió, no por milagro, sino
porque las puertas eran de hierro, y porque fué poco el
fuego que se les aplicó.

Poco faltaba para llegar el dia, cuando los bajeles, cargados
con la presa, se hicieron al mar, alzando regocijados lilíes y
tocando infinitos atabales y dulzainas, y en esto vieron venir
dos personas corriendo hácia la iglesia, la una de la parte
de la marina, y la otra de la de la tierra, que llegando cerca,
conoció el jadraque que la una era su sobrina Rafala, que

con una cruz de caña en las manos, venía diciendo á voces
«Cristiana, cristiana, y libre y libre por la gracia y misericordia de Dios » La otra conocieron ser el escribano, que
acaso aquella noche estaba fuera del lugar, y al són del arma
de las campanas venía á ver el suceso, que lloró, no por la
pérdida de sus hijos y de su mujer, que allí no los tenía,
sino por la de su casa, que halló robada y abrasada. Dejaron
entrar el día y que los bajeles se alargasen y que los atajadores tuviesen lugar de asegurar la costa, y entónces bajaron
de la torre y abrieron la iglesia, donde entró Rafala, bañada
con alegres lágrimas el rostro, y acrecentando con su sobresalto su hermosura, hizo oracion á las imágenes, y luego se
abrazó con su tio, besando primero las manos al cura; el
escribano ni adoró ni besó las manos á nadie, porque le
tenía ocupada el alma el sentimiento de la pérdida de su
hacienda

Pasó el sobresalto, volvieron los espíritus de los retraídos
á su lugar, y el jadraque, cobrando aliento nuevo, volviendo
á pensar en la profecía de su abuelo, casi como lleno de
celestial espíritu, dijo «Ea, mancebo generoso; ea, rey invencible, atropella, rompe, desbarata todo género de inconvenientes, y déjanos á España tersa, limpia y desembarazada
desta mi mala casta, que tanto la asombra y menoscaba, ea,
consejero tan prudente como ilustre, nuevo Atlante del peso
desta Monarquía, ayuda y facilita con tus consejos á esta
necesaria trasmigracion Llénense estos mares de tus galeras
cargadas del inútil peso de la generacion agarena, vayan
arrojadas á las contrarias riberas las zarzas, las malezas y las
otras yerbas que estorban el crecimiento de la fertilidad y
abundancia cristiana. que si los pocos hebreos que pasaron

á Egipto multiplicaron tanto, que en su salida se contaron más de seiscientas mil familias, ¿qué se podrá temer de estos, que son más y viven más holgadamente, no los esquilman las religiones, no los entresacan las Indias, no los quitan las guerras, todos se casan, todos ó los más engendran, de do se sigue y se infiere que su multiplicacion y aumento ha de ser innumerable? Ea pues, vuelvo á decir; vayan, vayan, señor, y deja la taza de tu reino resplandeciente como el sol y hermosa como el cielo.» Dos dias estuvieron en aquel lugar los peregrinos, volviendo á enterarse en lo que les faltaba, y Bartolomé se acomodó de bagaje; los peregrinos agradecieron al cura su buen acogimiento y alabaron los buenos pensamientos del jadraque, y abrazando á Rafala, se despidieron de todos y siguieron su camino.

CAPITULO XII

En que se refiere un extraordinario suceso

En el cual se fueron entreteniendo en contar el pasado peligro, el buen ánimo del jadraque, la valentía del cura, el celo de Rafala, de la cual se les olvidó de saber cómo se habia escapado del poder de los turcos que asaltaron la tierra, aunque bien consideraron que, con el alboroto, ella se habia escondido en parte que tuviese lugar despues de volver á cumplir su deseo, que era de vivir y morir cristiana Cerca de Valencia llegaron, en la cual no quisieron entrar por excusar las ocasiones del detenerse, pero no faltó quien les dijo la grandeza de su sitio, la excelencia de sus moradores, la amenidad de sus contornos, y finalmente, todo aquello que la hace hermosa y rica sobre todas las ciudades, no sólo de España, sino de toda Europa, y principalmente les alabaron la hermosura de las mujeres y su extremada limpieza y graciosa lengua, con quien sola la portuguesa puede competir en ser dulce y agradable. Determinaron de alargar sus jornadas, aunque fuese á costa de su cansancio, por llegar á Barcelona, adonde tenían noticia habían de tocar unas galeras, en quien pensaban embarcarse, sin tocar en Francia, hasta Génova, y al salir de Villareal, hermosa y amenísima villa, de través, de entre una espesura de árboles les salió al encuentro una zagala ó pastora valenciana, vestida á lo del campo, limpia como el sol, y hermosa como él y como la luna, la cual, en su graciosa lengua, sin hablarles alguna palabra primero y sin hacerles ceremonia de comedimiento alguno, dijo : «Señores, ¿pedirlos he, ó darlos he?» A lo que respondió Periandro : «Hermosa zagala, si son celos, ni los pidas ni los des, porque, si los pides, menoscabas tu estimacion, y si los das, tu crédito, y si es que el que te ama tiene entendimiento, conociendo tu valor, te estimará y querrá bien, y si no le tiene, ¿para qué quieres que te quiera?

—Bien has dicho», respondió la villana, y diciendo adios, volvió las espaldas, y se entró en la espesura de los árboles, dejándoles admirados con su pregunta, con su presteza y con su hermosura.

Otras algunas cosas les sucedieron en el camino de Barcelona, no de tanta importancia, que merezcan escritura, si no fué el ver desde léjos las santísimas montañas de Monserrate, que adoraron con devocion cristiana, sin querer subir á ellas, por no detenerse. Llegaron á Barcelona á tiempo cuando llegaban á su playa cuatro galeras españolas, que disparando, haciendo salva á la ciudad con gruesa artillería, arrojaron cuatro esquifes al agua, el uno dellos adornado con ricas alcatifas de Levante y cojines de carmesí, en el cual venia, como despues pareció, una hermosa mujer de poca edad, ricamente vestida, con otra señora anciana y dos doncellas hermosas y honestamente aderezadas. Salió infinita gente de la ciudad, como es costumbre, ansí á ver las galeras como á la gente que de ellas desembarcaba, y la curiosidad de nuestros peregrinos llegó tan cerca de los esquifes, que casi pudieran dar la mano á la dama que dellos desembarcaba, la cual, poniendo los ojos en todos, especialmente en Constanza, despues de haber desembarcado, dijo: «Llegáos acá, hermosa peregrina, que os pienso llevar conmigo á la ciudad, donde quiero pagaros una deuda que os debo, de quien vos creo que teneis poca noticia. Vengan asimismo vuestros camaradas, porque no ha de haber cosa que obligue á dejar tan buena compañía.»

—La vuestra, á lo que veo, respondió Constanza, es de tanta importancia, que careceria de entendimiento quien no la aceptase, vamos donde quisiéredes, que mis camaradas me seguirán, que no están acostumbrados á dejarme.»

Asió la señora de la mano á Constanza, y acompañada de muchos caballeros que salieron de la ciudad á recebirla, y de otra gente principal de las galeras, se encaminaron á la ciudad, en cuyo espacio de camino Constanza no quitaba los ojos de ella, sin poder reducir á la memoria haberla visto en tiempo alguno. Aposentáronla en una casa principal á ella y á las que con ella desembarcaron, y no fué posible

que dejase ir á los peregrinos á otra parte, con los cuales,
así que tuvo comodidad para ello, pasó esta plática: «Sаca-
ros quiero, señores, de la admiracion en que sin duda os
debe tener el ver que con particular cuidado procuro serviros, y así, os digo que á mí me llaman Ambrosia Agustina, cuyo nacimiento fué en una ciudad de Aragon, y cuyo
hermano es don Bernardo Agustin, cuatralvo de estas galeras
que están en la playa Contarino de Arbolánchez, caballero
del hábito de Alcántara, en ausencia de mi hermano y á
hurto del recato de mis parientes, se enamoró de mí, y yo,
llevada de mi estrella, ó por mejor decir, de mi fácil condicion, viendo que no perdia nada en ello, con título de
esposa le hice señor de mi persona y de mis pensamientos,
y el mismo dia que le dí la mano, recibió él de la de su
Majestad una carta, en que le mandaba viniese luego al punto
á conducir un tercio, que bajaba de Lombardía á Génova,
de infantería española á la isla de Malta, sobre la cual se
pensaba bajaba el turco. Obedeció Contarino con tanta
puntualidad lo que se le mandaba, que no quiso coger los
frutos del matrimonio con sobresalto, y sin tener cuenta
con mis lágrimas, el recebir la carta y el partirse todo fué
uno. Parecióme que el cielo se habia caido sobre mí, y
que entre él y la tierra me habian apretado el corazon y
cogido el alma.

»Pocos dias pasaron, cuando, añadiendo yo imaginaciones á imaginaciones y deseos á deseos, vine á poner en efeto
uno, cuyo cumplimiento, así como me quitó la honra por
entónces, pudiera tambien quitarme la vida ausentéme de
mi casa sin sabiduría de ninguno della, y en hábitos de
hombre, que fueron los que tomé de un pajecillo, asenté

por criado de un atambor de una compañía que estaba en un lugar, pienso que ocho leguas del mio En pocos dias toqué la caja tan bien como mi amo, aprendí á ser chocarrero, como lo son los que usan tal oficio; juntóse otra compañía con la nuestra, y ambas á dos se encaminaron á Cartagena á embarcarse en estas cuatro galeras de mi hermano; en las cuales fué mi disinio pasar á Italia á buscar á mi esposo, de cuya noble condicion esperé que no afearia mi atrevimiento ni culparia mi deseo, el cual me tenia tan ciega, que no reparé en el peligro á que me ponia de ser conocida si me embarcaba en las galeras de mi hermano Mas como los pechos enamorados no hay inconvenientes que no atropellen, ni dificultades por quien no rompan, ni temores que se les opongan, toda escabrosidad hice llana, venciendo miedos y esperando aún en la misma desesperacion, pero, como los sucesos de las cosas hacen mudar los primeros intentos en ellas, el mio, más mal pensado que fundado, me puso en el término que agora oireis.

»Los soldados de las compañías de aquellos capitanes que os he dicho, trabaron una cruel pendencia con la gente de un pueblo de la Mancha sobre los alojamientos, de la cual salió herido de muerte un caballero, que decian ser conde de no sé qué estado, vino un pesquisidor de la córte, prendió los capitanes, descarriáronse los soldados, y con todo eso, prendió á algunos, y entre ellos á mí, desdichada, que ninguna culpa tenia Condenólos á galeras por dos años al remo, y á mí tambien, como por añadidura, me tocó la misma suerte En vano me lamenté de mi desventura, viendo cuán en vano se habian fabricado mis disinios, quisiera darme la muerte, pero el temor de ir á otra peor vida me embotó el cuchillo en la mano y me quitó la soga del cuello; lo que hice fué enlodarme el rostro, afeándole cuanto pude, y encerréme en un carro donde nos metieron, con intencion de llorar tanto y de comer tan poco, que las lágrimas y la hambre hiciesen lo que la soga y el hierro no habian hecho. Llegamos á Cartagena, donde áun no habian llegado las galeras; pusiéronnos en la casa del Rey bien guardados, y allí estuvimos, no esperando, sino temiendo, nuestra desgracia. No sé, señores, si os acordareis de un carro que topasteis junto á una venta, en la cual esta hermosa peregrina (señalando á Constanza) socorrió con una caja de conserva á un desmayado delincuente.

—Sí acuerdo, respondió Constanza.

—Pues sabed que yo era, dijo la señora Ambrosia, el que socorristeis, por entre las esteras del carro os miré á todos y me admiré de todos, porque vuestra gallarda disposicion no puede dejar de admirar, si se mira. En efeto, las galeras llegaron con la presa de un bergantin de moros que las dos habian tomado en el camino; el mismo dia aherrojaron en ellas á los soldados, desnudándolos del traje que traian y vistiéndoles el de remeros · transformacion triste y dolorosa, pero llevadera, que la pena que no acaba la vida, la costumbre de padecerla la hace fácil Llegaron á mí para desnudarme, hizo el cómitre que me lavasen el rostro, porque yo no tenia aliento para levantar los brazos; miróme el barbero que limpia la chusma, y dijo «Pocas navajas gastaré yo con esta barba; no sé yo para qué nos envian acá á este muchacho de alfeñique, como si fuesen nuestras galeras de melcocha y sus remeros de alcorza, y ¿qué culpas cometiste tú, rapaz, que mereciesen esta pena? Sin duda alguna creo que el raudal y

corriente de otros ajenos delitos te han conducido á este
término», y encaminando su plática al cómitre, le dijo. «En
verdad, patron, que me parece que sería bien dejar á que
sirviese este muchacho en la popa á nuestro general con
una manilla al pié, porque no vale para el remo dos ardites »

»Estas pláticas, y la consideracion de mi suceso, que parece que entónces se extremó en apretarme el alma, me
apretó el corazon de manera, que me desmayé y quedé como
muerta, dicen que volví en mí á cabo de cuatro horas, en
el cual tiempo se me hicieron muchos remedios para que
volviese; y lo que más sintiera yo, si tuviera sentido, fué,
que debieron de enterarse que yo no era varon, sino hembra.
Volví de mi parasismo, y lo primero con quien topó la vista
fué con los rostros de mi hermano y de mi esposo, que entre sus brazos me tenian No sé yo cómo en aquel punto la
sombra de la muerte no cubrió mis ojos, no sé yo cómo la
lengua no se me pegó al paladar, sólo sé que no supe lo que
me dije, aunque sentí que mi hermano dijo «¿Qué traje
es éste, hermana mia?» y mi esposo dijo «¿Qué mudanza
es ésta, mitad de mi alma? que si tu bondad no estuviera
tan de parte de tu honra, yo hiciera luego que trocaras este
traje con el de la mortaja.

»—¿Vuestra esposa es ésta? dijo mi hermano á mi esposo,
tan nuevo me parece este suceso, como me parece el de
verla á ella en este traje; verdad es que si esto es verdad,
bastante recompensa sería á la pena que me causa el ver así
á mi hermana »

»A este punto, habiendo yo recobrado en parte mis perdidos espíritus, me acuerdo que dije «Hermano mio, yo

soy Ambrosia Agustina, tu hermana, y soy ansimismo la
esposa del señor Contarino de Arbolánchez, el amor y tu
ausencia ¡oh hermano! me le dieron por marido, el cual,
sin gozarme, me dejó; yo, atrevida, arrojada y mal considerada, en este traje que me veis le vine á buscar»; y con esto,
les conté toda la historia que de mí habeis oido; y mi suerte,
que por puntos se iba á más andar mejorando, hizo que me
diesen crédito y me tuviesen lástima Contáronme cómo á
mi esposo le habian cautivado moros con una de dos cha-
lupas donde se habia embarcado para ir á Génova, y que
el cobrar la libertad habia sido el dia ántes al anochecer,
sin que le diese lugar el tiempo de haberse visto con mi
hermano, sino al punto que me halló desmayada; suceso
cuya novedad le podia quitar el crédito, pero todo es así
como lo he dicho. En estas galeras pasaba esta señora que
viene conmigo, y con estas sus dos nietas, á Italia, donde su
hijo en Sicilia tiene el patrimonio Real á su cargo, vistiéron-
me éstos que traigo, que son sus vestidos, y mi marido y mi
hermano, alegres y contentos, nos han sacado hoy á tierra
para espaciarnos, y para que los muchos amigos que tienen
en esta ciudad se alegren con ellos, si vosotros, señores,
vais á Roma, yo haré que mi hermano os ponga en el más
cercano puerto de ella. La caja de conserva os la pagaré con
llevaros en la mia hasta donde mejor os esté, y cuando yo
no pasara á Italia, en fe de mi ruego os llevará mi hermano. Esta es, amigos mios, mi historia, si se os hiciere
dura de creer, no me maravillaria, puesto que la verdad
bien puede enfermar, pero no morir del todo, y pues que
comunmente se dice que el creer es cortesía, en la vuestra,
que debe de ser mucha, deposito mi crédito »

Aquí dió fin la hermosa Agustina á su razonamiento, y aquí comenzó la admiracion de los oyentes á subirse de punto, aquí comenzaron á desmenuzarse las circunstancias del caso, y tambien los abrazos de Constanza y Auristela que á la bella Ambrosia dieron, la cual, por ser así voluntad de su marido, hubo de volverse á su tierra, porque, por hermosa que sea, es embarazosa la compañía de la mujer en la guerra Aquella noche se alteró el mar de modo, que fué forzoso alargarse las galeras de la playa, que en aquella parte es de contínuo mal segura Los corteses catalanes, gente enojada, terrible, pacífica, suave, gente que con facilidad da la vida por la honra, y por defenderlas entrambas se adelantan á sí mismos, que es como adelantarse á todas las naciones del mundo, visitaron y regalaron todo lo posible á la señora Ambrosia Agustina, á quien dieron las gracias despues que volvieron su hermano y su esposo Auristela, escarmentada con tantas experiencias como habia hecho de las borrascas del mar, no quiso embarcarse en las galeras, sino irse por Francia, pues estaba pacífica Ambrosia se volvió á Aragon, las galeras siguieron su viaje, y los peregrinos el suyo, entrándose por Perpiñan en Francia

CAPITULO XIII.

Entran en Francia, y dase cuenta de lo que les succdió con un criado del Duque de Nemurs

Por la parte de Perpiñan quiso tocar la primera de Francia nuestra escuadra, á quien dió que hablar el suceso de Ambrosia muchos dias, en la cual fueron disculpa sus pocos

años de sus muchos yerros, y juntamente halló en el amor
que á su esposo tenia, perdon de su atrevimiento, en fin,
ella se volvió, como queda dicho, á su patria, las galeras
siguieron su viaje, y el suyo nuestros peregrinos, los cuales,
llegando á Perpiñan, pararon en un meson, á cuya gran
puerta estaba puesta una mesa, y al rededor della mucha
gente mirando jugar á dos hombres á los dados, sin que
otro alguno jugase. Parecióles á los peregrinos ser novedad
que mirasen tantos y jugasen tan pocos; preguntó Periandro
la causa, y fuéle respondido que de los dos que jugaban, el
perdidoso perdia la libertad y se hacia prenda del Rey, para
bogar el remo seis meses, y el que ganaba, ganaba veinte
ducados, que los ministros del Rey habian dado al perdidoso
para que probase en el juego su ventura. Uno de los dos
que jugaban la probó, y no le supo bien, porque la perdió,
y al momento le pusieron en una cadena, y al que la ganó
le quitaron otra que para seguridad de que no huiria, si
perdia, le tenian puesta, miserable juego y miserable suerte,
donde no son iguales la pérdida y la ganancia

Estando en esto, vieron llegar al meson gran golpe de
gente, entre la cual venia un hombre en cuerpo, de gentil
parecer, rodeado de cinco ó seis criaturas de edad de cuatro
á siete años, venia junto á él una mujer amargamente llorando, con un lienzo de dineros en la mano, la cual con
lastimada voz venia diciendo. «Tomad, señores, vuestros
dineros, y volvedme á mi marido, pues no el vicio, sino la
necesidad, le hizo tomar este dinero, él no se ha jugado,
sino vendido, porque quiere á costa de su trabajo sustentarme
á mí y á sus hijos : ¡amargo sustento y amarga comida para
mí y para ellos!

—Callad, señora, dijo el hombre, y gastad ese dinero, que yo le desquitaré con la fuerza de mis brazos, que todavía se amañarán ántes á domeñar un remo que un azadon; no quise ponerme en aventura de perderlos, jugándolos, por no perder juntamente con mi libertad, vuestro sustento » Casi no dejaba oir el llanto de los muchachos esta dolorida plática que entre marido y mujer pasaba, los ministros que le traian les dijeron que enjugasen las lágrimas, que si lloraran cuantas cabian en el mar, no serian bastantes á darle la libertad que habia perdido. Prevalecian en su llanto los muchachos, diciendo á su padre «Señor, no nos deje, porque nos morirémos todos si se va.» El nuevo y extraño caso enterneció las entrañas de nuestros peregrinos, especialmente las de la tesorera Constanza, y todos se movieron á rogar á los ministros de aquel cargo fuesen contentos de tomar su dinero, haciendo cuenta que aquel hombre no habia sido en el mundo, y que les conmoviese á no dejar viuda á una mujer, ni huérfanos á tantos niños, en fin, tanto supieron decir y tanto quisieron rogar, que el dinero volvió á poder de sus dueños, y la mujer cobró su marido y los niños á su padre

La hermosa Constanza, rica despues de condesa, más cristiana que bárbara, con parecer de su hermano Antonio, dió á los pobres perdidos, con que se cobraron, cincuenta escudos de oro, y así se volvieron tan contentos como libres, agradeciendo al cielo y á los peregrinos la tan no vista como no esperada limosna Otro dia pisaron la tierra de Francia, y pasando por Lenguadoc, entraron en la Provenza, donde en otro meson hallaron tres damas francesas de tan extremada hermosura, que á no ser Auristela en el mundo, pu-

dieran aspirar á la palma de la belleza Parecian señoras de
grande estado, segun el aparato con que se servian, las cuales, viendo los peregrinos, así les admiró la gallardía de Periandro y de Antonio, como la sin igual belleza de Auristela
y de Constanza Llegáronlas á sí, y habláronlas con alegre
rostro y cortés comedimiento, preguntáronlas quién eran,
en lengua castellana, porque conocieron ser españolas las
peregrinas, y en Francia, ni varon ni mujer deja de aprender la lengua castellana

En tanto que las señoras esperaban la respuesta de Auristela, á quien se encaminaban sus preguntas, se desvió
Periandro á hablar con un criado, que le pareció ser de las
ilustres francesas; preguntóle quién eran y á dónde iban, y
él le respondió, diciendo «El Duque de Nemurs, que es
uno de los que llaman de la sangre en este reino, es un
caballero bizarro y muy discreto, pero muy amigo de su
gusto; es recien heredado, y ha prosupuesto de no casarse
por ajena voluntad, sino por la suya, aunque se le ofrezca
aumento de estado y de hacienda, y aunque vaya contra
el mandamiento de su rey, porque dice que los reyes bien
pueden dar la mujer á quien quisieren de sus vasallos, pero
no el gusto de recebilla Con esta fantasía, locura ó discrecion, ó como mejor debe llamarse, ha enviado á algunos
criados suyos á diversas partes de Francia á buscar alguna
mujer que, despues de ser principal, sea hermosa, para casarse con ella, sin que reparen en hacienda, porque él se
contenta con que la dote sea su calidad y su hermosura.
Supo la de estas tres señoras, y envióme á mí, que le sirvo,
para que las viese y las hiciese retratar de un famoso pintor,
que envió conmigo : todas tres son libres, y todas de poca

edad, como habeis visto, la mayor, que se llama Deleasir, es discreta en extremo, pero pobre, la mediana, que Belarminia se llama, es bizarra y de gran donaire, y rica medianamente, la más pequeña, cuyo nombre es Feliz Flora, hace gran ventaja á las dos en ser rica. Ellas tambien han sabido el deseo del Duque, y querrian, segun á mí se me ha traslucido, ser cada una la venturosa de alcanzarle por esposo, y con ocasion de ir á Roma á ganar el jubileo de este año, que es como el centésimo que se usaba, han salido de su tierra, y quieren pasar por París y verse con el Duque, fiadas en el quizá que trae consigo la buena esperanza; pero despues, señores peregrinos, que aquí entrastes, he determinado de llevar un presente á mi amo, que borre del pensamiento todas y cualesquier esperanzas que estas señoras en el suyo hubieren fabricado, porque le pienso llevar el retrato de esta vuestra peregrina, única y general señora de la humana belleza; y si ella fuese tan principal como es hermosa, los criados de mi amo no tendrian más que hacer, ni el Duque más que desear Decidme, por vida vuestra, señor, si es casada esta peregrina, cómo se llama y qué padres la engendraron » A lo que, temblando, respondió Periandro · «Su nombre es Auristela, su viaje á Roma, sus padres nunca ella los ha dicho, y de que sea libre os aseguro, porque lo sé sin duda alguna, pero hay otra cosa en ello, que es tan libre y tan señora de su voluntad, que no la rendirá á ningun príncipe de la tierra, porque dice que la tiene rendida al que lo es del cielo, y para enteraros en que sepais ser verdad todo lo que os he dicho, sabed que yo soy su hermano y el que sabe lo escondido de sus pensamientos, así que, no os servirá de nada el retratalla, sino de alborotar el ánimo de vuestro señor, si acaso quisiese atropellar por el inconveniente de la bajeza de mis padres.

—Con todo eso, respondió el otro, tengo de llevar su retrato, siquiera por curiosidad, y porque se dilate por Francia este nuevo milagro de hermosura.»

Con esto se despidieron, y Periandro quiso partirse luego de aquel lugar, por no dársele al pintor para retratar á Auristela. Bartolomé volvió luego á aderezar el bagaje, y á no estar bien con Periandro por la priesa que daba á la partida El criado del Duque, viendo que Periandro quería partirse luego, se llegó á él y le dijo: «Bien quisiera, señor, rogaros que os detuviérades un poco en este lugar, siquiera hasta la noche, porque mi pintor con comodidad y de espacio pudiera sacar el retrato del rostro de vuestra hermana, pero bien os podeis ir á la paz de Dios, porque el pintor me ha dicho que de sola una vez que la ha visto la tiene tan aprendida en la imaginacion, que la pintará á sus solas tan bien como si siempre la estuviera mirando.» Maldijo Periandro entre sí la rara habilidad del pintor; pero no dejó por esto de partirse, despidiéndose luego de las tres gallardas francesas, que abrazaron á Auristela y á Constanza estrechamente, y les ofrecieron de llevarlas hasta París en su compañía, si dello gustaban. Auristela se lo agradeció con las más corteses palabras que supo, diciéndoles que su voluntad obedecia á la de su hermano Periandro, y que así no podian detenerse ella ni Constanza, pues Antonio, hermano de Constanza, y el suyo se iban, y con esto, se partieron, y de allí á seis dias llegaron á un lugar de la Provenza, donde les sucedió lo que se dirá en el capítulo siguiente

CAPITULO XIV

De los nuevos y nunca vistos peligros en que se vieron

La historia, la poesía y la pintura simbolizan entre sí, y se parecen tanto, que cuando escribes historia, pintas, y cuando pintas, compones No siempre va en un mismo peso la historia, ni la pintura pinta cosas grandes y magníficas, ni la poesía conversa siempre por los cielos, bajezas admite la historia, la pintura yerbas y retamas en sus cuadros, y la poesía tal vez se realza cantando cosas humildes : esta verdad nos la muestra bien Bartolomé, bagajero del escuadron peregrino, el cual tal vez habla y es escuchado en nuestra historia. Este, revolviendo en su imaginacion el cuento del que vendió su libertad por sustentar á sus hijos, una vez dijo, hablando con Periandro : «Grande debe de ser, señor, la fuerza que obliga á los padres á sustentar á sus hijos, si no, dígalo aquel hombre que no quiso jugarse por no perderse, sino empeñarse por sustentar á su pobre familia; la libertad, segun yo he oido decir, no debe de ser vendida por ningun dinero, y éste la vendió por tan poco, que lo llevaba la mujer en la mano. Acuérdome tambien de haber oido decir á mis mayores que llevando á ahorcar á un hombre anciano, y ayudándole los sacerdotes á bien morir, les dijo «Vuesas mercedes se sosieguen, y déjenme morir despacio, que, aunque es terrible este paso en que me veo, muchas veces me he visto en otros más terribles » Preguntáronle cuáles eran, respondióles que el amanecer Dios y el rodealle seis hijos pequeños pidiéndole pan, y no teniendo para dárselo, «la cual necesidad me puso la ganzúa en la mano y fieltros en los piés, con qué facilité mis hurtos, no viciosos, sino necesitados.» Estas razones llegaron á los oídos del señor que le habia sentenciado al suplicio, que fueron parte para volver la justicia en misericordia, y la culpa en gracia.»

A lo que respondió Periandro · «El hacer el padre por su hijo, es hacer por sí mismo, porque mi hijo es otro yo, en el cual se dilata y se continúa el sér del padre, y así como es cosa natural y forzosa el hacer cada uno por sí mismo, así lo es el hacer por sus hijos, lo que no es tan natural ni tan forzoso hacer los hijos por los padres, porque el amor que el padre tiene á su hijo deciende, y el decender es caminar sin trabajo, y el amor del hijo con el padre aciende y sube, que es caminar cuesta arriba, de donde ha nacido aquel refran : *Un padre para cien hijos, ántes que cien hijos para un padre.*» Con estas pláticas y otras entretenian el camino por Francia, la cual es tan poblada, tan llana y apacible, que á cada paso se hallan casas de placer, adonde los señores de ellas están casi todo el año, sin que se les dé algo por estar en las villas ni en las ciudades. A una de estas llegaron nuestros viandantes, que estaba un poco desviada del camino real.

Era la hora del mediodía, herian los rayos del sol derechamente á la tierra, entraba el calor, y la sombra de una gran torre de la casa les convidó á que allí esperasen á pasar la siesta, que con calor riguroso amenazaba. El solícito Bartolomé desembarazó el bagaje, y tendiendo un tapete en el suelo, se sentaron todos á la redonda, y de los manjares, de quien tenia cuidado de hacer Bartolomé su repuesto, satisfacieron la hambre, que ya comenzaba á fatigarles, pero apénas habian alzado las manos para llevarlo á la boca,

cuando alzando Bartolomé los ojos, dijo á grandes voces
«Apartáos, señores, que no sé quién baja volando del cielo,
y no será bien que os coja debajo » Alzaron todos la vista, y
vieron bajar por el aire una figura, que ántes que distinguie-
sen lo que era, ya estaba en el suelo, junto casi á los piés de
Periandro, la cual figura era de una mujer hermosísima,
que habiendo sido arrojada desde lo alto de la torre, sirviéndole de campana y de alas sus mismos vestidos, la puso de
piés en el suelo sin daño alguno : cosa posible, sin ser milagro.

Dejóla el suceso atónita y espantada, como lo quedaron
los que volar la habian visto, oyeron en la torre gritos que
los daba otra mujer, abrazada con un hombre, que parecia
que pugnaban por derribarse el uno al otro : «Socorro, socorro, decia la mujer, socorro, señores, que este loco quiere
despeñarme de aquí abajo » La mujer voladora, vuelta algun tanto en sí, dijo . «Si hay alguno que se atreva á subir
por aquella puerta, señalándoles una que al pié de la torre
estaba, librará del peligro mortal á mis hijos y á otras gentes flacas que allí arriba están.» Periandro, impelido de la
generosidad de su ánimo, se entró por la puerta, y á poco
rato le vieron en la cumbre de la torre abrazado con el
hombre que mostraba ser loco, del cual, quitándole un cuchillo de las manos, procuraba defenderse, pero la suerte,
que queria concluir con la tragedia de su vida, ordenó que
entrambos á dos viniesen al suelo, cayendo al pié de la torre, el loco pasado el pecho con el cuchillo que Periandro
en la mano traia, y Periandro vertiendo por los ojos, narices y boca cantidad de sangre, que como no tuvo vestidos
anchos que le sustentasen, hizo el golpe su efeto, y dejóle

casi sin vida. Auristela, que ansí le vió, creyendo indubitablemente que estaba muerto, se arrojó sobre él, y sin respeto alguno, puesta la boca con la suya, esperaba á recoger
en sí alguna reliquia, si del alma le hubiese quedado, pero
aunque le hubiera quedado, no pudiera recebilla, porque los
traspillados dientes le negaran la entrada. Constanza, dando
lugar á la pasion, no le pudo dar á mover el paso para ir á
socorrerla, y quedóse en el mismo sitio donde la halló el
golpe, pegada los piés al suelo como si fueran raíces, ó
como si ella fuera estatua de duro mármol formada. Antonio, su hermano, acudió á apartar los semivivos y á dividir
los que ya pensaba ser cadáveres, sólo Bartolomé fué el que
mostró con los ojos el grave dolor que en el alma sentia,
llorando amargamente.

Estando todos en la amarga afliccion que he dicho, sin
que hasta entónces ninguna lengua hubiese publicado su
sentimiento, vieron que hácia ellos venia un gran tropel de
gente, la cual desde el camino real habia visto el vuelo de
los caidos, y venian á ver el suceso, y era el tropel que venia,
las hermosas damas francesas Deleasir, Belarminia y Feliz
Flora. Luego como llegaron, conocieron á Auristela y á
Periandro, como á aquellos que por su singular belleza quedaban impresos en la imaginacion del que una vez los miraba. Apénas la compasion les habia hecho apear para socorrer, si fuese posible, la desventura que miraban, cuando
fueron asaltados de seis ó ocho hombres armados, que por
las espaldas les acometieron. Este asalto puso en las manos
de Antonio su arco y sus flechas, que siempre las tenia á
punto, ó ya para ofender ó ya para defenderse; uno de los
armados, con descortés movimiento, asió á Feliz Flora del

brazo, y la puso en el arzon delantero de su silla, y dijo,
volviéndose á los demas compañeros · «Esto es hecho, ésta
me basta, demos la vuelta » Antonio, que nunca se pagó
de descortesías, pospuesto todo temor, puso una flecha en
el arco, tendió cuanto pudo el brazo izquierdo, y con la derecha estiró la cuerda hasta que llegó al diestro oido, de
modo que las dos puntas y extremos del arco casi se juntaron, y tomando por blanco el robador de Feliz Flora,
disparó tan derechamente la flecha, que sin tocar á Feliz
Flora, sino en una parte del velo con que se cubria la cabeza, pasó al salteador el pecho de parte á parte. Acudió á su
venganza uno de sus compañeros, y sin dar lugar á que otra
vez Antonio el arco armase, le dió una herida en la cabeza,
tal, que dió con él en el suelo, más muerto que vivo, visto
lo cual de Constanza, dejó de ser estatua, y corrió á socorrer
á su hermano, que el parentesco calienta la sangre, que suele
helarse en la mayor amistad, y lo uno y lo otro son indicios
y señales de demasiado amor.

Ya en esto habian salido de la casa gente armada, y los
criados de las tres damas apercebidos de piedras, digo, los
que no tenian armas, se pusieron en defensa de su señora;
los salteadores, que vieron muerto á su capitan, y que segun los defensores acudian, podian ganar poco en aquella
empresa, especialmente considerando ser locura aventurar
las vidas por quien ya no podia premiarles, volvieron las
espaldas y dejaron el campo solo. Hasta aquí de esta batalla
pocos golpes de espada hemos oido, pocos instrumentos bélicos han sonado, el sentimiento que por los muertos suelen
hacer los vivos no ha salido á romper los aires, las lenguas
en amargo silencio tienen depositadas sus quejas, sólo algu-

nos ayes entre roncos gemidos andan envueltos, especialmente en los pechos de las lastimadas Auristela y Constanza, cada cual abrazada con su hermano, sin poder
aprovecharse de las quejas con que se alivian los lastimados
corazones, pero, en fin, el cielo, que tenia determinado de
no dejarlas morir tan apriesa y tan sin quejarse, les despegó
las lenguas que al paladar pegadas tenian, y la de Auristela
prorumpió en razones semejantes

«No sé yo, desdichada, cómo busco aliento en un muerto, y cómo, ya que le tuviese, puedo sentirle, si estoy tan sin
él, que ni sé si hablo ni si respiro. ¡Ay hermano, y qué
caida ha sido ésta, que así ha derribado mis esperanzas,
como si la grandeza de vuestro linaje no se hubiera opuesto
á vuestra desventura! mas ¿cómo podria ella ser grande, si
vos no lo fuérades? En los montes más levantados caen los
rayos, y adonde hallan más resistencia hacen más daño.
Monte érades vos, pero monte humilde, que con las sombras de vuestra industria y de vuestra discrecion os encu-
bríades á los ojos de las gentes. Ventura íbades á buscar en
la mia, pero la muerte ha atajado el paso, encaminando el
mio á la sepultura. ¡Cuán cierta la tendrá la Reina, vuestra
madre, cuando á sus oidos llegue vuestra no pensada muerte! ¡Ay de mí, otra vez sola y en tierra ajena, bien así como
verde hiedra, á quien ha faltado su verdadero arrimo!»

Estas palabras, de reina, de montes y grandezas, tenian
atentos los oidos de los circunstantes que las escuchaban, y
aumentóles la admiracion las que tambien decia Constanza,
que en sus faldas tenia á su mal herido hermano, apretándole la herida y tomándole la sangre. La compasiva Feliz
Flora, que con un lienzo suyo blandamente se la exprimia,

obligada de haberla el herido librado de su deshonra, «¡Ay, digo, decia, amparo mio! ¿de qué ha servido haberme levantado la fortuna al título de señora, si me habia de derribar al de desdichada? Volved, hermano, en vos, si quereis que yo vuelva en mí, ó si no, haced ¡oh piadosos cielos! que una misma muerte nos cierre los ojos y una misma sepultura nos cubra los cuerpos; que el bien que sin pensar me habia venido, no podia traer otro descuento que la presteza de acabarse.» Con esto, se quedó desmayada, y Auristela ni más ni ménos, de modo que tan muertas parecian ellas, y áun más, que los heridos. La dama que cayó de la torre, causa principal de la caida de Periandro, mandó á sus criados, que ya habian venido muchos de la casa, que le llevasen al lecho del Conde Domicio, su señor; mandó tambien llevar á Domicio, su marido, para dar órden en sepultalle. Bartolomé tomó en brazos á su señor Antonio, á Constanza se los dió Feliz Flora, y á Auristela, Belarminia y Deleasir; y en escuadron doloroso y con amargos pasos se encaminaron á la casi real casa.

CAPITULO XV

Sanan de sus heridas Periandro y Antonio, prosiguen todos su viaje, en compañía de las tres damas francesas. Libra Antonio de un gran peligro á Feliz Flora.

Poco aprovechaban las discretas razones que las tres damas francesas daban á las dos lastimadas Constanza y Auristela, porque en las recientes desventuras no hallan lugar consolatorias persuasiones, el dolor y el desastre que de repente sucede, no de improviso admite consolacion alguna, por discreta que sea, la postema duele miéntras no se ablanda,

y el ablandarse requiere tiempo, hasta que llegue el de
abrirse; y así, miéntras se llora, miéntras se gime, miéntras
se tiene delante quien mueva al sentimiento á quejas y á
suspiros, no es discrecion demasiada acudir al remedio con
agudas medicinas. Llore, pues, algun tanto más Auristela,
gima algun espacio más Constanza, y cierren entrambas
los oidos á toda consolacion, en tanto que la hermosa Claricia nos cuenta la causa de la locura de Domicio, su esposo,
que fué, segun ella dijo á las damas francesas, que ántes que
Domicio con ella se desposase, andaba enamorado de una
parienta suya, la cual tuvo casi indubitables esperanzas de
casarse con él. «Salióle en blanco la suerte, para que ella,
dijo Claricia, la tuviese siempre negra; porque, disimulando
Lorena, que así se llamaba la parienta de Domicio, el enojo
que habia recebido del casamiento de mi esposo, dió en re-
galarle con muchos y diversos presentes, puesto que más
bizarros y de buen parecer que costosos, entre los cuales le
envió una vez (bien así como envió la falsa Deyanira la
camisa á Hércules), digo que le envió unas camisas, ricas
por el lienzo, y por la labor vistosas Apénas se puso una,
cuando perdió los sentidos, y estuvo dos dias como muerto,
puesto que luego se la quitaron, imaginando que una esclava de Lorena, que estaba en opinion de maga, la habria
hechizado Volvió á la vida mi esposo, pero con sentidos
tan turbados y tan trocados, que ninguna accion hacia que
no fuese de loco, y no de loco manso, sino de cruel, furioso
y desatinado, tanto, que era necesario tenerle en cadenas»; y
que aquel dia, estando ella en aquella torre, se habia soltado
el loco de las prisiones, y viniendo á la torre, la habia
echado por las ventanas abajo; á quien el cielo socorrió con

la anchura de sus vestidos, ó por mejor decir, con la acostumbrada misericordia de Dios, que mira por los inocentes. Dijo cómo aquel peregrino había subido á la torre á librar á una doncella á quien el loco quería derribar al suelo, tras la cual tambien despeñara á otros dos pequeños hijos que en la torre estaban, pero el suceso fué tan contrario, que el Conde y el peregrino se estrellaron en la dura tierra, el Conde, herido de una mortal herida, y el peregrino con un cuchillo en la mano, que al parecer se le había quitado á Domicio, cuya herida era tal, que no fuera menester servir de añadidura para quitarle la vida, pues bastaba la caida.

En esto Periandro estaba sin sentido en el lecho, á donde acudieron maestros á curarle y á concertarle los deslocados huesos. Diéronle bebidas apropiadas al caso, halláronle pulsos y algun tanto de conocimiento de las personas que al rededor de sí tenía, especialmente de Auristela, á quien con voz desmayada, que apénas podia entenderse, dijo: «Hermana, yo muero en la fe católica cristiana y en la de quererte bien», y no habló ni pudo hablar más palabra por entónces. Tomaron la sangre á Antonio, y tentándole los cirujanos la herida, pidieron albricias á su hermana de que era más grande que mortal, y de que presto tendria salud, con ayuda del cielo. Dióselas Feliz Flora, adelantándose á Constanza, que se las iba á dar, y áun se las dió; y los cirujanos las tomaron de entrambas, por no ser nada escrupulosos.

Un mes, ó poco más, estuvieron los enfermos curándose, sin querer dejarlos las señoras francesas : tanta fué la amistad que trabaron y el gusto que sintieron de la discreta conversacion de Auristela y de Constanza, y de los dos sus hermanos, especialmente Feliz Flora, que no aceitaba á quitarse de la cabecera de Antonio, amándole con un tan comedido amor, que no se extendia á más que á ser benevolencia y á ser como agradecimiento del bien que dél habia recebido cuando su saeta la libró de las manos de Rubertino, que, segun Feliz Flora contaba, era un caballero, señor de un castillo que cerca de otro suyo tenia; el cual Rubertino, llevado no de perfecto, sino de vicioso amor, habia dado en seguilla y perseguirla, y en rogarla le diese la mano de esposa; pero que ella, que por mil experiencias y por la fama, que pocas veces miente, habia conocido ser Rubertino de áspera y cruel condicion y de mudable y antojadiza voluntad, no habia querido conceder con su demanda, y que imaginaba que, acosado de sus desdenes, habria salido al camino á roballa y hacer de ella por fuerza lo que la voluntad no habia podido, pero que la flecha de Antonio habia cortado todos sus crueles y mal fabricados disinios, y esto le movia á mostrarse agradecida.

Todo esto que Feliz Flora dijo, pasó así, sin faltar punto, y cuando se llegó el de la sanidad de los enfermos, y sus fuerzas comenzaron á dar muestras della, volvieron á renovarse sus deseos, á lo ménos los de volver á su camino, y así lo pusieron por obra, acomodándose de todas las cosas necesarias, sin que, como está dicho, quisiesen las señoras francesas dejar á los peregrinos, á quien ya trataban con admiracion y con respeto, porque las razones del llanto de Auristela les habian hecho concebir en sus ánimos que debian de ser grandes señores; que tal vez la majestad suele cubrirse de buriel, y la grandeza vestirse de humildad. En efeto, con perplejos pensamientos los miraban · el pobre

acompañamiento suyo les hacia tener en estima de condicion mediana, el brío de sus personas y la belleza de sus
rostros levantaban su calidad al cielo, y así entre el sí y el
no andaban dudosas

Ordenaron las damas francesas que fuesen todos á caballo,
porque la caida de Periandro no consentia que se fiase de
sus piés. Feliz Flora, agradecida al golpe de Antonio el
bárbaro, no sabia quitarse de su lado, y tratando del atrevimiento de Rubertino, á quien dejaban muerto y enterrado,
y de la extraña historia del Conde Domicio, á quien las
joyas de su prima, juntamente con quitarle el juicio, le habian quitado la vida, y del vuelo milagroso de su mujer,
más para ser admirado que creido, llegaron á un rio que se
vadeaba con algun trabajo. Periandro fué de parecer que se
buscase la puente, pero todos los demas no vinieron en él,
y bien así como cuando al represado rebaño de mansas ovejas, puestas en lugar estrecho, hace camino la una, á quien
las demas al momento siguen, Belarminia se arrojó al agua,
á quien todos siguieron, sin quitarse del lado de Auristela
Periandro, ni del de Feliz Flora Antonio, llevando tambien
junto á sí á su hermana Constanza.

Ordenó, pues, la suerte que no fuese buena la de Feliz
Flora, porque la corriente del agua le desvaneció la cabeza
de modo, que sin poder tenerse, dió consigo en mitad de
la corriente, tras quien se abalanzó con no creida presteza
el cortés Antonio, y sobre sus hombros, como á otra nueva
Europa, la puso en la seca arena de la contraria ribera. Ella,
viendo el presto beneficio, le dijo: «Muy cortés eres, español» A quien Antonio respondió. «Si mis cortesías no
nacieran de tus peligros, estimáralas en algo; pero, como

nacen de ellos, ántes me descontentan que alegran v Pasó,
en fin, el, como he dicho otras veces, hermoso escuadron,
y llegaron al anochecer á una casería, que, junto con serlo,
era meson, en el cual se alojaron á toda su voluntad; y lo
que en él les sucedió, nuevo estilo y nuevo capítulo pide

CAPITULO XVI

De cómo encontraron con Luisa, la mujer del polaco, y lo que les contó
un escudero de la Condesa Ruperta

Cosas y casos suceden en el mundo, que si la imaginacion ántes de suceder pudiera hacer que así sucedieran, no
acertara á trazarlos, y así muchos, por la raridad con que
acontecen, pasan plaza de apócrifos, y no son tenidos por
tan verdaderos como lo son, y así es menester que les ayu-
den juramentos, ó á lo ménos el buen crédito de quien los
cuenta, aunque yo digo que mejor sería no contarlos, segun
lo aconsejan aquellos antiguos versos castellanos que dicen:

Las cosas de admiracion
No las digas ni las cuentes,
Que no saben todas gentes
Cómo son.

La primera persona con quien encontró Constanza fué
con una moza de gentil parecer, de hasta veinte y dos años,
vestida á la española, limpia y aseadamente, la cual, llegándose á Constanza, le dijo en lengua castellana. «Bendito sea
Dios, que veo gente, si no de mi tierra, á lo ménos de mi
nacion española; bendito sea Dios, digo otra vez, que oiré
decir *vuesa merced*, y no *señoría* hasta los mozos de cocina.

—Desa manera, respondió Constanza, vos, señora, española debeis de ser.

—Y ¡cómo si lo soy! respondió ella, y áun de la mejor tierra de Castilla.

—¿De cuál? replicó Constanza.

—De Talavera de la Reina», respondió ella

Apénas hubo dicho esto, cuando á Constanza le vinieron barruntos que debia de ser la esposa de Ortel Banedre, el polaco, que por adúltera quedaba presa en Madrid; cuyo marido, persuadido de Periandro, la habia dejado presa y ídose á su tierra, y en un instante fabricó en su imaginacion un monton de cosas, que puestas en efeto, le sucedieron casi como las habia pensado. Tomóla por la mano, y fuése donde estaba Auristela, y apartándola aparte con Periandro, les dijo «Señores, vosotros estáis dudosos de si la ciencia que yo tengo de adevinar es falsa ó verdadera, la cual ciencia no se acredita con decir las cosas que están por venir, porque solo Dios las sabe, y si algun humano las acierta, es acaso, ó por algunas premisas á quien la experiencia de otras semejantes tiene acreditadas si yo os dijese cosas pasadas, que no hubiesen llegado ni pudiesen llegar á mi noticia, ¿qué diríades? ¿Quereislo ver? Esta buena hija que tenemos delante es de Talavera de la Reina, que casó con un extranjero polaco, que se llamaba, si mal no me acuerdo, Ortel Banedre, á quien ella ofendió con alguna desenvoltura con un mozo de meson que vivia frontero de su casa; la cual, llevada de sus ligeros pensamientos y en los brazos de sus pocos años, se salió de casa de sus padres con el referido mozo, y fué presa en Madrid con el adúltero, donde debe de haber pasado muchos trabajos, así en la prision como en

el haber llegado hasta aquí, que quiero que ella nos los
cuente, porque, aunque yo los adivine, ella nos los contará
con más puntualidad y con más gracia.

—¡Ay cielos santos! dijo la moza, ¿y quién es esta señora, que me ha leido mis pensamientos? Quién es esta adi-
vina, que ansí sabe la desvergonzada historia de mi vida?
Yo, señora, soy esa adúltera, yo soy esa presa y condenada
á destierro de diez años, porque no tuve parte que me siguiese, y soy la que aquí estoy en poder de un soldado
español que va á Italia, comiendo el pan con dolor, y pasando la vida que por momentos me hace desear la muerte
Mi amigo, el primero, murió en la cárcel, éste, que no sé
en qué número ponga, me socorrió en ella, de donde me
sacó, y como he dicho, me lleva por esos mundos, con gusto
suyo y con pesar mio, que no soy tan tonta, que no conozca
el peligro en que traigo el alma en este vagamundo estado.
Por quien Dios es, señores, pues sois españoles, pues sois
cristianos y pues sois principales, segun lo da á entender
vuestra presencia, que me saqueis del poder deste español,
que será como sacarme de las garras de los leones »

Admirados quedaron Periandro y Auristela de la discrecion sagaz de Constanza, y concediendo con ella, la reforzaron y acreditaron, y áun se movieron á favorecer con todas
sus fuerzas á la perdida moza, la cual dijo que el español
soldado no iba siempre con ella, sino una jornada adelante
ó atras, por deslumbrar á la justicia.

«Todo eso está muy bien, dijo Periandro, y aquí daremos traza en vuestro remedio, que la que ha sabido adivinar
vuestra vida pasada, tambien sabrá acomodaros en la veni-
dera Sed vos buena; que sin el cimiento de la bondad no se

puede caigai ninguna cosa que lo parezca No os desvieis
por agora de nosotros, que vuestra edad y vuestro rostro son
los mayores contrarios que podeis tener en las tierras extrañas » Lloró la moza, enternecióse Constanza, y Auristela
mostró los mismos sentimientos, con que obligó á Periandro
á que el remedio de la moza buscase

En esto estaban, cuando llegó Bartolomé y dijo : «Señores, acudid á ver la más extraña vision que habreis visto en
vuestra vida.» Dijo esto tan asustado y tan como espantado,
que pensando ir á ver alguna maravilla extraña, le siguieron, y en un apartamiento algo desviado de aquel donde
estaban alojados los peregrinos y damas, vieron por entre
unas esteras un aposento, todo cubierto de luto, cuya lóbrega
escuridad no les dejó ver particularmente lo que en él habia;
y estándole así mirando, llegó un hombre anciano, todo asimismo cubierto de luto, el cual les dijo : «Señores, de aquí
á dos horas, que habrá entrado una de la noche, si gustais de
ver á la señora Ruperta sin que ella os vea, yo haré que la
veais, cuya vista os dará ocasion de que os admireis, así de
su condicion como de su hermosura.

—Señor, respondió Periandro, este nuestro criado que
aquí está nos convidó á que viniésemos á ver una maravilla,
y hasta ahora no hemos visto otra que la deste aposento
cubierto de luto, que no es maravilla ninguna

—Si volveis á la hora que digo, respondió el enlutado,
tendreis de qué maravillaros, porque habreis de saber que
en este aposento se aloja la señora Ruperta, mujer que fué,
apénas hace un año, del conde Lamberto de Escocia, cuyo
matrimonio á él le costó la vida, y á ella verse en términos
de perderla á cada paso, á causa que Claudino Rubicón,

caballero de los principales de Escocia, á quien las riquezas y el linaje hicieron soberbio, y la condicion algo enamorado, quiso bien á mi señora siendo doncella, de la cual, si no fué aborrecido, á lo ménos fué desdeñado, como lo mostró el casarse con el Conde, mi señor Esta presta resolucion de mi señora la bautizó Rubicón en deshonra y menosprecio suyo, como si la hermosa Ruperta no hubiera tenido padres que se lo mandaran y obligaciones precisas que le obligaran á ello, junto con ser más acertado ajustarse las edades entre los que se casan, que si puede ser, siempre los años del esposo con el número de diez han de llevar ventaja á los de la mujer, ó con algunos más, porque la vejez los alcance en un mismo tiempo.

»Era Rubicón varon viudo y que tenia un hijo de casi veinte y un años, gentil hombre en extremo y de mejores condiciones que el padre; tanto, que si él se hubiera opuesto á la cátedra de mi señora, hoy viviera mi señor el Conde, y mi señora estuviera más alegre Sucedió, pues, que yendo mi señora Ruperta á holgarse con su esposo á una villa suya, acaso y sin pensar, en un despoblado encontramos á Rubicón, con muchos criados suyos que le acompañaban Vió á mi señora, y su vista despertó el agravio que á su parecer se le habia hecho, y fué de suerte, que en lugar del amor, nació la ira, y de la ira, el deseo de hacer pesar á mi señora, y como las venganzas de los que bien se han querido sobrepujan á las ofensas hechas, Rubicón, despechado, impaciente y atrevido, desenvainando la espada, corrió al Conde, mi señor, que estaba inocente deste caso, sin que tuviese lugar de prevenirse del daño que no temia, y envainándosela en el pecho, dijo. «Tú me pagarás lo que no me debes, y si ésta es crueldad, mayor la usó tu esposa para conmigo, pues no una vez sola, sino cien mil, me quitan la vida sus desdenes »

»A todo esto me hallé yo presente, oí las palabras, y vi con mis ojos y tenté con las manos la herida, escuché los llantos de mi señora, que penetraron los cielos. Volvimos á dar sepultura al Conde, y al enterrarle, por órden de mi señora se le cortó la cabeza, que en pocos días, con cosas que se le aplicaron, quedó descarnada y en solamente los huesos, mandóla mi señora poner en una caja de plata, sobre la cual puestas sus manos, hizo este juramento... Pero olvídaseme por decir cómo el cruel Rubicón, ó ya por menosprecio, ó ya por más crueldad, ó quizá con la turbacion descuidado, se dejó la espada envainada en el pecho de mi señor, cuya sangre áun hasta agora muestra estar casi reciente en ella. Digo, pues, que dijo estas palabras «Yo, la desdichada Ruperta, á quien han dado los cielos sólo nombre de hermosa, hago juramento al cielo, puestas las manos sobre estas dolorosas reliquias, de vengar la muerte de mi esposo con mi poder y con mi industria, si bien aventurase en ello una y mil veces esta miserable vida que tengo, sin que me espanten trabajos, sin que me falten ruegos hechos á quien pueda favorecerme, y en tanto que no llegáre á efeto este mi justo, si no cristiano, deseo, juro que mi vestido será negro, mis aposentos lóbregos, mis manteles tristes, y mi compañía la misma soledad, á la mesa estarán presentes estas reliquias, que me atormenten el alma; esta cabeza, que me diga sin lengua que vengue su agravio, esta espada, cuya no enjuta sangre me parece que veo, y la que, alterando la mia, no me deje sosegar hasta vengarme » Esto dicho, parece que templó sus contínuas lágrimas y dió algun vado á sus dolientes suspiros. Hase puesto en camino de Roma, para pedir en Italia á sus príncipes favor y ayuda contra el matador de su esposo, que áun todavía la amenaza, quizá temeroso que suele ofender un mosquito más de lo que puede favorecer un águila. Esto, señores, vereis, como he dicho, de aquí á dos horas; y si no os dejáre admirados, ó yo no habré sabido contarlo, ó vosotros tendreis el corazon de mármol.» Aquí dió fin á su plática el enlutado escudero, y los peregrinos, sin ver á Ruperta, desde luego se comenzaron á admirar del caso

CAPITULO XVII

Del dichoso fin que tuvo el rencor de la Condesa Ruperta

La ira, segun se dice, es una revolucion de la sangre que está cerca del corazon, la cual se altera en el pecho con la vista del objeto que agravia, y tal vez con la memoria; tiene por último fin y paradero suyo la venganza, que como la tome el agraviado, sin razon ó con ella, sosiega Esto nos lo dará á entender la hermosa Ruperta, agraviada y airada, y con tanto deseo de vengarse de su contrario, que aunque sabia que era ya muerto, dilataba su cólera por todos sus descendientes, sin querer dejar, si pudiera, vivo ninguno dellos, que la cólera de la mujer no tiene límite.

Llegóse la hora de que la fueron á ver los peregrinos, sin que ella los viese, y viéronla hermosa en todo extremo, con blanquísimas tocas, que desde la cabeza casi le llegaban á los piés, sentada delante de una mesa, sobre la cual tenia la

cabeza de su esposo en la caja de plata, la espada con que
le habían quitado la vida, y una camisa, que ella se imaginaba que áun no estaba enjuta de la sangre de su esposo
Todas estas insignias dolorosas dispertaron su ira, la cual no
tenia necesidad que nadie la despertase, porque nunca dormia Levantóse en pié, y puesta la mano derecha sobre la
cabeza del marido, comenzó á hacer y á revalidar el voto y
juramento que dijo el enlutado escudero. Llovian lágrimas
de sus ojos, bastantes á bañar las reliquias de su pasion, arrancaba suspiros del pecho, que condensaban el aire cerca y
léjos, añadia al ordinario juramento razones que le agrava-
ban, y tal vez parecia que arrojaba por los ojos, no lágrimas,
sino fuego, y por la boca, no suspiros, sino humo tan suje-
jeta la tenia su pasion y el deseo de vengarse ¿Veisla llorar,
veisla suspirar, veisla no estar en sí, veisla blandir la espada
matadora, veisla besar la camisa ensangrentada, y que rompe
las palabras con sollozos? pues esperad no más de hasta mañana, y vereis cosas que os den sujeto para hablar en ellas
mil siglos, si tantos tuviésedes de vida

En mitad de la fuga de su dolor estaba Ruperta, y casi en
los umbrales de su gusto, porque miéntras se amenaza, des-
cansa el amenazador, cuando se llegó á ella uno de sus
criados, como si se llegara una sombra negra, segun venia
cargado de luto, y en mal pronunciadas palabras le dijo .
«Señora, Croriano el galan, el hijo de tu enemigo, se acaba
de apear agora con algunos criados; mira si quieres encu-
brirte, ó si quieres que te conozca, ó lo que será bien que
hagas, pues tienes lugar para pensarlo

—Que no me conozca, respondió Ruperta, y avisad á
todos mis criados, que por descuido no me nombren, ni

por cuidado me descubran.» Y esto diciendo, recogió sus prendas, y mandó cerrar el aposento y que ninguno entrase á hablalla. Volviéronse los peregrinos al suyo, quedó ella sola y pensativa, y no sé cómo se supo que habia hablado á solas estas ó otras semejantes razones · «Advierte ¡oh Ruperta! que los piadosos cielos te han traido á las manos, como simple víctima al sacrificio, al alma de tu enemigo, que los hijos, y más los únicos, pedazos del alma son de los padres. Ea, Ruperta, olvídate de que eres mujer, y si no quieres olvidarte desto, mira que eres mujer y agraviada, la sangre de tu marido te está dando voces, y en aquella cabeza sin lengua te está diciendo «¡Venganza, dulce esposa mia, que me mataron sin culpa!» Sí, que no espantó la braveza de Holoférnes á la humildad de Judit Verdad es que la causa suya fué muy diferente que la mia : ella castigó á un enemigo de Dios, y yo quiero castigar á un enemigo que no sé si lo es mio, á ella le puso el hierro en las manos el amor de su patria, y á mí me lo pone el de mi esposo. Pero ¿para qué hago yo tan disparatadas comparaciones? ¿Qué tengo que hacer más, sino cerrar los ojos y envainar el acero en el pecho deste mozo? que tanto será mi venganza mayor, cuanto fuere menor su culpa. Alcance yo renombre de vengadora, y venga lo que viniere. Los deseos que se quieren cumplir no reparan en inconvenientes, aunque sean mortales, cumpla yo el mio, y tenga la salida por mi misma muerte.»

Esto dicho, dió traza y órden en cómo aquella noche se encerrase en la estancia de Croriano, donde le dió fácil entrada un criado suyo, traidor por dádivas, aunque él no pensó sino que hacia un gran servicio á su amo, llevándole

al lecho una tan hermosa mujer como Ruperta, la cual,
puesta en parte donde no pudo ser vista ni sentida, ofre-
ciendo su suerte al disponer del cielo, sepultada en maravilloso silencio, estuvo esperando la hora de su contento, que
le tenia puesto en la de la muerte de Croriano Llevó, para
ser instrumento del cruel sacrificio, un agudo cuchillo, que
por ser arma mañera y no embarazosa, le pareció ser más
á propósito; llevó asimismo una lanterna bien cerrada, en la
cual ardia una vela de cera; recogió los espíritus de manera,
que apénas osaba enviar la respiracion al aire ¿Qué no hace
una mujer enojada? ¿qué montes de dificultades no atropella en sus desinios? ¿qué enormes crueldades no le parecen
blandas y pacíficas? No más, porque lo que en este caso se
podia decir es tanto, que será mejor dejarlo en su punto,
pues no se han de hallar palabras con que encarecerlo Llegóse, en fin, la hora, acostóse Croriano, durmióse con el
cansancio del camino, y entregóse, sin pensamiento de su
muerte, al reposo.

Con atentos oidos estaba escuchando Ruperta si daba alguna señal Croriano de que durmiese, y asegurándola que
dormia, así el tiempo que habia pasado desde que se acostó
hasta entónces, como algunos dilatados alientos, que no los
dan sino los dormidos, viendo lo cual, sin santiguarse, ni
invocar ninguna deidad que la ayudase, abrió la lanterna,
con que quedó claro el aposento, y miró dónde pondria los
piés para que sin tropezar la llevasen al lecho Ea, bella
matadora, dulce enojada, verdugo agradable, ejecuta tu ira,
satisface tu enojo, borra y quita del mundo tu agravio, que
delante tienes en quien puedes hacerlo, pero mira, ¡oh hermosa Ruperta! si quieres, que no mires á ese hermoso Cu-

pido que vas á descubrir; que se deshará en un punto toda la máquina de tus pensamientos. Llegó, en fin, y temblándole la mano, descubrió el rostro de Croriano, que profundamente dormia, y halló en él la propiedad del escudo de Medusa, que la convirtió en mármol, halló tanta hermosura, que fué bastante á hacerle caer el cuchillo de la mano, y á que diese lugar la consideracion del enorme caso que cometer queria. Vió que la belleza de Croriano, como hace el sol á la niebla, ahuyentaba las sombras de la muerte que darle queria, y en un instante no le escogió para víctima del cruel sacrificio, sino para holocausto santo de su gusto

«¡Ay, dijo entre sí, generoso mancebo, y cuán mejor eres tú para ser mi esposo que para ser objeto de mi venganza! ¿Qué culpa tienes tú de la que cometió tu padre? y ¿qué pena se ha de dar á quien no tiene culpa? Gózate, gózate, jóven ilustre, y quédese en mi pecho mi venganza y mi crueldad encerrada; que cuando se sepa, mejor nombre me dará el ser piadosa que vengativa.» Esto diciendo, ya turbada y arrepentida, se le cayó la lanterna de las manos sobre el pecho de Croriano, que despertó con el calor de la vela. Hallóse á escuras, quiso Ruperta salirse de la estancia, y no acertó por dónde; dió voces Croriano, tomó la espada y saltó del lecho, y andando por el aposento, topó con Ruperta, que toda temblando, le dijo. «No me mates, ¡oh Croriano! puesto que soy una mujer que no há una hora que quise y pude matarte, y agora me veo en términos de rogarte que no me quites la vida.»

En esto entraron sus criados, al rumor, con luces, y vió Croriano y conoció á la bellísima viuda, como quien ve á la resplandeciente luna, de nubes blancas rodeada «¿Qué es esto, señora Ruperta? le dijo, ¿son los pasos de la venganza los que hasta aquí os han traido, ó quereis que os pague yo los desafueros que mi padre os hizo? Que este cuchillo que aquí veo, ¿qué otra señal es, sino de que habeis venido á ser verdugo de mi vida? Mi padre es ya muerto, y los muertos no pueden dar satisfaccion de los agravios que dejan hechos, los vivos sí que pueden recompensarlos; y así, yo, que represento agora la persona de mi padre, quiero recompensaros la ofensa que él os hizo, lo mejor que pudiere y supiere, pero dejadme primero honestamente tocaros, que quiero ver si sois fantasma que aquí ha venido, ó á matarme, ó á engañarme, ó á mejorar mi suerte

—Empeoróse la mia, respondió Ruperta, si es que halla modo el cielo como empeorarla Sí entré este dia pasado en este meson con alguna memoria tuya, veniste tú á él; no te vi cuando entraste; oí tu nombre, el cual despertó mi cólera y me movió á la venganza, concerté con un criado tuyo que me encerrase esta noche en este aposento, hícele que callase, sellándole la boca con algunas dádivas, entré en él, apercebíme deste cuchillo, y acrecenté el deseo de quitarte la vida; sentí que dormias, salí de donde estaba, y á la luz de una lanterna que conmigo traia te descubrí y vi tu rostro, que me movió á respeto y á reverencia, de manera que los filos del cuchillo se embotaron, el deseo de mi venganza se deshizo, cayóseme la vela de las manos, despertóte su fuego, diste voces, quedé yo confusa, de donde ha sucedido lo que has visto. Yo no quiero más venganzas ni más memoria de agravios Vive en paz; que yo quiero ser la primera que haga mercedes por ofensas, si ya no lo son el perdonarte la culpa que no tienes

—Señora, respondió Croriano, mi padre quiso casarse contigo, tú no quisiste, él, despechado, mató á tu esposo, murióse llevando al otro mundo esta ofensa Yo he quedado, como parte tan suya, para hacer bien por su alma. Si quieres que te entregue la mia, recíbeme por tu esposo, si ya, como he dicho, no eres fantasma que me engañas, que las grandes venturas que vienen de improviso, siempre traen consigo alguna sospecha

—Dame esos brazos, respondió Ruperta, y verás, señor, cómo este mi cuerpo no es fantástico, y que el alma que en él te entrego es sencilla, pura y verdadera.»

Testigos fueron destos abrazos y de las manos que por esposos se dieron, los criados de Croriano, que habian entrado con las luces; triunfó aquella noche la blanda paz desta dura guerra, volviéndose el campo de batalla en tálamo de desposorio, nació la paz de la ira, de la muerte la vida, y del disgusto el contento; amaneció el dia, y halló á los recien desposados cada uno en los brazos del otro. Levantáronse los peregrinos con deseo de saber qué habria hecho la lastimada Ruperta con la venida del hijo de su enemigo, de cuya historia estaban ya bien informados, salió el rumor del nuevo desposorio, y haciendo de los cortesanos, entraron á dar los parabienes á los novios, y al entrar en el aposento vieron salir del de Ruperta el anciano escudero que su historia les habia contado, cargado con la caja donde iba la calavera de su primero esposo, y con la camisa y espada que tantas veces habia renovado las lágrimas de Ruperta, y dijo que lo llevaba á donde no renovasen otra vez en las glorias presentes, pasadas desventuras; murmuró de la facilidad de Ruperta, y en general de todas las mujeres, y el menor vituperio que dellas dijo fué llamarlas antojadizas.

Levantáronse los novios ántes que entrasen los peregrinos, regocijáronse los criados, así de Ruperta como de Croriano, y volvióse aquel meson en alcázar real, digno de tan altos desposorios. En fin, Periandro y Auristela, Constanza y Antonio, su hermano, hablaron á los desposados y se dieron parte de sus vidas, á lo ménos la que convenia que se diesen

CAPITULO XVIII

Incendio en el meson, saca de él á todos un judiciario llamado Soldino, llévalos á su cueva, donde les pronostica felices sucesos

En esto estaban, cuando entró por la puerta del meson un hombre, cuya larga y blanca barba más de ochenta años le daba de edad; venia vestido ni como peregrino ni como religioso, puesto que lo uno y lo otro parecia. Traia la cabeza descubierta, rasa y calva en el medio, y por los lados luengas y blanquísimas canas le pendian, sustentaba al agobiado cuerpo sobre un retorcido cayado, que de báculo le servia. En efeto, todo él y todas las partes representaban un venerable anciano digno de todo respeto, al cual apénas hubo visto la dueña del meson, cuando, hincándose ante él de rodillas, le dijo · «Contaré yo este dia, padre Soldino, entre los venturosos de mi vida, pues he merecido verte en mi casa; que nunca vienes á ella sino para bien mio»; y volviéndose á los circunstantes, prosiguió diciendo «Este monton de nieve y está estatua de mármol blanco que se mueve, que aquí veis, señores, es la del famoso Soldino, cuya fama, no sólo en Francia, sino en todas partes de la tierra, se extiende.

—No me alabeis, buena señora, respondió el anciano; que tal vez la buena fama se engendra de la mala mentira, no la entrada, sino la salida, hace á los hombres venturosos: la virtud que tiene por remate el vicio, no es virtud, sino vicio; pero, con todo esto, quiero acreditarme con vos en la opinion que de mí teneis. Mirad hoy por vuestra casa, porque destas bodas y destos regocijos que en ella se preparan se ha de engendrar un fuego que casi toda la consuma.» A lo que dijo Croriano, hablando con Ruperta, su esposa. «Este sin duda debe de ser mágico ó adivino, pues predice lo por venir.»

Entreoyó esta razon el anciano, y respondió: «No soy mago ni adivino, sino judiciario, cuya ciencia, si bien se sabe, casi enseña á adivinar Creedme, señores, por esta vez siquiera, y dejad esta estancia, y vamos á la mia, que en una cercana selva que aquí está, os dará, si no tan capaz, más seguro alojamiento.» Apénas hubo dicho esto, cuando entró Bartolomé, criado de Antonio, y dijo á voces· «Señores, las cocinas se abrasan, porque en la infinita leña que junto á ellas estaba se ha encendido tal fuego, que muestra no poder apagarle todas las aguas del mar » Tras esta voz acudieron las de otros criados, y comenzaron á acreditarlas los estallidos del fuego. La verdad tan manifiesta acreditó las palabras de Soldino, y asiendo en brazos Periandro á Auristela, sin querer ir primero á averiguar si el fuego se podia atajar ó no, dijo á Soldino. «Señor, guíanos á tu estancia, que el peligro desta ya está manifiesto » Lo mismo hizo Antonio con su hermana Constanza y con Feliz Flora, la

dama francesa, á quien siguieron Deleasir y Belarminia, y
la moza arrepentida de Talavera se asió del cinto de Bartolomé, y él del cabestro de su bagaje, y todos juntos, con los
desposados y con la huéspeda, que conocia bien las adivinanzas de Soldino, le siguieron, aunque con tardo paso los
guiaba Las demas gentes del meson, que no habian estado
presentes á las razones de Soldino, quedaron ocupados en
matar el fuego; pero presto su furor les dió á entender que
trabajaban en vano, ardiendo la casa todo aquel dia, que á
cogerles el fuego de noche, fuera milagro escapar alguno
que contara su furia.

Llegaron, en fin, á la selva, donde hallaron una ermita no
muy grande, dentro de la cual vieron una puerta, que parecia serlo de una cueva escura Antes de entrar en la ermita,
dijo Soldino á todos los que le habian seguido «Estos árboles con su apacible sombra os servirán de dorados techos, y
la yerba deste amenísimo prado, si no de muy blancas, á lo
ménos de muy blandas camas, yo llevaré conmigo á mi
cueva á estos señores, porque les conviene, y no porque los
mejore en la estancia»; y luego llamó á Periandro, á Auristela, á Constanza, á las tres damas francesas, á Ruperta,
á Antonio y á Croriano, y dejando otra mucha gente fuera,
se encerró con éstos en la cueva, cerrando tras sí la puerta
de la ermita y de la cueva. Viéndose pues Bartolomé y la
de Talavera no ser de los escogidos ni llamados de Soldino,
ó ya de despecho, ó ya llevados de su ligera condicion, se
concertaron los dos, viendo ser tan para en uno, de dejar
Bartolomé á sus amos, y la moza sus arrepentimientos; y
así aliviaron el bagaje de dos hábitos de peregrinos, y la
moza á caballo y el galan á pié, dieron cantonada, ella á sus

compasivas señoras, y él á sus honrados dueños, llevando en
la intencion de ir tambien á Roma, como iban todos.

Otra vez se ha dicho que no todas las acciones verisími-
les ni probables se han de contar en las historias, porque si
no se les da crédito, pierden de su valor, pero al historiador
no le conviene más de decir la verdad, parézcalo ó no lo
parezca. Con esta máxima pues, el que escribió esta historia dice que Soldino con todo aquel escuadron de damas y
caballeros bajó por las gradas de la escura cueva, y á ménos
de ochenta gradas se descubrió el cielo luciente y claro, y
se vieron unos amenos y tendidos prados, que entretenian la
vista y alegraban las almas, y haciendo Soldino rueda de los
que con él habian bajado, les dijo : «Señores, esto no es encantamento, y esta cueva por donde aquí hemos venido no
sirve sino de atajo para llegar desde allá arriba á este valle
que veis, que una legua de aquí tiene más fácil, más llana y
más apacible entrada, yo levanté aquella ermita, y con mis
brazos y con mi contínuo trabajo cavé la cueva y hice mio
este valle, cuyas aguas y cuyos frutos con prodigalidad me
sustentan Aquí, huyendo de la guerra, hallé la paz, la hambre que en ese mundo de allá arriba, si así se puede decir,
tenia, halló aquí á la hartura; aquí, en lugar de los príncipes
y monarcas que mandaban en el mundo, á quien yo servia,
he hallado á estos árboles mudos, que aunque altos y pom-
posos, son humildes, aquí no suena en mis oidos el desden
de los emperadores, el enfado de sus ministros; aquí no veo
dama que me desdeñe, ni criado que mal me sirva; aquí
soy yo señor de mí mismo; aquí tengo mi alma en mi palma, y aquí por via recta encamino mis pensamientos y mis
deseos al cielo, aquí he dado fin al estudio de las matemáti-

cas, he contemplado el curso de las estrellas y el movimiento del sol y de la luna, aquí he hallado causas para alegrarme y causas para entristecerme, que aunque están por venir, serán ciertas, segun yo pienso, que corren parejas con la misma verdad. Agora, agora como presente, veo quitar la cabeza á un valiente pirata un valeroso mancebo, de la casa de Austria nacido. ¡Oh, si le viésedes, como yo le veo, arrastrando estandartes por el agua, bañando con menosprecio sus medias lunas, pelando sus luengas colas de caballos, abrasando bajeles, despedazando cuerpos y quitando vidas! Pero ¡ay de mí, que me hace entristecer otro coronado jóven, tendido en la seca arena, de mil moras lanzas atravesado, el uno nieto, y el otro hijo del rayo espantoso de la guerra, jamas como se debe alabado Cárlos Quinto, á quien yo serví muchos años, y serviria hasta que la vida se me acabara, si no lo estorbara el querer mudar la milicia mortal en la divina! Aquí estoy, donde sin libros, con sola la experiencia que he adquirido con el tiempo de mi soledad, te digo ¡oh Croriano! (y en saber yo tu nombre sin haberte visto jamas me acreditaré contigo) que gozarás de tu Ruperta largos años; y á tí, Periandro, te aseguro buen suceso de tu peregrinacion, tu hermana Auristela no lo será presto, y no porque ha de perder la vida con brevedad, á tí, ¡oh Constanza! subirás de condesa á duquesa, y tu hermano Antonio al grado que su valor merece. Estas señoras francesas, aunque no consigan los deseos que agora tienen, conseguirán otros que las honren y contenten. El haber pronosticado el fuego, el saber vuestros nombres sin haberos visto jamas, las muertes que he dicho que he visto ántes que vengan, os podrán mover, si quereis, á creerme, y más cuando halleis ser verdad que vuestro mozo Bartolomé con el bagaje y con la moza castellana se ha ido y os ha dejado á pié No le sigais, porque no le alcanzareis, la moza es más del suelo que del cielo, y quiere seguir su inclinacion, á despecho y pesar de vuestros consejos Español soy, que me obliga á ser cortés y á ser verdadero; con la cortesía os ofrezco cuanto estos prados me ofrecen, y con la verdad á la experiencia de todo cuanto os he dicho Si os maravilláre de ver á un español en esta ajena tierra, advertid que hay sitios y lugares en el mundo saludables más que otros, y éste en que estamos lo es para mí más que ninguno; las alquerías, caserías y lugares que hay por estos contornos las habitan gentes católicas y santas; cuando conviene, recibo los sacramentos, y busco lo que no pueden ofrecer los campos para pasar la humana vida Esta es la que tengo, de la cual pienso salir á la siempre duradera; y por agora no más, sino vámonos arriba, daremos sustento á los cuerpos, como aquí abajo le hemos dado á las almas »

CAPITULO XIX

Salen de la cueva de Soldino, prosiguen su jornada, pasando por Milan, y llegan á Luca

Aderezóse la pobre más que limpia comida, aunque fué muy limpia, cosa no muy nueva para los cuatro peregrinos, que se acordaron entónces de la isla Bárbara y de las Ermitas, donde quedó Rutilio y adonde ellos comieron de los ya sazonados, y ya no, frutos de los árboles. Tambien se les vino á la memoria la profecía falsa de los isleños, y las muchas de Mauricio, con las moriscas del Jadraque, y últimamente con las del español Soldino, parecíanles que andaban rodeados de adivinanzas y metidos hasta el alma en la judiciaria astrología, que á no ser acreditada con la experiencia, con dificultad le dieran crédito. Acabóse la breve comida, salió Soldino con todos los que con él estaban, al camino, para despedirse dellos, y en él echaron ménos á la moza castellana y á Bartolomé el del bagaje, cuya falta no dió poca pesadumbre á los cuatro, porque les faltaba el dinero y la repostería Mostró congojarse Antonio, y quiso adelantarse á buscarle, porque bien se imaginó que la moza le llevaba, ó él llevaba á la moza, ó por mejor decir, el uno se llevaba al otro, pero Soldino le dijo que no tuviese pena, ni se moviese á buscarlos, porque otro dia volvería su criado, arrepentido del hurto, y entregaria cuanto habia llevado. Creyéronlo, y así no curó Antonio de buscarle, y más, que Feliz Flora ofreció á Antonio de prestarle cuanto hubiese menester para su gasto y el de sus compañeros desde allí á Roma; á cuya liberal oferta se mostró Antonio agradecido lo posible, y áun se ofreció de darle prenda que cupiese en el puño, y en el valor pasase de cincuenta mil ducados, y esto fué pensando de darle una de las dos perlas de Auristela, que, con la cruz de diamantes, guardadas siempre consigo las traia. No se atrevió Feliz Flora á creer la cantidad del valor de la prenda, pero atrevióse á volver á hacer el ofrecimiento hecho.

Estando en esto, vieron venir por el camino y pasar por delante dellos hasta ocho personas á caballo, entre las cuales iba una mujer, sentada en un rico sillon y sobre una mula, vestida de camino, toda de verde, hasta el sombrero, que con ricas y várias plumas azotaba el aire, con un antifaz, asimismo verde, cubierto el rostro. Pasaron por delante dellos, y con bajar las cabezas, sin hablar palabra alguna, los saludaron y pasaron de largo. Los del camino tampoco hablaron palabra, y al mismo modo les saludaron. Quedábase atras uno de los de la compañía, y llegándose á ellos, pidió por cortesía un poco de agua; diéronsela, y preguntáronle qué gente era la que iba allí adelante, y qué dama la de lo verde A lo que el caminante respondió «El que allí adelante va es el señor Alejandro Castrucho, gentilhombre capuano, y uno de los ricos varones, no sólo de Capua, sino de todo el reino de Nápoles, la dama es su sobrina, la señora Isabela Castrucho, que nació en España, donde deja enterrado á su padre, por cuya muerte su tio la lleva á casar á Capua, y á lo que yo creo, no muy contenta

—Eso será, respondió el escudero enlutado de Ruperta, no porque va á casarse, sino porque el camino es largo; que yo para mí tengo que no hay mujer que no desee enterrarse con la mitad que le falta, que es la del marido.

—No sé esas filosofías, respondió el caminante, sólo sé que va triste, y la causa ella se la sabe, y adios quedad, que es mucha la ventaja que mis dueños me llevan», y picando apriesa, se les fué de la vista, y ellos, despidiéndose de Soldino, le abrazaron y le dejaron.

Olvidábase de decir cómo Soldino habia aconsejado á las damas francesas que siguiesen el camino derecho de Roma, sin torcerle para entrar en París, porque así les convenia. Este consejo fué para ellas como si se le dijera un oráculo; y así, con parecer de los peregrinos determinaron de salir de Francia por el Delfinado, y atravesando el Piamonte y el estado

de Milan, ver á Florencia y luego á Roma. Tanteado, pues,
este camino, con propósito de alargar algun tanto más las
jornadas que hasta allí caminaron, otro dia, al romper del
alba, vieron venir hácia ellos al tenido por ladron, Bartolomé el bagajero, detras de su bagaje, y él vestido como peregrino, todos gritaron cuando le conocieron, y los más le
preguntaron qué huida habia sido la suya, qué traje aquel
y qué vuelta aquella. A lo que él, hincado de rodillas delante
de Constanza, casi llorando, respondió á todos. « Mi huida
no sé cómo fué, mi traje ya veis que es de peregrino, mi
vuelta es á restituir lo que quizá y sin quizá en vuestras
imaginaciones me tenia confirmado por ladron. Aquí, señora Constanza, viene el bagaje con todo aquello que en él
estaba, excepto dos vestidos de peregrinos, que el uno es
éste que yo traigo, y el otro queda haciendo romera á la ra-
mera de Talavera, que doy yo al diablo al amor y al bellaco
que me lo enseñó, y es lo peor que lo conozco, y determino
ser soldado debajo de su bandera, porque no siento fuerzas
que se opongan á las que hace el gusto con los que poco
saben. Echeme vuesa merced su bendicion, y déjeme volver, que me espera Luisa, y advierta que vuelvo sin blanca,
fiado en el donaire de mi moza más que en la ligereza de
mis manos, que nunca fueron ladronas ni lo serán, si Dios
me guarda el juicio, si viviese mil siglos. »

Muchas razones le dijo Periandro para estorbarle su mal
propósito, muchas le dijo Auristela, y muchas más Constanza y Antonio, pero todo fué, como dicen, dar voces al
viento y predicar en desierto. Limpióse Bartolomé sus lágrimas, dejó su bagaje, volvió las espaldas y partió en un vuelo,
dejando á todos admirados de su amor y de su simpleza.

Antonio, viéndole partir tan de carrera, puso una flecha en su arco, que jamás la disparó en vano, con intencion de atravesarle de parte á parte y sacarle del pecho el amor y la locura, mas Feliz Flora, que pocas veces se le apartaba del lado, le trabó del arco, diciéndole : «Déjale, Antonio, que harta mala ventura lleva en ir á poder y á sujetarse al yugo de una mujer loca.

—Bien dices, señora, respondió Antonio; y pues tú le das la vida, ¿quién ha de ser poderoso á quitáisela?» Finalmente, muchos dias caminaron sin sucederles cosa digna de ser contada, entraron en Milan, admiróles la grandeza de la ciudad, su infinita riqueza, sus oros, que allí no solamente hay oro, sino oros, sus bélicas herrerías, que no parece sino que allí ha pasado las suyas Vulcano, la abundancia infinita de sus frutos, la grandeza de sus templos, y finalmente, la agudeza del ingenio de sus moradores. Oyeron decir á un huésped suyo que lo más que habia que ver en aquella ciudad era la academia de los Entronados, que estaba adornada de eminentísimos académicos, cuyos sutiles entendimientos daban qué hacer á la fama á todas horas y por todas las partes del mundo. Dijo tambien que aquel dia era de academia, y que se habia de disputar en ella si podia haber amor sin celos

—Sí puede, dijo Periandro, y para probar esta verdad, no es menester gastar mucho tiempo.

—Yo, replicó Auristela, no sé qué es amor, aunque sé lo que es querer bien »

A lo que dijo Belarminia. «No entiendo ese modo de hablar, ni la diferencia que hay entre amor y querer bien

—Está, replicó Auristela, en que el querer bien puede

ser sin causa vehemente que os mueva la voluntad, como se puede querer á una criada que os sirve, ó á una estatua ó pintura que bien os parece ó que mucho os agrada, y éstas no dan celos, ni los pueden dar; pero aquello que dicen que se llama amor, que es una vehemente pasion del ánimo, como dicen, ya que no dé celos, puede dar temores, que lleguen á quitar la vida, del cual temor á mí me parece que no puede estar libre el amor en ninguna manera

—Mucho has dicho, señora, respondió Periandro, porque no hay ningun amante que esté en posesion de la cosa amada, que no tema el perderla; no hay ventura tan firme, que tal vez no dé vaivenes; no hay clavo tan fuerte, que pueda detener la rueda de la fortuna, y si el deseo que nos lleva á acabar presto nuestro camino no lo estorbara, quizá mostrara yo hoy en la academia que puede haber amor sin celos, pero no sin temores »

Cesó esta plática, estuvieron cuatro dias en Milan, en los cuales comenzaron á ver sus grandezas, porque á acabarlas de ver no dieran tiempo cuatro años Partiéronse de allí, y llegaron á Luca, ciudad pequeña, pero hermosa y libre, que debajo de alas del imperio y de España se descuella y mira exenta á las ciudades de los príncipes que la desean, allí mejor que en otra parte ninguna son bien vistos y recebidos los españoles, y es la causa, que en ella no mandan ellos, sino ruegan, y como en ella no hacen estancia de más de un dia, no dan lugar á mostrar su condicion, tenida por arrogante Aquí aconteció á nuestros pasajeros una de las más extrañas aventuras que se han contado en todo el discurso deste libro

CAPITULO XX

De lo que contó Isabela Castrucho acerca de haberse fingido endemoniada
por los amores de Andrea Marulo

Las posadas de Luca son capaces para alojar una compañía de soldados, en una de las cuales se alojó nuestro escuadron, siendo guiado de las guardas de las puertas de la ciudad, que se los entregaron al huésped por cuenta, para que á la mañana, ó cuando se partiesen, la habia de dar dellos. Al entrar vió la señora Ruperta que salia un médico, que tal le pareció en el traje, diciendo á la huéspeda de la casa, que tambien le pareció no podia ser otra. «Yo, señora, no me acabo de desengañar si esta doncella está loca ó endemoniada, y por no errar, digo que está endemoniada y loca, y con todo eso, tengo esperanza de su salud, si es que su tio no se da priesa á partirse.

—¡Ay Jesus! dijo Ruperta, ¿y en casa de endemoniados y locos nos apeamos? en verdad que si se toma mi parecer, no hemos de poner los piés dentro», á lo que dijo la huéspeda: «Sin escrúpulo puede vuesa señoría (que éste es el merced de Italia) apearse, porque de cien leguas se puede venir á ver lo que está en esta posada.»

Apeáronse todos, y Auristela y Constanza, que habian oido las razones de la huéspeda, le preguntaron qué habia en aquella posada, que tanto encarecia el verla. «Vénganse conmigo, respondió la huéspeda, y verán lo que verán, y dirán lo que yo digo.» Guió, y siguiéronla, donde vieron echada en un lecho dorado á una hermosísima muchacha, de edad, al parecer, de diez y seis ó diez y siete años Tenia los brazos aspados y atados con unas vendas á los balaustres de la cabecera del lecho, como que le querian estorbar el movellos á ninguna parte; dos mujeres, que debian de servirla de enfermeras, andaban buscándole las piernas para atárselas tambien, á lo que la enferma dijo . «Basta que se me aten los brazos, que todo lo demas las ataduras de mi honestidad lo tienen ligado»; y volviéndose á las peregrinas, con levantada voz dijo : «Figuras del cielo, ángeles de carne, sin duda creo que venis á darme salud, porque de tan hermosa presencia y de tan cristiana visita no se puede esperar otra cosa. Por lo que debeis á ser quien sois, que sois mucho, que mandeis que me desaten, que con cuatro ó cinco bocados que me dé en el brazo quedaré harta, y no me haré más mal, porque no estoy tan loca como parezco, ni el que me atormenta es tan cruel, que dejará que me muerda.

—Pobre de tí, sobrina, dijo un anciano que habia entrado en el aposento, y ¡cuál te tiene ése que dices que no ha de dejar que te muerdas! Encomiéndate á Dios, Isabela, y procura comer, no de tus hermosas carnes, sino de lo que te diere este tu tio, que bien te quiere; lo que cria el aire, lo que mantiene el agua, lo que sustenta la tierra, te traeré, que tu mucha hacienda y mi voluntad mucha te lo ofrece todo » La doliente moza respondió «Déjenme sola con estos ángeles, quizá mi enemigo el demonio huirá de mí por no estar con ellos», y señalando con la cabeza que se quedasen con ella Auristela, Constanza, Ruperta y Feliz Flora, dijo que los demas se saliesen, como se hizo con voluntad y áun con ruegos de su anciano y lastimado tio, del cual supieron ser aquella la gentil dama de lo verde, que al salir de la cueva del sabio español habian visto pasar por el camino, que el criado que se quedó atras les dijo que se llamaba Isabela Castrucho, y que se iba á casar al reino de Nápoles

Apénas se vió sola la enferma, cuando, mirando á todas partes, dijo que mirasen si habia otra persona en el aposento, que aumentase el número de los que ella dijo que se quedasen. Mirólo Ruperta y escudriñólo todo, y aseguró no haber otra persona que ellos. Con esta seguridad, sentóse Isabela como pudo en el lecho, y dando muestras de que queria hablar de propósito, rompió la voz con un tan grande suspiro, que pareció que con él se le arrancaba el alma; el fin del cual fué tenderse otra vez en el lecho, y quedar desmayada con señales tan de muerte, que obligó á los circunstantes á dar voces, pidiendo un poco de agua para bañar el rostro de Isabela, que á más andar se iba al otro mundo. Entró el mísero tio, llevando una cruz en la una mano, y en la otra un hisopo bañado en agua bendita; entraron asimismo con él dos sacerdotes, que creyendo ser el demonio quien la fatigaba, pocas veces se apartaban della. Entró asimismo la huéspeda con el agua, rociáronle el rostro, y volvió en sí, diciendo: «Excusadas son por agora estas prevenciones, yo saldré presto, pero no ha de ser cuando vosotros quisiéredes, sino cuando á mí me parezca, que será cuando viniere á esta ciudad Andrea Marulo, hijo de Juan Bautista Marulo, caballero desta ciudad; el cual Andrea agora está estudiando en Salamanca, bien descuidado destos sucesos »

Todas estas razones acabaron de confirmar en los oyentes

la opinion que tenian de estar Isabela endemoniada, porque
no podian pensar cómo pudiese saber ella Juan Bautista
Marulo quién fuese, y su hijo Andrea, y no faltó quien
fuese luego á decir al ya nombrado Juan Bautista Marulo
lo que la bella endemoniada dél y de su hijo habia dicho
Tornó á pedir que la dejasen sola con los que ántes habia
escogido, dijéronle los sacerdotes los Evangelios, y hicieron
su gusto, llevándole todos de la señal que habia dicho que
daria cuando el demonio la dejase libre, que indubitablemente la juzgaron por endemoniada Feliz Flora hizo de
nuevo la pesquisa de la estancia, y cerrando la puerta della,
dijo á la enferma. «Solas estamos, mira, señora, lo que
quieres.

—Lo que quiero es, respondió Isabela, que me quiten
estas ligaduras, que, aunque son blandas, me fatigan, porque me impiden» Hiciéronlo así con mucha diligencia, y
sentándose Isabela en el lecho, asió de la una mano á Auristela y de la otra á Ruperta, y hizo que Constanza y Feliz Flora se sentasen junto á ella en el mismo lecho, y así
apiñadas en un hermoso monton, con voz baja y lágrimas
en los ojos dijo :

«Yo, señoras, soy la infelice Isabela Castrucho, cuyos padres me dieron nobleza, la fortuna hacienda, y los cielos
algun tanto de hermosura Nacieron mis padres en Capua,
pero engendráronme en España, donde nací, y me crié en
casa deste mi tio que aquí está, que en la córte del Emperador la tenia. ¡Válame Dios! y ¿para qué tomo yo tan de
atras la corriente de mis desventuras? Estando, pues, yo en
casa deste mi tio, ya huérfana de mis padres, que á él me
dejaron encomendada y por tutor mio, llegó á la córte un

mozo, á quien yo vi en una iglesia, y le miré tan de propósito... y no os parezca esto, señoras, desenvoltura, que no parecerá si considiáredes que soy mujer, digo que le miré en la iglesia de tal modo, que en casa no podia estar sin mirarle, porque quedó su presencia tan impresa en mi alma, que no podia apartaila de mi memoria; finalmente, no me faltaion medios para entender quién él era y la calidad de su persona, y qué hacia en la córte, ó dónde iba; y lo que saqué en limpio fué que se llamaba Andrea Marulo, hijo de Juan Bautista Maiulo, caballero desta ciudad, más noble que rico, y que iba á estudiar á Salamanca. En seis dias que allí estuvo, tuve órden de escribirle quién yo era y la mucha hacienda que tenia, y que de mi hermosura se podia certificai viéndome en la iglesia. Escribíle asimismo que entendia que este mi tio me queria casar con un primo mio, porque la hacienda se quedase en casa, hombre no de mi gusto ni de mi condicion, como es verdad. Díjele asimismo que la ocasion en mí le ofrecia sus cabellos, que los tomase, y que no diese lugar, en no hacello, al arrepentimiento, y que no tomase de mi facilidad ocasion para no estimarme.

»Respondió, despues de haberme visto no sé cuántas veces en la iglesia, que por mi persona sola, sin los adornos de la nobleza y de la riqueza, me hiciera señora del mundo si pudiera, y que me suplicaba durase firme algun tiempo en mi amorosa intencion, lo ménos hasta que él dejase en Salamanca á un amigo suyo, que con él desta ciudad habia partido á seguir el estudio. Respondíle que sí haria, porque en mí no era el amor importuno ni indiscieto, que presto nace y presto se muere. Dejóme entónces poi honiado, pues no quiso faltar á su amigo, y con lágrimas como enamorado, que yo se las vi verter, pasando por mi calle el dia que se partió sin dejarme, y yo me fuí con él sin partirme Otro dia, ¡quién podrá creer esto! ¡qué de rodeos tienen las desgracias para alcanzar más presto á los desdichados! digo que otro dia concertó mi tio que volviésemos á Italia, sin poderme excusar ni valerme el fingirme enferma, porque el pulso y la color me hacian sana, mi tio no quiso creer que de enferma, sino de mal contenta del casamiento, buscaba trazas para no partirme. En este tiempo le tuve para escribir á Andrea de lo que me habia sucedido, y que era forzoso el partirme, pero que yo procuraria pasar por esta ciudad, donde pensaba fingirme endemoniada, y dar lugar con esta traza á que él le tuviese de dejar á Salamanca y venir á Luca, adonde, á pesar de mi tio y áun de todo el mundo, sería mi esposo, así que, en su diligencia estaba mi ventura y áun la suya, si queria mostrarse agradecido. Si las cartas llegaron á sus manos, que sí debieron de llegar, porque los portes las hacen ciertas, ántes de tres dias ha de estar aquí, yo por mi parte he hecho lo que he podido · una legion de demonios tengo en el cuerpo, que lo mismo es tener una onza de amor en el alma, cuando la esperanza desde léjos la anda haciendo cocos. Esta es, señoras mias, mi historia, ésta mi locura, ésta mi enfermedad : mis amorosos pensamientos son los demonios que me atormentan, paso hambre, porque espero hartura, pero con todo eso, la desconfianza me persigue, porque, como dicen en Castilla, *á los desdichados se les suelen helar las migas entre la boca y la mano.* Haced, señoras, de modo que acrediteis mi mentira y fortalezcais mis discursos, haciendo con mi tio que puesto que yo no sane, no me ponga en camino por algunos dias; quizá permitirá el cielo que llegue el de mi contento con la venida de Andrea.»

No habrá para qué preguntar si se admiraron ó no los oyentes de la historia de Isabela, pues la historia misma se trae consigo la admiracion, para ponerla en las almas de los que la escuchan. Ruperta, Auristela, Constanza y Feliz Flora le ofrecieron de fortalecer sus disinios, y de no partirse de aquel lugar hasta ver el fin dellos, pues á buena razon no podia tardar mucho.

CAPITULO XXI.

Llega Andrea Marulo, descúbrese la ficcion de Isabela, y quedan casados

Priesa se daba la hermosa Isabela Castrucho á revalidar su demonio, y priesa se daban las cuatro, ya sus amigas, á fortalecer su enfermedad, afirmando con todas las razones que podian, de que verdaderamente era el demonio el que hablaba en su cuerpo, porque se vea quién es el amor, pues hace parecer endemoniados á los amantes Estando en esto, que sería casi al anochecer, volvió el médico á hacer la segunda visita, y acaso trajo con él á Juan Bautista Marulo, padre de Andrea el enamorado, y al entrar del aposento de la enferma dijo: «Vea vuesa merced, señor Juan Bautista Marulo, la lástima desta doncella, y si merece que en su cuerpo de ángel se ande esparciendo el demonio, pero una esperanza nos consuela, y es, que nos ha dicho que presto saldrá de aquí, y dará por señal de su salida la venida del señor Andrea, vuestro hijo, que por instantes aguarda

—Así me lo han dicho, respondió el señor Juan Bautista, y holgaríame yo que cosas mias fuesen paraninfos de tan buenas nuevas.

—Gracias á Dios y á mi diligencia, dijo Isabela, que si no fuera por mí, él se estuviera agora quédo en Salamanca, haciendo lo que Dios se sabe. Créame, señor Juan Bautista, que está presente, que tiene un hijo más hermoso que santo, y ménos estudiante que galan; que mal hayan las galas y las atildaduras de los mancebos que tanto daño hacen en la república, y mal hayan juntamente las espuelas que no son de rodaja, y los acicates que no son puntiagudos, y las mulas de alquiler que no se aventajan á las postas.»

Con éstas fué ensartando otras razones equívocas, conviene á saber, de dos sentidos, que de una manera las entendian sus secretarias, y de otra los demas circunstantes, ellas las interpretaban verdaderamente, y los demas como desconcertados disparates

«¿Dónde vistes vos, señora, dijo Marulo, á mi hijo Andrea? ¿Fué en Madrid ó en Salamanca?

—No fué sino en Illescas, dijo Isabela, cogiendo guindas la mañana de San Juan al tiempo que alboreaba, mas, si va á decir verdad, que es milagro que yo la diga, siempre le veo y siempre le tengo en el alma.

—Aun bien, replicó Marulo, que esté mi hijo cogiendo guindas, y nó espulgándose, que es más propio de los estudiantes.

—Los estudiantes que son caballeros, respondió Isabela, de pura fantasía pocas veces se espulgan, pero muchas veces se rascan; que estos animalejos que se usan en el mundo tan de ordinario, son tan atrevidos, que así se entran por las calzas de los príncipes como por las frazadas de los hospitales.

—Todo lo sabes, malino, dijo el médico; bien parece que eres viejo», y esto encaminando sus razones al demonio que pensaba que tenia Isabela en el cuerpo.

Estando en esto, que no parece sino que el mismo Satanas lo ordenaba, entró el tio de Isabela con muestras de grandísima alegría, diciendo:

«Albricias, sobrina mia; albricias, hija de mi alma, que ya ha llegado el señor Andrea Marulo, hijo del señor Juan Bautista, que está presente Ea, dulce esperanza mia, cúmplenos la que nos has dado de que has de quedar libre en viéndole. Ea, demonio maldito, *vade retrò*, *exi foras*, sin que lleves pensamiento de volver á esta estancia, por más barrida y escombrada que la veas

—Venga, venga, replicó Isabela, ese putativo Ganimédes, ese contrahecho Adónis, y déme la mano de esposo, libre, sano y sin cautela, que yo le he estado aquí aguardando más firme que roca puesta á las ondas del mar, que la tocan, mas no la mueven.»

Entró de camino Andrea Marulo, á quien ya en casa de sus padres le habian dicho la enfermedad de la extranjera Isabela, y de cómo le esperaba para darle por seña de la salida del demonio. El mozo, que era discreto y estaba prevenido, por las cartas que Isabela le envió á Salamanca, de lo que habia de hacer si la alcanzaba en Luca, sin quitarse las espuelas acudió á la posada de Isabela, y entró por su estancia como atontado y loco, diciendo: «Afuera, afuera, afuera, aparta, aparta, aparta, que entra el valeroso Andrea, cuadrillero mayor de todo el infierno, si es que no basta de una escuadra.» Con este alboroto y voces casi quedaron admirados los mismos que sabian la verdad del caso, tanto, que dijo el médico, y áun su mismo padre: «Tan demonio es éste como el que tiene Isabela»; y su tio dijo: «Esperábamos á este mancebo para nuestro bien, y creo que ha venido para nuestro mal

—Sosiégate, hijo, sosiégate, dijo su padre, que parece que estás loco

—¿No lo ha de estar, dijo Isabela, si me ve á mí? ¿No soy por ventura el centro donde reposan sus pensamientos? ¿No soy yo el blanco donde asestan sus deseos?

—Sí por cierto, dijo Andrea, sí que vos sois señora de mi voluntad, descanso de mi trabajo y vida de mi muerte Dadme la mano de ser mi esposa, señora mia, y sacadme de la esclavitud en que me veo, á la libertad de verme debajo de vuestro yugo, dadme la mano, digo otra vez, bien mio, y alzadme de la humildad de ser Andrea Marulo á la alteza de ser esposo de Isabela Castrucho Vayan de aquí fuera los demonios que quisieren estorbar tan sabroso nudo, y no procuren los hombres apartar lo que Dios junta

—Tú dices bien, señor Andrea, replicó Isabela, y sin que aquí intervengan trazas, máquinas ni embelecos, dame esa mano de esposo y recíbeme por tuya.» Tendió la mano Andrea, y en aquel instante alzó la voz Auristela y dijo: «Bien se la pueden dar, que para en uno son »

Pasmado y atónito tendió tambien la mano su tio de Isabela, y trabó de la de Andrea y dijo: «¿Qué es esto, señores? ¿Úsase en este pueblo que se case un diablo con otro?

—Que no, dijo el médico, que esto debe de ser burlando, para que el diablo se vaya, porque no es posible que

este caso que va sucediendo pueda ser prevenido por entendimiento humano

—Con todo eso, dijo el tío de Isabela, quiero saber de
la boca de entrambos qué lugar le daremos á este casamiento, el de la verdad, ó el de la burla.

—El de la verdad, respondió Isabela, porque ni Andrea
Marulo está loco, ni yo endemoniada, yo le quiero y escojo
por mi esposo, si es que él me quiere y me escoge por su
esposa.

—No loco ni endemoniado, sino con mi juicio entero,
tal cual Dios ha sido servido de dármele», y diciendo esto,
tomó la mano de Isabela, y ella le dió la suya, y con dos
síes quedaron indubitablemente casados

«¿Qué es esto? dijo Castrucho otra vez; aquí de Dios;
¡cómo! y ¿es posible que así se deshonren las canas de este
viejo?

—No las puede deshonrar, dijo el padre de Andrea,
ninguna cosa mia yo soy noble, y si no demasiadamente
rico, no tan pobre, que haya menester á nadie; no entro ni
salgo en este negocio· sin mi sabiduría se han casado los
muchachos, que en los pechos enamorados la discrecion se
adelanta á los años, y si las más veces los mozos en sus acciones disparan, muchas aciertan, y cuando aciertan, aunque sea acaso, exceden con muchas ventajas á las más consi-
deradas Pero mírese, con todo eso, si lo que aquí ha pasado
puede pasar adelante; porque si se puede deshacer, las riquezas de Isabela no han de ser parte para que yo procure
la mejora de mi hijo.» Dos sacerdotes que se hallaron presentes dijeron que era válido el matrimonio, presupuesto
que, si con parecer de locos le habian comenzado, con

parecer de verdaderamente cuerdos le habían confirmado

«Y de nuevo le confirmamos», dijo Andrea, y lo mismo dijo Isabela; oyendo lo cual su tio, se le cayeron las alas del corazon y la cabeza sobre el pecho, y dando un profundo suspiro, vueltos los ojos en blanco, dió muestras de haberle sobrevenido un mortal parasismo. Lleváronle sus criados al lecho, levantóse del suyo Isabela, llevóla Andrea á casa de su padre, como á su esposa, y de allí á dos dias entraron por la puerta de una iglesia un niño, hermano de Andrea Marulo, á bautizar, Isabel y Andrea á casarse, y á enterrar el cuerpo de su tio, porque se vean cuán extraños son los sucesos desta vida unos á un mismo punto se bautizan, otros se casan y otros se entierran. Con todo eso, se puso luto Isabela, porque ésta que llaman muerte mezcla los tálamos con las sepulturas y las galas con los lutos Cuatro dias más estuvieron en Luca nuestros peregrinos y la escuadra de nuestros pasajeros, que fueron regalados de los desposados y del noble Juan Bautista Marulo Y aquí dió fin nuestro autor al tercero libro desta historia

LIBRO CUARTO.

———

CAPITULO PRIMERO.

Dase cuenta del razonamiento que pasó entre Periandro y Auristela

Disputóse entre nuestra peregrina escuadra, no una, sino muchas veces, si el casamiento de Isabela Castrucho, con tantas máquinas fabricado, podia ser valedero, á lo que Periandro muchas veces dijo que sí, cuanto más que no les tocaba á ellos la averiguacion de aquel caso; pero lo que á el le habia descontentado era la junta del bautismo, casamiento y la sepultura, y la ignorancia del médico, que no atinó con la traza de Isabela ni con el peligro de su tio Unas veces trataban en esto, y otras en referir los peligros que por ellos habian pasado

Andaban Croriano y Ruperta, su esposa, atentísimos inquiriendo quién fuesen Periandro y Auristela, Antonio y Constanza, lo que no hacian por saber quién fuesen las tres damas francesas, que desde el punto que las vieron fueron dellos conocidas. Con esto, á más que medianas jornadas, llegaron á Acuapendente, lugar cercano á Roma, á la en-

trada de la cual villa, adelantándose un poco Periandro y
Auristela de los demas, sin temor que nadie los escuchase
ni oyese, Periandro habló á Auristela desta manera : «Bien
sabes ¡oh señora! que las causas que nos movieron á salir
de nuestra patria y á dejar nuestro regalo fueron tan justas
como necesarias ya los aires de Roma nos dan en el rostro,
ya las esperanzas que nos sustentan nos bullen en las almas,
ya, ya hago cuenta que me veo en la dulce posesion esperada. Mira, señora, que será bien que des una vuelta á tus
pensamientos, y escudriñando tu voluntad, mires si estás en
la entereza primera, ó si lo estarás despues de haber cumplido tu voto, de lo que yo no dudo, porque tu real sangre
no se engendró entre promesas mentirosas ni entre dobladas
trazas. De mí te sé decir ¡oh hermosa Sigismunda! que este
Periandro que aquí ves es el Persíles que en la casa del Rey
mi padre viste, aquel, digo, que te dió palabra de ser tu
esposo en los alcázares de su padre, y te la cumplirá en los
desiertos de Livia, si allí la contraria fortuna nos llevase.»

Ibale mirando Auristela atentísimamente, maravillada de
que Periandro dudase de su fe, y así le dijo : «Sola una voluntad ¡oh Persíles! he tenido en toda mi vida, y ésa habrá
dos años que te la entregué, no forzada, sino de mi libre
albedrío, la cual tan entera y firme está agora como el primer dia que te hice señor della, la cual, si es posible que se
aumente, se ha aumentado y crecido entre los muchos trabajos que hemos pasado, de que tú estés firme en la tuya, me
mostraré tan agradecida, que en cumpliendo mi voto, haré
que se vuelvan en posesion tus esperanzas. Pero dime : ¿qué
haremos despues que una misma coyunda nos ate y un
mismo yugo oprima nuestros cuellos? Léjos nos hallamos

de nuestras tierras, no conocidos de nadie en las ajenas, sin arrimo que sustente la hiedra de nuestras incomodidades. No digo esto porque me falte el ánimo de sufrir todas las del mundo como esté contigo, sino dígolo porque cualquiera necesidad tuya me ha de quitar la vida : hasta aquí, ó poco ménos de hasta aquí, padecia mi alma en sí sola, pero de aquí adelante padeceré en ella y en la tuya, aunque he dicho mal en partir estas dos almas, pues no son más que una.

—Mira, señora, respondió Periandro, cómo no es posible que ninguno fabrique su fortuna, puesto que dicen que cada uno es el artífice della desde el principio hasta el cabo; así yo no puedo responderte agora lo que haremos despues que la buena suerte nos ajunte. Rómpase agora el inconveniente de nuestra division, que despues de juntos, campos hay en la tierra que nos sustenten, y chozas que nos recojan, y hatos que nos encubran, que á gozarse dos almas que son una, como tú has dicho, no hay contentos con que igualarse, ni dorados techos que mejor nos alberguen No nos faltará medio para que mi madre la Reina sepa dónde estamos, ni á ella le faltará industria para socorrernos, y en tanto esa cruz de diamantes que tienes, y esas dos perlas inestimables comenzarán á darnos ayudas, sino que temo que al deshacernos dellas se ha de deshacer nuestra máquina, porque ¿cómo se ha de creer que prendas de tanto valor se encubran debajo de una esclavina?» Y por venir dándoles alcance la demas compañía, cesó su plática, que fué la primera que habian hablado en cosas de su gusto, porque la mucha honestidad de Auristela jamas dió ocasion á Periandro á que en secreto la hablase, y con este artificio y seguridad notable pasaron la plaza de hermanos entre todos cuantos hasta allí los habían conocido, solamente en el desalmado y ya muerto Clodio pasó la malicia tan adelante, que llegó á sospechar la verdad.

Aquella noche llegaron una jornada ántes de Roma, y en un meson, adonde siempre les solia acontecer maravillas, les aconteció ésta, si es que así puede llamarse Estando todos sentados á una mesa, la cual la solicitud del huésped y la diligencia de sus criados tenian abundantemente proveida, de un aposento del meson salió un gallardo peregrino con unas escribanías sobre el brazo izquierdo y un cartapacio en la mano, y habiendo hecho á todos la debida cortesía, en lengua castellana dijo. «Este traje de peregrino que visto, el cual trae consigo la obligacion de que pida limosna al que lo trae, me obliga á que os la pida, y tan aventajada y tan nueva, que sin darme joya alguna, ni prendas que lo valgan, me habeis de hacer rico Yo, señores, soy un hombre curioso, sobre la mitad de mi alma predomina Marte, y sobre la otra mitad Mercurio y Apolo Algunos años me he dado al ejercicio de la guerra, y algunos otros, y los más maduros, en el de las letras : en los de la guerra he alcanzado algun buen nombre, y por los de las letras he sido algun tanto estimado, algunos libros he impreso, de los ignorantes no condenados por malos, ni de los discretos han dejado de ser tenidos por buenos, y como la necesidad, segun se dice, es maestra de avivar los ingenios, este mio, que tiene un no sé qué de fantástico é inventivo, ha dado en una imaginacion algo peregrina y nueva, y es, que á costa ajena quiero sacar un libro á luz, cuyo trabajo sea, como he dicho, ajeno, y el provecho mio El libro se ha de llamar *Flor de aforismos peregrinos*, conviene á saber, sentencias sacadas de la misma verdad, en esta forma : cuando en el camino ó en otra parte topo alguna persona, cuya presencia muestre ser de ingenio y de prendas, le pido me escriba en este cartapacio algun dicho agudo, si es que le sabe, ó alguna sentencia que lo parezca, y desta manera tengo ajuntados más de trescientos aforismos, todos dignos de saberse y de imprimirse, y no en nombre mio, sino de su mismo autor, que lo firmó de su nombre, despues de haberlo dicho. Esta es la limosna que pido, y la que estimaré sobre todo el oro del mundo.

—Dadnos, señor español, respondió Periandro, alguna muestra de lo que pedis, por quien nos guiemos, que en lo demas sereis servido como nuestros ingenios lo alcanzaren

—Esta mañana, respondió el español, llegaron aquí y pasaron de largo un peregrino y una peregrina españoles, á los cuales, por ser españoles, declaré mi deseo, y ella me dijo que pusiese de mi mano (porque no sabia escribir) esta razon: *Más quiero ser mala con esperanzas de ser buena, que buena con propósito de ser mala* Y díjome que firmase *La Peregrina de Talavera.*

»Tampoco sabia escribir el peregrino, y me dijo que escribiese · *No hay carga más pesada que la mujer liviana.* Y firmé por él, *Bartolomé el Manchego.*

»Deste modo son los aforismos que pido; y los que espero desta gallarda compañía serán tales, que realcen á los demas y les sirvan de adorno y de esmalte.

—El caso está entendido, respondió Croriano, y por mí, tomando la pluma al peregrino y el cartapacio, quiero comenzar á salir desta obligacion», y escribió : *Más hermoso parece el soldado muerto en la batalla que sano en la huida* Y firmó, *Croriano*

Luego tomó la pluma Periandro y escribió *Dichoso es el soldado que cuando está peleando sabe que le está mirando su príncipe.* Y firmó.

Sucedióle el bárbaro Antonio, y escribió : *La honra que se alcanza por la guerra, como se graba en láminas de bronce y con puntas de acero, es más firme que las demas honras.* Y firmóse *Antonio el Bárbaro.*

Y como allí no habia más hombres, rogó el peregrino que tambien aquellas damas escribiesen, y fué la primera que escribió Ruperta, y dijo *La hermosura que se acompaña con la honestidad es hermosura, y la que no, no es más de un buen parecer* Y firmó

Segundóla Auristela, y tomando la pluma, dijo. *La mejor dote que puede llevar la mujer principal es la honestidad, porque la hermosura y la riqueza el tiempo la gasta ó la fortuna la deshace* Y firmó. A quien siguió Constanza, escribiendo *No por el suyo, sino por el parecer ajeno, ha de escoger la mujer el marido.* Y firmó

Feliz Flora escribió tambien, y dijo *A mucho obligan las leyes de la obediencia forzosa, pero á mucho más las fuerzas del gusto* Y firmó

Y siguiendo Belarminia, dijo *La mujer ha de ser como el armiño, dejándose ántes prender que enlodarse.* Y firmó

La última que escribió fué la hermosa Deleasir, y dijo: *Sobre todas las acciones desta vida tiene imperio la buena ó la mala suerte, pero más sobre los casamientos* Esto fué lo que escribieron nuestras damas y nuestros peregrinos, de lo que el español quedó agradecido y contento; y preguntándole Periandro si sabía algun aforismo de memoria, de los que tenia allí escritos, le dijese, respondió que sólo uno diria, que le habia dado gran gusto por la firma del que lo habia escrito, que decia *No desees, y serás el más rico hombre del mundo* Y la firma decia *Diego de Ratos, corcovado, zapatero de viejo en Tordesillas, lugar en Castilla la Vieja, junto á Valladolid.*

«Por Dios, dijo Antonio, que la firma está larga y tendida, y que el aforismo es el más breve y compendioso que pueda imaginarse, porque está claro que lo que se desea es lo que falta, y el que no desea no tiene falta de nada, y así será el más rico del mundo.»

Algunos otros aforismos dijo el español, que hicieron sabrosa la conversacion y la cena. Sentóse el peregrino con ellos, y en el discurso de la cena dijo «No daré el privilegio deste mi libro á ningun librero en Madrid, si me da por él dos mil ducados; que allí no hay ninguno que no quiera los privilegios de balde, ó á lo ménos por tan poco precio, que no le luzga al autor del libro. Verdad es que tal vez suelen comprar un privilegio y imprimir un libro con quien piensan enriquecer, y pierden en él el trabajo y la hacienda; pero el destos aforismos, escrito se lleva en la frente la bondad y la ganancia.»

CAPITULO II

Llegan á las cercanías de Roma, y en un bosque encuentran á Arnaldo y al Duque de Nemurs, heridos en desafío

Bien podia intitularse el libro del peregrino español *Historia peregrina, sacada de diversos autores*, y dijera verdad, segun habian sido y iban siendo los que la componian, y no les dió poco que reir la firma de Diego de Ratos, el zapatero de viejo, y áun tambien les dió que pensar el dicho de Bartolomé el Manchego, que dijo *que no habia carga más pesada que la mujer liviana*, señal que le debia de pesar ya la que llevaba en la moza de Talavera. En esto fueron hablando otro dia, que dejaron al español, moderno y nuevo autor de nuevos y exquisitos libros, y aquel mismo dia vieron á Roma, alegrándoles las almas, de cuya alegría redundaba salud en los cuerpos. Alborozáronse los corazones de Periandro y de Auristela, viéndose tan cerca del fin de su deseo; los de Croriano y Ruperta y los de las tres damas francesas ansimismo, por el buen suceso que prometia el fin próspero de su viaje, entrando á la parte deste gusto los de Constanza y Antonio. Heríales el sol por cénit, á cuya causa, puesto que está más apartado de la tierra que en ninguna otra sazon del dia, hiere con más calor y vehemencia, y habiéndoles convidado una cercana selva que á su mano derecha se descubria, determinaron de pasar en ella el rigor de la siesta, que les amenazaba, y áun quizá la noche, pues les quedaba lugar demasiado para entrar el dia siguiente en Roma. Hiciéronlo así, y miéntras más entraban por la selva adelante, la amenidad del sitio, las fuentes que de entre las yerbas salian, los arroyos que por ella cruzaban, les iban confirmando en su mismo propósito.

Tanto habian entrado en ella, cuanto, volviendo los ojos, vieron que estaban ya encubiertos á los que por el real camino pasaban, y haciéndoles la variedad de los sitios variar en la imaginacion cuál escogerian, segun eran todos buenos y apacibles, alzó acaso los ojos Auristela, y vió pendiente de la rama de un verde sauce un retrato del grandor de una

cuartilla de papel, pintado en una tabla no más del rostro
de una hermosísima mujer, y reparando un poco en él, conoció claramente ser su rostro el del retrato, y admirada y
suspensa, se le enseñó á Periandro A este mismo instante
dijo Croriano que todas aquellas yerbas manaban sangre, y
mostró los piés en caliente sangre teñidos El retrato, que
luego descolgó Periandro, y la sangre que mostraba Croriano, los tuvo confusos á todos y en deseo de buscar así el
dueño del retrato como de la sangre. No podia pensar Auristela quién, dónde ó cuándo pudiese haber sido sacado su
rostro, ni se acordaba Periandro que el criado del Duque de
Nemurs le habia dicho que el pintor que sacaba los de las
tres damas francesas sacaría tambien el de Auristela con no
más de haberla visto, que si de esto él se acordara, con facilidad diera en la cuenta de lo que no alcanzaba El rastro
que siguieron de la sangre llevó á Croriano y á Antonio, que
le seguian, hasta ponerlos entre unos espesos árboles que allí
cerca estaban, donde vieron al pié de uno un gallardo peregrino, sentado en el suelo, puestas las manos casi sobre el corazon y todo lleno de sangre, vista que les turbó en gran
manera, y más cuando llegándose á él Croriano, le alzó el
rostro, que sobre los pechos tenia derribado y lleno de sangre, y limpiándosele con un lienzo, conoció sin duda alguna
ser el herido el Duque de Nemurs, que no bastó el diferente
traje en que le hallaba para dejar de conocerle : tanta era la
amistad que con él tenia.

El Duque herido, ó á lo ménos el que parecia ser el
Duque, sin abrir los ojos, que con la sangre los tenia cerrados, con mal pronunciadas palabras dijo · «Bien hubieras
hecho, ¡oh quien quiera que seas, enemigo mortal de mi

descanso¹ si hubieras alzado un poco más la mano y dádome en mitad del corazon; que allí sí que hallaras el retrato más vivo y más verdadero que el que me hiciste quitar del pecho y colgar en el árbol, porque no me sirviese de reliquia y de escudo en nuestra batalla.»

Hallóse Constanza en este hallazgo, y como naturalmente era de condicion tierna y compasiva, acudió á mirarle la herida y á tomarle la sangre, ántes que á tener cuenta con las lastimosas palabras que decia; casi otro tanto le sucedió á Periandro y Auristela, porque la misma sangre les hizo pasar adelante á buscar el orígen de donde procedia, y hallaron entre unos verdes y crecidos juncos, tendido, otro peregrino, cubierto casi todo de sangre, excepto el rostro, que descubierto y limpio tenia, y así, sin tener necesidad de limpiársele, ni de hacer diligencias para conocerle, conocieron ser el Príncipe Arnaldo, que más desmayado que muerto estaba. La primera señal que dió de vida fué probarse á levantar, diciendo : «No le llevarás, traidor, porque el retrato es mio, por ser el de mi alma, tú le has robado, y sin haberte yo ofendido en cosa, me quieres quitar la vida.»

Temblando estaba Auristela con la no pensada vista de Arnaldo, y aunque las obligaciones que le tenia le impelian á que á él se llegase, no osaba, por la presencia de Periandro, el cual, tan obligado como cortés, asió de las manos del Príncipe, y con voz no muy alta, por no descubrir lo que quizá el Príncipe querria que se callase, le dijo : «Volved en vos, señor Arnaldo, y vereis que estáis en poder de vuestros mayores amigos, y que no os tiene tan desamparado el cielo, que no os podais prometer mejora de vuestra suerte abrid los ojos, digo, y vereis á vuestro amigo Periandro y á vuestra obligada Auristela, tan deseosos de serviros como siempre, contadnos vuestra desgracia y todos vuestros sucesos, y prometéos de nosotros todo cuanto nuestra industria y fuerzas alcanzaren, decidnos si estáis herido, y quién os hirió y en qué parte, para que luego se procure vuestro remedio.» Abrió en esto los ojos Arnaldo, y conociendo á los dos que delante tenia, como pudo, que fué con mucho trabajo, se arrojó á los piés de Auristela, puesto que abrazado tambien á los de Periandro, que hasta en aquel punto guardó el decoro á la honestidad de Auristela, en la cual puestos los ojos, dijo: «No es posible que no seas tú, señora, la verdadera Auristela, y no imágen suya, porque no tendria ningun espíritu licencia ni ánimo para ocultarse debajo de apariencia tan hermosa; Auristela eres sin duda, y yo, tambien sin ella, soy aquel Arnaldo que siempre ha deseado servirte, en tu busca vengo, porque si no es parando en tí, que eres mi centro, no tendrá sosiego el alma mia.»

En el tiempo que esto pasaba, ya habian dicho á Croriano y á los demas el hallazgo del otro peregrino, y que daba tambien señales de estar mal herido, oyendo lo cual Constanza, habiendo tomado ya la sangre al Duque, acudió á ver lo que habia menester el segundo herido, y cuando conoció ser Arnaldo, quedó atónita y confusa; y supliendo su discrecion su sobresalto, sin entrar en otras razones, le dijo que le descubriese sus heridas, á lo que Arnaldo respondió con señalarle con la mano derecha el brazo izquierdo, señal de que allí tenia la herida. Desnudóle luego Constanza, y hallósele por la parte superior atravesado de parte á parte; tomóle luego la sangre, que áun corria, y dijo á

Periandro cómo el otro herido que allí estaba era el Duque
de Nemurs, y que convenia llevarlos al pueblo más cercano,
donde fuesen curados, porque el mayor peligro que tenian
era la falta de la sangre

Al oir Arnaldo el nombre del Duque, se estremeció todo,
y dió lugar á que los frios celos se entrasen hasta el alma
por las calientes venas, casi vacías de sangre, y así dijo, sin
mirar lo que decia: «Alguna diferencia hay de un duque á
un rey, pero en el estado del uno ni del otro, ni áun en el
de todos los monarcas del mundo, cabe el merecer á Auristela»; y añadió y dijo · «No me lleven á donde llevaren al
Duque; que la presencia de los agraviadores no ayuda nada
á las enfermedades de los agraviados » Dos criados traia consigo Arnaldo, y otros dos el Duque, los cuales, por órden de
sus señores, los habian dejado allí solos, y ellos se habian
adelantado á un lugar allí cercano, para tenerles aderezado
alojamiento cada uno de por sí, porque áun no se conocian
«Miren tambien, dijo Arnaldo, si en un árbol destos que
están aquí á la redonda está pendiente un retrato de Auristela, sobre quien ha sido la batalla que entre mí y el Duque hemos pasado, quítese y déseme, porque me cuesta
mucha sangre, y de derecho es mio » Casi esto mismo estaba diciendo el Duque á Ruperta y á Croriano y á los demas que con él estaban, pero á todos satisfizo Periandro,
diciendo que él le tenia en su poder como en depósito, y
que le volveria en mejor coyuntura á cúyo fuese. «¿Es posible, dijo Arnaldo, que se puede poner en duda la verdad de
que el retrato sea mio? ¿No sabe ya el cielo que desde el
punto que vi el original le trasladé en mi alma? Pero tén-
gale mi hermano Periandro; que en su poder no tendrán

entrada los celos, las iras y las soberbias de sus pretensores,
y llévenme de aquí, que me desmayo » Luego acomodaron
en qué pudiesen ir los dos heridos, cuya vertida sangre, más
que la profundidad de las heridas, les iba poco á poco quitando la vida, y así los llevaron al lugar donde sus criados
les tenian el mejor alojamiento que pudieron, y hasta entónces no habia conocido el Duque ser el Príncipe Arnaldo
su contrario

CAPITULO III.

Entran en Roma, y alójanse en la casa de un judío llamado Manasés

Invidiosas y corridas estaban las tres damas francesas, de
ver que en la opinion del Duque estaba estimado el retrato
de Auristela mucho más que ninguno de los suyos, que el
criado que envió á retratarlas, como se ha dicho, les dijo
que consigo los traia, entre otras joyas de mucha estima,
pero que en el de Auristela idolatraba, razones y desengaño
que las lastimó las almas; que nunca las hermosas reciben
gusto, sino mortal pesadumbre, de que otras hermosuras
igualen á las suyas, ni áun que se les comparen; porque la
verdad que comunmente se dice, de que toda comparacion
es odiosa, en la de las bellezas viene á ser odiosísima, sin
que amistades, parentesco, calidades y grandezas se opongan al rigor desta maldita invidia, que así puede llamarse la
que encendia las comparadas hermosuras. Dijo ansimismo
que viniendo el Duque, su señor, desde París, buscando á la
peregrina Auristela, enamorado de su retrato, aquella mañana se habia sentado al pié de un árbol con el retrato en

las manos, que así hablaba con él muerto como con el original vivo, y que estando así, había llegado el otro peregrino
tan paso por las espaldas, que pudo bien oir lo que el Duque con el retrato hablaba, «sin que yo y otro compañero
mio lo pudiésemos estorbar, porque estábamos algo desviados; en fin, corrimos á advertir al Duque que le escuchaban; volvió el Duque la cabeza y vió al peregrino, el cual,
sin hablar palabra, lo primero que hizo fué arremeter al retrato y quitársele de las manos al Duque, que, como le cogió
de sobresalto, no tuvo lugar de defenderle como él quisiera,
y lo que le dijo fué, á lo ménos lo que yo pude entender:
«Salteador de celestiales prendas, no profanes con tus sacrí-
legas manos la que en ellas tienes; deja esa tabla, donde está
pintada la hermosura del cielo, ansí porque no la mereces,
como por ser ella mia.

»—Eso no, respondió el otro peregrino, y si desta verdad no puedo darte testigos, remitiré su falta á los filos de
mi estoque, que en este bordon traigo oculto.

»—Yo sí que soy el verdadero poseedor desta incomparable belleza, pues en tierras bien remotas de la que ahora
estamos la compré con mis tesoros y la adoré con mi alma,
y he servido á su original con mi solicitud y con mis trabajos.»

»El Duque entónces, volviéndose á nosotros, nos mandó
con imperiosas razones los dejásemos solos, y que viniésemos á este lugar, donde le esperásemos, sin tener osadía
de volver solamente el rostro á mirarles, lo mismo mandó
el otro peregrino á los dos que con él llegaron, que, segun
parece, tambien son sus criados, con todo esto, hurté algun tanto la obediencia á su mandamiento, y la curiosidad

me hizo volver los ojos, y vi que el otro peregrino colgaba
el retrato de un árbol, no porque puntualmente lo viese,
sino porque lo conjeturé, viendo que luego, desenvainando
del bordon que tenia un estoque, ó á lo ménos una arma
que lo parecia, acometió á mi señor, el cual le salió á recebir con otro estoque, que yo sé que en el bordon traia Los
criados de entrambos quisimos volver á despartir la contienda; pero yo fuí de contrario parecer, diciéndoles que pues
era igual y entre dos solos, sin temor ni sospecha de ser
ayudados de nadie, que los dejásemos, y siguiésemos nuestro
camino, pues en obedecerles no erábamos, y en volver
quizá sí. Ahora sea lo que fuere, pues no sé si el buen consejo ó la cobardía nos emperezó los piés y nos ató las manos, ó si la lumbre de los estoques, hasta entónces áun no
sangrientos, nos cegó los ojos, que no acertábamos á ver el
camino que habia desde allí al lugar de la pendencia, sino
el que habia al deste adonde ahora estamos. Llegamos aquí,
hicimos el alojamiento con priesa, y con más animoso discurso volviamos á ver lo que habia hecho la suerte de nuestros dueños, hallámoslos cual habeis visto, donde, si vuestra
llegada no los socorriera, bien sin provecho habia sido la
nuestra. »

Esto dijo el criado, y esto escucharon las damas, y esto
sintieron de manera, como si fueran amantes verdaderas del
Duque, y al mismo instante se deshizo en la imaginacion
de cada una la quimera y máquina, si alguna habia hecho
ó levantado, de casarse con el Duque, que ninguna cosa
quita ó borra el amor más presto de la memoria, que el
desden en los principios de su nacimiento, que el desden
en los principios del amor tiene la misma fuerza que tiene

la hambre en la vida humana, á la hambre y al sueño se
rinde la valentía, y al desden los más gustosos deseos Verdad es que esto suele ser en los principios, que despues que
el amor ha tomado larga y entera posesion del alma, los
desdenes y desengaños le sirven de espuelas, para que con
más ligereza corra á poner en efeto sus pensamientos. Cu-
ráronse los heridos, y dentro de ocho dias estuvieron para
ponerse en camino y llegar á Roma, de donde habian venido cirujanos á verlos

En este tiempo supo el Duque cómo su contrario era
príncipe heredero del reino de Dinamarca, y supo ansimismo la intencion que tenia de escogerla por esposa, esta verdad calificó en él sus pensamientos, que eran los mismos
que los de Arnaldo. Parecióle que la que era estimada para
reina, lo podia ser para duquesa, pero entre estos pensamientos, entre estos discursos y imaginaciones se mezclaban
los celos, de manera que le amargaban el gusto y le turba-
ban el sosiego; en fin, se llegó el dia de su partida, y el
Duque y Arnaldo, cada uno por su parte entró en Roma,
sin darse á conocer á nadie, y los demas peregrinos de nuestra compañía, llegando á la vista della, desde un alto mon-
tecillo la descubrieron, y hincados de rodillas, como á cosa
sacra, la adoraron, cuando de entre ellos salió una voz de
un peregrino, que no conocieron, que con lágrimas en los
ojos comenzó á decir desta manera

¡Oh grande, oh poderosa, oh sacrosanta,
Alma ciudad de Roma! A tí me inclino,
Devoto, humilde y nuevo peregrino,
A quien admira ver belleza tanta

Tu vista, que á tu fama se adelanta,
Al ingenio suspende, aunque divino,

De aquel que á verte y adorarte vino
Con tierno afecto y con desnuda planta
  La tierra de tu suelo, que contemplo
Con la sangre de mártires mezclada,
Es la reliquia universal del suelo
  No hay parte en tí que no sirva de ejemplo
De santidad, así como trazada
De la ciudad de Dios al gran modelo

Cuando acabó de decir este soneto el peregrino, se volvió á los circunstantes, diciendo: «Habrá pocos años que llegó á esta santa ciudad un poeta español, enemigo mortal de sí mismo y deshonra de su nacion, el cual hizo y compuso un soneto en vituperio desta insigne ciudad y de sus ilustres habitadores; pero la culpa de su lengua pagara su garganta si le cogieran: yo, no como poeta, sino como cristiano, casi como en descuento de su cargo, he compuesto el que habeis oido.» Rogóle Periandro que le repitiese, hízolo así, alabáronsele mucho, bajaron del recuesto, pasaron por los prados de Madama, entraron en Roma por la puerta del Pópulo, besando primero una y muchas veces los umbrales y márgenes de la entrada de la ciudad santa, ántes de la cual llegaron dos judíos á uno de los criados de Croriano, y le preguntaron si toda aquella escuadra de gente tenia estancia conocida ya preparada donde alojarse; si no, que ellos se la darian tal, que pudiesen en ella alojarse príncipes, «porque habeis de saber, señor, dijeron, que nosotros somos judíos, yo me llamo Zabulon, y mi compañero Abiud; tenemos por oficio adornar casas de todo lo necesario, segun y como es la calidad del que quiere habitarlas, y allí llega su adorno, donde llega el precio que se quiere pagar por ellas» A lo que el criado respondió: «Otro compañero mio desde

ayer está en Roma, con intencion que tenga preparado el
alojamiento conforme á la calidad de mi amo y de todos
aquellos que aquí vienen.

—Que me maten, dijo Abiud, si no es éste el frances
que ayer se contentó con la casa de nuestro compañero Manasés, que la tiene aderezada como casa real

—Vamos pues adelante, dijo el criado de Croriano, que
mi compañero debe de estar por aquí esperando á ser nuestra guía, y cuando la casa que tuviere no fuere tal, nos
acomendaremos á la que nos diere el señor Zabulon » Con
esto pasaron adelante, y á la entrada de la ciudad vieron los
judíos á Manasés, su compañero, y con él al criado de Croriano, por donde vinieron en conocimiento que la posada
que los judíos habian pintado era la rica de Manasés, y así,
alegres y contentos guiaron á nuestros peregrinos, que estaba junto al arco de Portugal

Apénas entraron las francesas damas en la ciudad, cuando
se llevaron tras sí los ojos de casi todo el pueblo, que por
ser dia de estacion, estaba llena aquella calle de Nuestra Señora del Pópulo de infinita gente; pero la admiracion que
comenzó á entrar poco á poco en los que á las damas francesas miraban, se acabó de entrar mucho á mucho en los
corazones de los que vieron á la sin par Auristela y á la gallarda Constanza, que á su lado iba, bien así como van por
iguales paralelos dos lucientes estrellas por el cielo, tales
iban, que dijo un romano, que, á lo que se cree, debia de
ser poeta: «Yo apostaré que la diosa Vénus, como en los
tiempos pasados, vuelve á esta ciudad á ver las reliquias de
su querido Enéas Por Dios, que hace mal el señor Gobernador de no mandar que se cubra el rostro desta movible

imágen, ¿quiere por ventura que los discretos se admiren, que los tiernos se deshagan y que los necios idolatren?» Con estas alabanzas, tan hipérboles como no necesarias, pasando adelante el gallardo escuadron, llegó al alojamiento de Manasés, bastante para alojar á un poderoso príncipe y á un mediano ejército

CAPITULO IV

De lo que pasó entre Arnaldo y Periandro, y entre el Duque de Nemurs y Croriano

Extendióse aquel mismo dia la llegada de las damas francesas por toda la ciudad, con el gallardo escuadron de los peregrinos, especialmente se divulgó la desigual hermosura de Auristela, encareciéndola, si no como ella era, á lo ménos cuanto podian las lenguas de los más discretos ingenios. Al momento se coronó la casa de los nuestros de mucha gente, que los llevaba la curiosidad y el deseo de ver tanta belleza junta, segun se habia publicado. Llegó esto á tanto extremo, que desde la calle pedian á voces se asomasen á las ventanas las damas y las peregrinas, que reposando, no querian dejar verse; especialmente clamaban por Auristela, pero no fué posible que se dejase ver ninguna dellas.

Entre la demas gente que llegó á la puerta, llegaron Arnaldo y el Duque con sus hábitos de peregrinos, y apénas se hubo visto el uno al otro, cuando á entrambos les temblaron las piernas y les palpitaron los pechos; conociólos Periandro desde la ventana, díjoselo á Croriano, y los dos juntos bajaron á la calle para estorbar, en cuanto pudiesen, la desgracia que podian temer de dos tan celosos amantes. Periandro se pasó con Arnaldo, y Cloriano con el Duque, y lo que Arnaldo dijo á Periandro fué «Uno de los cargos mayores que Auristela me tiene, es el sufrimiento que tengo, consintiendo que este caballero frances, que dicen ser el Duque de Nemurs, esté como en posesion del retrato de Auristela, que puesto que está en tu poder, parece que es con voluntad suya, pues yo no le tengo en el mio Mira, amigo Periandro esta enfermedad que los amantes llaman celos, que la llamaran mejor desesperacion rabiosa, entran á la parte con ella la invidia y el menosprecio, y cuando una vez se apodera del alma enamorada, no hay consideracion que la sosiegue ni remedio que la valga, y aunque son pequeñas las causas que la engendran, los efectos que hace son grandes, que por lo ménos quitan el seso, y por lo más la vida, que mejor es al amante celoso el morir desesperado que vivir con celos, y el que fuere amante verdadero no ha de tener atrevimiento para pedir celos á la cosa amada; y puesto que llegue á tanta perfeccion, que no los pida, no puede dejarlos de pedir á sí mismo, digo á su misma ventura, de la cual es imposible vivir seguro, porque las cosas de mucho precio y valor tienen en contínuo temor al que las posee ó al que las ama, de perderlas; y ésta es una pasion que no se aparta del alma enamorada, como accidente inseparable.

»Aconséjote, ¡oh amigo Periandro! si es que puede dar consejo quien no le tiene para sí, que consideres que soy rey y que quiero bien, y que por mil experiencias estás satisfecho y enterado de que cumpliré con las obras cuanto con palabras he prometido, de recebir á la sin par Auristela,

tu hermana, sin otra dote que la grande que ella tiene en
su virtud y hermosura, y que no quiero averiguar la nobleza de su linaje, pues está claro que no había de negar
naturaleza los bienes de la fortuna á quien tantos dió de sí
misma. Nunca en humildes sujetos, ó pocas veces, hacen
su asiento virtudes grandes, y la belleza del cuerpo muchas
veces es indicio de la belleza del alma; y para reducirme á
un término solo, te digo lo que otras veces te he dicho · que
adoro á Auristela, ora sea de linaje del cielo, ora de los ín-
fimos de la tierra; y pues ya está en Roma, adonde ella ha
librado mis esperanzas, sé tú ¡oh hermano mio! parte para
que me las cumpla, que desde aquí parto mi corona y mi
reino contigo, y no permitas que yo muera escarnecido deste
duque ni menospreciado de la que adoro »

A todas estas razones, ofrecimientos y promesas respondió Periandro, diciendo: «Si mi hermana tuviera culpa en
las causas que este duque ha dado á tu enojo, si no la castigara, á lo ménos la riñera, que para ella fuera un gran
castigo; pero, como sé que no la tiene, no tengo qué responderte. En esto de haber librado tus esperanzas en su venida á esta ciudad, como no sé á dónde llegan las que te ha
dado, no sé qué responderte; de los ofrecimientos que me
haces y me has hecho estoy tan agradecido, como me obliga
el ser tú el que los haces, y yo á quien se hacen, porque,
con humildad sea dicho, ¡oh valeroso Arnaldo! quizá esta
pobre muceta de peregrino sirve de nube, que por pequeña
que sea, suele quitar los rayos al sol, y por ahora sosiégate,
que ayer llegamos á Roma, y no es posible que en tan breve
espacio se hayan fabricado discursos, dado trazas y levantado quimeras que reduzcan nuestras acciones á los felices

fines que deseamos Huye, en cuanto te fuere posible, de en-
contrarte con el Duque, porque un amante desdeñado y
flaco de esperanzas suele tomar ocasion del despecho para
fabricarlas, aunque sea en daño de lo que bien quiere »

Arnaldo le prometió que así lo haria, y le ofreció prendas y dineros para sustentar la autoridad y el gasto, ansí el
suyo como el de las damas francesas Diferente fué la plática que tuvo Croriano con el Duque, pues toda se resolvió en que habia de cobrar el retrato de Auristela, ó habia
de confesar Arnaldo no tener parte en él Pidió tambien á
Croriano fuese intercesor con Auristela le recebiese por esposo, pues su estado no era inferior al de Arnaldo, ni en la
sangre le hacia ventaja ninguna de las más ilustres de Europa; en fin, él se mostró algo arrogante y algo celoso, como
quien tan enamorado estaba Croriano se lo ofreció ansimismo, y quedó en darle la respuesta que dijese Auristela
al proponerle la ventura que se le ofrecia, de recebirle por
esposo.

CAPITULO V

De cómo por medio de Croriano fueron libres Bartolomé y la Talaverana,
que estaban sentenciados á muerte

Desta manera los dos contrarios celosos y amantes, cuyas
esperanzas tenian fundadas en el aire, se despidieron, el uno
de Periandro y el otro de Croriano, quedando ante todas
cosas en reprimir sus ímpetus y disimular sus agravios, á lo
ménos hasta tanto que Auristela se declarase, de la cual
cada uno esperaba que habia de ser en su favor, pues al
ofrecimiento de un reino y al de un estado tan rico como

el del Duque, bien se podia pensar que habia de titubear cualquier firmeza y mudarse el propósito de escoger otra vida, por ser muy natural el amarse las grandezas y apetecerse la mejoría de los estados, especialmente suele ser este deseo más vivo en las mujeres De todo esto estaba bien descuidada Auristela, pues todos sus pensamientos por entónces no se extendian á más que á enterarse en las verdades que á la salvacion de su alma convenian, que por haber nacido en partes tan remotas y en tierras adonde la verdadera fe católica no está en el punto tan perfecto como se requiere, tenia necesidad de acrisolarla en su verdadera oficina.

Al apartarse Periandro de Arnaldo, llegó á él un hombre español y le dijo · «Segun traigo las señas, si es que vuesa merced es español, para vuesa merced viene esta carta » Púsole una en las manos, cerrada, cuyo sobrescrito decia *Al ilustre señor Antonio de Villaseñor*, por otro nombre llamado *el Bárbaro.* Preguntóle Periandro que quién le habia dado aquella carta; respondióle el portador que un español que estaba preso en la cárcel que llaman Torre de Nona, y por lo ménos condenado á ahorcar por homicida, él y otra su amiga, mujer hermosa, llamada *la Talaverana* Conoció Periandro los nombres y casi adivinó sus culpas, y respondió . «Esta carta no es para mí, sino para este peregrino que hácia acá viene»; y fué así, porque en aquel instante llegó Antonio, á quien Periandro dió la carta, y apartándose los dos á una parte, la abrió, y vió que así decia

«Quien en mal anda, en mal pára, de dos piés, aunque »el uno esté sano, si el otro está cojo, tal vez cojea; que las »malas compañías no pueden enseñar buenas costumbres

»La que yo trabé con la Talaverana, que no debiera, me
»tiene á mí y á ella sentenciados de remate para la horca.
»El hombre que la sacó de España, la halló aquí en Roma
»en mi compañía, recebió pesadumbre dello, asentóle la
»mano en mi presencia, y yo, que no soy amigo de burlas
»ni de recebir agravios, sino de quitarlos, volví por la moza,
»y á puros palos maté á su agraviador. Estando en la fuga
»de esta pendencia, llegó otro peregrino, que por el mismo
»estilo comenzó á tomarme la medida de las espaldas, dice
»la moza que conoció que el que me apaleaba era un su ma-
»rido, de nacion polaco, con quien se habia casado en Ta-
»lavera, y temiéndose que en acabando conmigo habia de
»comenzar por ella, porque le tenia agraviado, no hizo más
»de echar mano á un cuchillo, de dos que traia consigo
»siempre en la vaina, y llegándose á él, bonitamente se le
»clavó por los riñones, haciéndole tales heridas, que no tu-
»vieran necesidad de maestro; en efecto, el amigo á palos
»y el marido á puñaladas, en un instante concluyeron la car-
»rera mortal de su vida. Prendiéronnos al mismo punto y
»trajéronnos á esta cárcel, donde quedamos muy contra nues-
»tra voluntad, tomáronnos la confesion, confesamos nuestro
»delito, porque no le podiamos negar, y con esto ahorramos
»el tormento, que aquí llaman tortura; sustancióse el pro-
»ceso, dándose más prisa á ello de la que quisiéramos. Ya
»está concluso, y nosotros sentenciados á destierro, sino que
»es de esta vida para la otra. Digo, señor, que estamos sen-
»tenciados á ahorcar, de lo que está tan pesarosa la Talavera-
»na, que no lo puede llevar en paciencia, la cual besa á vuesa
»merced las manos, y á mi señora Constanza y al señor Pe-
»riandro y á mi señora Auristela, y dice que ella se holgara

»de estar libre para ir á besárselas á vuesas mercedes á sus
»casas. Dice tambien que si la sin par Aurístela pone hal-
»das en cinta y quiere tomar á su cargo nuestra libertad,
»que le será fácil, porque ¿qué pedirá su grande hermosura,
»que no lo alcance, aunque la pida á la dureza misma? y
»añade más, y es que si vuesas mercedes no pudieren alcan-
»zar el perdon, á lo ménos procuren alcanzar el lugar de la
»muerte, y que como ha de ser en Roma, sea en España,
»porque está informada la moza que aquí no llevan los ahor-
»cados con la autoridad conveniente, porque van á pié y
»apénas los ve nadie, y así apénas hay quien les rece una
»*Ave María*, especialmente si son españoles los que ahorcan;
»y ella querria, si fuese posible, morir en su tierra y entre
»los suyos, donde no faltaria algun pariente que, de compa-
»sion, le cerrase los ojos. Yo tambien digo lo mismo, porque
»soy amigo de acomodarme á la razon, porque estoy tan
»mohino en esta cárcel, que á trueco de excusar la pesadum-
»bre que me dan las chinches en ella, tomaria por buen par-
»tido que me sacasen á ahorcar mañana; y advierto á vuesa
»merced, señor mio, que los jueces desta tierra no desdicen
»nada de los de España: todos son corteses y amigos de dar
»y recebir cosas justas, y que cuando no hay parte que so-
»licite la justicia, no dejan de llegarse á la misericordia, la
»cual, si reina en todos los valerosos pechos de vuesas mer-
»cedes, que sí debe de reinar, sujeto hay en nosotros en que
»se muestre, pues estamos en tierra ajena, presos en la cár-
»cel, comidos de chinches y de otros animales inmundos,
»que son muchos por pequeños, y enfadan como si fuesen
»grandes, y sobre todo, nos tienen ya en cueros y en la quinta
»esencia de la necesidad, solicitadores, procuradores y escri-

»banos, de quien Dios, nuestro Señor, nos libre por su infi-
»nita bondad, amén Aguardando la respuesta quedamos,
»con tanto deseo de recebirla buena, como le tienen los
»cigoñinos en la torre, esperando el sustento de sus madres »
Y firmaba: *El desdichado Bartolomé Manchego*

En extremo dió la carta gusto á los dos que la habian
leido, y en extremo les fatigó su afliccion, y luego, diciéndole al que la habia llevado dijese al preso que se consolase
y tuviese esperanza de su remedio, porque Auristela y todos
ellos, con todo aquello que dádivas y promesas pudiesen, le
procurarian, al punto fabricaron las diligencias que habian
de hacerse. La primera fué que Croriano hablase al Embajador de Francia, que era su pariente y amigo, para que no
se ejecutase la pena tan presto, y diese lugar el tiempo á que
le tuviesen los ruegos y las solicitudes; determinó tambien
Antonio de escribir otra carta, en respuesta de la suya, á Bartolomé, con que de nuevo se renovase el gusto que les habia dado la suya, pero comunicando este pensamiento con
Auristela y con su hermana Constanza, fueron las dos de
parecer que no se la escribiese, porque á los afligidos no se
ha de añadir afliccion, y podria ser que tomasen las burlas
por véras, y se afligiesen con ellas, lo que hicieron fué dejar
todo el cargo de aquella negociacion sobre los hombros y
diligencia de Croriano y en los de Ruperta, su esposa, que
se lo rogó ahincadamente, y en seis dias ya estaban en la
calle Bartolomé y la Talaverana; que adonde interviene el
favor y las dádivas, se allanan los riscos y se deshacen las dificultades

En este tiempo le tuvo Auristela de informarse de todo
aquello que á ella le parecia que le faltaba por saber de la fe

católica, á lo ménos de aquello que en su patria escuramente
se practicaba, halló con quién comunicar su deseo por medio de los penitenciarios, con quien hizo su confesion entera, verdadera y llana, y quedó enseñada y satisfecha de
todo lo que quiso, porque los tales penitenciarios, en la mejor forma que pudieron, le declararon todos los principales
y más convenientes misterios de nuestra santa fe Comenzaron desde la invidia y soberbia de Lucifer, y desde su caida
con la tercera parte de las estrellas, que cayeron con él en los
abismos; caida que dejó vacas y vacías las sillas del cielo,
que las perdieron los ángeles malos por su necia culpa, de-
claráronle el medio que Dios tuvo para llenar estos asientos,
cuando al hombre, cuya alma es capaz de la gloria que los
ángeles malos perdieron; discurrieron por la verdad de la
creacion del hombre y del mundo, y por el misterio sagrado
y amoroso de la Encarnacion, y con razones sobre la razon
misma, bosquejaron el profundísimo misterio de la Santísima
Trinidad Contaron cómo convino que la segunda persona
de las tres, que es la del Hijo, se hiciese hombre, para que
como Hombre-Dios pagase por el hombre, y Dios pudiese
pagar como Dios; cuya union hipostática sólo podia ser
bastante para dejar á Dios satisfecho de la culpa infinita
cometida, que Dios infinitamente se habia de satisfacer, y el
hombre, finito por sí, no podia, y Dios en sí solo era incapaz
de padecer, pero juntos los dos, llegó el caudal á ser infinito,
y ansí lo fué la paga. Mostráronle la muerte de Cristo, los
trabajos de su vida, desde que se mostró en el pesebre hasta
que se puso en la cruz; exageráronle la fuerza y eficacia de
los sacramentos, y señaláronle con el dedo la segunda tabla
de nuestro naufragio, que es la penitencia, sin la cual no

hay abrir la senda del cielo, que suele cerrar el pecado. Mostráronle asimismo á Jesucristo, Dios vivo, sentado á la diestra del Padre, estando tan vivo y entero como en el cielo, sacramentado en la tierra, cuya santísima presencia no la puede dividir ni apartar ausencia alguna, porque uno de los mayores atributos de Dios, aunque todos son iguales, es el estar en todo lugar por potencia, por esencia y por presencia. Aseguráronle infaliblemente la venida deste Señor á juzgar el mundo sobre las nubes del cielo, y asimismo la estabilidad y firmeza de su Iglesia, contra quien pueden poco las puertas, ó por mejor decir, las fuerzas del infierno; trataron del poder del Sumo Pontífice, visorey de Dios en la tierra y llavero del cielo, finalmente, no les quedó por decir cosa que vieron que convenia para darse á entender, y para que Auristela y Periandro la entendiesen. Estas liciones ansí alegraron sus almas, que las sacaron de sí mismas, y se las llevaron á que paseasen los cielos, porque sólo en ellos pusieron sus pensamientos.

CAPITULO VI

Contienda entre Arnaldo y el Duque de Nemurs, sobre la compra de un retrato de Auristela

Con otros ojos se miraron de allí adelante Auristela y Periandro, á lo ménos con otros ojos miraba Periandro á Auristela, pareciéndole que ya ella habia cumplido el voto que la trajo á Roma, y que podia libre y desembarazadamente recibirle por esposo, pero si medio gentil amaba Auristela la honestidad, despues de catequizada la adoraba, no porque viese iba contra ella en casarse, sino por no dar indicios de pensamientos blandos, sin que precediesen ántes ó fuerzas ó ruegos. Tambien estaba mirando si por alguna parte le descubria el cielo alguna luz que le mostrase lo que habia de hacer despues de casada, porque pensar volver á su tierra lo tenia por temeridad y por disparate, á causa que el hermano de Periandro, que la tenia destinada para ser su esposa, quizá viendo burladas sus esperanzas, tomaria en ella y en su hermano Periandro venganza de su agravio. Estos pensamientos y temores la traian algo flaca y algo pensativa. Las damas francesas visitaron los templos y anduvieron las estaciones con pompa y majestad, porque Croriano, como se ha dicho, era pariente del Embajador de Francia, y no les faltó cosa que para mostrar ilustre decoro fuese necesaria, llevando siempre consigo á Auristela y á Constanza, y ninguna vez salian de casa, que no las seguia casi la mitad del pueblo de Roma; y sucedió que pasando un dia por una calle que se llama *de Bancos*, vieron en una pared della un retrato entero, de piés á cabeza, de una mujer que tenia una corona en la cabeza, aunque partida por medio la corona, y á los piés un mundo, sobre el cual estaba puesta, y apénas la hubieron visto, cuando conocieron ser el rostro de Auristela, tan al vivo dibujado, que no les puso en duda de conocerla.

Preguntó Auristela, admirada, cúyo era aquel retrato, y si se vendia acaso. Respondióle el dueño (que, segun despues se supo, era un famoso pintor) que él vendia aquel retrato, pero no sabia de quién fuese, sólo sabia que otro pintor su amigo se le habia vendido en Francia, el cual le habia dicho ser de una doncella extranjera que en hábitos de peregrina pasaba á Roma

«¿Qué significa, respondió Auristela, haberla pintado con corona en la cabeza, y los piés sobre aquella esfera, y más estando la corona partida?

—Eso, señora, dijo el dueño, son fantasías de pintores, ó caprichos, como los llaman, quizá quieren decir que esta doncella merece llevar la corona de la hermosura, y que ella va hollando aquel mundo, pero yo quiero decir que dice que vos, señora, sois su original, y que mereceis corona entera, y no mundo pintado, sino real y verdadero

—¿Qué pedis por el retrato?» preguntó Constanza. A lo que respondió el dueño «Dos peregrinos están aquí, que el uno dellos me ha ofrecido mil escudos de oro, y el otro dice que no le dejará por ningun dinero, yo no he concluido la venta, por parecerme que se están burlando, porque la exorbitancia del ofrecimiento me hace estar en duda

—Pues no lo estéis, replicó Constanza, que esos dos peregrinos, si son los que yo imagino, bien pueden doblar el precio y pagaros á toda vuestra satisfaccion »

Las damas francesas, Ruperta, Croriano y Periandro quedaron atónitos de ver la verdadera imágen del rostro de Auristela en el del retrato, cayó la gente que el retrato miraba en que parecia el de Auristela, y poco á poco comenzó á salir una voz, que todos y cada uno de por sí afirmaba: «Este retrato que se vende, es el mismo desta peregrina que va en este coche, ¿para qué queremos ver al traslado, sino al original!» Y así comenzaron á rodear el coche, que los caballos no podian ir adelante ni volver atras; por lo cual dijo Periandro · «Auristela hermana, cúbrete el rostro con algun velo, porque tanta luz ciega, y no nos deja ver por dónde caminamos » Hízolo así Auristela, y pasaron adelante; pero no por esto dejó de seguirlos mucha gente, que esperaban á que se quitase el velo, para veila como deseaban Apénas se hubo quitado de allí el coche, cuando se llegó al dueño del retrato Arnaldo en sus hábitos de peregrino, y dijo· «Yo soy el que os ofrecí los mil escudos por este retrato, si le quereis dai, traedle y veníos conmigo; que yo os los daré luego de oio en oro » A lo que otro peregrino, que eia el Duque de Nemurs, dijo «No repareis, hermano, en precio, sino veníos conmigo, y proponed en vuestia imaginacion el que quisiéredes, que yo os le daré luego de contado.

—Señores, respondió el pintoi, concertáos los dos en cuál le ha de llevar, que yo no me desconcertaié en el precio, puesto que pienso que ántes me habeis de pagar con el deseo que con la obra »

A estas pláticas estaba atenta mucha gente, esperando en qué habia de parar aquella compra, porque ver ofrecer millaradas de ducados á dos, al parecer, pobres peregrinos, parecíales cosa de burla. En esto dijo el dueño· «El que le quisiere déme señal y guie, que yo ya le descuelgo para llevársele.» Oyendo lo cual Arnaldo, puso la mano en el seno y sacó una cadena de oro con una joya de diamantes que de ella pendia, y dijo· «Tomad esta cadena, que con esta joya vale más de dos mil escudos, y traedme el retrato.

—Esta vale diez mil, dijo el Duque, dándole una de diamantes al dueño del retrato, y traédmele á mi casa.

—¡Santo Dios! dijo uno de los circunstantes, ¿qué retrato puede ser éste, qué hombres éstos y qué joyas éstas? Cosa de encantamento parece aquésta: poi eso os aviso, heimano pintor, que deis un toque á la cadena y hagais experiencia de la fineza de las piedras ántes que deis vuestra hacienda, que podria ser que la cadena y las joyas fuesen falsas, porque del encarecimiento que de su valor han hecho, bien se puede sospechar.» Enojáronse los príncipes, pero por no echar más en la calle sus pensamientos, consintieron en que el dueño del retrato se enterase en la verdad del valor de las joyas.

Andaba revuelta toda la gente de *Bancos*, unos admirando el retrato, otros preguntando quién fuesen los peregrinos, otros mirando las joyas, y todos atentos esperando quién habia de quedar con el retrato, porque les parecia que estaban de parecer los dos peregrinos de no dejarle por ningun precio, diérale el dueño por mucho ménos de lo que le ofrecian, si se le dejaran vender libremente Pasó en esto por *Bancos* el Gobernador de Roma, oyó el murmurio de la gente, preguntó la causa, vió el retrato y vió las joyas, y pareciéndole ser prendas de más que de ordinarios peregrinos, esperando descubrir algun secreto, las hizo depositar, y llevar el retrato á su casa y prender á los peregrinos Quedóse el pintor confuso, viendo menoscabadas sus esperanzas, y su hacienda en poder de la justicia, donde jamas entró alguna que si saliese, fuese con aquel lustre con que habia entrado.

Acudió el pintor á buscar á Periandro y á contarle todo el suceso de la venta, y el temor que tenia no se quedase el Gobernador con el retrato, el cual, de un pintor que le habia retratado en Portugal, de su original, le habia él comprado en Francia; cosa que le pareció á Periandro posible, por haber sacado otros muchos en el tiempo que Auristela estuvo en Lisboa, con todo eso, le ofreció por él cien es-

cudos, con que quedase á su riesgo el cobrarle Contentóse
el pintor, y aunque fué tan grande la baja de ciento á mil,
le tuvo por bien vendido y mejor pagado. Aquella tarde,
juntándose con otros españoles peregrinos, fué á andar las
siete iglesias; entre los cuales peregrinos acertó á encontrarse
con el poeta que dijo el soneto al descubrirse Roma; cono-
ciéronse y abrazáronse, y preguntáronse de sus vidas y sucesos. El poeta peregrino le dijo que el dia ántes le habia
sucedido una cosa digna de contarse por admirable, y fué
que habia tenido noticia de que un monseñor, clérigo de la
Cámara, curioso y rico, tenia un museo el más extraordinario que habia en el mundo, porque no tenia figuras de
personas que efectivamente hubiesen sido, ni entónces lo
fuesen, sino unas tablas preparadas para pintarse en ellas los
personajes ilustres que estaban por venir, especialmente los
que habian de ser en los venideros siglos poetas famosos,
entre las cuales tablas habia visto dos, que en el principio
dellas estaba escrito, en la una *Torcuato Tasso*, y más abajo
un poco decia *Jerusalen libertada*, en la otra estaba escrito
Zárate, y más abajo, *Cruz y Constantino*

«Pregunténle al que me las enseñaba qué significaban aquellos nombres. Respondióme que se esperaba que presto se
habia de descubrir en la tierra la luz de un poeta que se habia de llamar Torcuato Tasso, el cual habia de cantar á *Jerusalen recuperada*, con el más heroico y agradable plectro
que hasta entónces ningun poeta hubiese cantado, y que
casi luego le habia de suceder un español, llamado Francisco
Lopez de Zárate, cuya voz habia de llenar las cuatro partes
de la tierra, y cuya armonía habia de suspender los corazones de las gentes, cantando *La Invencion de la Cruz de Cris-*

to, con las guerras del emperador Constantino, poema verdaderamente heroico y religioso, y digno del nombre de
poema.» A lo que replicó Periandro «Duro se me hace de
creer que de tan atras se tome el cargo de aderezar las tablas donde se hayan de pintar los que están por venir; aunque en efeto, en esta ciudad, cabeza del mundo, están otras
maravillas de mayor admiracion. Y ¿habrá otras tablas aderezadas para más poetas venideros? preguntó Periandro

—Sí, respondió el peregrino, pero no quise detenerme á
leer los títulos, contentándome con los dos primeros, pero
así á bulto miré tantos, que me doy á entender que en la
edad, cuando éstos vengan, que, segun me dijo el que me
guiaba, no puede tardar, ha de ser grandísima la cosecha de
todo género de poetas Encamínelo Dios como él fuere más
servido

—Por lo ménos, respondió Periandro, el año que es
abundante de poesía, suele serlo de hambre, porque *dámele
poeta, y dártele he pobre* (si ya la naturaleza no se adelanta
á hacer milagros); y síguese la consecuencia ¿hay muchos
poetas? luego hay muchos pobres, ¿hay muchos pobres?
luego caro es el año.»

En esto iban hablando el peregrino y Periandro, cuando
llegó á ellos Zabulon el judío, y dijo á Periandro que aquella tarde le quería llevar á ver á Hipólita la Ferraresa, que
era una de las más hermosas mujeres de Roma y áun de
toda Italia. Respondióle Periandro que iria de muy buena
gana, lo cual no le respondiera si, como le informó de la
hermosura, le informara de la calidad de su persona, porque
la alteza de la honestidad de Periandro no se abalanzaba ni
abatía á cosas bajas, por hermosas que fuesen, que en esto

la naturaleza había hecho iguales y formado en una misma
turquesa á él y á Auristela, de la cual se recató para ir á ver
á Hipólita, á quien el judío le llevó más por engaño que
por voluntad, que tal vez la curiosidad hace tropezar y caer
de ojos al más honesto recato.

CAPITULO VII

De un extraño caso y notable peligro en que se vió Periandro por malicia
de una dama cortesana

Con la buena crianza, con los ricos ornamentos de la
persona y con los aderezos y pompa de la casa se cubren
muchas faltas, porque no es posible que la buena crianza
ofenda, ni el rico ornato enfade, ni el aderezo de la casa no
contente Todo esto tenía Hipólita, dama cortesana, que en
riquezas podía competir con la antigua Flora y en cortesía
con la misma buena crianza, no era posible que fuese estimada en poco de quien la conocía, porque con la hermosura encantaba, con la riqueza se hacía estimar, y con la
cortesía, si así se puede decir, se hacía adorar Cuando el
amor se viste destas tres calidades, rompe los corazones de
bronce, abre las bolsas de hierro y rinde las voluntades de
mármol, y más si á estas tres cosas se les añade el engaño
y la lisonja, atributos convenientes para las que quieren mostrar á la luz del mundo sus donaires. ¿Hay por ventura entendimiento tan agudo en el mundo, que estando mirando
una destas hermosas que pinto, dejando á una parte las de
su belleza, se ponga á discurrir las de su humilde trato? La
hermosura en parte ciega y en parte alumbra, tras la que

ciega corre el gusto, tras la que alumbra, el pensar en la enmienda. Ninguna destas cosas consideró Periandro al entrar en casa de Hipólita, pero, como tal vez sobre descuidados cimientos suele levantar amor sus máquinas, ésta, sin pensamiento alguno, se fabricó, no sobre la voluntad de Periandro, sino en la de Hipólita, que con estas damas, que suelen llamar *del vicio*, no es menester trabajar mucho para dar con ellas donde se arrepientan sin arrepentirse

Ya habia visto Hipólita á Periandro en la calle, y ya le habia hecho movimientos en el alma su bizarría, su gentileza, y sobre todo, el pensar que era español, de cuya condicion se prometia dádivas imposibles y concertados gustos, y estos pensamientos los habia comunicado con Zabulon y rogádole se lo trajese á casa, la cual tenia tan aderezada, tan limpia y tan compuesta, que más parecia que esperaba ser tálamo de bodas que acogimiento de peregrinos. Tenia la señora Hipólita (que con este nombre la llamaban en Roma, como si lo fuera) un amigo, llamado Pirro, calabres, hombre acuchillador, impaciente, facineroso, cuya hacienda libraba en los filos de su espada, en la agilidad de sus manos y en los engaños de Hipólita, que muchas veces con ellos alcanzaba lo que queria, sin rendirse á nadie, pero en lo que más Pirro cimentaba su vida, era en la diligencia de sus piés, que los estimaba en más que las manos; y de lo que él más se preciaba era de traer siempre asombrada á Hipólita en cualquier condicion que se le mostrase, ora fuese amorosa, ora fuese áspera, que nunca les faltan á estas palomas duendas milanos que las persigan, ni cálabos que las despedacen. ¡miserable trato desta mundana y simple gente! Digo, pues, que este caballero, que no tenia de serlo más que el nombre, se halló en casa de Hipólita al tiempo que entraron en ella el judío y Periandro. Apartóle aparte Hipólita y díjole: «Véte con Dios, amigo, y llévate esta cadena de oro, de camino, que este peregrino me envió con Zabulon esta mañana

—Mira lo que haces, Hipólita, respondió Pirro, que á lo que se me trasluce, este peregrino es español, y soltar él de su mano, sin haber tocado la tuya, esta cadena, que debe de valer cien escudos, gran cosa me parece y mil temores me sobresaltan

—Llévate tú ¡oh Pirro! la cadena, dijo ella, y déjame á mí el cargo de sustentarla y de no volverla, á pesar de todas sus españolerías.»

Tomó la cadena que le dió Hipólita, Pirro, que para el efeto la habia hecho comprar aquella mañana, y sellándole la boca con ella, más que de paso le hizo salir de casa Luego Hipólita, libre y desembarazada de su corma, suelta de sus grillos, se llegó á Periandro, y con desenfado y donaire, lo primero que hizo fué echarle los brazos al cuello, diciéndole «En verdad que tengo de ver si son tan valientes los españoles como tienen la fama» Cuando Periandro vió toda aquella desenvoltura, creyó que toda la casa se le habia caido á cuestas, y poniéndole la mano delante el pecho á Hipólita, la detuvo y la apartó de sí, y le dijo . «Estos hábitos que visto, señora Hipólita, no permiten ser profanados, ó á lo ménos yo no lo permitiré en ninguna manera, y los peregrinos, aunque sean españoles, no están obligados á ser valientes cuando no les importa, pero mirad vos, señora, en qué quereis que muestre mi valor, sin que á los dos perjudique, y seréis obedecida sin replicaros en nada

—Paréceme, respondió Hipólita, señor peregrino, que ansí lo sois en el alma como en el cuerpo, pero pues, segun decis, hareis lo que os dijere, como á ninguno de los dos perjudique, entráos conmigo en esta cuadra, que os quiero enseñar una lonja y un camarin mio.» A lo que respondió Periandro · «Aunque soy español, soy algun tanto medroso, y más os temo á vos sola que á un ejército de enemigos · haced que nos haga otro la guía, y llevadme do quisiéredes ·

Llamó Hipólita á dos doncellas suyas y á Zabulon el judío, que á todo se halló presente, y mandólas que guiasen á la lonja · abrieron la sala, y á lo que despues Periandro dijo, estaba la más bien aderezada que pudiese tener algun príncipe rico y curioso en el mundo. Parrasio, Polignoto, Apéles, Céuxis y Timántes tenian allí lo perfecto de sus pinceles, comprado con los tesoros de Hipólita, acompañados de los del devoto Rafael de Urbino y de los del divino Micael Angelo, riquezas donde las de un gran príncipe deben y pueden mostrarse Los edificios reales, los alcázares soberbios, los templos magníficos y las pinturas valientes son propias y verdaderas señales de la magnanimidad y riqueza de los príncipes, prendas en efeto contra quien el tiempo apresura sus alas y apresta su carrera, como émulas suyas, que á su despecho están mostrando la magnificencia de los pasados siglos

¡Oh Hipólita, sólo buena por esto! si entre tantos retratos que tienes, tuvieras uno de Josef en Egipto, no dejaras de verle vivo en Periandro, que asombrado, atónito y confuso andaba mirando en qué habia de parar la abundancia que en la lonja veia, en una limpísima mesa, que de cabo á cabo la tomaba la música que de diversos géneros de pájaros en riquísimas jaulas estaban haciendo una confusa, pero agradable armonía. En fin, á él le pareció que todo cuanto había oído decir de los *huertos hesperídeos*, de los de la *maga Falerina*, de los *pensiles famosos*, ni de todos los otros que por fama fuesen conocidos en el mundo, no llegaba al adorno de aquella sala y de aquella lonja, pero, como él andaba con el corazon sobresaltado (que ¡bien haya su honestidad, que se le aprensaba entre dos tablas!), no se le mostraban las cosas como ellas eran, ántes, cansado de ver cosas de tanto deleite, y enfadado de ver que todas ellas se encaminaban contra su gusto, dando de mano á la cortesía, probó á salirse de la lonja, y se saliera si Hipólita no se lo estorbara; de manera que le fué forzoso mostrarse con las manos y ásperas palabras algo descortés. Trabó de la esclavina de Periandro, y abriéndole el jubon, le descubrió la cruz de diamantes que de tantos peligros hasta allí había escapado, y así deslumbró la vista á Hipólita como el entendimiento, la cual, viendo que se le iba á despecho de su blanda fuerza, dió en un pensamiento, que si le supiera revalidar y apoyar algun tanto mejor, no le fuera bien dello á Periandro, el cual, dejando la esclavina en poder de la nueva egipcia, sin sombrero, sin bordon, sin ceñidor ni esclavina, se puso en la calle, que el vencimiento de tales batallas consiste más en el huir que en el esperar. Púsose ella asimismo á la ventana, y á grandes voces comenzó á apellidar la gente de la calle, diciendo: «Ténganme á ese ladron, que entrando en mi casa como humano, me ha robado una prenda divina, que vale una ciudad.» Acertaron á estar en la calle dos de la guarda del Pontífice, que dicen pueden prender en fragante, y como la voz era de *ladron*, facilitaron su dudosa potestad y pren-

dieron á Periandro. Echáronle mano al pecho, y quitándole
la cruz, le santiguaron con poca decencia paga que da la
justicia á los nuevos delincuentes, aunque no se les averigüe
el delito.

Viéndose pues Periandro puesto en cruz sin su cruz, dijo
á los tudescos en su misma lengua que él no era ladron,
sino persona principal, y que aquella cruz era suya, y que
viesen que su riqueza no podia ser de Hipólita, y que les
rogaba le llevasen ante el Gobernador, que él esperaba con
brevedad averiguar la verdad del caso : ofrecióles dineros, y
con esto y con habelles hablado en su lengua, con que se
reconcilian los ánimos que no se conocen, los tudescos no
hicieron caso de Hipólita, y así llevaron á Periandro delante
del Gobernador Viendo lo cual Hipólita, se quitó de la ventana, y casi arañándose el rostro, dijo á sus criadas : «¡Ay,
hermanas, y qué necia he andado! A quien pensaba regalar
he lastimado, á quien pensaba servir he ofendido; preso
va por ladron el que lo ha sido de mi alma : ¡mirad qué
caricias, mirad qué halagos son hacer prender al libre y dis-
famar al honrado!» Y luego les contó cómo llevaban preso
al peregrino dos de la guarda del Papa Mandó asimismo
que la aderezasen luego el coche; que queria ir en su se-
guimiento y disculpalle, porque no podia sufrir su corazon
verse herir en las mismas niñas de sus ojos, y que ántes queria parecer testimoñera que cruel; que de la crueldad no
tendria disculpa, y del testimonio sí, echando la culpa al
amor, que por mil disparates descubre y manifiesta sus deseos y hace mal á quien bien quiere

Cuando ella llegó á casa del Gobernador, le halló con la
cruz en las manos, examinando á Periandro sobre el caso,

el cual, como vió á Hipólita, dijo al Gobernador. «Esta señora que aquí viene ha dicho que esta cruz que vuesa merced tiene, yo se la he robado, y yo diré que es verdad cuando ella dijere de qué es la cruz, qué valor tiene y cuántos diamantes la componen; porque, si no es que se lo dicen los ángeles, ó algun otro espíritu que lo sepa, ella no lo puede saber, porque no la ha visto sino en mi pecho y una vez sola

—¿Qué dice la señora Hipólita á esto?» dijo el Gobernador (y esto cubriendo la cruz, porque no tomase las señas della), la cual respondió · «Con decir que estoy enamorada, ciega y loca, quedará este peregrino disculpado, y yo esperando la pena que el señor Gobernador quisiere darme por mi amoroso delito»; y le contó punto por punto lo que con Periandro le habia pasado, de lo que se admiró el Gobernador, ántes del atrevimiento que del amor de Hipólita, que á semejantes sujetos son propios los lascivos disparates. Afeóle el caso, pidió á Periandro la perdonase, dióle por libre y volvióle la cruz, sin que en aquella causa se escribiese letra alguna, que no fué ventura poca.

Quisiera saber el Gobernador quién eran los peregrinos que habian dado las joyas en prendas del retrato de Auristela, y asimismo quién era él y quién Auristela, á lo que respondió Periandro · «El retrato es de Auristela, mi hermana; los peregrinos pueden tener joyas mucho más ricas Esta cruz es mia, y cuando me dé el tiempo lugar y la necesidad me fuerce, diré quién soy, que el decirlo agora no está en mi voluntad, sino en la de mi hermana : el retrato que vuesa merced tiene, ya se le tengo comprado al pintor por precio convenible, sin que en la compra hayan intervenido pujas,

que se fundan más en rencor y en fantasía que en razon.»
El Gobernador dijo que él se queria quedar con él por el
tanto, por añadir con él á Roma cosa que aventajase á las de
los más excelentes pintores que la hacian famosa.

«Yo se le doy á vuesa merced, respondió Periandro, por
parecerme que en darle tal dueño le doy la honra posible.»
Agradecióselo el Gobernador, y aquel dia dió por libres á
Arnaldo y al Duque, y les volvió sus joyas, y él se quedó
con el retrato, porque estaba puesto en razon que se habia
de quedar con algo.

CAPITULO VIII

Da cuenta Arnaldo de todo lo que le habia sucedido desde que se aparto de Periandro y Auristela en la isla de las Ermitas

Más confusa que arrepentida volvió Hipólita á su casa,
pensativa y ademas enamorada, que aunque es verdad que
en los principios de los amores los desdenes suelen ser parte
para acabarlos, los que usó con ella Periandro le avivaron
más los deseos. Parecíale á ella que no habia de ser tan de
bronce un peregrino, que no se ablandase con los regalos
que pensaba hacerle, pero hablando consigo, se dijo á sí
misma : «Si este peregrino fuera pobre, no trajera consigo
cruz tan rica, cuyos muchos y ricos diamantes sirven de
claro sobrescrito de su riqueza · de modo que la fuerza desta
roca no se ha de tomar por hambre, otros ardides y mañas
son menester para rendirla. ¿No sería posible que este mozo
tuviese en otra parte ocupada el alma? ¿No sería posible
que esta Auristela no fuese su hermana? ¿No sería posible

que las finezas de los desdenes que usa conmigo las quisiese
asentar y poner en cargo á Auristela? ¡Válame Dios, que
me parece que en este punto he hallado el de mi remedio!
¡Alto! muera Auristela, descúbrase este encantamento, á lo
ménos veamos el sentimiento que este montaraz corazon
hace, pongamos siquiera en plática este disignio; enferme
Auristela, quitemos su sol delante de los ojos de Periandro
veamos si faltando la hermosura, causa primera de adonde
el amor nace, falta tambien el mismo amor; que podria ser
que dando yo lo que á éste se le quitáre, quitándole á Auristela, viniese á reducirse á tener más blandos pensamientos·
por lo ménos probarlo tengo, ateniéndome á lo que se dice,
que no daña el tentar las cosas que descubren algun rastro
de provecho »

Con estos pensamientos algo consolada, llegó á su casa,
donde halló á Zabulon, con quien comunicó todo su disignio, confiada en que tenia una mujer de la mayor fama de
hechicera que habia en Roma, pidiéndole, habiendo ántes
precedido dádivas y promesas, hiciese con ella, no que
mudase la voluntad de Periandro, pues sabia que esto era
imposible, sino que enfermase la salud de Auristela, y con
limitado término, si fuese menester, le quitase la vida. Esto,
dijo Zabulon ser cosa fácil al poder y sabiduría de su mujer; recibió no sé cuánto por primera paga, y prometió que
desde otro dia comenzaria la quiebra de la salud de Auristela. No solamente Hipólita satisfizo á Zabulon, sino ame-
nazóle asimismo, y á un judío dádivas ó amenazas le hacen
prometer y áun hacer imposibles Periandro contó á Croriano, á Ruperta, á Auristela y á las tres damas francesas, á
Antonio y á Constanza su prision, los amores de Hipólita,

y la dádiva que había hecho del retrato de Aurıstela al Gobernador

No le contentó nada á Aurıstela los amores de la cortesana, porque ya habia oido decir que era una de las más hermosas mujeres de Roma, de las más libres, de las más ricas y más discretas; y las musarañas de los celos, aunque no sea más de una, y sea más pequeña que un mosquito, el miedo la representa en el pensamiento de un amante mayor que el monte Olimpo, y cuando la honestidad ata la lengua de modo que no puede quejarse, da tormento al alma con las ligaduras del silencio, de modo que á cada paso anda buscando salidas para dejar la vida del cuerpo Segun otra vez se ha dicho, ningun otro remedio tienen los celos que oir disculpas, y cuando éstas no se admiten, no hay que hacer caso de la vida, la cual perdiera Aurıstela mil veces ántes que formar una queja de la fe de Periandro. Aquella noche fué la primera vez que Bartolomé y la Talaverana fueron á visitar á sus señores, no libres, aunque ya lo estaban de la cárcel, sino atados con más duros grillos, que eran los del matrimonio, pues se habian casado, que la muerte del polaco puso en libertad á Luisa, y á él le trujo su destino á venir peregrino á Roma ántes de llegar á su patria halló en Roma á quien no traia intencion de buscar, acordándosele de los consejos que en España le habia dado Periandro, pero no pudo estorbar su destino, aunque no le fabricó por su voluntad.

Aquella noche asimismo visitó Arnaldo á todas aquellas señoras, y dió cuenta de algunas cosas que en el volver á buscarles, despues que apaciguó la guerra de su patria, le habian sucedido Contó cómo llegó á la isla de las Ermitas,

donde no habia hallado á Rutilio, sino á otro ermitaño en
su lugar, que le dijo que Rutilio estaba en Roma, dijo asimismo que habia tocado en la isla de los Pescadores, y hallado en ella libres, sanas y contentas á las desposadas y á
los demas que con Periandro, segun ellos dijeron, se habian
embarcado, contó cómo supo de oidas que Policarpa era
muerta, y Sinforosa no habia querido casarse, dijo cómo
se tornaba á poblar la isla bárbara, confirmándose sus moradores en la creencia de su falsa profecía, advirtió cómo
Mauricio y Ladislao, su yerno, con su hija Transila habian
dejado su patria, y pasádose á vivir más pacíficamente á In-
galaterra, dijo tambien cómo habia estado con Leopoldio,
rey de los daneos, despues de acabada la guerra, el cual se
habia casado por dar sucesion á su reino, y que habia per-
donado á los dos traidores que llevaba presos cuando Periandro y sus pescadores le encontraron, de quien mostró estar
muy agradecido por el buen término y cortesía que con él
tuvieron; y entre los nombres que le era forzoso nombrar
en su discurso, tal vez tocaba con el de los padres de Periandro, y tal con los de Auristela, con que les sobresaltaba
los corazones y les traia á la memoria, así grandezas como
desgracias. Dijo que en Portugal, especialmente en Lisboa,
eran en suma estimacion tenidos sus retratos, contó asimismo
la fama que dejaba en Francia, en todo aquel camino, la hermosura de Constanza y de aquellas señoras damas francesas,
dijo cómo Croriano habia granjeado opinion de generoso y
de discreto en haber escogido á la sin par Ruperta por esposa, dijo asimismo cómo en Luca se hablaba mucho en
la sagacidad de Isabela Castrucho y en los breves amores
de Andrea Marulo, á quien con el demonio fingido trujo el

cielo á vivir vida de ángeles, contó cómo se tenia por milagro la caida de Periandro, y cómo dejaba en el camino á
un mancebo peregrino, poeta, que no quiso adelantarse con
él, por venirse de espacio, componiendo una comedia de
los sucesos de Periandro y Auristela, que los sabia de memoria, por un lienzo que habia visto en Portugal, donde se
habian pintado, y que traia intencion firmísima de casarse
con Auristela, si ella quisiese Agradecióle Auristela su buen
propósito, y áun desde allí le ofreció darle para un vestido,
si acaso llegase roto, que un deseo de un buen poeta toda
buena paga merece. Dijo tambien que habia estado en casa
de la señora Constanza y Antonio, y que sus padres y abuelos estaban buenos, y sólo fatigados de la pena que tenian de
no saber de la salud de sus hijos, deseando volviese la señora
Constanza á ser esposa del Conde, su cuñado, que queria
seguir la discreta eleccion de su hermano, ó ya por no dar
los veinte mil ducados, ó ya por el merecimiento de Constanza, que era lo más cierto, de que no poco se alegraron
todos, especialmente Periandro y Auristela, que como á sus
hermanos los querian

De esta plática de Arnaldo se engendraron en los pechos
de los oyentes nuevas sospechas de que Periandro y Auristela debian de ser grandes personajes, porque de tratar de
casamientos de condes y de millaradas de ducados no podian nacer sino sospechas ilustres y grandes : contó tambien
cómo habia encontrado en Francia á Renato, el caballero
frances vencido en la batalla contra derecho, y libre y vic-
torioso por la conciencia de su enemigo. En efeto, pocas
cosas quedaron de las muchas que en el galan progreso desta
historia se han contado, en quien él se hubiese hallado, que

allí no las volviese á traer á la memoria, trayendo tambien la que tenia de quedarse con el retrato de Auristela, que tenia Periandro contra la voluntad del Duque y contra la suya, puesto que dijo que por no dar enojo á Periandro disimularia su agravio

«Ya le hubiera yo deshecho, respondió Periandro, volviendo, señor Arnaldo, el retrato, si entendiera fuera vuestro: la ventura y su diligencia se le dieron al Duque, vos se le quitastes por fuerza, y así no teneis de qué quejaros: los amantes están obligados á no juzgar sus causas por la medida de sus deseos, que tal vez no los han de satisfacer, por acomodarse con la razon, que otra cosa les manda, pero yo haré de manera que quedando vos, señor Arnaldo, contento, el Duque quede satisfecho, y será con que mi hermana Auristela se quede con el retrato, pues es más suyo que de otro alguno» Satisfízole á Arnaldo el parecer de Periandro, y ni más ni ménos á Auristela. con esto cesó la plática, y otro dia por la mañana comenzaron á obrar en Auristela los hechizos, los venenos, los encantos y la malicia de la judía, mujer de Zabulon

CAPITULO IX

En que se cuenta la enfermedad de Auristela por los hechizos de la judía, mujer de Zabulon

No se atrevió la enfermedad á acometer rostro á rostro la belleza de Auristela, temerosa no espantase tanta hermosura la fealdad suya, y así la acometió por las espaldas, dándole en ellas unos calosfrios al amanecer, que no la dejaron le-

vantar aquel dia luego, luego se le quitó la gana de comer,
y comenzó la viveza de sus ojos á amortiguarse, y el desmayo,
que con el tiempo suele llegar á los enfermos, se sembró en
un punto por todos los sentidos de Auristela, haciendo el
mismo efeto en los de Periandro, que luego se alborotaron
y temieron todos los males posibles, especialmente los que
temen los poco venturosos. No habia dos horas que estaba
enferma, y ya le parecian cárdenas las encarnadas rosas de
sus mejillas, verde el carmin de sus labios, y topacios las
perlas de sus dientes; hasta los cabellos le pareció que habian mudado de color, estrechádose las manos y casi mudado el asiento y encaje natural de su rostro, y no por esto
le parecia ménos hermosa, porque no la miraba en el lecho
en que yacia, sino en el alma, donde la tenia retratada Llegaban á sus oidos (á lo ménos llegaron de allí á dos dias) sus
palabras, entre débiles acentos formadas, y pronunciadas con
turbada lengua. asustáronse las señoras francesas, y el cuidado de atender á la salud de Auristela fué de tal modo,
que tuvieron necesidad de tenerle de sí mismas Llamáronse
médicos, escogiéronse los mejores, á lo ménos los de mejor
fama, que la buena opinion califica la acertada medicina, y
así suele haber médicos venturosos como soldados bien afor-
tunados· la buena suerte y la buena dicha, que todo es uno,
tan bien puede llegar á la puerta del miserable en un saco
de sayal como en un escaparate de plata, pero ni en plata
ni en lana no llegaba ninguna á las puertas de Auristela, de
lo que discretamente se desesperaban los dos hermanos Antonio y Constanza Esto era al reves en el Duque, que como
el amor que tenia en el pecho se habia engendrado de la
hermosura de Auristela, así como la tal hermosura iba fal-

tando en ella, iba en él faltando el amor, el cual muchas raíces ha de haber echado en el alma, para tener fuerzas para llegar hasta el márgen de la sepultura con la cosa amada. Feísima es la muerte, y quien más á ella se llega es la dolencia; y amar las cosas feas parece cosa sobrenatural y digna de tenerse por milagro. Auristela, en fin, iba enflaqueciendo por momentos, y quitando las esperanzas de su salud á cuantos la conocian, solo Periandro era el fiel, solo el firme, solo el enamorado, solo aquel que con intrépido pecho se oponia á la contraria fortuna y á la misma muerte, que en la de Auristela le amenazaba.

Quince dias esperó el Duque de Nemurs á ver si Auristela mejoraba, y en todos ellos no hubo ninguno que á los médicos no consultase de la salud de Auristela, y ninguno se la aseguró, porque no sabian la causa precisa de su dolencia. Viendo lo cual el Duque, y que las damas francesas no hacian dél caso alguno, viendo tambien que el ángel de luz de Auristela se habia vuelto en de tinieblas, fingiendo algunas causas, que, si no del todo, en parte le disculpaban, un dia llegándose á Auristela, en el lecho donde enferma estaba, delante de Periandro le dijo : «Pues la ventura me ha sido tan contraria, hermosa señora, que no me ha dejado conseguir el deseo que tenia de recebirte por mi legítima esposa, ántes que la desesperacion me traiga á términos de perder el alma, como me ha traido á los de perder la vida, quiero por otro camino probar mi ventura, porque sé cierto que no tengo de tener ninguna buena, aunque la procure, y así, sucediéndome el mal que no procuro, vendré á perderme y á morir desdichado, y no desesperado. Mi madre me llama, tiéneme prevenida esposa, obedecerla quiero y

entretener el tiempo del camino, tanto, que halle la muerte
lugar de acometerme, pues ha de hallar en mi alma las
memorias de tu hermosura y de tu enfermedad, y quiera
Dios que no diga las de tu muerte »

Dieron sus ojos muestra de algunas lágrimas; no pudo
responderle Auristela, ó no quiso, por no errar en la respuesta delante de Periandro; lo más que hizo fué poner la
mano debajo de su almohada y sacar su retrato y volvérsele
al Duque, el cual le besó las manos por tan gran merced,
pero alargando la suya Periandro, se le tomó y le dijo «Si
dello no te disgustas, ¡oh gran señor ! por lo que bien quieres te suplico me le prestes, porque yo pueda cumplir una
palabra que tengo dada, que sin ser en perjuicio tuyo, será
grandemente en el mio si no lo cumplo » Volvióselo el
Duque, con grandes ofrecimientos de poner por él la hacienda, la vida y la honra, y más si más pudiese, y desde
allí se dividió de los dos hermanos, con pensamiento de no
verlos más en Roma . ¡discreto amante! y el primero quizá
que haya sabido aprovecharse de las guedejas que la ocasion
le ofrecia Todas estas cosas pudieran despertar á Arnaldo
para que considerara cuán menoscabadas estaban sus esperanzas, y cuán á pique de acabar con toda la máquina de
sus peregrinaciones, pues, como se ha dicho, la muerte casi
habia pisado las ropas á Auristela; y estuvo muy determinado de acompañar al Duque, si no en su camino, á lo
ménos en su propósito, volviéndose á Dinamarca, mas el
amor y su generoso pecho no dieron lugar á que dejase á
Periandro sin consuelo, y á su hermana Auristela en los
postreros límites de la vida, á quien visitó y de nuevo hizo
ofrecimientos, con determinacion de aguardar á que el

tiempo mejorase los sucesos, á pesar de todas las sospechas
que le sobrevenían.

CAPITULO X.

Cobra Auristela la salud, por haber la judía deshecho los hechizos,
y propone á Periandro el intento de no casarse

Contentísima estaba Hipólita de ver que las artes de la
cruel judía tan en daño de la salud de Auristela se mostraban, porque en ocho días la pusieron tan otra de la que ser
solia, que ya no la conocian sino por el órgano de la voz;
cosa que tenia suspensos á los médicos, y admirados á
cuantos la conocian Las señoras francesas atendian á su
salud con tanto cuidado como si fueran sus queridas hermanas, especialmente Feliz Flora, que con particular aficion
la queria. Llegó á tanto el mal de Auristela, que, no con-
teniéndose en los términos de su juridicion, pasó á la de
sus vecinos, y como ninguno lo era tanto como Periandro,
el primero con quien encontró fué con él, no porque el
veneno y maleficios de la perversa judía obrasen en él derechamente y con particular asistencia como en Auristela,
para quien estaban hechos, sino porque la pena que él sentia
de la enfermedad de Auristela era tanta, que causaba en él
el mismo efeto que en Auristela, y así se iba enflaqueciendo, que comenzaron todos á dudar de la vida suya
como de la de Auristela. Viendo lo cual Hipólita, y que
ella misma se mataba con los filos de su espada, adivinando
con el dedo de dónde procedia el mal de Periandro, procuró
darle remedio, dándosele á Auristela, la cual, ya flaca y
descolorida, parecia que estaba llamando su vida á las aldabas

de las puertas de la muerte, y creyendo sin duda que por momentos la abriria, quiso abrir y preparar la salida á su alma por la carrera de los sacramentos, bien como ya instruida en la verdad católica; y así, haciendo las diligencias necesarias con la mayor devocion que pudo, dió muestras de sus buenos pensamientos, acreditó la integridad de sus costumbres, dió señales de haber aprendido bien lo que en Roma la habian enseñado, y resignándose en las manos de Dios, sosegó su espíritu, y puso en olvido reinos, regalos y grandezas.

Hipólita, pues, habiendo visto, como está ya dicho, que muriéndose Auristela, moria tambien Periandro, acudió á la judía, á pedirle que templase el rigor de los hechizos que consumian á Auristela, ó los quitase del todo, que no queria ella ser inventora de quitar con un golpe solo tres vidas, pues muriendo Auristela, moria Periandro, y muriendo Periandro, ella tambien quedaria sin vida. Hízolo así la judía, como si estuviera en su mano la salud ó la enfermedad ajena, ó como si no dependieran todos los males, que llaman de pena, de la voluntad de Dios, como no dependen los males de culpa, pero Dios, obligándole, si así se puede decir, nuestros mismos pecados, para castigo dellos permite que pueda quitar la salud ajena ésta que llaman hechicería, con lo que hacen las hechiceras, usando mezclas y venenos, que con poder limitado, sin duda al enemigo comun permitido, quitan la vida á la persona que quieren, sin que tenga remedio de excusar este peligro, porque le ignora, y no se sabe de dónde procede la causa de tan mortal efeto así que, para guarecer destos males, la gran misericordia de Dios ha de ser la maestra que ha de aplicar la medicina.

Comenzó, pues, Auristela á dejar de empeorar, que fué señal de su mejoría, comenzó el sol de su belleza á dar señales y vislumbres de que volvia á amanecer en el cielo de su rostro, volvieron á despuntar las rosas en sus mejillas y la alegría en sus ojos, ahuyentáronse las sombras de su melancolía, volvió á enterarse en el órgano suave de su voz, afinóse el carmin de sus labios, compitió con el marfil la blancura de sus dientes, que volvieron á ser perlas, como ántes lo eran; en fin, en poco espacio de tiempo volvió á ser toda hermosa, toda bellísima, toda agradable y toda contenta; y estos mismos efectos redundaron en Periandro y en las damas francesas y en los demas, Croriano y Ruperta, Antonio y su hermana Constanza, cuya alegría ó tristeza caminaba al paso de la de Auristela, la cual, dando gracias al cielo por la merced y regalos que le iba haciendo, así en la enfermedad como en la salud, un dia llamó á Periandro, y estando solos por cuidado y de industria, desta manera le dijo:

«Hermano mio, pues ha querido el cielo que con este nombre tan dulce y tan honesto há dos años que te he nombrado, sin dar licencia al gusto ó al descuido para que de otra suerte te llamase, que tan honesta y tan agradable no fuese, querria que esta felicidad pasase adelante, y que solos los términos de la vida la pusiesen término; que tanto es una ventura buena cuanto es duradera, y tanto es duradera cuanto es honesta. Nuestras almas, como tú bien sabes y como aquí me han enseñado, siempre están en contínuo movimiento, y no pueden parar sino en Dios, como en su centro, en esta vida los deseos son infinitos, y unos se encadenan de otros, y se eslabonan y van formando una ca-

dena que tal vez llega al cielo, y tal se sume en el infierno
si te pareciere, hermano, que este lenguaje no es mio, y
que va fuera de la enseñanza que me han podido enseñar
mis pocos años y mi remota crianza, advierte que en la
tabla rasa de mi alma ha pintado la experiencia y escrito
mayores cosas; principalmente ha puesto que en sólo conocer y ver á Dios está la suma gloria, y todos los medios
que para este fin se encaminan son los buenos, son los
santos, son los agradables, como son los de la caridad, de
la honestidad y el de la virginidad Yo á lo ménos así lo
entiendo, y juntamente con entenderlo así, entiendo que
el amor que me tienes es tan grande, que querrás lo que
yo quisiere Heredera soy de un reino, y ya tú sabes la
causa por que mi querida madre me envió en casa de los
reyes tus padres, por asegurarme de la grande guerra de que
se temia. Desta venida se causó el de venirme yo contigo,
tan sujeta á tu voluntad, que no he salido della un punto
tú has sido mi padre, tú mi hermano, tú mi sombra, tú
mi amparo, y finalmente tú mi angel de guarda, y tú mi
enseñador y mi maestro, pues me has traido á esta ciudad,
donde he llegado á ser cristiana, como debo: querria agora,
si fuese posible, irme al cielo sin rodeos, sin sobresaltos y
sin cuidados, y esto no podiá ser si tú no me dejas la parte
que yo misma te he dado, que es la palabra y la voluntad
de ser tu esposa. Déjame, señor, la palabra, que yo procuraré dejar la voluntad, aunque sea por fuerza, que para alcanzar tan gran bien como es el cielo, todo cuanto hay en
la tierra se ha de dejar, hasta los padres y los esposos Yo no
te quiero dejar por otro, por quien te dejo es por Dios, que
te dará á sí mismo, cuya recompensa infinitamente excede

á que me dejes por él. Una hermana tengo pequeña, pero tan hermosa como yo, si es que se puede llamar hermosa la mortal belleza : con ella te podrás casar y alcanzar el reino que á mí me toca; y con esto, haciendo felices mis deseos, no quedarán defraudados del todo los tuyos ¿Qué inclinas la cabeza, hermano? ¿á qué pones los ojos en el suelo? ¿desagrádante estas razones? ¿parécente descaminados mis deseos? Dímelo, respóndeme; por lo ménos sepa yo tu voluntad : quizá templaré la mia, y buscaré alguna salida á tu gusto, que en algo con el mio se conforme.»

Con grandísimo silencio estuvo escuchando Periandro á Auristela, y en un breve instante formó en su imaginacion millares de discursos, que todos vinieron á parar en el peor que para él pudiera ser, porque imaginó que Auristela le aborrecia, porque aquel mudar de vida no era sino porque á él se le acabara la suya, pues bien debia saber que en dejando ella de ser su esposa, él no tenia para qué vivir en el mundo, y fué y vino con esta imaginacion con tanto ahinco, que, sin responder palabra á Auristela, se levantó de donde estaba sentado, y con ocasion de salir á recebir á Feliz Flora y á la señora Constanza, que entraban en el aposento, se salió dél, y dejó á Auristela, no sé si diga arrepentida, pero sé que quedó pensativa y confusa.

CAPITULO XI

Sale Periandro despechado por la proposicion de Auristela

Las aguas en estrecho vaso encerradas, miéntras más priesa se dan á salir, más despacio se derraman, porque

las primeras, impelidas de las segundas, se detienen, y unas
á otras se niegan el paso hasta que hace camino la corriente y se desagua. Lo mismo acontece en las razones
que concibe el entendimiento de un lastimado amante, que
acudiendo tal vez todas juntas á la lengua, las unas á las
otras impiden, y no sabe el discurso con cuáles se dé primero á entender su imaginacion; y así, muchas veces callando dice más de lo que querria. Mostróse esto en la poca
cortesía que hizo Periandro á los que entraron á ver á Auristela; el cual, lleno de discursos, preñado de conceptos,
colmado de imaginaciones, desdeñado y desengañado, se
salió del aposento de Auristela, sin saber, ni querer, ni poder
responder palabra alguna á las muchas que ella le habia
dicho.

Llegaron á ella Antonio y su hermana, y halláronla como
persona que acababa de despertar de un pesado sueño, y que
entre sí estaba diciendo con palabras distintas y claras «Mal
he hecho, pero ¿qué importa? ¿No es mejor que mi hermano sepa mi intencion? ¿No es mejor que yo deje con
tiempo los caminos torcidos y las dudosas sendas, y tienda el
paso por los atajos llanos, que con distincion clara nos están
mostrando el felice paradero de nuestra jornada? Yo confieso
que la compañía de Periandro no me ha de estorbar de ir al
cielo; pero tambien siento que iré más presto sin ella sí,
que más me debo yo á mí que no á otro, y al interese del
cielo y de la gloria se han de posponer los del parentesco,
cuanto más que yo no tengo ninguno con Periandro.

—Advierte, dijo á esta sazon Constanza, hermana Auristela, que vas descubriendo cosas que podrian ser parte que,
desterrando nuestras sospechas, á tí te dejasen confusa. Si no

es tu hermano Periandro, mucha es la conversacion que
con él tienes, y si lo es, no hay para qué te escandalices de
su compañía.»

Acabó á esta sazon de volver en sí Auristela, y oyendo
lo que Constanza le decia, quiso enmendar su descuido,
pero no acertó, pues para soldar una mentira, por muchas
se atropella, y siempre queda la verdad en duda, aunque
más viva la sospecha. «No sé, hermana, dijo Auristela, lo
que me he dicho, ni sé si Periandro es mi hermano ó si no,
lo que te sabré decir es que es mi alma; por lo ménos por
él vivo, por él respiro, por él me muevo y por él me sustento, conteniéndome con todo esto en los términos de la
razon, sin dar lugar á ningun liviano pensamiento, ni á no
guardar todo honesto decoro, bien así como le debe guardar
una mujer principal á un tan principal hermano.

—No te entiendo, señora Auristela, la dijo á esta sazon
Antonio, pues de tus razones tanto alcanzo ser tu hermano
Periandro como si no lo fuese: dinos ya quién es y quién
eres, si es que puedes decillo; que agora, sea tu hermano ó
no lo sea, por lo ménos no podeis negar ser principales, y
en nosotros (digo, en mí y en mi hermana Constanza) no
está tan en niñez la experiencia, que nos admire ningun
caso que nos contares, que puesto que ayer salimos de la
isla bárbara, los trabajos que has visto que hemos pasado
han sido nuestros maestros en muchas cosas, y por pequeña
muestra que se nos dé, sacamos el hilo de los más arduos
negocios, especialmente en los que son de amores, que parece que los tales consigo mismo traen la declaracion ¿Qué
mucho que Periandro no sea tu hermano, y qué mucho
que tú seas su legítima esposa? ¿Qué mucho, otra vez, que

con honesto y casto decoro os hayais mostrado hasta aquí
limpísimos al cielo y honestísimos á los ojos de los que os
han visto? No todos los amores son precipitados ni atrevidos,
ni todos los amantes han puesto la mira de su gusto en
gozar á sus amadas sino con las potencias de su alma; y
siendo esto así, señora mia, otra vez te suplico nos digas
quién eres y quién es Periandro, el cual, segun le vi salir
de aquí, se lleva un volcan en los ojos y una mordaza en
la lengua.

—¡Ay desdichada! replicó Auristela, y ¡cuán mejor me
hubiera sido que me hubiera entregado al silencio eterno,
pues callando excusara la mordaza que dices que lleva en
su lengua! Indiscretas somos las mujeres, mal sufridas y peor
calladas. Miéntras callé, en sosiego estuvo mi alma, hablé,
y perdíle, y para acabarle de perder y para que juntamente
se acabe la tragedia de mi vida, quiero que sepais vosotros,
pues el cielo os hizo verdaderos hermanos, que no lo es
mio Periandro, ni ménos es mi esposo, ni mi amante, á lo
ménos de aquellos que, corriendo por la carrera de su gusto,
procuran parar sobre la honra de sus amadas. Hijo de rey
es, hija y heredera de un reino soy por la sangre somos
iguales, por el estado alguna ventaja le hago, por la voluntad
ninguna, y con todo esto, nuestras intenciones se responden,
y nuestros deseos con honestísimo efeto se están mirando
sola la ventura es la que turba y confunde nuestras intenciones, y la que por fuerza hace que esperemos en ella, y
porque el nudo que lleva á la garganta Periandro me aprieta
la mia, no os quiero decir más por agora, señores, sino su-
plicaros me ayudeis á buscalle, que pues él tuvo licencia
para irse sin la mia, no querrá volver sin ser buscado.

—Levanta, pues, dijo Constanza, y vamos á buscalle,
que los lazos con que amor liga á los amantes no les dejan
alejar de lo que bien quieren . ven, que presto le hallaremos,
presto le verás, y más presto llegarás á tu contento. Si quieres
tener un poco los escrúpulos que te rodean, dales de mano,
y dala de esposa á Periandro; que igualándole contigo, pondrá silencio á cualquiera murmuracion »

Levantóse Auristela, y en compañía de Feliz Flora, Constanza y Antonio, salieron á buscar á Periandro; y como ya
en la opinion de los tres era reina, con otros ojos la miraban
y con otro respeto la servian. Periandro, en tanto que era
buscado, procuraba alejarse de quien le buscaba . salió de
Roma á pié y solo, si ya no se tiene por compañía la soledad amarga, los suspiros tristes y los continuos sollozos,
que éstos y las várias imaginaciones no le dejaban un punto
«¡Ay! iba diciendo entre sí, hermosísima Sigismunda, reina
por naturaleza, bellísima por privilegio y por merced de la
misma naturaleza, discreta sobre modo y sobre manera
agradable, y ¡cuán poco te costaba ¡oh señora! el tenerme
por hermano, pues mis tratos y pensamientos jamas des-
mintieran la verdad de serlo, aunque la misma malicia lo
quisiera averiguar, aunque en sus trazas se desvelara! Si
quieres que te lleven al cielo sola y señera, sin que tus acciones dependan de otro que de Dios y de tí misma, sea en
buen hora; pero quisiera que advirtieras que no sin escrúpulo de pecado puedes ponerte en el camino que deseas,
sin ser mi homicida. Dejaras ¡oh señora! á cargo del silencio
y del engaño tus pensamientos, y no me los declararas á
tiempo que habias de arrancar con las raíces de mi amor
mi alma, la cual, por ser tan tuya, te dejo á toda tu voluntad,

y de la mia me destierro Quédate en paz, bien mio, y conoce que el mayor que te puedo hacer es dejarte » Llegóse la noche en esto, y apartándose un poco del camino, que era el de Nápoles, oyó el sonido de un arroyo que por entre unos árboles corria, á la márgen del cual, arrojándose de golpe en el suelo, puso en silencio la lengua, pero no dió treguas á sus suspiros.

CAPITULO XII

Donde se dice quién eran Periandro y Auristela

Parece que el bien y el mal distan tan poco el uno del otro, que son como dos líneas concurrentes, que, aunque parten de apartados y diferentes principios, acaban en un punto Sollozando estaba Periandro en compañía del manso arroyuelo y de la clara luz de la noche; hacíanle los árboles compañía, y un aire blando y fresco le enjugaba las lágrimas, llevábale la imaginacion Auristela, y la esperanza de tener remedio de sus males el viento, cuando llegó á sus oidos una voz extranjera, que, escuchándola con atencion, vió ser el lenguaje de su patria, sin poder distinguir si murmuraba ó si cantaba, y la curiosidad le llevó cerca, y cuando lo estuvo, oyó que eran dos personas, las que no cantaban ni murmuraban, sino que en plática corriente estaban razonando, pero lo que más le admiró fué que hablasen en lengua de Noruega, estando tan apartados della

Acomodóse detras de un árbol, de tal forma, que él y el árbol hacian una misma sombra, recogió el aliento, y la primera razon que llegó á sus oidos fué · «No tienes, señor, para qué persuadirme en qué dos mitades se parte el año entero de Noruega, porque yo he estado en ella algun tiempo, donde me llevaron mis desgracias, y sé que la mitad del año lleva la noche, y la otra mitad el dia · el que sea esto así, yo lo sé; el por qué sea así, ignoro » A lo que respondieron · «Si llegamos á Roma, con una esfera te haré tocar con la mano la causa dese maravilloso efeto, tan natural en aquel clima, como lo es en éste ser el dia y la noche de veinte y cuatro horas. Tambien te he dicho cómo en la última parte de Noruega, casi debajo del polo Artico, está la isla que se tiene por última en el mundo, á lo ménos por aquella parte, cuyo nombre es *Tile*, á quien Virgilio llamó *Thule*, en aquellos versos que dicen en el libro primero *Georgicorum* ·

Ac tua nautæ

Numina sola colant   tibi serviat vltima Thule

Que *Thyle* en griego es lo mismo que *Thule* en latin. Esta isla es tan grande, ó poco ménos, que Inglaterra, rica y abundante de todas las cosas necesarias para la vida humana; más adelante, debajo del mismo Norte, como trescientas leguas de Tile, está la isla llamada Frislanda, que habrá cuatrocientos años que se descubrió á los ojos de las gentes, tan grande, que tiene nombre de reino, y no pequeño De Tile es rey y señor Maximino, hijo de la reina Eustoquia, cuyo padre no há muchos meses que pasó desta á mejor vida, el cual dejó dos hijos, que el uno es el Maximino que te he dicho, que es el heredero del reino, y el otro un generoso mozo, llamado Persiles, rico de los bienes de la naturaleza sobre todo extremo, y querido de su madre sobre todo encarecimiento Y no sé yo con cuál poderte encarecer las virtudes deste Persíles, y así quédense en su punto, que no será bien que con mi corto ingenio las menoscabe, que puesto que el amor que le tengo, por haber sido su ayo y criádole desde niño, me pudiera llevar á decir mucho, todavía será mejor callar por no quedar corto »

Esto escuchaba Periandro, y luego cayó en la cuenta que el que le alababa no podia ser otro que Seráfido, un ayo suyo, y que asimismo el que le escuchaba era Rutilio, segun la voz y las palabras que de cuando en cuando respondia. Si se admiró ó no, á la buena consideracion lo dejo, y más cuando á Seráfido, que era el mismo que habia imaginado Periandro, oyó que dijo : «Eusebia, reina de Frislanda, tenia dos hijas de extremada hermosura, principalmente la mayor, llamada Sigismunda (que la menor llamábase Eusebia, como su madre), donde naturaleza cifró toda la hermosura que por todas las partes de la tierra tiene repartida, á la cual no sé yo con qué disignio, tomando ocasion de que la querian hacer guerra ciertos enemigos suyos, la envió á Tile en poder de Eustoquia, para que seguramente y sin los sobresaltos de la guerra, en su casa se criase, puesto que yo para mí tengo que no fué ésta la ocasion principal de envialla, sino para que el príncipe Maximino se enamorase della y la recibiese por su esposa, que de las extremadas bellezas se puede esperar que vuelvan en cera los corazones de mármol, y junten en uno los extremos que entre sí están más apartados A lo ménos, si esta mi sospecha no es verdadera, no me la podrá negar la experiencia, porque sé que el príncipe Maximino muere por Sigismunda, aunque á la sazon que llegó á Tile no estaba en la isla Maximino, á quien su madre la Reina envió el retrato de la doncella

y la embajada de su madre; y él respondió que la regalasen
y la guardasen para su esposa respuesta que sirvió de flecha
que atravesó las entrañas de mi hijo Persíles, que este nombre le adquirió la crianza que en él hice. Desde que la oyó,
no supo oir cosas de su gusto; perdió los bríos de su juventud, y finalmente encerró en el honesto silencio todas
las acciones que le hacian memorable y bien querido de
todos, y sobre todo, vino á perder la salud y á entregarse en
los brazos de la desesperacion de ella. Visitáronle médicos,
que, como no sabian la causa de su mal, no acertaban con
su remedio, que como no muestran los pulsos el dolor de las
almas, es dificultoso y casi imposible entender la enfermedad que en ellas asiste. La madre, viendo morir á su hijo,
sin saber quién le mataba, una y muchas veces le preguntó
le descubriese su dolencia, pues no era posible sino que él
supiese la causa, pues sentia los efectos. Tanto pudieron estas
persuasiones, tanto las solicitudes de la doliente madre, que,
vencida la pertinacia ó la firmeza de Persíles, le vino á decir
cómo él moria por Sigismunda, y que tenia determinado
de dejarse morir ántes que ir contra el decoro que á su
hermano se le debia; cuya declaracion resucitó en la Reina
su muerta alegría, y dió esperanzas á Persíles de remediarle,
si bien se atropellase el gusto de Maximino, pues por conservar la vida, mayores respetos se han de posponer que el
enojo de un hermano. Finalmente, Eustoquia habló á Sigismunda, encareciéndole lo que se perdia en perder la vida
Persíles, sujeto donde todas las gracias del mundo tenian
su asiento, bien al reves del de Maximino, á quien la aspe-
reza de sus costumbres en algun modo le hacian aborre-
cible · levantóle en esto algo más testimonios de los que

31   IX

debiera, y subió de punto, con los hipérboles que pudo, las bondades de Persíles. Sigismunda, muchacha, sola y persuadida, lo que respondió fué que ella no tenia voluntad alguna, ni tenia otra consejera que la aconsejase, sino á su misma honestidad, que como ésta se guardase, dispusiesen á su voluntad de ella Abrazóla la Reina, contó su respuesta á Persíles, y entre los dos concertaron que se ausentasen de la isla ántes que su hermano viniese, á quien darian por disculpa, cuando no la hallase, que habia hecho voto de venir á Roma á enterarse en ella de la fe católica, que en aquellas partes septentrionales andaba algo de quiebra, jurándole primero Persíles que en ninguna manera iria en dicho ni en hecho contra su honestidad, y así, colmándoles de joyas y de consejos, los despidió la Reina, la cual despues me contó todo lo que hasta aquí te he contado

»Dos años, poco más, tardó en venir el príncipe Maximino á su reino, que anduvo ocupado en la guerra que siempre tenia con sus enemigos, preguntó por Sigismunda, y el no hallarla fué hallar su desasosiego; supo su viaje, y al momento se partió en su busca, si bien confiado de la bondad de su hermano, pero temeroso de los recelos que por maravilla se apartan de los amantes. Como su madre supo su determinacion, me llamó aparte y me encargó la salud, la vida y la honra de su hijo, y me mandó me adelantase á buscarle y á darle noticia de que su hermano le buscaba Partióse el príncipe Maximino en dos gruesísimas naves, y entrando por el estrecho hercúleo, con diferentes tiempos y diversas borrascas llegó á la isla de Tinacria, y desde allí á la gran ciudad de Parténope, y agora queda, no léjos de aquí, en un lugar llamado Terrachina, último de los de Nápoles y primero de los de Roma, queda enfermo, porque le ha cogido esto que llaman mutacion, que le tiene á punto de muerte. Yo desde Lisboa, donde me desembarqué, traigo noticia de Persíles y Sigismunda, porque no pueden ser otros una peregrina y un peregrino de quien la fama viene pregonando tan grande estruendo de hermosura, que si no son Persíles y Sigismunda, deben de ser ángeles humanados.

—Si como los nombras, respondió el que escuchaba á Seráfido, Persíles y Sigismunda, los nombraras Periandro y Auristela, pudiera darte nueva certísima dellos, porque há muchos dias que los conozco, en cuya compañía he pasado muchos trabajos», y luego le comenzó á contar los de la isla bárbara, con otros algunos.

En tanto se venia el dia, y en tanto Periandro, porque allí no le hallasen, los dejó solos, y volvió á buscar á Auristela para contar la venida de su hermano y tomar consejo de lo que debian de hacer para huir de su indignacion; temiendo á milagro haber sido informado en tan remoto lugar de aquel caso; y así, lleno de nuevos pensamientos, volvió á los ojos de su contrita Auristela y á las esperanzas casi perdidas de alcanzar su deseo.

CAPITULO XIII

Vuelve Periandro hácia Roma, con la noticia de venir su hermano Maximino, llega tambien Seráfido, su ayo, en compañía de Rutilio

Entretiénese el dolor y el sentimiento de las recien dadas heridas en la cólera y en la sangre caliente, que despues de fria, fatiga de manera, que rinde la paciencia del que la sufre lo mismo acontece en las pasiones del alma, que en dando el tiempo lugar y espacio para considerar en ellas, fatigan hasta quitar la vida. Dijo su voluntad Auristela á Periandro, cumplió con su deseo, y satisfecha de haberle declarado, esperaba su cumplimiento, confiada en la rendida voluntad de Periandro, el cual, como se ha dicho, librando la respuesta en su silencio, se salió de Roma, y le sucedió lo que se ha contado Conoció á Rutilio, el cual contó á su ayo Seráfido toda la historia de la isla bárbara, con las sospechas que tenia de que Auristela y Periandro fuesen Sigismunda y Persíles, díjole asimismo que sin duda los hallarian en Roma, á quien, desde que los conoció, venian encaminados, con la disimulacion y cubierta de ser hermanos, preguntó muchísimas veces á Seráfido la condicion de las gentes de aquellas islas remotas, de donde era rey Maximino y reina la sin par Auristela. Volvióle á repetir Seráfido cómo la isla de Tile ó Tule, que agora vulgarmente se llama Islanda, era la última de aquellos mares septentrionales, «puesto que un poco más adelante está otra isla, como te he dicho, llamada Frislanda, que descubrió Nicolas Temo, veneciano, el año de 1380, tan grande como Sicilia, ignorada hasta entónces de los antiguos, de quien es reina Eusebia, madre de Sigismunda, que yo busco Hay otra isla, asimismo poderosa y casi siempre llena de nieve, que se llama Groenlanda, á una punta de la cual está fundado un monasterio debajo del título de Santo Tomas, en el cual hay religiosos de cuatro naciones, españoles, franceses, toscanos y latinos, enseñan sus lenguas á la gente principal de la isla, para que, en saliendo della, sean entendidos por do quiera que fueren

Está, como he dicho, la isla sepultada en nieve, y encima de una montañuela está una fuente, cosa maravillosa y digna de que se sepa, la cual derrama y vierte de sí tanta abundancia de agua y tan caliente, que llega al mar, y por muy gran espacio dentro dél, no solamente le desnieva, pero le calienta de modo, que se recogen en aquella parte increíble infinidad de diversos pescados, de cuya pesca se mantiene el monasterio y toda la isla, que de allí saca sus rentas y provechos. Esta fuente engendra asimismo unas piedras conglutinosas, de las cuales se hace un betún pegajoso, con el cual se fabrican las casas como si fuesen de duro mármol Otras cosas te pudiera decir, dijo Seráfido á Rutilio, destas islas, que ponen en duda su crédito; pero en efecto son verdaderas. »

Todo esto, que no oyó Periandro, lo contó despues Rutilio, que ayudado de la noticia que dellas Periandro tenia, muchos las pusieron en el verdadero punto que merecian. Llegó en esto el dia, y hallóse Periandro junto á la iglesia y templo magnífico, y casi el mayor de la Europa, de San Pablo, y vió venir hácia sí alguna gente en monton, á caballo y á pié, y llegando cerca, conoció que los que venian eran Auristela, Feliz Flora, Constanza y Antonio, su hermano, y asimismo Hipólita, que habiendo sabido la ausencia de Periandro, no quiso dejar á que otra llevase las albricias de su hallazgo, y así siguió los pasos de Auristela, encaminados por la noticia que dellos dió la mujer de Zabulon el judío, bien como aquella que tenia amistad con quien no la tiene con nadie Llegó, en fin, Periandro al hermoso escuadron, saludó á Auristela, notóle el semblante del rostro, y halló más mansa su rigoridad y más blandos sus ojos Contó luego

públicamente lo que aquella noche le había pasado con Seráfido, su ayo, y con Rutilio; dijo cómo su hermano, el
Príncipe Maximino, quedaba en Terrachina, enfermo de la
mutacion, y con propósito de venirse á curar á Roma, y
con autoridad disfrazada y nombre trocado, á buscarlos Pidió
consejo á Auristela y á los demas de lo que haria, porque
de la condicion de su hermano el Príncipe no podia esperar
ningun blando acogimiento. Pasmóse Auristela con las no
esperadas nuevas; desapareciéronse en un punto, así las esperanzas de guardar su integridad y buen propósito, como
de alcanzar por más llano camino la compañía de su querido
Periandro Todos los demas circunstantes discurrieron en su
imaginacion qué consejo darian á Periandro, y la primera
que salió con el suyo, aunque no se lo pidieron, fué la rica
y enamorada Hipólita, que le ofreció llevarle á Nápoles
con su hermana Auristela, y gastar con ellos cien mil y más
ducados que su hacienda valia. Oyó este ofrecimiento Pirro
el calabres, que allí estaba, que fué lo mismo que oir la
sentencia irremisible de su muerte, que en los rufianes no
engendra celos el desden, sino el interes, y como éste se
perdia con los cuidados de Hipólita, por momentos iba tomando la desesperacion posesion de su alma, en la cual iba
atesorando ódio mortal contra Periandro, cuya gentileza y
gallardía, aunque era tan grande como se ha dicho, á él
le parecia mucho mayor, porque es propia condicion del
celoso parecerle magníficas y grandes las acciones de sus
rivales.

Agradeció Periandro á Hipólita, pero no admitió, su
generoso ofrecimiento; los demas no tuvieron lugar de
aconsejarle nada, porque llegaron en aquel instante Rutilio

y Seráfido, y entrambos á dos, apénas hubieron visto á Periandro, cuando corrieron á echarse á sus piés, porque la mudanza del hábito no le pudo mudar la de su gentileza. Teníale abrazado Rutilio por la cintura, y Seráfido por el cuello, lloraba Rutilio de placer, y Seráfido de alegría, todos los circunstantes estaban atentos mirando el extraño y gozoso recibimiento; sólo en el corazon de Pirro andaba la melancolía, atenaceándole con tenazas más ardiendo que si fueran de fuego, y llegó á tanto extremo el dolor que sintió de ver engrandecido y honrado á Periandro, que sin mirar lo que hacia, ó quizá mirándolo muy bien, metió mano á su espada, y por entre los brazos de Seráfido se la metió á Periandro por el hombro derecho, con tal furia y fuerza, que le salió la punta por el izquierdo, atravesándole, poco ménos que al soslayo, de parte á parte. La primera que vió el golpe fué Hipólita, y la primera que gritó fué su voz, diciendo: «¡Ah traidor, enemigo mortal mio, y cómo has quitado la vida á quien no merecia perderla para siempre!» Abrió los brazos Seráfido, soltólos Rutilio, calientes ya en su derramada sangre, y cayó Periandro en los de Auristela, la cual, faltándole la voz á la garganta, el aliento á los suspiros, y las lágrimas á los ojos, se le cayó la cabeza sobre el pecho, y los brazos á una y otra parte. Este golpe, más mortal en la apariencia que en el efecto, suspendió los ánimos de los circunstantes y les robó la color de los rostros, dibujándoles la muerte en ellos, que ya, por la falta de la sangre, á más andar se entraba por la vida de Periandro, cuya falta amenazaba á todos el último fin de sus dias, á lo ménos Auristela la tenia entre los dientes y la queria escupir de los labios. Seráfido y Antonio arremetieron á Pirro, y á des-

pecho de su fiereza y fuerzas le asieron, y con gente que
se llegó, le enviaron á la prision, y el Gobernador de allí
á cuatro dias le mandó llevar á la horca por incorregible y
asesino, cuya muerte dió la vida á Hipólita, que vivió de
allí adelante

CAPITULO XIV

Llega Maximino, enfermo de la mutacion, muere, dejando casados á Periandro
y Auristela, conocidos ya por Persíles y Sigismunda

Es tan poca la seguridad con que se gozan los humanos
gozos, que nadie se puede prometer en ellos un mínimo
punto de firmeza. Auristela, arrepentida de haber declarado
su pensamiento á Periandro, volvió á buscarle alegre, por
pensar que en su mano y en su arrepentimiento estaba el
volver á la parte que quisiese la voluntad de Periandro,
porque se imaginaba ser ella el clavo de la rueda de su fortuna y la esfera del movimiento de sus deseos; y no estaba
engañada, pues ya los traia Periandro en disposicion de no
salir de los de Auristela, pero ¡mirad los engaños de la variable fortuna! Auristela, en tan pequeño instante como se
ha visto, se ve otra de lo que ántes era: pensaba reir, y está
llorando, pensaba vivir, y ya se muere; creia gozar de la
vista de Periandro, y ofrécesele á los ojos la del Príncipe
Maximino, su hermano, que con muchos coches y grande
acompañamiento entraba en Roma por aquel camino de
Terrachina, y llevándole la vista el escuadron de gente que
rodeaba al herido Periandro, llegó su coche á verlo, y salió
á recibirle Seráfido, diciéndole «¡Oh Príncipe Maximino, y
qué malas albricias espero de las nuevas que pienso darte!

Este herido que ves en los brazos desta hermosa doncella, es tu hermano Persíles, y ella es la sin par Sigismunda, hallada de tu diligencia á tiempo tan áspero y en sazon tan rigurosa, que te han quitado la ocasion de regalarlos, y te han puesto en la de llevarlos á la sepultura

»No irán solos, respondió Maximino, que yo les haré compañía, segun vengo»; y sacando la cabeza fuera del coche, conoció á su hermano, aunque tinto y lleno de sangre de la herida, conoció asimismo á Sigismunda por entre la perdida color de su rostro, porque el sobresalto, que le turbó sus colores, no le afeó sus facciones. Hermosa era Sigismunda ántes de su desgracia, pero hermosísima estaba despues de haber caido en ella: que tal vez los accidentes del dolor suelen acrecentar la belleza

Dejóse caer del coche sobre los brazos de Sigismunda, ya no Auristela, sino la reina de Frislanda, y en su imaginacion, tambien reina de Tile, que estas mudanzas tan extrañas caen debajo del poder de aquella que comunmente es llamada fortuna, que no es otra cosa sino un firme disponer del cielo. Habíase partido Maximino con intencion de llegar á Roma á curarse con mejores médicos que los de Terrachina, los cuales le pronosticaron que ántes que en Roma entrase le había de saltear la muerte, en esto más verdaderos y experimentados que en saber curarle; verdad es que el mal que causa la mutacion, pocos le saben curar. En efecto, frontero del templo de San Pablo, en mitad de la campaña rasa, la fea muerte salió al encuentro al gallardo Persíles y le derribó en tierra, y enterró á Maximino, el cual, viéndose á punto de muerte, con la mano derecha asió la izquierda de su hermano y se la llegó á los ojos, y con su izquierda

le asió de la derecha y se la juntó con la de Sigismunda, y
con voz turbada y aliento mortal y cansado dijo · «De vuestra honestidad, verdaderos hijos y hermanos mios, creo que
entre vosotros está por hacer esto aprieta ¡oh hermano!
estos párpados, y ciérrame estos ojos en perpétuo sueño, y
con esotra mano aprieta la de Sigismunda, y séllala con el
sí que quiero que la dés de esposo; y sean testigos de este
casamiento la sangre que estás derramando y los amigos
que te rodean. El reino de tus padres te queda, el de Sigismunda heredas, procura tener salud, y góceslos años infinitos »

Estas palabras tan tiernas, tan alegres y tan tristes avivaron los espíritus de Persíles, y obedeciendo al mandamiento
de su hermano, apretándole la muerte, con la mano le cerró
los ojos, y con la lengua, entre triste y alegre, pronunció el
sí, y le dió de ser su esposo á Sigismunda Hizo el sentimiento de la improvisa y dolorosa muerte en los presentes
su efecto, y comenzaron á ocupar los suspiros el aire, y á
regar las lágrimas el suelo. Recogieron el cuerpo muerto
de Maximino y lleváronle á San Pablo, y el medio vivo de
Persíles en el coche del muerto le volvieron á curar á Roma,
donde no hallaron á Belarminia ni á Deleasir, que se habian
ido ya á Francia con el Duque. Mucho sintió Arnaldo el
nuevo y extraño casamiento de Sigismunda, muchísimo le
pesó de que se hubiesen malogrado tantos años de servicio,
de buenas obras hechas, en órden á gozar pacífico de su
sin igual belleza, y lo que más le tarazaba el alma eran las
no creidas razones del maldiciente Clodio, de quien él, á su
despecho, hacia tan manifiesta prueba.

Confuso, atónito y espantado, estuvo por use sin hablar

palabra á Persíles y Sigismunda, mas considerando ser reyes, y la disculpa que tenian, y que sola esta ventura estaba guardada para él, determinó ir á verles, y ansí lo hizo. Fué muy bien recebido, y para que del todo no pudiese estar quejoso, le ofrecieron á la Infanta Eusebia para su esposa, hermana de Sigismunda, á quien él aceptó de buena gana, y se fuera luego con ellos, si no fuera por pedir licencia á su padre; que en los casamientos graves, y en todos, es justo se ajuste la voluntad de los hijos con la de los padres. Asistió á la cura de la herida de su cuñado en esperanza, y dejándole sano, se fué á ver á su padre, y prevenir fiestas para la entrada de su esposa Feliz Flora determinó de casarse con Antonio el bárbaro, por no atreverse á vivir entre los parientes del que habia muerto Antonio, Croriano y Ruperta, acabada su romería, se volvieron á Francia, llevando bien qué contar del suceso de la fingida Auristela, Bartolomé el manchego y la castellana Luisa se fueron á Nápoles, donde se dice acabaron mal, porque no vivieron bien Persíles depositó á su hermano en San Pablo, recogió á todos sus criados, volvió á visitar los templos de Roma, acarició á Constanza, á quien Sigismunda dió la cruz de diamantes y la acompañó hasta dejarla casada con el Conde, su cuñado, y habiendo besado los piés al Pontífice, sosegó su espíritu y cumplió su voto, y vivió en compañía de su esposo Persíles hasta que biznietos le alargaron los dias, pues los vió en su larga y feliz posteridad.

FIN DE LOS TRABAJOS DE PERSÍLES Y SIGISMUNDA

INDICE

Ingram Content Group UK Ltd.
Milton Keynes UK
UKHW051944110623
423239UK00009BA/20